天之曆數와
中正之道

천지역수天之曆數와 중정지도中正之道

저   자 : 김재홍
발행일 : 2013년 6월 10일 초판발행
발행인 : 안중건
발행처 : 상생출판
전화 : 070-8644-3161
팩스 : 0505-116-9308
E-mail : sangsaengbooks@sangsaengbooks.co.kr
출판등록 : 2005년 3월 11일(제175호)
ⓒ 2013 상생출판

가격은 뒤표지에 있습니다.
파본은 교환해 드립니다.

ISBN 978-89-94295-52-7

天之曆數와
中正之道

천지역수와 중정지도

김재홍 지음

상생출판

책을 발간하며

 오랫동안 소망했던 역학공부를 위해 만학도로 공부를 시작한지 십여년이 지났다. 아직도 몽매함을 깨우치지 못한 상태이지만 역학의 핵심적 과제가 중정지도임을 많은 사람들과 공유하고자 부끄러움을 무릅쓰고 박사논문인 『역학의 중정지도에 관한 연구』와 몇 편의 관련 논문을 수정·보완하여 『천지역수天之曆數와 중정지도中正之道』라는 이름으로 펴내고자 한다.

 먼저, 천지역수天之曆數와 중정지도의 관계를 체계적으로 연구하여 천지역수天之曆數에 대한 선유先儒들의 견해와 『정역』에서의 천지역수天之曆數와 『주역』에서의 중정지도와의 상관관계를 구체적으로 설명하고자 하였다.
 둘째, 중정지도中正之道와 하도·낙서의 관계를 연구하면서 하도낙서에 대한 기존 견해를 분석하고 나아가 하도·낙서가 중정지도의 표상체계임을 해명하고자 하였다.
 셋째, 천지역수天之曆數인 중도中道가 괘효원리를 통해서 정도正道로 드러남을 탐구하고자 하였다.
 넷째, 중정지도中正之道의 인도적 구현과 자각 및 실천에 관하여 밝히면서 중정지도의 개념에 관한 체계적 정리를 시도하였다.

 역학에서의 중정지도에 대한 연구는 천지지도天地之道와 인도人道, 즉 천지인 삼재지도三才之道를 밝히는 매우 중요한 과제이다. 중정지도에 대한 연구는 인간의 존재 근거는 물론 우주 전체의 존재의의와 그 방식을 밝히는 단서가 되는 역학의 핵심적 문제이기 때문이다. 그러므로 중정지도에 대한 올바른 이해가 바로 역학의 근본문제를 풀어내는 열쇠라고 확신한다. 따라서 천지역수를 근거로 중정지도中正之道의 역학적 의미를 근원적으로 밝히고자 노력하였다.

이 책을 출판하면서 아직도 우매함을 벗어나지 못한 상태이지만 더욱 열심히 공부에 정진하겠다는 약속으로 그 부끄러움을 대신하고자 한다. 선배제현들의 질정叱正을 삼가 부탁드립니다.

어리석은 만학도에게 역학에 대해 고귀한 가르침을 주신 관중 유남상 선생님께 깊은 감사를 드린다. 아울러 논문을 지도해 주신 남명진 교수님과 심사를 맡아주신 최영진 교수님, 곽신환 교수님, 많은 가르침을 주신 이평래 교수님, 황의동 교수님, 이종성 교수님 그리고 역학공부에 도움을 주신 김만산 교수님, 이현중 교수님께 진심으로 감사드린다. 또한 가난한 철학도의 남편을 두어 고생하는 이옥주 권사와 아들 영호, 구호, 그리고 며느리 혜영에게 늘 고마운 마음을 전한다. 끝으로 이 책의 출판을 허락하신 상생출판사의 사장님과 편집을 맡아 거친 글을 바로 잡아주신 전재우 부장님과 홍원태 선생님께 감사한 마음을 전한다.

2013년 3월
김 재 홍 드림

차례

  ✤ 책을 발간하며 ·· 4
  I. 들어가는 말 ··· 9
    1. 진秦·한대漢代 이후의 중中 ······················· 15
       천지역수 차원에서 역도 구명 연구성과 ········ 22
    2. 중정지도中正之道의 연구범주 ······················ 28
       정역正易 ·· 30
  II. 천지역수天之曆數와 중정지도中正之道 ········· 31
    1. 천지역수天之曆數에 대한 기존 학자들의 견해 ··· 33
       왕필王弼 ·· 36
    2. 『정역正易』의 역수曆數 해석과 시간성時間性 ··· 41
       『정역』의 중과 공은 불가의 공과 어떻게 다른가? 70
  III. 하도河圖·낙서洛書원리로 본 중정지도中正之道 99
    1. 하도河圖·낙서洛書에 대한 견해 검토 ········· 101
    2. 하도河圖·낙서洛書의 철학적 의미 ············ 114
       『주역』건괘 곤괘의 「단사」에서 '대大'와 '지至' 132
       하도·낙서의 내용은 어떻게 다른가? ········ 136
       원형이정元亨利貞 과 대형이정大亨以正 ····· 138
       건책도수乾策度數와 곤책도수坤策度數 ······ 146
  IV. 卦爻原理로 본 中正之道 ······························ 151
    1. 괘효卦爻 구성논리構成論理에 대한 기존 견해 153
    2. 괘효卦爻 구성원리와 용구용육用九用六원리 161

주희가 말한 용구용육用九用六 이란? ……………… 168
　　3. 괘효원리의 내용으로서의 중정지도 ………… 177
Ⅴ. 중정지도의 인도적人道的 구현具現과 실천 …… 201
　　1. 인간 본래성의 존재론적인 의미와 구조 ……… 203
　　2. 중정지도와 인간 본래성本來性 ……………… 213
　　3. 성인·군자지도와 중정지도中正之道 ………… 220
Ⅵ. 나가는 말 …………………………………… 245

부록 1. 『주역』에서의 지도자 덕목………………… 271
　　Ⅱ. 『주역』에서의 지도자 유형과 역할…………… 274
　　Ⅲ. 성인과 군자의 의미와 관계……………………… 283
　　　　태극기와 지천태 원리 ……………………… 292
　　Ⅳ. 『주역』에서 나타난 지도자 덕목……………… 293
　　　　'빙하馮河'에 대한 『주역』과 『논어』에서의 의미 296
　　Ⅴ. 결 론 ……………………………………… 297

부록 2. 周易의 宗敎性 ……………………………… 301
　　Ⅰ. 서 본 ……………………………………… 303
　　Ⅱ. 『주역』에서 나타난 천·신관과 종교성 검토 304
　　Ⅲ. 유학의 종교적 당위성 검토……………………… 323
　　Ⅳ. 결 론 ……………………………………… 327

부록 3. 『주역』에서의 인간 본래성 ···················· 333

    Ⅰ. 들어가는 말 ································· 335

    Ⅱ. 『주역』에서의 인간 본래성 의미와 내용 ······ 336

    Ⅲ. 인간 본래성과 성명지리 ····················· 340

    Ⅳ. 성명지리性命之理와 중정지도中正之道 ······ 343

    Ⅴ. 인간 본래성의 자각과 실천 ·················· 349

    Ⅵ. 나가는 말 ································· 356

찾아보기 ·· 360

들어가는 말

인류 역사의 전개과정에서 인간의 지대한 관심은 우주만물을 섭리하는 천天과 인간 존재 근원에 대한 의문에 있었다. 특히 동양에서는 천天과 천명天命에 대해 의문으로 집약되었으며, 이를 바탕으로 자신의 삶의 의미를 자각하고 실존적인 자아의 삶을 어떻게 살아갈 것인가에 대한 관심으로 나타났던 것이다.

동양적 중심사유 중의 하나인 유학에서는 인간과 만물의 존재근거를 중中에 두고 있다.『중용』의 중中에 대해 후대 학자들은 "중中은 치우치지 않고 의존하지 않으며, 과過와 불급不及이 없는 것을 이름 함(中者, 不偏不倚無過不及之名.)"[1] 이라고 밝히고 있다. 주희朱熹는 "중은 치우치지도 의존하지도 않음(中者, 不偏不倚.)"[2]과 "중은 지나치지 않고 모자라지도 않음(中者,……無過不及.)"[3] 으로 나누어서 중中의 개념을 설명하고 있다. 전자前者는 중中의 본체론적本體論的인 중립성中立性의 의미로 보이며, 후자後者는 중中을 현실 속에서 운용함에 있어서 실재본적 적합성適合性과 균형성均衡性을 의미하는 것으로 보인다.[4] 이로 볼 때 중中의 개념이『중용中庸』을 위주로 하여 본체론적인 중립성 및 현실적인 적합성과 균형

---

1 『중용집주中庸集註』.
2 주희朱熹,『중용장구中庸章句』.
3 朱熹,『中庸章句』.
4 윤천근,『중용연구』, 고려대학교 대학원 박사학위논문, 1987, 66-67쪽.

성이라는 의미로 해석되어 왔다.

선진유학先秦儒學의 중中에 대하여 집중적으로 논급한 경서經書는 『중용中庸』이다. 그러나 『중용中庸』보다 앞서서 이미 『서경書經』과 『논어論語』에서 "천지역수天之曆數가 네 몸속에 있으니 네가 마침내 원후의 자리에 오르라. … (중략) … 그 중中을 잡아라.(天之曆數在汝躬, 汝終陟元后 … (中略) … 允執厥中.)"[5] 고 말하고 있다.[6] 여기서 문맥을 논리적으로 보았을 때 윤집궐중允執厥中이나 윤집궐중의 궐厥과 기其는 지시대명사로서 이것이 지칭하는 것은 바로 앞 문장의 천지역수天之曆數라고 보지 않을 수가 없다.

천지역수天之曆數는 『서경』「홍범」편에서는 역수에 대하여 홍범구주洪範九疇의 네 번째인 오기五紀에서 "오기五紀는 첫 번째는 세歲(해)이고, 두 번째는 월月(달)이고, 세 번째는 일日(날)이고, 네 번째는 시時(성진星辰)이고, 다섯 번째는 역수曆數이다(五紀, 一曰歲, 二曰月, 三曰日, 四曰星辰, 五曰曆數.)"[7]라고 하여, 다섯 번째를 결론으로 본다면 세월일시歲月日時가 역수曆數임을 밝히고 있는 것은 역수가 세월일시歲月日時의 근본원리임을 의미하는 것으로 볼 수 있다. 이것은 시간의 원리와 관련된 문제이기 때문

---

[5] 『서경書經』, 「우서虞書·대우모大禹謨」篇, 또한 『論語』「堯曰」편에서도 "天之曆數在爾躬, 允執其中."고 하여, 天之曆數에 대하여 밝히고 있다.

[6] 최영진崔英辰교수는 『중화사상中和思想의 철학적 연구』 논문 9쪽에서 상기의 주註(6번의 『書經』, 「虞書·大禹謨」篇 인용문 내용중에서 중략된 부분인 '人心惟危, 道心惟微, 惟精惟一, 允執厥中'에 대하여 굴만리屈萬理의 『周初文獻与孔子的中道和孝道學說』(孔孟月刊 第12卷 12期, 臺北, 23쪽)을 引用하여 "中字가 처음 나타나는 '人心惟危, 道心惟微, 惟精惟一, 允執厥中'은 舜의 말로 記錄되어 있는데 이 구절은 考證學上의 問題가 있는 것으로 보인다. 굴만리교수屈萬理敎授가 『論語』와 『荀子』와 比較하여 이 귀절을 檢討하고 '允執厥中' 一語만이 堯舜과 관계가 있는 것으로 結論 짓고 있다."라고 밝히고 있다.(최영진, 『중화사상의 철학적 탐구』, 성균관대학교 대학원 석사학위논문, 1977.)

[7] 『서경』「주서周書·홍범洪範」.

에 시간 단위의 원리를 나타내는 상징수象徵數로서의 역수曆數임을 의미하는 것이다. 그러므로 천지역수天之曆數는 하늘의 원리로 볼 수 있다.

한마디로 중中은 천지역수天之曆數와 논리적으로 무관하지 않다. 그렇다면 궐중厥中과 기중其中이 지칭하는 것은 무엇인가? '그것의 중中'이라고 할 때 그 중中이 선진先秦의 경전經典마다 다르지 않고 철학적으로 같은 의미라면, 과연 불편不偏, 불의不倚, 무과불급無過不及의 중中이라고만 할 수 있겠는가?『중용』의 중中과는 무관한 별개의 중中 개념으로 본다면 모르겠거니와 여기에 나타난 궐중厥中의 중中을『중용』에서의 중中 개념의 본원적인 의미로 본다면 과연 천지역수天之曆數와 무관한 개념의 문자적인 의미의 중中으로만 볼 수 있을 것인가? 천지역수天之曆數와 무관하지 않다면 중中을 불편不偏, 불위不倚, 무과불급無過不及이라는 공간적인 상황의 의미와 추상적인 표현으로서 본체라고만 볼 수는 없을 것이다.

천지역수天之曆數는 단순한 물리적·공간적인 수數이거나 시절時節의 차례와 같은 상황적狀況的인 정치운수政治運數가 아니라『서경書經』「요전堯典」편과「홍범洪範」편의 역상厯象의 역曆과[8] 역수曆數와 무관한 개념이 아님을 관련시켜 볼 때, 중中은 공간적인 상황의 중립中立, 중앙中央, 중절中節의 개념이라기보다는 시간의 원리문제와 더 밀접한 관련을 가지고 표현된 개념임을 알 수 있다.

그러므로『서경』과『논어』에서 말하는 중中을 문사석 논리인 불편不偏, 불의不倚, 무과불급無過不及이라는 공간적 상황의 의미로만 볼 수 있을 것인가에 대하여 다시 생각해야 할 필요가 있는 것이다.

『논어』에서도 "중용의 덕은 아주 지극하다. 사람들이 소홀히 한지가 너

---

[8]『서경』「요전堯典」편 "厯象日月星辰"에서 '역厯'은 역자曆字의 고자古字이다.

무나 오래다.(中庸之德也, 其至矣乎. 民鮮久矣.)"⁹라고 하여, 성인지도聖 人之道로서의 중中의 본질적 의미와 그 군자적 실천성이 망각되어 감을 한탄하고 있다. 『중용』의 근원적인 문제를 천지역수天之曆數와 관련하여 철학적인 천리天理와 도道로서 근원적·본질적으로 언급하고 있는 『주역』의 본질적인 학문적 주제를 떠나서는 중도中道의 근원을 밝힐 수가 없다. 따라서 중中에 대한 올바르고 정밀한 근원적인 의미를 천지역수天之曆數 및 정正과 관련하여 살펴 볼 필요가 있다.

『주역』에서는 천지역수天之曆數의 도서상수圖書象數적 표상논리表象論理와 괘효상수卦爻象數 논리論理를 주로 하여 천天·지地·인人 삼재지도三才之道를 밝힌 것이다. 그리고 중中과 더불어 정正을 밝히고 있다. 다시 말하면 『주역』은 중도中道 안에서 밝힌 것이 아니다. 정도正道와 결부시켜 밝히고 있는 것이다. 이것은 문자적인 해석을 뛰어 넘어 보다 근원적인 의미가 내포되어 있음을 드러내고 있다. 따라서 중中과 정正에 대한 보다 면밀한 연구검토가 필요한 것이다. 따라서 이 책에서는 천지역수天之曆數의 관점에서 그동안 중中의 대한 해석상의 현상론적 한계를 극복하고 나아가 중中과 정正을 관련하여 중정지도中正之道에 대한 근원적인 의미를 밝히고자 한다. 중中에 대한 한대漢代 이후의 기존 학자들의 견해를 먼저 살펴보자.

---

9 『論語』「雍也」篇.

1. 진秦·한대漢代 이후의 중中

중中에 대한 제諸 견해 검토

앞에서 언급한 연구목적에 입각하여 유학의 핵심과제인 중中과 정正에 대한 올바른 고찰을 위하여 먼저 진秦·한대漢代 이후의 기존학자들의 '중中'에 대한 견해들을 시대별로 살펴보기로 한다.

송대宋代까지의 중中에 대한 제諸 견해 정현鄭玄(127~200)은 『예기禮記』의 「중용주석中庸註釋」에서 "중中이 큰 근본임은 희로애락을 품고 있기 때문이다.(中爲大本者, 以其含喜怒哀樂.)"[10]고 하여, 중中을 심성 내면의 정서를 내포한 상태로 해석하고 있다.

소옹邵雍(강절康節 1011~1077)은 『황극경세서皇極經世書』에서 중中에 대하여 "천지天地의 근본이 중中에서 시작된다. 그런 까닭에 건곤乾坤이 상호 변화하여도 중中을 벗어나지 않는다. … (중략) … 사람들은 천지의 중에 거居하며, 심心은 사람의 중中에 거居한다. 그러므로 군자는 중中을 귀하게 여긴다.(天地之本, 其起于中乎, 是以乾坤交變而不離乎中 … (中略) … 人居天地之中, 心居人之中, 故君子貴中也.)"[11] 고 하여, 역易을 건곤지도와 연결시켜 궁극적으로 천지의 근본인 중中은 마음자리에 있다고 하였는데, 다시 심心은 태극太極이며, 태극太極은 도道라고 하였으니 중中은 태극太極의 자리이고 중中은 도道의 자리가 되는 것(心爲太極, 道爲太極.)[12]이라 하였다. 이는 중中이 본체론적 의미도 있고, 인간의 내면속에도 있다고 하여 중中의 본래적인 의미에 공간적인 의미로서 언어 논리적으로는 접근하고 있으나 역학의 주요 상징논리인 천지역수天之曆數니 괘효원리와 연결하

---

10 『한문대계漢文大系』, 卷三十一, 「中庸」 第三十一, 「禮記鄭注」.
11 소강절邵康節, 『황극경세서皇極經世書』, 「觀物外」篇 上之七.
12 邵康節, 『皇極經世書』, 「觀物外」篇.

여 설명하지는 못하였다.

정이천程伊川(1033~1107)는 중의 개념에 대하여 "천하의 이理중에서 중中보다 좋은 것은 없다.(天下之理, 莫善於中.)"13 고 하여, 중中이 유가儒家의 실천적인 기준임을 밝히고 있다. 또한『중용』에서도 "편벽되지 않음을 중中이라 이르고 … (중략) … 중中은 천하天下의 바른 도리요(不偏謂之中 … (中略) … 中者, 天下之正道.)"14 고 하였다. 종합적으로 이는 중中을 어느 쪽에도 지우치지 않는 상황으로 밝히고 있으며, 동시에 중中을 실존적인 인간 삶속의 도덕적인 원리로 본 것이고, 나아가 중中을 정正과 연결하여 '천하天下의 정도正道'라고 하였다.

양시楊時(구산龜山 1053~1135)는 중中에 대하여 "학자가 마땅히 희로애락喜怒哀樂이 미발未發한 상태를 마음으로서 체득하면 중中의 의미가 자연히 드러난다.(學者當于喜怒哀樂未發之際, 以心體之, 則中之義自見.)"15고 하여, 그는 중中을 태극太極이라 하여 중을 형이상의 도체道體로 이해하고, 도체인 중을 학자가 희로애락 미발未發이 나타나기 전에 당하여 마음으로 체體를 받으면 곧 중中의 뜻이 저절로 드러나서 이를 잡아 잃지 않고, 인욕人慾의 사사로움이 없고, 발發함에 반드시 중절中節이 있게 된다고 밝히고 있다.16 그는『중용中庸』의 "喜怒哀樂之未發, 謂之中"의 체험을 종지宗旨로 하여 그 심心·성性·정情의 발현의 상황인 심학적心學的이고 실천수양적 實踐修養的인 중中으로 밝히고 있다.

---

13 『周易』, 震卦, 「五爻辭」, 「程傳」.
14 『中庸』, 「中庸章句」, 程伊川註.
15 양시楊時, 『구산문집龜山文集』 卷4.
16 楊時, 『양구산선생전집楊龜山先生全集』, 卷13, 『論語』4, "問易有太極, 莫便是道之所謂中否. 曰然, 若是則本無定位, 當處卽是太極耶. 曰然." 卷21 "中庸曰 喜怒哀樂未發謂之和. 學者當於喜怒哀樂未發之際以心體之, 則中之義自見, 執而勿失, 無人欲之私焉, 發必中節矣."參照.

양시楊時는 희로애락의 발현發現의 적중상황으로서 실천적인 중中의 개념을 논하고 있다. 이는 희로애락의 미발未發·기발旣發의 심·성·정이 상황에 적중함을 의미하고 있는 것으로 보인다. 다시 말하면 화和의 적중한 발현을 중中으로 보았다. 그러므로 이것도 심성心性의 상황론狀況論이라고 할 수 있다.

주희朱熹(주자朱子 1130~1200)는 정이천程伊川의 말을 인용하여 '중中'의 의미에 대해『중용』에서 "중中은 치우치지 않고 의지하지 않으며, 지나침과 미치지 못함이 없는 것을 이름 함(中者 不偏不倚, 無過不及之名.)"[17]이라고 하였다. 이는 중中의 의미를 불편불의한 공간론적인 상황과 과불급이 없는 균형 상태로서의 도덕적 행위 기준으로 해석했다. 이러한 주희의 관점은『중용장구』서序에서도 드러나 있다. 그는 중中을 단지 심성의 인심人心과 도심道心의 관계 속에서 문제를 제기하여 심·성·정의 상황차원에서만 논리적으로 설명함으로써 선진 유학에 있어서 중中의 천도론적天道論的 근거에 대하여는 직접적인 언급이 없기 때문이다.[18] 물론 도심道心을 분석하여 본심本心(本性)의 올바름을 지켜간다는 것이며, 중中이 보편적인 근본이라는 해석은 역학易學의 관점에서 볼 때 타당한 일면을 가지고 있다. 그러나 주희朱熹는 중中의 의미에 대하여 도道의 본체本體와 본성本性으로서의 중中과 중도中道의 실천 방법으로서의 중이라는 두 가지 의미로 해식을 하고 있다.[19] 요컨내, 주희는 중은 중노中道이며, 중노는 합낭한 도리의 실천 방법으로 설명하고 있다.

육구연陸九淵(상산象山 1139~1192)은 중中에 대하여 주희와 같이 심心의

---

[17]『中庸』, 中庸章句, 朱熹註.
[18]『中庸』, 中庸章句, "人心惟危, 道心惟微, 惟精惟一."
[19] 백은기,「주희의『주역』해석에 나타난 중에 관하여」,『범한철학』제25집, 범한철학회, 2002, 148-149쪽 참조.

미발未發로 이해했는데, 주희가 중을 심心의 미발未發로 이해한 점은 같으나 육구연陸九淵은 "중中은 성性이요, 다만 중中은 지극한 이치(中卽性, 只中卽至理)"[20] 라고 보았던 것이다. 즉, 육상산陸象山이 긍정하는 중中이 곧 성性이요, 중中이 곧 지리至理라는 중즉지리中卽至理의 명제命題속에 성性의 발현發現이 곧 본심本心이요, 이理의 현발現發이 사事라고 하는 심성불이心性不二, 이사불이理事不二의 세계관을 가지고 있다고 볼 수 있다.[21]

요컨대, 육구연陸九淵은 중中을 지리至理로 보아서 형이상학적으로 보는 동시에 그것이 성性이며, 본심에 의해서 사리事理가 드러난다고 하여 중中을 만사의 근원이라고 보고 있다. 그러나 지리至理의 내용으로서의 천도天道가 천지역수天之曆數라는 것과 연결시키지 못했다.

명明 · 청유淸儒들의 중中에 대한 견해

왕수인王守仁(양명陽明 1472~1528)은 중中에 대하여 "중中은 천리天理이다.(中, 只是天理)"[22] 라고 하여, 정程 · 주朱에서 중즉성中卽性을 적극적으로 긍정하지 않은 것과 대조적이다. 양지良知는 미발未發의 중中으로서 이때 중中은 화和를 내포한 중中이요, 중화中和가 미분未分된 중中이므로 양지良知가 곧 중中이라는 명제가 성립을 한다는 것이다.[23] 그러나 왕수인은 중은 미발의 양지良知라고 해석함으로서 중中을 심성론의 근원으로 보았다.

왕부지王夫之(1619~1692)는 "희로애락喜怒哀樂은 정情이요. 그 발發하지 않은 것이 성性이다. 편중되거나 의지하는 바가 없는 상태가 중中이며, 성性

---

20 『육구연집陸九淵集』 券二, 「여주원회與朱元晦」(一).
21 최일범, 『유교의 중용사상과 불교의 중도사상에 관한 연구』, 성균관대학교 대학원 박사학위논문, 1991, 180쪽.
22 김학주 역저, 『전습록』, 명문당, 2005, 141쪽.
23 김학주 역저, 『전습록』, 명문당, 2005, 142쪽.

이 정情으로 발현된 중절中節상태를 정正이라 하였다."[24] 그의 중中에 대한 해석도 기존 학자들과 일맥상통한 면을 보이고 있다. 그런데 왕부지는 중中과 정正을 연관시켜 해석함에 있어서 중中의 바름으로서의 정正을 언급한 점은 특징으로 인정되나 중中에 근원적 원리의 내용은 밝히지 않고 상황적인 중中으로 해석하는 한계가 있다.

위와 같은 종래 여러 학자들의 중中에 대한 해석과 의미를 오늘날 대다수의 학자들이 계승하고 있다.[25]

---

24 왕부지王夫之 著,『선산전집船山全集』第七卷,「四書訓義(上)」, 船山全集編輯委員會編校, 嶽麓書社出版, "喜怒哀樂之未發謂之中, 發而皆節謂之和, 中也者, 天下之大本也." 103쪽의 註釋에서 "喜怒哀樂, 情也. 其未發, 則性也, 無所偏倚, 故謂之中, 發皆中節情之正也."

25 中에 대한 최근의 硏究 成果를 살펴보면 다음과 같다.

❶ 학위논문 : (석사) 김재숙,『선진유가의 중 사상 연구』, 고려대학교대학원, 석사학위논문, 1990. 유칠노,『공자의 시중지도에 관한 연구』, 성균관대학교대학원, 석사학위논문, 1978. (박사) 윤천근,『중용연구』, 고려대학교대학원 박사학위논문, 1987. 최일범,『유교의 중용사상과 불교의 중도사상에 관한 연구』, 성균관대학교대학원 박사학위논문, 1991. 閔晁基,『선진유학에 있어서의 중 사상에 관한 연구』, 충남대학교대학원 박사학위논문, 1992. 심귀득,『주역의 시중론에 관한 연구』, 성균관대학교대학원 박사학위논문, 1997. 유연석,『주희의 중화설 연구』, 연세대학교 대학원, 1999.

❷ 단행본 : 최영진,『유교사상의 본질과 현재성』, 유교문화연구소, 2002. 곽신환,『주역의 이해』, 시공사, 1991. 이헌중,『역경』과 사서』, 넉락, 2004.

❸ 일반논문 : 백은기,「주희의 주역해석에서 나타난 중에 관하여」『범한철학』제25집, 범한철학회, 2002. 엄연석,「정이『역전』의 중정개념과 가치판단」『철학사상』제12호, 서울대학교 철학사상연구소, 2001. 곽신환,「『주역』의 시」,「시간과 해석학」, 호남신학대학교출판부, 2006.

기존학자들의 중中 해석의 한계

　진·한대이후 학자들의 중中에 대한 해석과 주장은 선진역학의 중정론中正論에서의 중中과 완전히 일치한다고 볼 수 없다. 그 이유는 먼저, 중의 개념을 존재론적인 관점에서 근원적인 원리로서의 중으로 해석하기보다는 인도人道의 도덕적인 심성의 중절中節, 또는 중용中庸 상태狀態의 중으로 해석하였기 때문이다.[26] 다음으로 중中을 천지역수天之曆數와는 무관하게 언어적인 상황논리에 입각한 해석으로 일관하였기 때문이다. 선진유학에서의 중이 심성론적 해석과 전혀 관련이 없는 것은 아니다. 중中을 행위의 규범이 불편不偏·불의不倚·과불급過不及하다는 의미의 언어·문자적 상황논리로서 과연 『서경』과 『논어』에서 언급한 천지역수天之曆數의 중中의 본질적인 의미를 밝힐 수 있을 것인가?

　먼저, 중中을 집약적으로 표현하고 있는 『중용』을 통하여 문제점을 살펴보자. 『중용』에서는 "하늘이 명命한 것을 성性이라 하고, 성性을 따름을 도道(天命之謂性, 率性之謂道.)"[27] 라고 하였다. 하늘이 명命한 것이 본성本性이고, 이 본성本性을 따르는 것이 도道라면 이 때 도道는 천도의 명으로 이루어진 인도人道이다. 즉 이 인도人道의 근원은 역시 천天의 명命으로서의 도道이기 때문에 천도인 것이다. 또한 『중용』에서 "중中이라는 것은 천하天下의 큰 근본이요(中也者, 天下之大本也.)"[28]라는 명제에서 중이 천

---

[26] 최영진 교수는 우리의 판단과 행위의 정당성 여부를 판정해주는 기준의 최종적인 근거가 되는 천도의 본질에 대하여 『주역』의 두 명제로 설명되어질 수 있음을 말하고 있다. "한번은 음적陰的인 방향方向으로 운동運動하고 한번은 양적陽的인 운동運動하는 것을 도道라고 한다.(『周易』, 「繫辭下」篇 第一章, 一陰一陽之謂道), 천지의 위대한 덕을 생이라고 한다.(『周易』, 「繫辭下」篇, 第一章, 天地之大德曰生)" (최영진, 『유교사상의 본질과 현재성』, 유교문화연구소, 2002, 25-26쪽.)

[27] 『中庸』, 第一章.

[28] 『中庸』, 第一章.

하의 근본(본체本體)임을 의미하고 있다. 그러므로 중은 만유萬有의 본체本體인 천도天道·천명天命으로서의 중中이라고 할 수 있다. 그러나 천명天命과 대본大本으로서의 중中을 행위의 규범으로서 불편·불의·과불급한 균형상태나, 막연하게 추상적인 개념으로서 지리至理로만 해석하거나, 심성론적心性論的으로만 접근 한다면 중정中正의 해석에 있어서 다음의 한계가 드러난다.

첫째, 『서경』「우서虞書·대우모」편의 '천지역수재여궁天之曆數在汝躬 윤집궐(기)중允執厥(其)中'이라는 측면에서 볼 때 궐厥(기其)중中의 궐厥(기其)은 천지역수天之曆數를 지칭하는 것으로서 중中을 천지역수天之曆數의 중中을 의미하는 것으로 보아야 함에도 불구하고 그렇게 보지 못한 한계가 있다. 그런데 천지역수天之曆數를 왕위계승의 순서나 운수로만 해석한다면 '윤집궐(기)중允執厥(其)中'에서 '중中을 잡는다' 함은 바로 왕위계승의 운수와 순서를 잡는 의미로 해석될 수밖에 없는 한계가 있다. 따라서 필자는 역수曆數의 개념과 중中의 관계를 천지역수天之曆數의 중中이라는 차원에서 보고, 중도中道와 정도正道의 본래적 의미를 검토하고자 한다. 왜냐하면 천지역수天之曆數의 중中이라는 관점에서 중과 중정지도를 연구하여 밝힘으로서 중의 문자적인 해석에서 벗어나 역학을 근거로 한 선진유학에서의 중의 본래적인 의미를 드러낼 수 있기 때문이다.

둘째, 위에서 언급한 천시역수天之曆數는 전天의 시간적 운행원리로서 시간의 원리로 보아야 할 것임에도 불구하고 진秦·한漢 이후의 학자들은 중을 상태적 심성心性이나 실천의 상황적·공간적·언어적 의미로 바라봄으로서 중의 본래적 의미를 드러내는데 한계가 있는 것이나. 따라서 필자는 본론에서 『주역』에서의 천도는 천지역수天之曆數이고, 천지역수天之曆數는 시간의 원리임이 밝혀보고자 한다.

천지역수 차원次元에서 역도를 구명하기 위한 연구 성과는 다음과 같다.

❶ 학위논문
석사

김만산,『주역에 있어서 성인·군자관』, 충남대학교대학원 석사학위논문, 1987.

김재홍,『주역의 중정지도에 관한 연구』, 충남대학교대학원 석사학위논문, 2004.

임병학,『역학의 인간 본래성에 관한 연구』, 충남대학교대학원 석사학위논문, 2002.

박사

김만산,『역학의 시간관에 관한 연구』 충남대학교대학원 박사학위논문, 1992.

송재국,『선진역학의 인간 이해에 관한 연구』, 충남대학교대학원 박사학위논문, 1992.

양재학,『주희역학에 관한 연구』. 충남대학원 박사학위논문, 1992.

이현중,『역학에서 나타난 유가사상의 존재론적 근거』, 충남대학교대학원 박사학위논문, 1996.

임병학,『역학의 하도낙서원리에 관한 연구』, 충남대학교대학원 박사학위논문, 2005.

김재홍,『역학의 중정지도에 관한 연구』, 충남대학교대학원 박사학위논문, 2008.

❷ 단행본

이상용, 『正易原義 : 全』, 河相易 발간(경성), 1913.

김정현, 『正易註義 : 上,下』, 河相易 발간(경성), 1912.

염삼화, 『正易明義』, 河相易 발간(경성), 1912.

강병섭, 『金火正易懸吐粗解』

양재열, 『正易演解 全』, 1956.

권병원, 『정역관지』

이정호, 『정역연구』, 아세아문화사(서울), 1976.

이정호, 『정역연구』, 국제대학교 인문사회과학연구소(서울), 1976.

이정호, 『주역자구색인』, 국제대학교 인문사회과학연구소(서울), 1978.

이정호, 『주역정의』, 아세아문화사(서울), 1980.

이정호, 『정역과 일부』, 아세아문화사(서울), 1985.

이정호, 『第三의 易學』, 아세아문화사(서울), 1992.

백문섭, 『정역연구의 기초(수지상수로 본)』, 보경문화사, 1995.

한장경, 『정역』, 삶과 꿈(서울), 1997.

신역학회, 『金火正易』, 1998.

김주성, 『정역집주보해』, 1999.

이현중, 『한국철학의 역학적 조명』, 청계(서울), 2001.

이현중, 『중국철학의 역학적 조명』, 청계(서울), 2001.

이현중, 『역경』과 『사서』, 역락(서울), 2004.

硏經院, 『周·正易經合編』, 도서출판 연경원, 2009.

윤종빈, 『정역과 주역』, 상생출판, 2009.

권영원, 『정역구해』, 경인문화사, 1983.

권영원, 『정역입문과 천문력(附 易韻)』, 동서남북, 2010.

권영원, 『정역구해』, 상생출판, 2011.

권영원, 『정역과 천문력』, 상생출판, 2013.

❸ 일반논문 :

유남상, 「하락상수론에 관한 연구」, 『논문집』 제5권 제1호, 충남대학교 인문과학연구소, 1978.

유남상, 「정역사상의 근본문제」, 「논문집」 제7권 제2호, 충남대학교 인문과학연구소, 1980.

유남상, 「정역의 도서상수원리에 관한 연구」, 『논문집』 제8권 제2호, 충남대학교 인문과학연구소, 1981.

유남상, 「역학의 역수성통원리에 관한 연구」, 『논문집』 제11권 제1호, 충남대학교 인문과학연구소, 1983.

유남상, 「김항의 정역사상」, 『고희논문집』, 박규진박사고희기념사업회, 원광대학교출판국, 1984.

유남상, 「동양철학에 있어서 주체변천」, 『동서철학연구』창간호, 한국동서철학회, 1984.

유남상, 「역과 역」, 『백제연구』 제17집, 충남대학교 백제연구소, 1986.

유남상, 「도서역학의 시간관 서설」, 시간에 관한 연구, 충남대학교, 인문과학연구소, 1989.

남명진, 「정역사상의 근본문제와 선후천변화원리에 관한 고찰」, 『종교학연구』 제7권, 인간사랑, 1998.

남명진, 「제3역괘도 출현가능성의 논리적 근거」, 『유학연구』 제3집, 충남대학교 유학연구소, 1998.

남명진, 「주역의 괘효원리에 관한 연구」, 『동서철학연구』, 제15호, 한국동서철학회, 1998.

남명진, 「단군신화에서 나타난 한국인의 원초적 시간관에 관한 역학적 고찰」, 『동서철학연구』, 제25호, 한국동서철학연구회, 2002.

남명진, 「율곡의 역학관에 관한 연구」, 『율곡사상연구』 제12집, 율곡학회, 2006.

남명진, 「한국정신문화의 역철학적 사유기반에 관한 연구」, 『동서철학연구』 제42호, 한국동서철학회, 2006.

김만산, 「삼역괘에 나타난 도덕원리에 관한 연구」, 『철학, 인간 그리고 교육』, 제7
회 한국철학자 연합대회대회보 학술대회요약본(1994. 10,21.-22.), 대전, 한
국동서철학 연구회 외 4개 철학회 공동주체, 1994.

김만산, 「한·송대의 구·십수론과 하도낙서 도상의 정립」, 『동서철학연구』 제12호,
한국동서철학연구회, 1995.

김만산, 「역학상 용어개념정의에 관한 연구(Ⅰ)」, 『동양철학연구』 제17집, 동양철학
연구회, 1998.

김만산, 「존재의 종적구조와 횡적구조에 관한 도서역학적 연구」, 『동서철학연구』,
제16호, 한국동서철학연구회, 1998.

이현중, 「주역육십사괘의 서괘원리에 관한 연구」, 『주역연구』, 제2집, 한국주역학
회, 1997.

이현중, 「시간성과 역도」, 『동서철학연구』 제14호, 한국동서철학 연구회, 1997.

이현중, 「역학적 패러다임을 통한 한국철학의 사적이해」, 『동서철학연구』 제16호,
한국동서철학연구회, 1998.

이현중, 「역학의 근본문제인 천지역수」, 『주역연구』, 제3집, 한국주역학회, 1998.

이현중, 「정역의 한국사상적 위상」, 『범한철학』, 제20집, 범한철학회, 1999.

이현중, 「역학의 삼역팔괘도 원리」, 『대동철학』, 제11집, 대동철학회, 2000.

이현중, 「역수성통원리,」 『범한철학』, 제22집, 범한철학회, 2000.

이현중, 「도서원리내용인 천지역수」, 『철학논총』 제24집, 새한철학회, 2001.

이현중, 「易學의 천지역수와 괘효원리」 『동서철학연구』 제29호, 한국동서철학연
구회, 2003.

이현중, 「주역의 성명지리」, 『범한철학』, 제29집, 범한철학회, 2003.

이현중, 「역경의 학문원리」, 『범한철학』 제33집, 범한철학회, 2004.

천지역수天之曆數는 하도河圖·낙서洛書와 밀접한 관련이 있다. 그러므로 천지역수天之曆數와 밀접한 관련을 가진 하도·낙서를 떠나서는 천지역수天之曆數에 대한 논의는 불가능한 것이다.[29] 왜냐하면,『서경』「홍범」의 내용이 하도·낙서의 본체수本體數(中중)인 십오十五를 중심으로 하는 역 철학에 바탕을 두고, 특히 낙서를 근거로 한 오황극을 중中으로 하는 왕도정치원리이기 때문에 중은 천지역수天之曆數와 역 철학적으로 필연적 연관성을 가지고 있는 것이다.

셋째, 선진유학의 주제로서『주역』에서 주로 논한 중中은 괘효의 논리를 통하여 정正과의 관계에서 밝혀져야 함에도 불구하고 진秦·한漢 이후의 학자들은『중용中庸』의 문맥만을 해석함으로서 중의 본질적인 의미는 물론 정正과의 관계성도 제대로 밝히지 못하는 한계가 있다. 왜냐하면『주역』의 표면적인 논리인 괘효원리도 천지역수天之曆數의 인도적人道的·지도적地道的 상징적 논리의 표상체계이기 때문이다. 따라서 역수원리에 근거한 괘효원리에 입각한 중도中道와 중정中正의 논리적 관계를 밝히고자 한다.

넷째,『주역』이 중정지도를 표상하고 있는 논리방식은 수數, 상象, 사辭의 상징체계로 되어 있다.[30] 그러므로 중정中正에 대한 해석은 상징적인 논리에 입각하여 이루어져야 함에도 불구하고 진秦·한漢 이후의 학자들은 피상적인 문자적 해석으로 일관하고 있었다. 중정中正의 본래적인 의미를 논리적 설명하는데는 한계에 직면할 수밖에 없었던 것이다.[31] 왜냐하면 앞에서 문제제기한 도서원리, 괘효원리에 입각한 중정지도의 연구방법은 물

---

[29] 하도·낙서의 도상인 천지역수에 대하여는 본론에서 구체적으로 설명하고자 한다.
[30] 『周易』「繫辭上」篇 第12章, "子曰 書不盡言, 言不盡意, 然則聖人之意, 其不可見乎? 聖人立象以盡意, 設卦以盡情僞, 繫辭焉, 以盡其言, 變而通之以盡利, 鼓之舞之以盡神."
[31] 그것은『주역』의 십익에서 중中에 대하여 언급하고 있다. 또한 중中과 관련하여 정正을 말하고 있으며, 나아가 역학의 핵심적인 과제인 중정지도와 연관성을 갖기 때문이다.

론 그 외에도 『주역』의 괘효·단사彖辭·상사象辭와 관련하여 선진유가先秦儒家의 중론中論을 논리적으로 제시해야 중정지도中正之道를 올바르게 밝힐 수 있기 때문이다. 따라서 이 책에서는 또한 언사言辭로 밝히고 있는 역학에 있어서의 중정원리中正原理와 『중용中庸』 등의 중中과 논리적 관계를 증명하려는 것이다.

다섯 번째, 앞에서 문제를 제기한 바와 같이 천지역수天之曆數와 시간성[32] 및 하도낙서와 괘효원리는 일관적인 논리성을 가지고 있음에도 진秦·한漢 이후의 기존의 학자들은 중정지도의 함의를 구체적으로 밝히면서 논리적인 연관성은 생각지 않고 별개의 것으로 간주하여 도덕적인 규범으로만 해석하는 한계가 있었다. 왜냐하면 역학의 중정지도에 대한 본질적인 의미 내용을 상징적인 논리체계를 종합적으로 연구검토함으로써 그 인도적인 실천과 구현의 올바른 길이 밝혀질 수 있기 때문이다. 따라서 본론에서는 선진유학의 중정지도를 역수원리와 언사言辭와 결부시켜 봄으로써 논리적인 연관성에서 인도적人道的인 실천과 구현에 관하여 밝히고자 하는 것이다.

역학에서의 중도中道과 정도正道, 그리고 중정지도에 대한 연구 검토는 천지지도天地之道와 인도, 즉 천지인 삼재지도三才之道를 밝히는 매우 중요한 과제이다. 중정지도에 대한 연구는 인간의 존재 근거는 물론 우주 전체의 존재의의와 방식을 밝히는데 단서가 될 수 있을 뿐만 아니라 중핵적中核的 문제이다. 즉 중정지도에 대한 올바른 연구와 그 의미를 밝히는 것이

---

[32] 시간성은 시간의 운행원리로서 그 운행의 뜻이며, 천의 의도가 내재된 프로그램의 내용이다. 그러므로 시간의 본질적 성격을 시간성이라고 한다. 이를 인격적으로 규정한다면 시간운행의 원리는 운행주체인 하늘의 의도가 담겨진 天의 뜻으로 규정할 수 있다.(남명진, 『한국정신문화의 역철학적 사유기반에 관한 연구』, 『동서철학연구』 제42호, 한국동서철학회, 2006, 8쪽.)

바로 역도의 근본문제를 풀어내는 열쇠라고 할 수 있는 것이다. 따라서 천지역수天之曆數를 근거로 해서 중정지도中正之道를 근원적으로 밝히고자 한다.

2. 중정지도中正之道의 연구범주

역학에서의 중정지도는 형이상학적인 상징논리로 표상되어 있어서 언어와 문자만으로는 그 존재론적 근거가 드러 낼 수 없기 때문에 상징논리를 통하여 中正之道의 본래적인 의미가 논리적으로 밝힐 수 있다.

이 책에서는 제II장에서 천지역수天之曆數에 대한 기존학자들의 주장을 검토하였다. 그리고 천지역수天之曆數와 중中 및 중中과 정正의 관계를 살펴보았다. 제III에서는 중정지도의 역수적曆數的 표상체계인 하도·낙서의 본질적인 내용에 대한 기존 학자들의 견해를 분석하고 그 한계점을 밝혔다. 제IV장에서는 『주역』의 주된 표상체계인 괘효원리를 통하여 드러나는 중정지도에 대하여 구체적으로 설명하고자 한다. 제V장에서는 중정지도의 언사적인 의미의 내용을 앞의 수數·상象논리에 근거하여 파악하는 동시에 그 인도적人道的인 구현具現의 길과 실천논리를 성인·군자지도와 관련하여 밝히고자 하였다.

이러한 논리적 연구를 위해서 역학의 기본경전인 『주역』과 『정역』을 주된 자료로 삼고 『예기』, 『서경』, 『사서』 등의 유가경전을 보완 자료로 삼고자 한다. 그리고 진秦·한대漢代 이후 현재까지 거론되고 있는 중정지도와 그에 관련된 연구내용과 주제로서 역수曆數, 하도·낙서, 괘효 등의 원리에 대한 제유들의 견해와 주석을 검토하고, 그 한계를 지적하여 그 논리적 근간을 새롭게 확립하였다.

　연구의 방법으로는 성인의 뜻의 분석과 종합을 일차적으로 문헌을 위주로 한 연구를 바탕으로 하여, 먼저 중정지도中正之道의 표상방법의 논리적 구조를 면밀히 분석하고자 한다. 다음으로 역수원리와 괘효원리의 상징적 체계와 언어와 문자로 구성된 괘효사卦爻辭 및[33] 십익十翼의 관련 내용들을 통관通觀함으로서 그 본래적인 의미를 밝히고자 한다.[34] 다시 말하면 수數·상象·사辭로 이루어진 역易의 표상체계 전반과 체계의 상호 연관된 논리체계와 경문經文의 올바른 해석을 위해 '이경해경以經解經'의 방법과 『주역』및 『정역』의 상호 논리적 관련성을 통한 보완적 해석방법으로서 현전賢傳을 통하여 경전經典을 해석하는 '이전해경以傳解經'의 방법까지 총망라하여 역학에서의 중정지도中正之道의 본질적 의미를 논리적으로 드러내고자 한다.

　이 책에서는 일반적으로 거론되고 있는 『주역』의 괘효 및 괘효사와 십익이 동일한 내용으로 기술된 하나의 체계인가 아닌가의 여부에 관한 문제와 괘효 및 괘효사와 십익 각편의 저자가 누구이며, 저작의 시기가 언제인가 하는 여러 가지 문제에 대하여, 괘효 및 괘효사와 십익은 논리적 정합성을 가진 하나의 이론체계이며, 십익의 저자는 공자孔子라는 전통적인 관점에 따른다. 따라서 『주역』의 성립은 춘추시대 이전을 전제로 한다.

---

[33] 역학에서의 수는 시간성을 의미하며, 괘는 천명天命에 의한 공간적인 표상방법이다.
[34] 『周易』,「繫辭上」篇 第12章, "子曰 書不盡言, 言不盡意, 然則聖人之意, 其不可見乎? 聖人立象以盡意, 設卦以盡情僞, 繫辭焉, 以盡其言."

정역正易

『정역』은 김항 선생의 작이다. 선생의 본관은 광산光山이며, 자는 도심道心, 호는 일부一夫이다. 그는 출생지인 충남 논산과 인접한 마을 모촌에 은거하고 있던 '이운규'의 문하에서 수련을 쌓았다. 그리고 일월변화사상의 학문적 명제가 되는 '영동천심월影動天心月'이라는 시구詩句를 받아 고심한 끝에 복희역伏犧易과 문왕역文王易에 이어 제삼괘도第三卦圖인 정역팔괘正易八卦를 얻고 같은 해 6월에 「대역서大易序」를 서술했다.

일부선생은 다시 1884년 『정역상편正易上篇』인 「십오일언十五一言」에서 「무위시無位詩」까지를 완성했으며, 다음해 1885년 「정역시正易時」와 「포도시布圖詩」를 비롯하여 그 하편인 「십일일언十一一言」「십일음十一吟」까지 저술함으로써 『정역正易』을 완성했다. 『주역』이 선천심법先天心法의 학學이라면 『정역正易』은 후천성리后天性理의 도道로 규정하고 있다. 『주역』이 군자지도 중심이라면, 『정역』은 성인지도를 중심으로 설명하고 있다. 또한 『주역』이 인도人道중심으로, 『정역』은 천도 중심으로 역도를 구명하고 있다고 천명하고 있다. 일부선생은 『정역』「대역서大易序」에서 "역자역야易者曆也, 무역무성無曆無聖, 무성무역無聖無易"라고 하여, 역학의 삼대명제로 삼고 있다.

二. 천지역수天之曆數와 중정지도中正之道

천지역수天之曆數를 주로 다루고 있는 것은 『주역』과 『정역』이다. 『주역』의 중정지도의 본질적인 내용을 파악하기 위해서 천지역수天之曆數부터 먼저 파악을 해야 된다고 본다. 앞에서 문제 제기를 한 바와 같이 기존학자들은 중中을 천지역수天之曆數와는 무관하게 해석하였기 때문에 본 장章에서는 먼저, 천지역수天之曆數에 대한 기존 학자들의 견해를 검토하고, 다음으로 『정역』에서 천지역수天之曆數와 시간성의 개념에 대하여 분석하고, 마지막으로 중정지도의 표상체계인 역수원리에 대하여 논리적으로 근거를 살펴보고자 한다.

1. 천지역수天之曆數에 대한 기존 학자들의 견해

위魏·진晉·당유唐儒들의 천지역수에 대한 견해

하안何晏(193~249)은 『논어집해論語集解』에서 천지역수天之曆數에 대한 주석註釋을 통하여 역수曆數를 왕위 계승의 순서로 해석하였다.[35]

왕필王弼(226~249)노 『주역약례周易略例』에 "상象은 뜻을 표출한 것이고 언어言語란 사辭를 밝히는 것이다. 뜻을 완전히 표현 하려면 상象이 제일이

---

[35] 하안河晏, 『논어집해論語集解』, 「堯曰」篇, 天之曆數의 註釋, "曆數謂列次也."

고, 상象을 완전히 표현하려면 언어가 제일이다. … (중략) … 따라서 언어는 상象을 밝히는 수단이니 상象을 얻었으면 언어는 잊어도 되고, 상象은 뜻을 보존하는 수단이니 뜻을 얻었으면 상象을 잊어도 된다."[36] 라고 하여, 한대漢代 이후의 상수역학象數易學을 술수術數라고 비판·배격하면서 의리역학義理易學을 주장했다. 그는 『주역』속에 내포된 도서상수圖書象數와 의의리義理중에서 의리義理만을 취함으로써, 선진역학先秦易學의 존재론적인 의미를 내포한 천지역수天之曆數와 중中에 대하여는 언급하지 않았다.

공안국孔安國(?~?)은 『상서공씨전尚書孔氏傳』「대우모大禹謨」편과 『상수주해象數註解』에서 역수曆數를 천도天道로 해석하였다.[37] 그러나 그는 천지역수天之曆數를 천명의 존재근거로 보지 않고, 단순히 하늘의 뜻에 의한 왕위계승의 운수運數로만 보았던 것이다.

공영달孔穎達(B.C.E. 574~648)도[38] 『상서정의尚書正義』에서 역수曆數를 천자위天子位에 오를 수 있는 하늘이 정한 운수運數로 해석을 하였다.[39]

송宋·명明·청유清儒들의 천지역수天之曆數에 대한 제 견해

송유宋儒들의 견해를 보면, 북송北宋시대의 오군자五君子를 중심으로 역학의 하도·낙서를 문제 삼아 연구하기 시작했다. 그러나 한대漢代 이래의 상수역象數易에 대하여는 여전히 술수로 간주하는 인식의 범위를 크게 벗

---

[36] 풍우란馮友蘭 著 박성규 譯, 『中國哲學史』 下篇, 까치, 2001, 725쪽 참조 "夫象者出意者, 言者明象者也, 盡意莫若象, 盡象莫若言,   (中略) … 故言者所以明象, 得象而忘言, 象者所以存意, 得意忘象."

[37] 공안국孔安國, 『尚書孔氏傳』, 「大禹謨」篇, 天之曆數에 대한 註, "曆數謂天道,   (中略) … 舜善禹有治水之大功, 言天道在汝身, 汝終當升爲天子."

[38] 공영달孔穎達(B.C574~648)은 공자孔子의 32代 손孫으로 왕필역王弼易에 정통正通하였다. 『주역정의周易正義』의 제第1 찬자贊者이다.(강학위康學偉 外 2人 공저, 심경호 역, 『주역철학사』, 예문서원, 1998, 346-347쪽.)

[39] 공영달孔穎達, 『상서정의尚書正義』, 「大禹謨」篇, 天之曆數에 대한 註, "天之歷運之數, 帝位當在汝身, 汝終升此大君之位, 宣代我爲天子."

어나지는 못하였다.

형욱邢昺(?~?)도 역수曆數와 천명을 분리시켜서, 역수는 왕위계승의 순서로, 천명은 다만 천자天子의 직위로 해석하였으며,[40] 더 나아가 공안국孔安國, 공영달孔穎達의 천도역운설天道歷運說과 정현鄭玄의 도참운수설圖讖運數說까지 인용하면서 본인의 주장에 타당성을 논리적으로 증명하려고 하였다.[41]

주희朱熹(1130~1200)는 『역학계몽』을 저술著述하는 등 역학의 체계를 확립하는데 지대한 공로가 있다.[42] 그리고 그는 특히 점占과 풍수지리風水地理에도 관심을 보였다. 『역학계몽』에서 하도가 역의 근원이며, 하도가 있은 뒤에 「계사」편의 천지지수가 있었다고 하여 하河·락洛의 원리가 역학의 근본문제임을 제기했다.[43] 그러나 천지역수天之曆數에 대하여는 『논어』 「요왈堯曰」편에서 다음과 같이 주석註釋을 하고 있다.

"역수曆數는 제왕帝王들이 서로 그 위位를 계승繼承하는 차례로 세시기절歲時氣

---

40 형욱邢昺, 『논어정의論語正義』,「堯曰」篇, 天之曆數의 正義, "堯曰咨爾舜, 天之曆數在爾躬者, 此下是堯命舜以天命之辭也. (中略) … 曆數謂列次也. (中略) … 言天位之列次, 當在汝身, 故我今命授於汝也. (中略) … 孔註尙書云謂天道, 謂天歷運之數, 帝王易姓而興, 故言曆數謂天道, 鄭玄以在汝身, 謂有圖籙之名, 何晏云列次, 義得兩通."

41 유남상, 「역학의 역수성통원리에 관한 연구」, 『논문집』 제IX권 1호, 충남대학교 인문과학연구소, 1984, 128쪽

42 주희朱熹(1130~1200)은 남송인南宋人으로 정자程子 낙학의 정통을 계승하고 송대 성리학을 집대성하였으며, 특히 정이천程伊川의 학문을 宗支로 삼고 있으나, 역학에서만은 의리뿐 아니라 복서卜筮와 상수象數에 대하여 깊이 연구하여 하도·낙서의 도상을 확정지었다. 또한 역학에 관한 저서로 『역학계몽』, 『주역본의』, 『주희어류』 등에 『역경』에 관한 해실과 사료들이 수록되어 있다. (강학위 외 2人 공저, 심경호 역, 『주역철학사』, 예문서원, 1998, 525-530쪽 참조.) 주희가 역학에 기여한 공로는 하도·낙서를 체계화하였으며, 당시 대립과 갈등으로 점철되어온 상수역학과 의리역학을 병행하여 역학을 발전시킨 공은 실로 지대하다고 할 수 있다.

43 주희朱熹, 김상섭 역, 『역학계몽』, 예문서원, 서울, 1994, 46쪽.

왕필 王弼

왕필王弼(226~249)은 의리역학義理易學의 대표적인 학자이다. 그의 저서는 『노자주老子注』, 『역변易辨』, 『주역대연론周易大衍論』, 『주역약례周易略例』 등이 있다. 왕필 역학의 주요한 내용은 다음과 같다.

❶ 득의망상설得意忘象說

득의망상설은 괘사나 효사는 괘의 상징적인 모습을 말해주는 언어일 뿐이고 괘의 상징적 모습은 괘의 뜻을 설명하기 위한 수단에 지나지 않으니, 괘사와 효사에 집착하면 참다운 뜻을 얻어내지 못한다. 그러므로 뜻을 얻어냈으면 그 상징적 모습을 잊어버리기를 마치 물고기를 잡았으면 통발을 잊어버리듯 해야 한다. 따라서 상수역학象數易學은 지나친 상징적인 모습에 집착하는 것이라 판단하여 배척한다.

❷ 대연지수大衍之數

「계사」편에 나오는 대연大衍의 수는 50인데 쓰는 것은 49라는 말의 해석에 있어서 1을 쓰지 않는 이유를 어떻게 풀이할 것인가 하는 문제이다. 왕필王弼은 노장철학老莊哲學에 입각하여 쓰이지 않은 1이 바로 『노자老子』에 나오는 도道와 같은 것으로서 「계사」에서 이른바 태극太極에 해당하여 천지 만물의 본바탕이 되는 것인데 볼 수도 이름을 붙일 수도 말로 할 수도 없고 '무無'라고 할 수 있는 어떤 것이라고 풀이한다. 왕필王弼은 그때까지의 상수역학을 밀어버리고 「계사」편의 태극과 노장老莊의 도道를 융해시켜서 의리역학義理易學을 확립시키고 새로운 철학사상을 내놓게 된다. 그러나 역도易道란 하나이다. 그리고 천도天道를 상징하는 상수象數를 버리고 지도地道인 의리역義理易만을 취함으로서 중정지도로서의 근원적인 의미를 드러내는데 한계가 있다고 볼 수 있다.

❸ 취의설取義說
『주역』의 괘사나 효사는 언제나 그 괘卦나 글에 담겨진 이치와 뜻을 가지고 해석하였고 상징적인 모습이나 수數는 말하지 않았다. 그 담겨진 이치와 뜻은 『노자』와 『장자』에 담겨져 있는 것을 바탕으로 하고 있다.

❹ 효위설爻位說
괘에 담긴 이치와 뜻은 그 괘卦에 들어 있는 어떤 하나의 효에 담긴 이치와 뜻에 의하여 주로 결정한다. 일반적으로 두 번째 효와 다섯째 효 가운데 효가 그것인데, 음효나 양효가 다섯인 괘에서 나머지 하나의 양효와 음효가 그것이다. 이로서 왕필은 상수역학의 주요 내용인 취상설取象說, 호체설互體說, 괘변설卦變說, 납갑설納甲說 등을 배격하였다.

왕필王弼은 삼국시대三國時代 위나라 사람으로 『주역周易』을 『노자老子』와 『장자莊子』와 함께 삼현三玄이라 합칭合稱하였다. 그리고 한역漢易의 상수학象數學을 미신으로 배척하고, 현학玄學에 의한 새로운 풍조를 열었다.*

* 강학위康學偉外 2人 공저, 심경호 역, 『주역철학사』, 예문서원, 1998, 266-268쪽 참조.

節의 선후先後와 같은 것이다.(曆數, 帝王相繼之次第, 猶歲時氣節之先後也.)"⁴⁴

그는 역수를 천자 위位의 순서로 보는 기존의 견해와 같은 의미로 해석을 하였다. 그러나 한漢·당유唐儒와 다른 점이 있다면 그것은 바로 왕위계승의 차서次序를 결정하는 근거를 운수運數에 두지 않고, 인간에 내재된 덕성德性에 두었다고 하는 점이다. 주희朱熹는 인간 본유本有의 덕성을 매우 중요시하였다. 그러나 중中을 주로 언급한『중용집주中庸集註』에서도 천지역수天之曆數에 대한 언급은 보이지 않았고, 오직 심心과 성성誠만을 중시하였다.

그러나 주희는 한유漢儒의 보편적인 견해였던 운수설運數說은 배제하였다. 그럼에도 천지역수天之曆數를 단순히 제왕帝王의 위位에 대한 차서次序나 사시변화四時變化의 차원에 불과한 것으로 해석하였다. 또한『서경』에서 "인심人心은 유위惟危하고 도심道心은 유미惟微하니 유정유일惟精惟一이어야 윤집궐중允執厥中하리라."⁴⁵고 한 구절에 대하여 성인의 문하門下에서 전傳하여진 심법心法으로 규정하면서도 이것을 '천지역수재여궁天之曆數在汝躬'과는 연결시키지 못했던 것이다.

왕부지王夫之(1619~1692)도『선산전집船山全集』에서 역수曆數에 대하여 다음과 같이 말하고 있다.

"역수曆數는 제왕의 계승의 차서이요, 세시기절歲時氣節의 선후先後를 말함이다. 진실함은 믿음이다. 중中은 과過하거나 미치지 못함이 없음을 이름 한 것이다.(「曆數」, 帝王相繼之次第, 猶歲時節氣之先後也. 允, 信也, 中者, 無過不及之名.)"⁴⁶

---

44 주희朱熹,『주자어류朱子語類』,『論語』「堯曰」篇, 朱熹註.
45 『서경書經』,「虞書·大禹謨」篇, "人心惟危, 道心惟微, 惟精惟一, 允執厥中."
46 왕부지王夫之 著,『선산전집船山全集』第七卷,「四書訓義(上)」,『論語』「堯曰」篇의 註釋, 船山全集編輯委員會編校, 嶽麓書社出版, 989쪽.

그는 기존의 학자들과 동일하게 역수를 제왕의 위를 계승하는 차서次序이거나 일년 사시기절四時氣節의 변화순서와 같은 것으로 말하고 있다.

천지역수天之曆數에 대한 제유諸儒들의 한계

앞에서 살펴본 한漢·당唐·명明·청유淸儒를 비롯한 기존 학자學者들은 천지역수天之曆數의 개념을 하늘의 천도운행의 의지로서 인간의 심성으로 주어지는 천天의 명命 즉, 성인聖人이 그것을 천명으로 내재화되어 있음을 자각토록 한 명제命題를 한대漢代 이후의 선유先儒들은 현실적인 왕위계승의 순서 정도로 이해理解한 한계를 찾아 볼 수 있다. 이를 구체적으로 살펴보면 다음과 같다.

첫째, 천지역수天之曆數는 하늘의 역수를 의미하는 것이며, 역수가 단순히 역사적인 왕위계승의 순서나 차례를 의미하는 것은 아니다. 역수의 내용은 하늘이 순서로 정해진 수가 아니라 하늘의 시간운행을 상징한 것으로 보아야 타당하다. 그럼에도 불구하고 역수를 과학적 입장에서 단순한 현상적인 책력冊曆으로만 생각하여 천명天命과 책력冊曆을 분리함으로서 천명적인 해석이 아닌 완전히 천문학적 과학으로 인식하는 한계가 있다.[47]

둘째, '천지역수재이궁天之曆數在爾躬'에서 '재이궁在爾躬'도 성인의 몸 안에 있다는 의미로서 하늘의 시간운행원리가 내재화되었다는 것을 의미하는 것이지 현실적인 왕위계승의 운수가 그 몸 안에 있다는 것은 아니다. 즉, 하늘의 명命으로서 내재화됨을 말하는 것이다. 다시 말해서 성명性命으로 주어진 것이지 운명運命으로 주어진 것이 아니다. 천명天命이란 왕위王位의 명命이 아니라 하늘의 시간원리가 인간에게 수어졌다는 것이다. 천

---

47 유남상, 「정역사상의 근본문제」, 『논문집』 제7권 2호, 충남대학교 인문과학연구소, 1980, 232쪽.

명天命은 모든 인간에게 똑같이 주어져 있으나 그것을 자각을 통하여 천하 백성들의 심성을 올바른 방향으로 인도하는 덕성이 갖추어졌기 때문에 현실적인 왕위와 결부되어 진 것이지 단순한 운수를 말하는 것은 결코 아니다. 만일 천지역수天之曆數가 운수와 차례라고 한다면 천도와 천명의 내용을 알 길이 없는 것이다. 그러므로 천명을 역사적·운명론적 입장에서의 왕위계승의 운수運數 또는 차서의 뜻을 넘어서지 못함으로써, 천명의 구체적인 내용인 천지역수天之曆數를 왕위계승의 역사적인 운명으로 해석하는 한계를 극복하지 못하였던 것이다.

셋째, 기존학자들은 천지역수天之曆數를 천天의 시간운행원리로서 이해하지 못했다. 역수는 천도운행의 시간원리이다. 수數로써 표현한 것이 역수이다. 종래의 학자들은 '수數'만 보고 '역曆'은 시간이 흘러가는 것으로 보았다. 그러므로 역수를 시간이 흘러가는 차례나 사시기절四時氣節의 변화로만 보았던 것이다. 또한 일월성신日月星辰의 역상원리曆象原理를 인시로 응용하도록 구체적인 현상적 시간변화의 원리를 응용한 개념이다. 그러므로 역상曆象의 개념도 천天의 시간운행원리를 생활에 적응시킨 것이다.

시간운행원리인 천명인 역수는 인간은 시간의식에 의해 천명을 자각한다. 기존 학자들은 천명을 형이상학적으로는 제시하였지만 이를 외면하였다. 그러나 천명은 하늘의 운행원리인 시간성이 내재화하였기 때문에 인간이 시간의식을 통하여 천명을 자각하게 되는 것이다. 따라서 천지역수天之曆數가 성인이 천명을 주체적으로 자각하는 직접적인 근원으로서의 진리임을 이해하지 못하였던 것이다.

넷째, 역의 핵심의 문제가 역수원리이며, 역수원리는 시간의 문제이다. 시간에 대하여는 본론에서 구체적으로 설명하겠거니와 역은 시간의 본질적인 성격인 시간성의 문제임에도 불구하고 기존학자들은 공간위주의 해석으로 일관하였다. 그러나 『서경』「홍범」편의 세월일시歲月日時나 「요전堯典」편의 역상일월성신曆象日月星辰은 역이 시간의 문제임을 밝혀주고 있는 것이다. 『주역』은 시간의 차원에서 천·지·인 삼재三才의 도道를 밝히고 있다.

위와 같은 한계로 인해서 기존학자들은 천지역수天之曆數를 올바르게 해석하지 못하였던 것이다. 그리고 중中과 정正의 관계도 명확히 해명치 못하게 결과를 초래하였던 것이다. 앞에서 언급한 바와 같이 천지역수天之曆數와 중中과 정正의 관계를 두고 볼 때 천지역수인 중도中道의 내용은 바로 정도正道의 근거임을 살펴보았다. 그러므로 중정지도의 근본원리가 바로 천지역수天之曆數이다. 따라서 중정지도의 본질적인 의미는 천지역수天之曆數에서 찾아야 한다는 것이다. 왜냐하면 중中은 천지역수天之曆數의 중으로서, 인간존재의 천도론적인 근거와 천명의 구체적인 내용이 투영되어 있기 때문이다.

따라서 중은 모든 존재의 근원일 뿐 아니라 모든 가치의 귀일체歸一體로서 영구불변의 가치소재價値所在이다. 그러므로 천지역수天之曆數의 중이라는 관점에서 『정역』과 『주역』을 통하여 중정지도의 구체적이고 보다 근원적인 의미를 밝히고자 하는 것이다.

2. 『정역正易』의 역수曆數 해석과 시간성時間性

역을 천지역수天之曆數의 시간성으로 밝힌 것은 『정역正易』부터 라고 할 수 있다. 이것은 역학사의 획기적인 사실이며, 역학의 새로운 경지를 열어갈 것으로 예측된다. 역학의 전반적인 새로운 해명에 대하여는 별도의 연구가 수행되어야 하겠거니와 이 책에서는 『정역』의 역曆개념과 천지역수天之曆數와 시간성관계를 검토하고 나아가 천지역수天之曆數와 중中·정正개념의 관계를 살피는 논리적 근거를 제시하고자 한다.

『정역正易』에 나타난 '역曆' 개념의 의미意味

『정역』에서는 '역曆' 개념이 처음 나온 것이 아니라 『서경』 「우서虞書·대우모大禹謨」편과 「홍범洪範」편 그리고 『논어』 「요왈堯曰」편이다. 그리고 새로운 선후천역리先后天易理를 밝힌 『정역』에서는 "역曆이 곧 역리易理(易者역자 曆也역야.)"⁴⁸라고 밝히고 있다.

그렇다면, 역수와 중의 개념은 어떤 관계인가? 여기서는 『정역』에서 나타난 역수의 개념과 의미적인 내용을 먼저 밝히고자 한다. 천지역수天之曆數⁴⁹ 개념은 『서경』 「대우모」편 및 「홍범」편과 『논어』 「요왈」편에서 처음 언급된 개념이고, 역수에 관해 체계적인으로 밝힌 것은 『정역』 출현 이후로 볼 수 있다. 『정역正易』은 역曆의 개념을 다음과 같이 밝히고 있다.

"역易은 역曆이니, 역曆이 없으면 성인聖人도 없고, 성인聖人이 없으면 역易도 없

---

48 金恒, 『正易』, 「大易序」.
49 이 책에서는의 천지역수와 천지역수원리, 역수원리의 개념은 다음과 같다.
❶ 천지역수天之曆數와 천지역수원리天之曆數原理의 개념 : '천지역수'는 천지역수재이궁天之曆數在爾躬의 문구에서 따온 것으로 하늘의 역수이니 만큼 원리가 포함된 것이다. 단지 천지역수에 대한 한대漢代 이후의 학자들이 천지역수를 천문학이나 사시변화, 왕위계승의 차서등의 해석과 구별하기 위해서 천지역수에 '원리'라는 두 글자를 붙여서 사용하고 있음을 밝혀둔다.
❷ 역수원리曆數原理 : 천지역수는 역수가 원리에 포함되어야 한다는 의미로 사용한다. 즉 역수의 근원적인 의미로서 사용되고 있음을 밝혀둔다. 여기서는 문장의 구성상 불가피한 경우를 제외하고는 '천지역수'를 '역수원리'로 사용하고자 한다.

을 것이다.(易者曆也, 无曆无聖, 无聖无易.)"⁵⁰

이는 『정역』의 서문序文인 '대역서大易序'의 주요 개념으로서 역학의 새로운 명제인 역曆은 책력의 날수만을 의미하는 것이 아니라 천天의 시간 운행원리를 표현하는 천도天道이다. 시간운행원리는 자연법칙적인 원리가 아니라 창조정신과 뜻을 내포하고 있는 천명이다. 그러므로 역도가 역수로 표상된 천도·천명의 구체적인 내용임을 밝히고 있다.⁵¹ 따라서 천지역수天之曆數를 구성하는 역수는 철학적인 상징수로서 책력册曆으로 드러나는 실제 기수朞數의 근원인 것이다. 이는 천지역수天之曆數가 원리적인 의미와 구체적인 시간을 모두 내포하고 있음을 뜻하는 것이다. 또한 천지역수天之曆數를 체계적으로 제시하면서 역수성통원리曆數聖統原理에 입각하여 역易이 성인들에 의해서 저작된 성인지도임을 밝히고 있다. 또한 '성재聖哉라 역지위역易之爲易'라고 하여, 역학이 성인지학聖人之學임을 언급하고 있다. 이러한 주요 명제에 대하여 유남상 교수는 다음과 같이 견해를 밝히고 있다.⁵²

첫 번째, '역자易者는 역야曆也니'라 함은 역학의 제1명제로서 천지역수天之曆數를 기본 명제로 하여 성인지학의 근본명제가 천지역수天之曆數에 있음을 천명하고 있다. 역수원리曆數原理를 자각한 성인이 역易을 학문으로 선개시키고, 역도의 학문적 개념을 역수원리로 규정하고 있다. 또한 '역자易者는 역야曆也'라는 말은 역도가 역수원리임을 분명하게 밝히고

---

50 金恒, 『正易』, 「大易序」.
51 유남상, 「정역사상의 근본문제」, 『논문집』 제7권 2호, 충남대학교 인문과학연구소, 1980, 230쪽.
52 유남상, 「정역사상의 근본문제」, 『논문집』 제7권 2호, 충남대학교 인문과학연구소, 1980, 232쪽.

있다는 것이다.

두 번째, '무역无曆이면 무성无聖' 이라 함은 역학의 제2의 명제로서 역도를 자각한 주체로서 성인을 제시하고 있다. 따라서 역수원리가 없으면 성인도 없다는 것이다. 이것은 역수원리가 성인보다 더 근원적인 존재임을 의미하는 것이다. 다시 말하면 '무역无曆이면 무성无聖이란' 역수 성통의 문제를 말하고, 성인은 역수성통에 의해 천명을 깨닫는 것을 의미하는 것이며, 성인지학의 존재 근거가 천지역수天之曆數에 있다는 것이다.

세 번째, '무성无聖이면 무역无易이라' 함은 역학의 제3의 명제로서 역수성통에 선천이 십오성인十五聖人으로 전승되지 않았다면 성학聖學으로서 역학은 성립되지 않았을 것이다. 즉, 역학이 학문으로서 성립될 수 없다는 것이다. 성인이라는 인간의 출현으로 천지역수天之曆數를 하나의 학문으로 드러냈다. 그러나 역수원리는 인간의 본래성으로 주어진 것이다. 다시 말해서 역수원리가 인간에 내재화되어 인간 본래성으로 정착되어진 것이다. 그러므로 성인이 없다면 역학도 없다. 그리고 역학은 성학이라는 결론을 내릴 수 있다는 것이다.

유남상교수는 이러한 내용을 역학의 삼대문제를 해석하고 있다. 그 중에 가장 근본적이고, 핵심적인 내용은 '역易은 역야曆也'이다. 따라서 역학의 새로운 명제로 제기된 '역易은 역야曆也' 문제를 중심으로 살필 것이다.

역수원리와 성인에게 주어진 천명을 동일시하면서 '천지역수재이궁天之曆數在爾躬'의 내용을 그대로 계승하여 천지역수天之曆數는 천天의 시간운행원리를 수數로 표상하는 것이다. 시간은 구체적으로 진행되고 있는 물리적인 시간도 형이하학적인 물物로 간주하기가 어렵다. 그러므로 역曆이 분명히 시간時間의 문제와 밀접한 관계를 가지는 개념이다. 그리고 천도天道의 시간운행원리時間運行原理인 천지역수天之曆數는 당연히 형이상학적인 존재원리임을 알 수 있는 것이다. 따라서 천도의 시간성으로서의 천지역수天之曆數에 대한 새로운 연구와 분석은 역학적인 본질적 의미를 새롭게 드러내는 계기가 될 수 있을 것으로 본다.[53]

천지역수天之曆數와 중정中正의 개념적 관계

선진유학에서 중中은 앞 장에서 거론한 바와 같이 '천지역수재이궁天之曆數在爾躬 … (중략) … 윤집궐중允執厥中'에서 집중執中과 궐중厥中이 천지역수天之曆數의 중中임을 밝힌바 있다. 그리고 중中의 개념이 밝혀짐에 따라 정正의 원리가 밝혀지게 된다. 왜냐하면 『주역』에서는 중中과 정正을 같이 논論하고 있기 때문이다. 따라서 천지역수天之曆數와 중中과 정正의의 관계는 다음 장에서 구체적으로 제시하기로 하고 먼저 역수에 대하여 살펴보고자 한다.

역수의 '역曆'과 '수數'는 무엇인가? 먼저, 역曆에 대하여 살펴보면 역은 역상曆象의 역曆이다. 『서경』의 「요전堯典」에 의하면 "해와 달과 성신星辰을 역상曆象하여 인시人時를 공경하게 주게 하였다.(曆象日月星辰, 敬授人時.)"[54] 라고 하였거니와, 여기서 '상象'이란 대상적인 자연존재로서 일월성신日月星辰의 생성운행현상을 관찰하여 그 변화법칙을 상징적으로 표현함을 뜻하며, '역曆'이란 시간적인 측면에서 일월성신의 운행변화법칙을 역수적曆數的으로 추연하여 규정함을 의미한다. 여기서 대상對象적인 자연현상의 일월성신과 도수적度數的 시간단위로서의 연월일시年月日時로 구분하거니와, 이 양자兩者를 일관一貫하는 철학적인 원리가 역리易理인 것이

---

53 유남상, 「정역사상의 근본문제」, 『논문집』 제7권 제2호, 충남대학교 인문과학연구소, 1980, 232쪽.
54 『書經』, 「堯典」篇.

다.⁵⁵ 따라서 역학은 일월성신의 역상원리曆象原理에 의하여 성립된 것임을 알 수 있다. 그러므로 『주역』에서는 "역자易者 상야象也"라고 하여, 역리易理를 괘상卦象을 표현하였으며, 또한 『정역』은 "역자易者 역야曆也"라고 하여, 역리易理를 역수曆數로 표현하였던 것이다.

다음으로 수數에 대하여 살펴보면, 『주역』은 수數에 대하여 많은 언급을 하고 있다. 대표적으로는 「설괘說卦」, 제3장, "지나간 것을 셈은 순順이요, 미래未來를 앎은 역逆이다. 그러므로 역易은 거슬려 세는 것이다.(數往者順, 知來者逆, 是故, 易, 逆數也.)", 「계사상繫辭上」편 제5장, "수를 극하여 미래를 아는 것을 일러 점이라고 한다.(極數知來之謂占)", 「계사상繫辭上」편 제5장, "만물의 수에 해당한다.(當萬物之數也)" 등이 있다. 그리고 실제의 수는 「계사상繫辭上」편 제9장에 언급되어 있다.

이 때 수數는 시간의 표상방법이다. 변화變化는 시간의 과정을 필요로 하기 때문에 시간에 따른 변화라고 할 수 있다. 시간의 단계를 상징하는 것이 바로 수數이다. 그러므로 수라는 것은 시간의 변화를 상징하는 시간적인 역수를 의미하는 것이다. 바꾸어 말하면 하늘의 시간운행원리를 수로써 표상한 것이 역수이다. 따라서 존재의 구조 원리와 변화지도를 드러내는 철학적인 상징수가 바로 역수인 것이다.

역수는 시간을 섭리하는 시간성의 원리로서의 천지역수天之曆數를 구성하는 역학의 상징수를 의미한다. 그리고 책력을 나타내는 실제 기수이며, 천지역수天之曆數는 시간성을 드러내는 천도의 원리일뿐 아니라 인간에게 필요한 문물제도까지 형성시키는 역학적 원리이다. 그리고 수는 크게 산술적인 계산수와 철학적인 상징수로 구분할 수 있다. 이 때 산술적인 계산수가 존재의 연장을 규정하는 물리적 개념의 수라면, 철학적인 상징수는

---

55 유남상, 「역曆과 역易」, 『백제연구』 제17집, 백제연구소, 1986, 231쪽.

존재진리의 인간 주체적 자각에 의한 내재화의 과정을 통하여 체계화된 도서역학적 원리를 나타내는 이수理數이다.[56]

또한, 천지역수天之曆數의 역학적 의미는 공자의 사유체계도 천지역수天之曆數에 입각한 것임을 찾아볼 수 있다. ❶『논어』"사십四十 불혹不惑, 오십五十 학역學易" ❷ 공자孔子가 천하를 주유周遊하다 노나라로 '60'세 돌아옴 ❸『시경詩經』의 시時는 305(율려도수律呂度數 300)편이 수록됨,『서경書經』은 59편(정령도수政令度數 60)으로 구성되어 이를 합습하면 대략 360편 등으로 미루어 볼 때, 역수曆數와 관련하여 상징적으로 의미를 표상하고 있다고 볼 수 있다. 그리고 공자의 정치원리는 '예악원리禮樂原理'할 수 있다. 그 역사적 배경을 살펴보면 상고시대上古時代에 치산치수, 천재지변, 계절변화에 대비하여 올바른 역曆을 제정하여 백성들에게 시의성時宜性에 맞도록 하고, 천재지변을 무사히 넘기도록 하는 역사적 사명이 요堯·순舜의 있음을 깨닫고 천도변화를 파악하기 위해서 천지역수天之曆數의 자각에 의한 역제정曆制定을 제일의 과제로 삼았다. 그래서 천지역수天之曆數를 근거로 책력冊曆를 제정했던 것이다.

따라서 천지역수天之曆數란? 중도는 시간성의 구조와 작용의 원리로서 그것은 철학적인 이수인 천지의 수에 의해서 표상되어진 천지지도가 바로 천지역수天之曆數이다.[57] 그리고 천지역수天之曆數는 역수 구성의 근본원리로시 천명의 존재론직인 근거인 전도를 의미하는 것이다.[58]

그렇다면 역수원리와 중中과 정正은 무슨 관계인가? 역수원리에서 가장

---

[56] 김만산, 「역학상 용어의 개념정의에 관한 연구」(Ⅰ),『동양철학연구』제17집, 동서철학연구회, 1998, 248쪽.
[57] 시간성에 대하여는 '시간성과 천지역수'에서 설명한다.
[58] 유남상, 「역학의 역수성통원리에 관한 연구」,『논문집』제Ⅸ권 1호, 충남대학교 인문과학연구소, 1984, 127쪽.

핵심적인 것이 중정원리임을 대유괘大有卦「단사彖辭」에서 다음과 같이 밝히고 있다.

"크게 중中하며, 상하上下가 호응하므로.(大中而上下應之.)"⁵⁹

크게 중中함은 천지가 상응하여 대중大中의 도道를 얻는 것임을 밝히고 있다. 그러므로 크게 중하다는 '대중大中'은 대형이정大亨以正의 크게 형통한다는 의미와 동일하다고 볼 수 있다. 이것은 중정지도를 깨달아서 간직하고 있음을 언급하고 있다. 따라서 천지역수재이궁天之曆數在爾躬에서 확인할 수 있듯이 천도天道·천명天命의 구체적인 내용인 역수원리를 깨달아야 집중執中도 할 수 있고 실천도 할 수 있다는 것이다.

그렇다면 천지역수天之曆數와 천도의 관계를 어떻게 보아야 할 것인가? 선진경전先秦經典에서의 도道에 대하여 『중용』에서 살펴보면 "본성本性에 따름을 도道(率性之謂道.)"⁶⁰라고 하여, 도道가 인도人道임 밝히고 있다. 그러나 "도道라는 것은 잠시도 떠날 수 없는 것이니(道也者, 不可須臾離也.)"⁶¹ 라고 하여, 인도人道이지만 존재론적인 근거로서의 도道이며, 천명天命에 근거한 도道임을 의미하는 것이다.⁶² 또한 『주역』과 『정역』에서는 도道에 대하여 어떻게 설명하고 있는가?

"한 번 음陰하고 한 번 양陽하는 것이 도道이다.(一陰一陽之謂道.)"⁶³

---

59 『周易』, 大有卦, 「彖辭」.
60 『中庸』, 第一章.
61 『中庸』, 第一章.
62 『中庸』, 第一章, "天命之謂性."
63 『周易』, 「繫辭上」篇, 第五章.

"이런 까닭에 하늘의 도道를 세워 음陰과 양陽이라고 한다.(是以, 立天之道曰 陰與陽.)"⁶⁴

이는 한 번 음하고 한 번 양하는 작용원리가 도이며, 음양이 천도임을 밝히고 있다.⁶⁵ 또한 음양의 내용에 대하여 「계사상」편에서 다음과 같이 언급하고 있다.

"음양陰陽의 의의는 해와 달에 배속된다.(陰陽之義, 配日月.)"⁶⁶

이는 음양이 일월지도日月之道임을 밝히고 있다. 음양이 현상적으로 드러나는 일음일양의 도는 천도에 근거한 것이다. 음양작용을 형이하학적인 현상으로는 이해할 수는 없다. 그것은 형이상학적 존재원리로서 시간의 본질적인 성격이라고 표현할 수 밖에 없는 것이다. 『정역』의 「정역시正易時」에서 다음과 같이 밝히고 있다.

"하늘과 땅의 수는 해와 달이 수 놓으니 해와 달이 바르지 않으면 역이 역이 아닐세,(天地之數, 數日月, 日月不正易匪易.)"⁶⁷

하늘과 땅의 수數는 일월지도日月之道인 해와 날의 수임을 밝히고 있다. 이것은 일월지도日月之道가 역수원리이요, 역이 역수원리임을 의미하는 것이다. 이것은 도가 일월운행원리임을 밝히고 있는 것이다.

64 『周易』,「說卦」, 第二章.
65 음양陰陽은 시간개념이라면, 강유剛柔는 공간개념이다.
66 『周易』,「繫辭上」篇 第六章.
67 『正易』, 第二十張「正易時」, "天地之數, 數日月, 日月不正易匪易."

이러한 역수원리가 인간 본래성으로 주체화되었음을 『중용』과 『주역』 에서 다음과 같이 살펴볼 수 있다.

"하늘이 명한 것을 일러 본성이라.(天命之謂性)"[68]

"한번은 음陰하고 한번은 양陽하는 것을 일러 도道라 이르니, 그것을 계승繼承 한 것이 선善이며, 이루어진 것은 성性이다.(一陰一陽之謂道, 繼之者善也, 成 之者性也.)"[69]

"천天의 역수曆數가 너의 몸에 있으니, 네가 마침내 원후元后의 자리에 오르라. 인심人心은 위태롭고 도심道心은 은미하니, 정精하게 하고 한결같이 하여야 그 중中을 잡을 것이다.(天之曆數在汝躬, 汝終陟元后, 人心惟危, 道心惟微, 惟 精惟一, 允執厥中.)"[70]

역수가 네 몸에 있다는 것은 천도·천명의 구체적인 내용인 역수원리가 인간 본래성으로 주체화되었음을 의미하고 있다고 볼 수 있다. 다만 여기 서 천하를 접수한 요堯·순舜·우禹의 대성大聖이 인류人類의 대표로서 선 각先覺하였음을 아울러 강조하고 있다는 점을 유의할 필요가 있다.

인심人心과 도심道心으로 말하면 심성적心性的인 내용이 있지만 근원적 인 것은 천지역수天之曆數에 있다. 『정역』의 관점에서는 천지역수天之曆數 는 곧 하늘의 시간운행원리이며, 이것이 네 몸에 있다는 것은 천도인 역수 원리가 내재화되었음을 밝히고 있는 것이다. 그러므로 천도가 천天의 시간 운행원리(天之曆數)로서 인간의 시간의식으로 내재화되어 있는 것이 천天

---

[68] 『中庸』, "天命之謂性."
[69] 『周易』, 「繫辭上」篇 第五章.
[70] 『書經』, 「虞書·大禹謨」篇, 그 밖에 『論語』에서도 다음과 같이 밝히고 있다. 「堯曰」篇, "堯曰咨爾舜, 天之曆數在爾躬, 允執其中, 四海困窮, 天祿永終."

의 명命이며, 인간의 본래성으로 정착된 것이다. 따라서 천도天道가 역수원리인 것이다.[71]

그렇다면 역수원리가 왜 역학의 근본문제인가? 역수원리에 관하여 『논어』에서 그 의미를 보다 구체적으로 밝히고 있다.

> "요堯 임금이 말하기를. 아아! 너 순舜아! 하늘의 역수曆數가 네 몸 안에 있으니 진실로 그 중中을 잡을지니라. 사해四海가 곤궁해지면, 하늘에서 내리는 복록福祿은 영영 끊어지리라.(堯曰咨爾舜, 天之曆數在爾躬, 允執其中, 四海困窮, 天祿永終.)"[72]

'하늘의 역수가 네 몸 안에 있으니'이란 천天으로부터 성인聖人에 주어진 천명을 의미하는 것이니, 역수원리란 곧 천명의 구체적인 내용이라고 할 수 있다. 또한 '윤집궐중允執厥中'의 중中이란 역수원리의 중이며, 이 때 궐중厥中이란 역수원리의 중을 잡으라는 것으로 해석할 수 있다. 그리고 '사해四海가 곤궁해지면, 하늘에서 내리는 복록은 영영 끊어지리라' 하여, 경계警戒를 한 것은 정치적인 천명사상天命思想의 입장에서 한 말로서, 만일에 천하를 잘못 다스리면 천명天命이 끊어져서 현실적인 지위인 천록天祿을 상실한다는 것이다.

위의 인용문의 뜻은 천명의 내용인 천지역수天之曆數와 주어진 천명을 받는 '집중'과 천명수행의 현실적인 덕위德位인 '천록天祿'의 삼대문제로 집약됨을 알 수 있다. 그러므로 다시 천명 하나로 수렴된다고 할 수 있다. 따라서 천지역수天之曆數가 여하히 근본문제로 취급되는 이유는 바로 여기

---

[71] 『正易』 大易序, "易者, 曆也.", 『正易』 第25張, "天地之數, 數日月, 日月不正, 易匪易."
[72] 『論語』, 「堯曰」篇.

에 있다고 할 수 있다.[73]

앞에서 언급한 바와 같이 역수원리는 시간운행원리이며, 시간의 변화의 단계를 상징하는 것은 수數이다.[74] 그러므로 변화의 단계를 수로 표현할 때 도수度數라고 말할 수 있다.[75] 역수원리는 시간의 단위를 통하여 천명을 표상하는 도수원리度數原理이며, 그것을 객체화하여 나타낸 것이 도덕원리道德原理이다. 다시 말하면 중도를 중심으로 그것을 본체本體의 관점에서는 도수度數원리로 규정하고, 작용의 관점에서는 도덕원리로 규정하고 있는 것이다. 천도인 역수원리는 중도中道로서 인간의 존재 근거이며, 역수원리가 공간으로 드러난 정도正道는 인간의 삶의 원리로서의 인도人道라는 것이다.

천도인 역수원리에 순응하는 군자의 덕행에 대하여 건괘 「문언」에서 다음과 같이 언급하고 있다.

"(대저 대인大人·성인聖人은) 하늘의 도道에 먼저 하여도 천天이 어기지 않고, 하늘의 도에 뒤 하여도 천시天時를 받드나니(先天而天弗違, 後天而奉天時.)"[76]

이는 군자가 천도에 순응하여 봉천시奉天時해야 함을 의미하는 것이다. 또한 간괘艮卦 「단사」에서도 이를 다음과 같이 밝히고 있다.

---

[73] 유남상, 「정역의 도서상수원리에 관한 연구」, 『논문집』 제VII권 2호, 충남대학교 인문과학연구소, 1984, 230쪽.

[74] 『周易』, 「繫辭上」篇, 第九章, "天一地二天三地四天五地六天七地八天九地十, 天數五, 地數五, 五位相得而各有合, 天數二十有五, 地數三十, 凡天地之數, 五十有五, 此所以成變化而行鬼神也."

[75] 『正易』, 「十一一言」, 第二十六張, 雷風正位用政數, "无極而太極十一, 十一地德而天道, 天道圓庚壬甲丙, 地德方二四六八. (중략) … 皇極而无極五十, 五十天度而地數, 地數方丁乙癸辛, 天度圓九七五三."

[76] 『周易』, 乾卦, 「文言」篇, 九四「爻辭」.

"때가 그칠 때면 그치고 행할 때면 행하여 동정에 그 때를 잃지 않으면 그 도가 빛나고 밝다.(時止則止, 時行則行, 動靜不失其時, 其道光明.)"[77]

군자는 때를 자각하고 때에 따라서 살아감을 밝히고 있다. 이와 관련하여『중용』에서 다음과 같이 밝히고 있다.

"군자의 중용은 군자이고 때에 맞게 한다.(君子之中庸也, 君子而時中.)"[78]

이는 군자가 실천궁행實踐躬行하는 것은 시의성時宜性에 적중하는 시중時中으로 규정하고 있다. 중정지도를 천인 관계를 중심으로 나타내면 역수원리인 중도中道는 천도로 인간의 존재 근거인 천天의 본성을 나타내며, 정도正道는 천天에 근거하여 존재하는 인간의 존재원리인 인도人道로 인간의 본성과 삶의 원리를 나타내는 것이다. 그러므로 역수원리는 중정지도의 핵심적인 문제로서 역학의 근본문제라는 것이다. 그렇다면 역수원리에 대한 본래적인 의미는 무엇인가?

앞에서 언급한 바와 같이 이 책에서는 다루고 있는 중정지도의 근거가 바로 역수원리이다. 역수원리를 통하여 천명이 내재화되었음을 표상하는 것은 중中이 천도요 천명임을 확인할 수 있다. 이것은 중정지도의 핵심이 천지역수天之曆數에 있음을 알 수 있는 것이다.

---

77 『周易』, 艮卦, 「彖辭」.
78 『中庸』, 第五章.

역수원리曆數原理의 역철학적易哲學的 의의意義

역수원리曆數原理의 역 철학적 의의를 살펴보면 다음과 같다.

첫째, 역수원리曆數原理는 천도天道·천명天命의 내용이다.[79] 앞에서 언급한바와 같이 역수원리는 천도·천명의 구체적인 내용으로 '윤집궐중允執厥中'은 명命을 믿음으로서 주체화시켜 인간의 본성本性으로 자득自得함을 의미하는 것이다.[80] 따라서 존재의 근본범주인 시간時間과 공간空間을 역曆과 상象으로 역도의 표상방법表象方法을 도식화하면 다음과 같다.

```
        ┌─ 易의 論理體系 → 圖書原理 → 三極之道 ┐↓存在의 根源的인 構造原理
 時間 ──┤                            不動의 軸
        └─ 易의 論理體系 → 圖書原理 → 三極之道 ┘→存在의 根源的인 構造原理

                ┌─ 存在의 根源的인 構造原理 →存在의 完全性과 正體性을 드러내는 體의 原理
 時間性原理(存在原理)─┤
                └─ 存在의 生成 變化原理 →存在의 生長成 變化를 原理化한 用의 原理
```

•역도의 표상방법

---

[79] 『書經』, 「虞書 ·大禹謨」篇, "天之曆數在汝躬, 汝終陟元后. 人心惟危, 道心惟微, 惟精惟一, 允執厥中. (中略) … 四海困窮, 天祿永終."

[80] 인간 생명 자체도 천명天命이다. 생명生命이란 생生의 기간期間이 명命으로 주어진 것이다. 그래서 생生이라고 한다. 즉, 생명生命은 시간으로 주어진다. 예를 들어 하루살이는 하루라는 시간이 주어지는 것과 같다. 그러므로 천명의 구체적인 내용인 천지역수天之曆數가 역학의 근본문제가 된다고 볼 수 있다.

앞에서 언급한 내용에 대하여 『주역』에서는 군자지도인 인도人道 위주의 역도를 밝히면서 인도의 근원이 천도天道와 천명天命에 있음을 밝히고 있다. 이 내용에 대한 논거를 건괘乾卦의 「문언」을 살펴보면 다음과 같다.

"군자가 이 네 가지 덕德을 행하는지라, 그러므로 가로되 '건乾 원형이정元亨利貞'이라.(君子行此四德者, 故曰乾元亨利貞.)"[81]

군자가 행하여할 사덕四德이 건도인 원형이정元亨利貞임을 밝히고 있다. 그리고 공자는 역易의 사상四象인 원형이정을 대형이정이라고 해석하고 있다. 이를 임괘臨卦와 무망괘无妄卦 「단사」에서 천도인 원형이정이 대형이정이며, 대형이정은 바로 천도·천명임을 다음과 같이 밝히고 있다.

"대형이정大亨以正은 하늘의 도道이다.(大亨以正, 天之道也.)"[82]
"대형이정大亨以正은 하늘의 명命이다.(大亨以正, 天之命也.)"[83]

이는 대형이정大亨以正이 인간에게 주어진 천도 그 자체임을 말하고 있는 것이다. 이것은 인도의 존재근거가 바로 천에 있음을 확인 할 수 있는 것이다. 그리고 천명은 군자의 구체적인 시의성을 밝히기 위해서 수數로서 표상하게 된다. 따라서 천명의 구체적인 내용이 바로 역수원리인 것이다. 그러므로 천명의 내용인 천지역수天之曆數의 내면적인 자각이 바로 천도에 입각한 천명天命의 자각인 것이다.[84]

---

81 『周易』, 乾卦, 「文言」.
82 『周易』, 臨卦, 「彖辭」.
83 『周易』, 无妄卦, 「彖辭」.
84 유남상, 「정역사상의 근본문제」, 『논문집』 제7권 제2호, 충남대 인문과학연구소, 1980,

둘째, 천지역수天之曆數는 삼극지도三極之道를 근간으로 하고 있다. 왜냐하면 존재원리인 시간성의 원리가 밝혀진 것은 천지역수天之曆數이기 때문이다. 그러므로 삼극지도가 역수원리의 중심축인 것이다. 천지역수天之曆數를 시간적인 입장에서는 삼극지도이며, 공간적인 입장에서는 삼재지도이다. 그러나 이것은 개념적인 구분일 뿐 존재자체는 동일하다. 왜냐하면 역수원리를 중심으로 한 천·지·인 삼재지도三才之道를 나타낸 것이기 때문이다.

삼극지도는 무극无極과 태극太極 그리고 황극皇極의 삼극三極에 의하여 이루어지는 도생역성倒生逆成작용·원리와 역생도성逆生倒成 작용·원리로 구성이 된다. 다시 말하면, 삼극의 도역생성작용·원리가 바로 삼극지도인 것이다. 따라서 천도는 하도와 낙서를 통하여 표상되며, 하도와 낙서를 통하여 표상되는 천도의 내용은 삼극지도이고, 삼극지도의 내용은 바로 역수원리임을 의미한다고 할 수 있다.

앞에서 언급한 바와 같이 삼극지도는 천도의 내용인 천지역수天之曆數를 나타낸 것임을 알 수 있다. 그러나 『주역』에서는 삼극지도의 개념은 등장하지만 그 내용에 대하여는 언급되어있지 않다. 삼극三極을 중심 주제로 하는 역수에 대하여 「계사상」편 제9장의 천지지수절天地之數節을 통하여 밝혀진 십十과 오五 그리고 일수一數를 중심으로 하여 삼극지도를 나타내면, 십무극十无極과 오황극五皇極 그리고 일태극一太極으로 구성된다. 따라서 삼극지도는 무극과 태극 그리고 황극의 삼극원리三極原理로 형성 되는 것이다.[85]

중中은 역수원리로서 삼극지도로 표상되는 것이다. 왜냐하면 중中속에

230쪽.
85 삼극지도三極之道에 대하여는 다음 장에서 구체적으로 설명하고자 한다.

내포된 시간의 개념으로 역도를 표상한 것이 삼극지도이기 때문이다. 그리고 중정지도의 중中은 천·지·인 삼재三才를 내포하고 있는 것이다.

셋째, 천지역수天之曆數의 표상체계중의 하나가 하도·낙서도상이다.[86] 하도·낙서에 대한 구체적인 내용은 제Ⅲ장 하도낙서와 중정지도에서 설명하겠거니와 하도낙서의 도상의 수는 바로 역수로 구성되어 있다는 뜻이다.

왜냐하면 하도·낙서의 도상에 나타난 수리數理는 역수曆數의 논리로 구성되어 있기 때문이다.[87] 하도·낙서의 수數는 존재의 근원적인 구조 원리와 변화지도를 나타내는 철학적인 상징수이다. 그것은 천지역수天之曆數가 하도·낙서의 상수象數와 괘효상수卦爻象數를 통하여 역도易道로 드러난 것이다. 천지역수天之曆數와 괘효상수卦爻象數를 통합시킨 것이 바로 도서상수원리圖書象數原理이다. 하도河圖를 구성하는 수數를 일一에서 십十까지의 천수天數와 지수地數로 규정하고 있다. 이 천지天地의 수數가 역수원리를 표상하는 하도와 낙서를 구성하는 수數인 것이다.[88]

앞서 언급한바와 같이 하도·낙서의 도상에서 천지天地의 수數는 기우奇偶의 수數로 나타내며, 기수奇數는 천도天道를 표상하며, 우수偶數는 지도地道를 표상한다. 천지天地의 도道를 구분하여 나타내면 천도天道는 분생원리分生原理가 그 내용이며, 지도地道는 합덕원리가 그 내용이다. 그러므로 기우奇偶의 수數가 합덕合德하여 형성된 하도·낙서의 도상圖象은 그 내용이 합덕원리合德原理와 분생원리分生原理로 구성되어 있는 것이다. 하도

---

86 중정지도의 표상체계는 ❶ 간지도수 ❷ 하도·낙서 ❸ 괘효 원리 ❹ 언사言辭의 방식으로 표상된다. 본 저에서는 ❶ 간지도수에 대하여는 차후의 연구과제로 남기고, ❷ 하도·낙서 ❸ 괘효 원리 ❹ 언사言辭의 3가지 역도 표상체계를 중심으로 설명 해나가고자 한다.
87 한동석, 『우주변화의 원리』, 대원출판, 2003, 193쪽.
88 『正易』, 第二十張에서는, "天地之數, 數日月."라고 하여, 天地의 數는 日月天之曆數로 표상되고 있음을 言及하고 있다.

河圖가 합덕合德 원리를 중심으로 천지역수天之曆數를 표상하였다는 것은 본체本體 원리를 중심으로 천지역수天之曆數를 표상하였음을 뜻한다. 또한 낙서洛書는 작용원리를 중심으로 천지역수天之曆數를 표상한 도상이다. 그리고 낙서洛書는 기수奇數가 표상하는 분생分生원리를 중심으로 천지역수天之曆數를 표상하고 있다.

넷째, 역수원리는 인간 본래성의 상징적 표현이다. 천성(본성) 속에 천명이 내포됨을 성명지리性命之理라고 한다. 이것은 하늘로부터 주어진 사명을 모른다는 것은 천명이 무엇인가를 모른다는 것이다. 『중용』에서의 '천명지위성天命之謂性'과 역수원리는 무슨 관계를 가지는 것인가? 역학적인 측면에서 보면, '천명지위성'은 인간 본래성을 깨닫는 것이 바로 천명을 깨닫는 것을 의미함과 동시에 역수원리를 깨닫는 것이라 할 수 있다. 왜냐하면 천명天命의 구체적인 내용인 역수원리에 의해 사명이 주어지고 깨달아진다는 것이다.

천명을 깨닫는 것은 학문적 개념과 철학적인 개념이 다르다. 인간 본래성을 깨닫는 것이 철학哲學이다. 즉 본래 주어진 본래적 사명을 깨닫는 것이다. 인간 본래성의 의미는 본래本來 타고난 마음이 본성이다. 본성이 역수원리로 주어졌으니 역수원리를 깨닫는 것이다. 따라서 역수원리(天干地支)에는 만물의 원리가 내포되어 있는 것이다. 그러므로 역수원리는 본성本性으로 주어진 것이라 할 수 있다.(天命之謂性)

따라서 『중용』에서의 '천명지위성'은 역수원리에 의해서 하늘로부터 사명이 주어짐을 깨닫는 것이다. 역수원리의 참된 뜻이 시의성時宜性이다. 이때 시의성이란 예괘豫卦, 구괘姤卦, 돈괘遯卦에서 시간을 지칭한 시의時義를 의미하는 것이다. 그리고 그 뜻 속에 천지天地의 대의大意가 중심을 잡고 있다.

이것은 천지역수天之曆數의 내재화로 인해서 인간의 성명으로 정착됨을 의미하는 것이다. 그러므로 인간은 인격적인 존재이며 성명지리로 주어져 있다고 할 수 있다.

인지지성仁智之性은 인간에게 주어져 있는 본성本性이요, 천부적인 사명이며, 천명이다. 인지지성을 선천적으로 받아서 태어난 것이 인간이다. 그러므로 인간은 중도中道에 입각한 정도正道인 도덕원리를 깨달아야 한다.

이상과 같이 천지역수天之曆數의 역 철학적인 의의는 천도와 천명의 구체적인 내용으로서 시간성이며, 인간 본래성으로 드러난다는 것으로 요약될 수 있다.

지금까지 천지역수天之曆數에 대한 기존해석과 달리『정역』의 관점에서 그 의미를 살펴 본 결과 다음과 같은 결론을 내릴 수 있다.

먼저,『정역』의 천지역수天之曆數에 대한 역 철학적 의미는 첫째, 시간時間의 선험적先驗的인 원리로서 천명天命의 본질이고, 둘째, 시간성時間性의 원리가 밝힌 것이 천지역수天之曆數이며, 셋째, 천지역수天之曆數의 표상체계가 하도·낙서도상河圖·洛書圖上이다. 그리고 천지역수天之曆數는 인간본성本性속에 잠재된 하늘의 질서라는 의미를 살펴볼 수 있었다.

다음으로『정역』의 천지역수天之曆數의 역 철학적 의의에 대해서는 첫째 역학을 인도人道 위주가 아닌 중정지도中正之道 입장에서 해석함으로써 역학의 본래적인 의미를 드러낼 수 있었다. 둘째로「계사상」편 9장의 내용이 하도河圖의 내용에 국한된 의미가 아니라 '天地之數 節'은 하도河圖를, '大衍之數 節'은 낙서洛書원리를 표상하고 있음을 분명히 하였다. 셋째, 『정역』에서는 시간時間을 통해서 역도易道를 드러냄을 밝혔다.

이것은 『주역』과 유가경전의 전통적인 해석을 비판적으로 극복한 독창성의 극치로서 역 철학적 의의를 갖는다고 할 수 있을 것이다. 그 중에서도 시간의 선험적인 원리로서의 '천지역수天之曆數'에 대한 새로운 해석은 역학의 본질적인 의미를 새롭게 정립할 수 있는 계기가 되기에 충분하다. 그러나 독창성을 지나치게 강조할 경우는 독단에 흐르기 쉬우며, 보편성 확보에 너무 치중할 경우는 관념에 빠질 위험이 있다. 그러므로 양자의 상호균형이 뒷받침되어야 한다. 이 두 가지를 충족시키는 것이 바로 이 글에서 논의한 '천지역수天之曆數'라고 할 수 있다

역수원리曆數原理와 성통원리聖統原理 역학에서 역수성통曆數聖統의 문제가 제기된 것은 『정역』에서 비롯된다. 원래 정역사상은 복희伏羲이래 공자孔子에서 대성大成된 선진성학先秦聖學의 철학적 근거를 제공한 『주역』 중심의 역학사상을 철저하게 계승하였으며, 한대漢代 이후의 역학의 연구 성과를 선택적으로 수용하는 동시에, 특히 송대宋代 역학易學의 양대 특징인 소강절邵康節의 선후천역학이론先后天易學理論과 주희朱熹와 채원정蔡元定의 도서역학론圖書易學理論을 긍정적으로 받아들이면서도, 한편으로는 한역漢易과 송역宋易이 생각한 차원을 디디고 넘어서서 역학의 새로운 신경지를 개척하였던 것이다.[89]

---

[89] 유남상, 「역학의 역수성통원리에 관한 연구」, 충남대학교 인문과학연구소 『논문집』 제XI권 제1호, 1984, 125쪽.

區分	原曆時代	河圖時代										洛書時代										正曆時代
易의 名稱	原曆375度	閏曆366度										閏曆365¼度										正曆360도
朞의 名稱	一夫之朞	帝堯之朞										帝舜之朞										一夫之朞 內 孔子之朞
閏度數	15度=180時 (99+81)	6度(72時) (81時에서 9時間歸空)										5¼도=63時 (72時에서9時間歸空)										15度全體歸空
生成變化		出生의 變化　　生長의 變化　　完成의 變化																				
河洛度數	河洛未分	十	九	八	七	六	五	四	三	二	一	一	二	三	四	五	六	七	八	九	十	河洛合德
聖統淵源	盤古天地, 乾坤乾坤策未分	天皇	人皇	地皇	有巢	燧人	伏義	神農	黃帝	堯	舜	禹	湯	箕子	文王	武王	周公	孔子	六十三	七十二	八十一	一夫:乾策聖人 孔子:坤策聖人 (乾坤策合德)
		三才			7聖							7聖										
		三皇時代			五帝時代						唐·虞	夏	殷		周			春秋				
		乾策							坤策14聖									乾策				
洛書度數	河洛未分	一	二	三	四	五	六	七	八	九	十	九	八	七	六	五	四	三	二	一		河洛合德

●역학의 역수성통과 사력변화원리

역수성통이란 무엇인가? 역수원리를 근원하여 인류역사 속에 전개된 성인지도의 전승계통을 말한다. 즉, 요堯·순舜으로부터 문왕文王, 무왕武王, 주공周公을 거쳐서 공자孔子에게까지 이어지는 성인지도의 내용을 밝히고 있는 것이다. 이때 성인이란, 천도인 역수원리에 대한 인간의 주체적 자각이 바로 천명으로서의 성명지리임을 자각하는 것이다. 이러한 천명을 받아 천의天意를 내면화시켜 인간 주체적으로 자각 체득體得하고, 신명지덕神明之德을 통각統覺하여 만물지정萬物之情을 다스리는 사람이 바로 성인聖人이다.

역수성통원리란[90] 천도인 역수원리의 주체적 자각에 의해 중정지도를 체득하며, 이러한 중정지도가 역대성인을 통하여 역사적으로 전승되는 원리이다. 따라서 이는 역수원리를 근원하여 요堯·순舜·우禹·탕湯·문文·무武·주공周公의 성통이 당우삼대唐虞三代의 역사에 따라 전개되었음을 표현하는 것이다.[91] 이것은 역수원리의 의미적 내용은 시간성으로 표현됨을 의미하는 것이다.

시간성時間性과 역수원리曆數原理

역학에 있어서 역수원리란 시간의 존재근거인 시간성을 의미한다. 그것은 중中은 시간성으로 인간에게 내재화되었기 때문이다.[92] 따라서 먼저 시간성에 대하여 구체적으로 검토한 후에 역수원리와 관계를 살펴보고자 한다.

시간성時間性의 의미意味 시간성이란? 시간의 운행원리로서 시간의 형이상학적 존재 근거로서의 의미를 갖는다.[93] 시간성의 존재 근거는 역도의 구조와 작용의 원리가 드러나는 범주가 시간과 공간의 세계인 천지天地인 까닭에 시간과 공간을 범주로 하여 시간성과 공간성 원리가 표상이 되는 것이다. 시간

---

90 역수성통원리曆數聖統原理란 천지역수를 연원하여 인류의 역사속에 전개된 성인지도의 전승계통을 말한다. 다시 말해서 천도인 천지역수의 주체적 자각에 의해 중정지도를 체득體得하며, 이러한 중정지도가 역대 성인을 통하여 역사적으로 전승되는 역수성통원리를 말하는 것이다. 따라서 易學에서의 성통聖統은 유소有巢·수인燧人·복희伏犧·신농神農·황제黃帝·요堯·순舜·우禹·탕湯·문文·무武·주공周公·공자孔子을 계승하고 있다.(유남상, 역학의 역수성통원리에 관한 연구」, 『논문집』 제XI권 1호, 충남대학교 인문과학연구소 131-132쪽 참조.)

91 유남상, 「역학의 역수성통원리에 관한 연구」, 『논문집』 제XI권 제1호, 충남대학교 인문과학연구소, 1984, 140쪽.

92 『周易』, 「繫辭上」篇, 第五章, "一陰一陽之謂 道, 繼之者善也, 成之者性也."

93 시간성時間性은 구체적인 시간변화 현상이 아니라 시간의 본래적인 성격을 의미한다.

성에 대하여 『서경』의 「우서虞書·요전堯典」편을 살펴보면 다음과 같이 밝히고 있다.

"마침내 희씨와 화씨에게 명하여 넓은 하늘을 삼가 따르게 하고 해와 달, 별의 운행을 관찰하여 사람들에게 때를 알리도록 하였다. … (중략) … 제왈 아아 그대들 희씨와 화씨여 일 년은 366일이며, 윤달이 있음으로서 사철이 일년을 이루게 되고 백관들이 잘 다스려지고 여러 가지 공적이 모두 빛나게 되는 것이다.(乃命羲和, 欽若昊天, 曆象日月星辰, 敬授人時. … (中略) … 帝曰 咨汝羲暨和, 朞三百有六旬有六日, 以閏月, 定四時成歲, 允釐百工, 庶積咸熙.)"⁹⁴

이것은 제순帝舜이 희羲·화和씨에게 일월성신日月星辰의 운행을 역상曆象함으로서 시간성으로서의 역수원리를 체계화하여 일년기수―年朞數가 366日임을 밝히고 인간이 살아가는데 필요한 시간성을 밝혀주라는 것이다.⁹⁵ 이것은 천도가 시간을 통하여 공간상의 인도人道로 표상되기 때문이다. 역수원리는 시간을 섭리하는 시간성으로 규정할 수 있다.

시간성時間性과 역수원리曆數原理 시간성과 천지역수天之曆數와 어떤 관계를 가지는가? 우리가 일상생활에 있어서도 시간은 수數로 규정함과 같이 시간성의 원리적 체계를 숫자로 바꾸어 역수체계를 표상하는 것이다.

역수원리가 왜 시간성인가? 역학에 있어 역수원리란 시간의 존재근거인 시간성의 원리를 말한 것으로서, 그 이론적인 내용체계는 하도·낙서로

---

94 『書經』,「虞書·堯典」篇.
95 김만산,「역학상 용법의 개념정의에 관한 연구(Ⅰ)」,『동양철학연구』제17집, 동서철학연구회, 1998, 248쪽.

구성되어 있다.96 역도는 시간을 통하여 수로서 표상될 수밖에 없다. 왜냐하면 시간은 눈으로 볼 수가 없기 때문이다. 그러므로 시간은 의식의 대상이다. 그래서 시간을 수數로 의식하는 것이다. 시간은 수가 아니면 시의성時宜性을 규정할 수가 없다. 그래서 시간은 수로서 말하는 것이다. 공간은 오관五官으로 경험이 가능하다.

우리의 일상생활에서 시간은 수로 규정함과 같이 도서상수역학에는 시간성의 원리적인 체계를 수로 표현하고 있다. 그러므로 역수원리는 바로 시간성이며, 그 표상체계가 하도·낙서이다. 다시 말하면 역수원리의 표상체계가 하도·낙서이다.97

3. 중정지도中正之道 표상체계로서의 역수원리曆數原理

앞에서 중도인 역수원리가 시간성의 원리로서 하도낙서를 통하여 드러나며, 또한 역수원리는 괘상卦象이라는 매개체를 통하여 정도로 표상이 되어 역수원리가 중정지도로 드러남을 확인한 바가 있다. 본 절에서는 보다 구체적으로 역수원리가 중정지도로 표상됨을 살펴보기 위해서 먼저 역수원리와 중의 관계를 논술하고 나아가 중中·정正의 관계와 중정지도에 대해 고찰하고자 한다.

역수원리曆數原理와 중中

『서경書經』과 『논어論語』에서의 중中 유가경전 중에서 중中을 먼저 거론한 경전

---

96 유남상,「도서역학의 시간관 서설」,『시간에 관한 연구』, 충남대학교 인문과학연구소 1989, 65-66쪽.
97 시간운행원리인 역수원리의 표상체계인 하도·낙서와 연관된 내용은 다음 장에서 구체적으로 설명하고자 한다.

인『서경』과『논어』에서 다음과 같이 밝히고 있다.

"천天의 역수曆數가 네 몸속에 있으니 네가 마침내 원후의 자리에 오르라. 인심人心은 위태롭고 도심道心은 은미하니 오르지 정밀히 하고, 한결같이 해서 미쁘게 그 중中을 잡아라.(天之曆數在汝躬, 汝終陟元后, 人心惟危, 道心惟微, 惟精惟一, 允執厥中.)"⁹⁸

"천天의 역수曆數가 네 몸속에 있으니 오로지 정밀히 하고, 한결같이 해서 미쁘게 그 중中을 잡아라.(天之曆數在汝躬, 允執厥中.)"⁹⁹

위의 내용 중에서 특징적인 내용은 먼저, '천天의 역수曆數'와 '윤집궐중允執厥中'이라 할 수 있다. 천天의 역수曆數와 궐중厥中의 문제는 선진역학에서 중요한 명제이다.¹⁰⁰ 다음에는 인심人心과 도심道心에 대한 문제이다. 이는 심성론적인 측면으로서 한대漢代 이후의 대다수 학자들에 의해서 연구되어 논리적으로 증명되어 온 구절이다. 주희는 요堯·순舜으로부터 계승된 도학의 연원과 중中에 대하여 다음과 같이 주석하고 있다.

"경經에 나타난 것은 윤집궐중允執厥中은 요堯가 순舜에게 전한 것이고, 인심人心은 유위惟危하고 도심道心은 유미惟微하니, 유정유일惟精惟一이라사 윤집궐중允執厥中 된다 함은 순舜이 우禹에게 전한 것이다.(其見於經, 則允執厥中者, 堯之所以授舜也, 人心惟危, 道心惟微, 惟精惟一, 允執厥中者, 舜之所以授禹

---

98 『書經』,「虞書·大禹謨」篇.
99 『論語』,「堯曰」篇.
100 유남상,「정역사상의 근본문제」,「논문집」제7권 제2호, 충남대학교 인문과학연구소, 1980, 230쪽.

^야
也.)"¹⁰¹

　　주희의 주석에서는 '윤집궐중允執厥中'의 역수曆數의 중中에 대한 구체적인 언급은 없다. 그는 도리어 '천지역수재이궁天之曆數在爾躬'의 내용보다는 인심人心과 도심道心을 정밀하게 분석하여 한결같이 본심의 올바름으로 지켜야한다는 심성론적 의미를 강조하였다.¹⁰² 『서경』 「상서商書·반경盤庚」편을 살펴보면, 은대殷代의 왕인 반경盤庚이 황하를 건너 도읍을 옮기기 전에 불만을 가진 사람들에게 "너희들의 계책과 생각을 나누어 서로 더불어 각각 너희들 마음에 중中을 베풀어라.(^{여 분 유 념 이 상 종　각 설 중}汝分猷念以相從, 各設中^{우 내 심}于乃心.)"¹⁰³ 라고 언급하고 있다. 채침蔡沈은 『집전集傳』 주석에서 다음과 같이 밝히고 있다.

　　"중中은 지극한 이치이니, 각각 지극한 이치를 마음속에 두면 환사還徙하는 논의가 변역變易할 수 없음을 알아서 부언浮言과 횡의橫議에 동요되지 않을 것이다.(^{중자　극지지리　　각이극지지리　　존우심　　즉지환사지의　위불가역　이불}中者, 極至之理, 各以極至之理, 存于心, 則知還徙之議, 爲不可易, 而不^{위 부 언 횡 지 소 동 요 야}爲浮言橫之所動搖也.)"¹⁰⁴

　　중中을 지극한 이치로서 마음속에 두면 동요되지 않을 것임을 밝히고 있다. 이것은 중中을 인간의 도덕성과 연관된 개념으로서 마음의 표준으

---

101 『中庸』, 「中庸章句」序.
102 『中庸』, 「中庸章句」序, "精則察夫二者之間而不雜也, 一則守其本心之正而不離也." 고 하여, 정밀히 하는 것이란 그들 사이 살펴 섞이게 하지 않는 것이고, 한결같이 하는 것이 그 본심의 정을 지켜 떠나지 않음이라 하여 심성론적인 차원에서 설명하고 있다.
103 『書經』, 「商書·盤庚」篇.
104 『書經』, 「商書·盤庚」篇, "汝分猷念以相從, 各設中于乃心." 의 蔡沈註釋.

로 해석하고 있다.105

위 『서경』의 내용은 천지역수天之曆數에 근원적인 의미를 두고 볼 때, 중中은 천지역수天之曆數의 중中이 인간심성으로 내면화된 중中으로 보는 것이 타당하다. 왜냐하면 중中을 지극한 이치로서 각자의 마음속에 두면 흔들림이 없다는 것은 인간의 도덕적인 근원으로서의 하늘의 이치나 천명에 대한 확신을 통하여 천도와 천명이 내면화된 것으로 보는 것이 타당하기 때문이다.

『중용中庸』에서의 중中

선진유가 경전중에서 중中에 대한 언급이 가장 많은 『중용』에서 중中·용庸·화和의 의미를 역학적인 관점에서 살펴보자. 『중용』의 내용은 군자지도가 중심이다. 천명과 본성을 중심으로 도道와 교를 비교 설명한 후에 군자가 주체임을 밝힘으로서 『중용』의 내용이 군자지도임을 드러내고 있는 것이다. 그러나 역학적인 관점에서 『중용』의 중中을 중심으로 하여 중용中庸·중화中和에 대해 살펴보면 다음과 같다.

첫째, 『중용』에서의 중中은 천도가 인간에 내재된 본성을 의미하는 것으로 볼 수 있다.106 왜냐하면 인간의 본성은 천도가 내면화된 것이기 때문이다. 『중용』 제1장에서 "기쁨과 노여움과 슬픔과 즐거움을 발현하지 않은 상태를 중라고 한다.(喜怒哀樂之未發, 謂之中.)"107 고 했다. 주희의 주석을 보면 '미발未發의 중中은 본성으로서의 중中'이라고 해석해 왔다. 중中은 근원적인 존재로서 천도와 천명과 관련된 본체적 성격으로서 인간

---

105 최일범, 『유교의 중용사상과 불교의 중도사상에 관한 연구』 성균관대학교 대학원 박사학위논문, 1991. 87쪽.
106 『中庸』, 第一章, "天命之謂性."
107 『中庸』, 第一章.

본성을 의미한다는 것이다.

둘째, 『중용』제2장에서는 시중時中에 대하여 "군자의 중용은 군자로서 때에 맞게(時中) 하는 것이다.(君子之中庸也, 君子而時中.)"[108] 라고 하여, 중용을 체體로 삼고 시중時中을 용用으로 보고 있다. 그리고 수시처중隨時處中의 중을 고정된 상태로 보지 않고 시의성時宜性을 의미하고 있음을 밝히고 있다. 즉, 시중지도時中之道를 의미하는 것이다. 그러나 시중時中이란 천도天道에 맞게 인간이 순응하는 도리道理이다. 이때의 시중지도時中之道는 이정以正을 전제로 하여 하늘의 뜻이 인간 내면에 주재되어지는 시간성을 말하고 있는 것이다. 다시 말하면 인간의 내면성숙의 종시성終始性에 대한 깨달음을 의미하는 것이다. 그러므로 『중용』에서 중용지도를 시중時中 원리로 규정함으로서 중도中道에 입각한 군자지도임을 밝히고 있는 것이다.[109]

셋째, 『중용』의 집약적인 의미는 중中의 용庸이라고 할 수 있다. 왜냐하면 중中과 용庸관계로 보면 중中은 체體로서 본체적인 의미이며, 용庸은 용用으로서 작용을 의미하기 때문이다. 그리고 『중용』은 중中과 그 용用으로서의 화和를 의미한다.[110]

이상으로 『중용』에서 나타난 중中과 용庸및 화和의 의미를 역학적 관점에서 살펴보았다. 중中의 의미를 고찰함에 있어서 도덕·윤리적 근원으로서의 인도적 범주로 해석함은 인간 심성의 본질과 인간에게 천명을 내려준 하늘의 뜻을 논리적으로 증명하는데 한계가 있다. 즉 소이연所以然의 주체인 하늘의 의도를 명확히 드러낼 수가 없는 것이다.

---

108 『中庸』, 第二章.
109 유남상, 「정역사상에 관한 연구」, 『논문집』 제5권 제1호, 충남대학교 인문과학연구소, 1978, 18쪽.
110 윤천근, 『중용연구』, 고려대학교대학원 박사학위논문, 1987, 44-50쪽 참조.

『정역正易』에서의 중中

『정역』에서는 중中에 대해 다음과 같이 밝히고 있다.

"중中은 십十과 십十, 일一과 일一 사이의 공空이다. 요堯·순舜의 중中은 궐중厥中의 중中이다. 공자孔子의 중中은 시중時中의 중中이다. 일부一夫의 이른바 오五를 싸고 육六을 머금어 십十은 물러가고 일一이 나오는 자리이다.(中十十一一之空, 堯舜之厥中之中, 孔子之時中之中, 一夫所謂包五含六, 十退一進之位.)"¹¹¹

'중中은 십십일일지공十十一一之空' 이라고 하여, 중中과 공空 그리고 십十이라는 의미에 대하여 밝히고 있다. 이것은 중中은 근원적인 존재원리를 의미하면서 인간 본래성으로 말하면 황극皇極이기 때문에 살아있는 인간의 본래성本來性이요, 천지지심天地之心을 깨달은 마음이 바로 중中이며, 십十은 천심天心의 자리로서 십十이라는 것이다. 또한 공空은 천지지심天地之心을 합쳐놓은 것임을 밝히고 있다. 그러므로 중中은 공空이요 십十이라는 것이다.¹¹² 그리고 중中이 『정역』의 중위정역中位正易에 근거함에 대하여 다음과 같이 밝히고 있다.

"괘卦의 진손震巽은 수數로는 십十과 오五이니 오행五行의 근본이요, 육 남매의 어른이나 중위中位에 정역正易을 이룬다.(卦之震巽, 數之十五, 五行之宗, 六宗之長, 中位正易.)"¹¹³

---

111 『正易』, 二十五張, 後面.
112 黃中에는 天文과 人文의 道가 君子의 마음속에 다 들어 있다. 그래서 "故로 君子行此四德者라, 乾은 元亨利貞이니라"고 한 것이다.
113 『正易』, 第二十三張, 前面.

『정역』의 중中과 공空은 불가佛家의 공空과 어떻게 다른가?

❶ 선진성학에서의 진리는 형이상학적 중中이다. 중中이란? 인간에게 내재화된 천부지성이다.「계사」편에서는 선성善性, 인성人性으로 칭稱하고,「설괘說卦」편에서 성명性命之理를 중정지도中正之道로 규정하고 있다. '중中'은 성性이요, '정正'은 명命이다. 그러므로 공자와 맹자가 다같이 정명원리正名原理(정명正名, 정명正命)를 규정하고 있는 것이다.

역학에서는 궁극적인 진리를 무無와 공空으로 규정하지 않고 중中으로 규정한다. 중中은 성학聖學에 있어서 진리眞理를 규정한 글자이다. 중中의 탐색探索은 내 마음속에 있는 것이다. 실존적인 인간을 떠나서 중中을 생각할 수는 없다. 인간 주체안에 '나'라고 하는 중심에 뭐가 자리 잡고 있는가? 천부지성天賦之性이 자리 잡고 있다. 즉, "천지지대보왈생天地之大寶曰生" "생생존존生生存存" 이란 말이다.

❷ 『정역正易』에서는 '공空은 무위无位시니라'고 언급하고 있다. 이때 '무无'는 도가道家의 무無와는 다른 의미意味를 가지고 있다. 『정역正易』에서는 천天이라는 글자에서 서북西北쪽으로 파임을 하여 '없을 무无'로 쓴다. 또한 '무위无位는 화무상제化无上帝이요 화옹化翁이라고 언급하고 있다. 그리고 역수원리로 보면 무극지무극无極之无極은 십+ + 십+ = 20이다. 이때 십+은 삼극지도의 천天을 의미하는 무극无極을 의미하며, 하도낙서의 중심수의 합合인 20으로 볼 수도 있다. 또한 괘효원리를 중정지도라고 한 그 근거는 중中인 천지역수를 연원하고 있기 때문이다. 그러므로 역학에서의 중中은 윤집궐중允執厥中의 중中이요, 시중지도時中之道의 중中이라고 할 수 있다.

❸ 불가佛家의 공이란 '나(我)'라고 하는 존재 즉 자기 자신을 공空한 것으로 보는 아공我空과 일체 사물, 즉 객관적인 것들도 모두 공으로 보는 법공法空이 있다. 이 두 가지를 합한 말이 일체개공一切皆空이다. 그러나 초점은 어디까지나 자신의 마음에서 일어나는 모든 심리적인 현상을 공한 것으로 보라는 것이다. 번뇌 망상과 분별심 등을 실재하는 것으로 보지 말고 공空한 것으로 보라는 것이다.

'원효대사元曉大師'의 대승기신론大乘起信論에서의 사유관점思惟觀點은 '십문화쟁설十門和諍說'이다. 이때의 초점은 '공空'에 있는 것이 아니라 '화和'에 있다고 할 수 있다. 유불도 삼가를 구분하면, 유가儒家는 중中을 강조한다. 그리고 도가道家는 '무無'를 강조하고, 중국불교는 '공空'을 강조한다. 그러나 한국불교는 공空에 떨어지는 낙공落空을 철저하게 경계警戒한다.

김충열金忠烈은 '공空'에 대하여 다음과 같이 언급하고 있다. "불학佛學의 총귀결總歸結은 '공空'한 글자에 있다. 이것은 유有와 무無를 포함하여 어느 일변一邊에 국한局限되지 않는 전반적인 것이므로, 지식론상으로는 무지無知의 지知, 즉 인식하는 '능아能我'와 인식되는 소상小象이 일치된 전유全有의 뜻이 되고, 실상론상으로는 본체와 현상을 통설한 실재상(본래면목)을 가르키는 것이므로 아무것도 없다든가 아니다라는 부정을 위한 부정의 뜻이 아니라 차별이나 대대待對를 초월超越한 상象을 지칭指稱하는 것이 된다. 따라서 공空이야 말로 일체법一切法을 생멸현현生滅顯現할 수 있는 당사자當事者이다."*

---

* 김충열金忠烈, 『중국철학사산고(1)』, 온누리, 1988, 257쪽.

십오十五는 하도·낙서의 본체수本體數로서 오행五行의 근본이요, 중위中位에서 정역正易을 이룬다 함은 중정지도가 중위정역中位正易을 연원하며, 중도를 근거로한 정도正道임을 밝히고 있다. 따라서 『정역』에서는 요堯·순舜의 궐중지중厥中之中이나 공자가 말한 시중지중時中之中도 모두가 중십십일일지공中十十一一之空의 중中이라는 것이다.

이는 곧 하도·낙서 원리에서 나타나는 사력변화원리四曆變化原理[114]와 십오존공원리十五尊空原理[115]의 중위정역원리中位正易原理를 내용으로 하는 천지역수원리天之曆數原理의 내면적 자각을 통하여 중정지도로 전승되어진 것임을 밝히고 있다. 위에서 상술한 관중 유남상 선생은 『주·정역경합본편』 '천지역수원리도天之曆數原理圖'에서 그 논거를 밝히고 있다.[116]

앞에서 선진先秦의 경전經典인 『서경』, 『논어』, 『중용』과 『정역』에서의 중中에 관하여 살펴보았다. 결론적으로 유학에서의 중中은 근원적인 존재원리를 의미하며, 일체一體의 귀일체歸一體로써의 중中을 의미한다.[117] 따라서 선진유학은 한마디로 중中의 철학이요, 중정中正, 정중正中의 논리라고 하여도 과언이 아니다. 그러므로 선진유학의 근본은 중中이며, 선진역학의 핵심과제 역시 중정지도中正之道이다. 그렇다면 『서경』, 『논어』, 『중용』

---

[114] 사력변화원리四曆變化原理에 대한 내용은 제Ⅲ장 3절에서 설명하고자 한다.
[115] 십오존공원리十五尊空原理에 대한 내용은 제Ⅲ章 3절에서 설명하고자 한다.
[116] 柳南相 敎授의 '天之曆數原理圖'의 내용 중에서 上記의 引用文과 관련된 내용을 소개하면 다음과 같다.
"中 十十一一之空. 中, 以曆數原理言之則化翁无位度數也. 十十, 兩十相合而爲化翁无位二十度 兩十相乘而爲一元數百度也. 此一元數者, 河洛合德一體化之度數故, 內含圖書之中位本體度數二十與四曆生成·合德變化作用度數八十也. 一一, 河洛合德而妊一之意也. 壬妊也. 空, 本是河洛合德一體化之體用度數也. 卽一元100數爲主故, 圖書之中位本體度數15與單5之合 20數, 卽是化翁无位度數也. 又圖書之四象作用數合80數, 卽是四曆生成·合德變化作用數也. 天之曆數原理以一元100數爲源而用亦爲始故, 其中樞之奧義, 在此一元數與四曆變化度數之中也."
[117] 이정호, 『정역연구』, 국제대학교 인문과학연구소, 1976, 161쪽.

에서의 중中과 『주역』에서의 중中은 서로 무관한 것인가? 이것은 모두 『주역』에서의 중中에 어원과 철학적인 뿌리를 두고 있다고 볼 수 있다. 중中에 대하여 보다 구체적인 논리적으로 증명하기 위해서는 『주역』에서 중中과 정正 및 중정지도中正之道를 연구해야 할 필요가 있다.

『주역』에서의 중中·정正

천天과 중中 『주역』에 나타나 있는 중中의 내용을 살펴보면, 중中은 종래의 황극皇極 사상의 발현發現으로, 오황극五皇極 대신에 중中 또는 중정中正, 정중正中 등으로 사용되고 있다.[118] 그 밖에도 중에 관련하여 중도中道, 중행中行, 강중剛中, 유중柔中, 시중時中, 중직中直, 중부中孚, 중절中節, 일중日中 등의 내용들이 있다.

『주역』에서의 중과 중정의 의미 이외에도 중과 관련된 개념들이 있다. 백은기교수는 『주역』에서 중의 개념에 대하여 "중의 개념은 존재론·인식론·가치론의 영역에서 중요한 철학적인 기반을 제공한다. 첫째 존재론의 영역에서는 세계의 실체인 태극을 대중으로, 혹은 인간 본체의 중으로 해석했다. 둘째, 인식론의 영역에서는 유학자들이 궁극적으로 도달해야할 목표를 중으로 이해했다. 셋째, 가치론의 영역에서는 중을 실천하는 것이 최고의 선으로 여겨졌다."[119] 라고 밝히고 있다.

『주역』에서 중과 관련된 여러 개념들 중에서 시중時中·중행中行·중도中道에 대하여 정리하면 다음과 같다.

❶ 시중時中은 『주역』의 도처에서 시時와 중中을 언급하고 있으나 '시중'은 몽괘蒙卦 「단사」에서 "몽蒙은 형통하다, 그 까닭은 형통亨通의 길로 가고

---

118 이정호, 『정역연구』, 국제대학교 인문과학연구소, 1976, 156쪽.
119 백은기, 「주자의 『주역』해석에서 나타난 중에 관하여」, 『범한철학』 제25집 2002, 144쪽.

또 때에 맞기 때문이다.(蒙亨, 以亨行時中也.)"라고, 언급되고 있다. 예를 들자면 어미닭은 품고 있던 알에서 병아리가 부화되어 나올 순간을 잘 포착하여 부리로 알 껍질을 깨뜨려 준다. 이 때 알 껍질을 깨는 시점이 중요하다. … (중략) … 여기서 중요한 것은 어미닭의 부리의 부드러움이 아니라 어느 순간 쪼아 주느냐의 때이다. 곧 시時는 중中의 문제이다.『주역』의 시중론時中論은『논어論語』에서 "나는 이와 다르다. 가한 것도 없고 불가한 것도 없다.(我則異於時, 無可無不可.)"[120] 에서의 시時와 "군자는 세상에서 무조건의 긍정도 없고 막무가내의 부정도 없다. 오직 의義를 좇을 따름이다 ("君子之於天下也, 無適也, 無莫也, 義之與比.)"[121] 와 같은 의미이다.[122]

❷ 중행中行이란 구체적인 도덕적 행위를 나타내는 말이다.『논어』의 「자로子路」편에서 "공자가 이르기를, 중행한 사람을 얻어 함께 갈 수 없다면 반드시 과격한 사람(狂者)이나 고집 센 사람(狷者)과 함께할 것이다. 과격한 사람은 진취하고, 고집 센 사람은 하지 않는 바가 있다"(子曰 不得中行而與之, 必也狂狷乎, 狂者進取, 狷者有所不爲也.)[123]라고 언급하여, 중행을 도덕적인 덕성의 의미로서 강조하고 있다. 그리고『주역』에서 중행中行에 대하여 사괘師卦의 육오 효「소상사小象辭」와 태괘泰卦의 구이 효「소상사」등의 내용을 살펴보면 師卦, 六五, "장자가 군사를 거느리니 중으로서 행함이요, 자제들이 여럿이 주장함은 부림이 마땅치 않음 일새라.(六五., 象曰 長子帥師, 以中行也, 弟子輿尸, 使不當也.)"[124] 라고 언급하고 있다.

---

120 『논어論語』,「微子」篇.
121 『논어論語』,「里仁」篇.
122 곽신환,「『주역』의 시」,『시간과 해석학』, 호남신학대학교출판부, 2006, 104쪽.
123 『論語』,「子路」篇.
124 『周易』, 師卦.

그 나머지 내용은 태괘泰卦 구이효九二爻, "구이는 거친 것을 포용하고, 맨몸으로 강물을 건너는 것을 이용하며, 멀리 있는 것을 버리지 아니하며, 붕당을 없애면, 중도를 행함에 숭상을 얻는다.(九二!, 包荒, 用馮河, 不遐遺, 朋亡, 得尙于中行.)", 복괘復卦, 육사효六四爻, "육사는 중으로 행하되 홀로 회복함 이로다.(六四 中行, 獨復.)", "상에 가로되 '중행독복'은 도를 좇음 일새라.(象曰 中行獨復, 以從道也.)", 익괘益卦, 육삼효六三爻, "육삼은 더함을 흉한 일에 씀엔 허물이 없거니와, 믿음을 두고 중도를 행하여야 공에 고하여 규를 쓰듯 하리라.(六三, 益之用凶事无咎, 有孚中行, 告公用圭.)", "상에 가로되, '익용흉사'는 굳게 둠 일새라(象曰 益用凶事, 固有之也.)", 쾌괘夬卦, 구오효九五爻, "구오는 현륙을 결단하고 결단하면, 중을 행함에 허물이 없으리라.(九五, 莧陸夬夬, 中行, 无咎.)", "상에 가로되 '중행무구'나 중이 빛나지 못함이라.(象曰 中行无咎, 中未光也.)"라고 하여, 중행에 대한 도덕적이고 실천적인 의미를 강조하고 있다. 그러므로 중도를 행함에 있어서 의심이 없이 도를 좇는다는 것은 중도中道에 대한 믿음을 바탕으로 정도正道를 실천을 의미하는 것이다.

❸ 중도中道는 원리적이고 실천적인 의미가 부각된다. 유가의 이상적인 인간상인 성인과 군자로 관련지어 본다면 중은 주체적인 자각과 체득體得의 목표라는 의미로서 분석될 수도 있을 것이다. 『주역』에서 중도에 관해서 고괘蠱卦, 구이九二, 상왈象曰 "상象에 가로되, 어미의 일을 주관함은 중도中道를 얻은 것이다.(象曰 幹母之蠱, 得中道也.)" 그 밖에도 이괘離卦, 육이六二, 상왈象曰 "상에 가로되 '황리원길'은 중도를 얻음 일새라.(象曰 黃離元吉, 得中道也.)", 뇌수해괘雷水解卦, 구이九二, 상왈象曰 "상에 가로되 '구이정길'은 중을 얻음 일새라.(象曰 九二貞吉, 得中道也.)", 쾌괘夬卦, 구이九二, 상왈象曰 "상에 가로되 '유융물휼'은 중도를 얻음 일새라.(象曰

有戎勿恤, 得中道也.)", 기제괘旣濟卦, 육이六二, 상왈象曰 "상에 가로되 '칠일득'은 중도로써 함이다.(象曰 七日得, 以中道也.)"라고 하여, 중도中道를 얻었다는 것은 천도를 얻었음을 의미하고 있다. 그러나 중도로 행함에 있어서 그 바름이 온전한 자만이 천도를 얻을 수 있다는 것이다.

필자는 『주역』의 본문에서의 중中과 「상사」에서의 중정中正을 중심으로 살펴보고자 한다.[125] 왜냐하면 중정지도의 내용인 중中와 정正은 상호체용 관계로서 중과 정이 따로 있는 것은 아니기 때문에 중을 어떻게 해석하는 가에 따라 중中·정正의 의미가 달라질 수 있기 때문이다.[126]

『주역』에서 거론되고 있는 중中과 관련된 내용에 대하여 최영진교수의 도표를 인용하였으며, 필자가 편의상 『주역』에 나타난 정正에 통계를 기존 도표에 첨부하였다. 그리고 이 표의 인용 작성과정에서 오류가 있다면 이는 전적으로 필자의 과실임을 밝혀 둔다.

천天과 중中에 대하여 살펴보면, 선진유학에서의 천은 주재적인 주체로서 명命의 형식을 통하여 하늘의 섭리를 드러낸다고 볼 수 있다.[127] 이것을 천天의 운행원리라고 할 수 있다. 천의 운행원리로서의 본질적인 의미를 『중용』은 다음과 같이 밝히고 있다.

"무릇 천은 빛나는 정기들을 무수히 많이 쌓아서 일월성신이 거기에 떠있을 수 있도록 하고 만물을 고루게 덮어 준다.(今夫天, 斯昭昭之多, 及其無窮也, 日月星辰, 繋焉, 萬物覆焉.)"[128]

---

[125] 최영진, 『역학사상의 철학적 탐구』, 성균관대학교 대학원 박사학위논문, 1989. 114쪽.
[126] 중도와 정도의 체용관계體用關係에 대하여는 다음 장에서 구체적으로 다루고자 한다.
[127] 『中庸』, 第1章, "天命之謂性."
[128] 『中庸』, 第26章.

區分	中											計	正								計
	中	剛中	柔中	時中	正中	中正	中行	中道	中直	中孚	中節	日中		正	正大	正位	正當	正法	正志	正室	正邦	以正	
卦辭	1									1		1	3	1									1
爻辭						5						3	8										
小象	22			3	7	4	5	2			1	1	45	9		1	4	1	1	1	1	4	22
彖辭	20	13		1	1	8			2			2	47	18	1	2				2	8		31
繫辭	2		1							1			4	3									3
文言	2				1	1							4	2		1							3
大象								1					1			1							1
說卦	2									1			3	2									2
序卦										1			1										
雜卦										1			1	1									1
計	50	13	1	1	5	16	9	5	2	6	1	8	117	52									64
陽爻小象	上														1						1	1	3
	五	4			3	4	1		2		1		15		1	4		1				1	7
	四										1		1										
	三																		1				1
	二	9				1	3						13	1									1
	初													4									4
陰爻小象	上	1											1	1							1	2
	五	6				1	1						8										
	四						1						1										
	三																						
	二	2				2	2						6										
	初													2		1					1	4
計	22			3	7	4	5	2		1	1		45	9	1	4	1	1	1	1		22

● 『주역』에서 나타난 中과 正의 통계

이는 하늘과 땅의 도가 오로지 진실함을 극진히 이루고 있기 때문에 각각의 만물이 나고 자라게 하고 있음을 말하고 있다. 이는 천天이 천하만물의 근본이요, 본원本源으로서 근원적인 원리인 중中을 의미하는 것이다.[129]

이러한 내용을 『춘추좌전春秋左傳』에서는 중中이 천도와 천명의 실제적인 내용이 됨을 다음과 같이 언급을 하고 있다.

> "유강공이 말했다. 내가 듣건데 백성은 천지天地의 중中을 받아 생生하였으니 명命이 되는 소이所以라고 했다. 그래서 동작動作에 예의禮義와 멸의滅儀의 법칙法則이 있어 명命을 정定하는 것이다.(劉康公曰 吾聞之, 民受天地之中以生所以命也, 是以有動作禮義滅儀之則以定命也.)"[130]

천지의 중中을 받아 생生함으로 천명이 되는 소이所以라고 밝히고 있다. 이 인용문에 대하여 먼저 중中과 명命의 설명을 모종삼牟宗三은 다음과 같이 언급하고 있다. "중中은 천지天地의 도道이고, 명命은 운명의 명命이 아니라 천명天命의 명命이다. 천天이 이미 명을 내려 인간의 성性을 이루고 인간의 광명한 본체를 형성하였다 …… (중략) …… 유강공이 말한 중中은 후에 와서 중용中庸의 머리 구절인 '천명지위성天命之謂性'을 이루게 했던 것이다."[131] 중中은 천지지도天地之道이며, 천명天命의 구체적인 내용이 되는 동시에 그것이 인간에 내재화內在化되어서는 인간의 본성本性이 됨으로서 인륜질서人倫秩序의 근거가 된다는 것이다.

---

[129] 민황기, 『선진유학에 있어서의 중 사상에 관한 연구』, 충남대학교대학원 박사학위논문, 1992, 27-28쪽 참조.
[130] 『춘추좌전春秋左傳』, 「成公13年」.
[131] 모종삼牟宗三 著 ·송항룡 역, 『中國哲學의 특질』, 동화출판공사, 1983, 43쪽.

주희는 「중용수장설中庸首章說」에서 중中에 대하여 다음과 같이 언급하고 있다.

"중中이라는 것은 천지天地가 세워진 까닭이다. 그러므로 근본根本(大本)이라 하였다. … (중략) … 이것은 천명天命의 온전함이다.(中也者, 天地之所立也, 故曰大本. … (中略) … 此天命之全也.)"[132]

천지가 세워진 소이所以가 중이며, 존재론적인 근원으로서 천명과 인도人道의 근거임을 나타내고 있다. 이것은 인·의·예·지 사덕四德이 모두 중中에 근원하고 있음을 추론할 수 있다. 그리고 중이 인간의 도덕적인 본체가 되어 중정지도로 드러남을 확인할 수 있는 것이다. 따라서 선진유학의 중심과제가 중정지도이며, 중정지도는 선진역학의 핵심이 되는 것이다.

천도天道의 관점에서 중정지도를 천명闡明한 『정역正易』에서의 중中의 내용에 대하여 먼저, 유남상 선생의 설명을 정리하면 다음과 같다. "중中은 십十과 십十, 一(하나)과 一(하나) 사이의 공空이다. 요堯·순舜의 중中은 궐중厥中의 중中이다. 공자의 중中은 시중時中의 중中이다. 일부一夫의 이른바 오五를 싸고 육六을 머금어 십十은 물러가고 일一이 나오는 자리이다.(中十十一一之空, 堯舜之厥中之中, 孔子之時中之中, 一夫所謂包五含六, 十退進之位.)"[133] '中, 十十一一之空.'고 하여 중中과 공空 그리고 십十이라는 의미가 거론되고 있다. 먼저 중中은 근원적인 존재원리를 의미하면서 인간 본래성으로 말하면 황극皇極이기 때문에 살아있는 인간의 본래성이요, 천지지심天地之心을 깨달은 마음이 바로 중中이다. 그리고 십十은 전

---

132 朱熹, 『朱熹集』 卷43, 雜著 「中庸首章說」.
133 『正易』, 二十五張, 後面.

심天心의 자리로서 십十이라는 것이다. 또한 공空은 천지지심天地之心을 합쳐놓은 것임을 밝히고 있다. 따라서 중中은 공空이요, 십十이라는 것이다. 그리고 중위정역中位正易에 대하여 다음과 같이 밝히고 있다. "괘卦의 진震·손巽은 수數로는 십十과 오五이니 오행五行의 근본이요, 육자녀六子女의 어른이니 중위中位에 정역正易을 이룬다.(卦之震巽, 數之十五, 五行之宗, 六宗之長, 中位正易.)"[134] 십오十五는 하도·낙서의 본체수로서 오행의 근본이요, 중위中位에서 정역正易을 이룬다 함은 중정지도가 중위정역에 근원하며, 중도를 근거로 하는 정도임을 밝히고 있다는 것이다. 따라서『정역正易』에서는 요堯·순舜의 궐중지중厥中之中이나 공자가 말한 시중지중時中之中도 모두가 중십십일일지공中十十一一之空의 중中이라는 것이다. 『정역』의 십수十數와 공空의 원리原理는 불교佛敎의 공空과는 의미가 다르다.

'원효대사元曉大師'의 사유관점思惟觀點은 '십문화쟁설十門和諍說'이다. 이때의 초점은 '공空'에 있는 것이 아니라 '화和'에 있다. 유불도儒佛道 삼가三家를 구분하면, 유가儒家는 중中을 강조한다. 그리고 도가道家는 '무無'를 강조强調하고, 중국불교는 '공空'을 강조한다. 그러나 한국불교는 낙공落空(落空이란 허무로 떨어지는 것이지 허공虛空을 의미意味하는 것은 아니다)을 철저하게 경계한다.

다음으로 김충열金忠烈 선생은 '공空'에 대하여 다음과 같이 언급하고 있다.

"불학佛學의 총귀결總歸結은 '공空' 한 글자에 있다. 이것은 유有와 무無를 포함하여 어느 일변一邊에 국한되지 않는 전반적인 것이므로, 지식론상知識論上으로는 무지無知의 지知, 즉 인식하는 '능아能我'와 인식되는 소상小象이 일치된 전유全有의 뜻이 되고, 실상론상實相論上으로는 본체本體와 현상現象을 통

---

[134]『正易』, 第二十三張, 前面.

설통설通說한 실제상實在上(本來面目)을 가르키는 것이므로 아무것도 없다든가 혹은 아니다 라는 부정을 위한 부정의 뜻이 아니라 차별差別이나 대대待對를 초월超越한 상象을 지칭하는 것이 된다. 따라서 공空이야 말로 일체법一切法을 생멸현현生滅現顯할 수 있는 당사자이다."[135]

『정역』에서의 무无는 도가道家의 무無와는 다른 의미를 가지고 있다. 『정역』에서는 천天 字에서 서북西北쪽으로 파임을 하여 없을 无로 쓴다. 그리고 『정역』에서는 "무위无位는 상제上帝요, 화옹이며 천지역수天之曆數에서는 무극지무극无極之无極(十 + 十 = 20)이다" 라고 언급하고 있다. 역학에서는 궁극적인 진리를 무無와 공空으로 규정하지 않고 중中으로 규정하고 있다. 중中은 성학聖學에 있어서 진리를 규정한 글자이다. 중中의 탐색은 내 마음속에 있는 것이다. 실존적인 인간을 떠나서 중中을 생각할 수는 없다. 인간 주체안에 나라고 하는 중심에 뭐가 자리 잡고 있는가 천부지성天賦之性이 자리 잡고 있다. "천지지대보왈생天地之大寶曰生" "생생존존生生存存"이란 말이다.

선진성학先秦聖學에서의 진리는 (형이상학적) 중中이다. 중中이란 인간에게 내재화된 천부지성天賦之性이다. 「계사」에서는 선성善性(孟子), 인성人性(孔子)으로 칭하고, 「설괘」편에서 성명지리性命之理를 중정지도中正之道로 규정하고 있다. '중中'은 성性이요, '정正'은 명命이다. 그래서 공자와 맹자가 다같이 정명원리正名原理(正名, 正命)를 말한 것이다. 그리고 괘효원리를 중정지도라고 한 근거는 바로 천지역수天之曆數이다.

중中과 정正

대부분의 학자들은 중中을 존재론적인 관점보다는 도덕적·윤리적 근

---

135 김충열金忠烈, 『中國哲學史散稿(1)』, 온누리, 1988, 257쪽.

원으로서 정正에 관련시킴으로서 중정中正은 경敬의 주체인 성인聖人과 군자가 지녀야할 덕목으로 이해되어 왔다. 이러한 관점에서는 중中과 정正의 의미가 당위적인 성격을 강조하는 중中의 개념적 연장적 의미로서 강조되고 있을 뿐이다.[136] 그러나 중과 정은 존재론적으로는 하나이며, 중과 정은 개념적인 구분일 뿐이다. 그럼에도 불구하고 기존 학자들은 중과 정의 개념적인 구분 없이 정도正道 위주로 해석함으로서 마치 중과 정이 별개인 것처럼 해석되기도 했다는 것이다. 그렇다면 역학에서 말하는 중정에 대한 주석을 살펴보자. 중정에 대하여 건괘「문언」에서 다음과 같이 밝히고 있다.

"위대하다, 건乾이여! 강건剛健하고, 중정中正하며, 순수純粹함이 정精함이요.(大哉, 乾乎, 剛健中正純粹精也.)"[137]

중정은 건乾의 속성의 하나이다. 또한 건乾의 인격성은 대인大人으로 표현된다. 성인聖人과 대인大人의 개념 구분에서 성인을 후천적 관점에서 나타내면 대인大人이라 한다. 좀 더 엄격히 구분하자면 제위帝位 성인聖人은 성인聖人이요 대인大人이다. 그러나 제위帝位를 얻지 못한 성인聖人은 대인大人은 아니다. 이러한 논리로 보면 대인大人이 성인聖人의 상위개념上位概念으로도 볼 수 있다. 또한 역易을 저작著作 여부與否로 보면, 작역作易한 사람은 성인聖人이며, 대인大人은 작역作易을 못했다. 하지만 역학에서 일반적으로 성인聖人과 대인大人을 동일개념으로 간주해야한다고 본다.

대인大人에 대하여 건괘乾卦「문언」구사九四에서 다음과 같이 밝히고 있다.

---

136 민황기,『선진유학에 있어서 중사상에 관한 연구』, 충남대학교대학원 박사학위논문, 1992, 52-53쪽.
137『周易』, 乾卦,「文言」.

"무릇 대인은 천지天地와 더불어 그 덕德을 합슴하며, 일월日月과 더불어 그 밝음을 합슴하며, 사시四時와 더불어 그 차례를 합하며, 귀신鬼神과 더불어 그 길흉吉凶을 합슴해서, 하늘에 앞서 하늘이 어기지 아니하며, 하늘을 뒤따라서는 하늘의 때를 받드나니.(夫大人者, 與天地合其德, 與日月合其明, 與四時合其序, 與鬼神合其吉凶, 先天而天弗違, 後天而奉天時.)"138

『주역』을 저작한 사람은 성인이고, 중정지도를 천명한 존재도 성인이다. 그러므로 중정지도가 바로 성인지도요, 대인지도라고 할 수 있는 것이다. 성인이 밝힌 중정지도를 학문하는 존재는 군자인 것이다. 건괘乾卦에서는 "대인大人을 보면 이롭다.(利見大人)"139 라고 하고, 송괘訟卦 「단사」에서는 "대인大人을 보면 이롭다는 것은 중정中正을 숭상하는 것이다.(利見大人, 尙中正也.)"140라고 하였던 것이다. 성인지도가 군자지도로 드러난 것이라 할 수 있다. 그렇다면 중정中正에 대하여 역학자들이 주석을 살펴보자.

공영달孔穎達의 중정中正에 해석을 살펴보면 다음과 같다.

"이견대인利見大人 상중정야尙中正也는 이견대인의 뜻을 풀이한 것이다. 송사訟事를 벌인 때 이 대인大人을 만나는 것이 이利롭다고 하는 것은 바야흐로 쟁송爭訟을 할 때 중中에 거居히여 정正을 얻은 사람을 귀貴하게 여기고 숭상崇尙하여, 그로 하여금 송사訟事의 내용을 듣고 그 시비是非를 판단判斷하도록 하기 때문이다.(利見大人, 尙中正也者, 釋利見大人之義, 所以於訟之時,

---

138 『周易』, 乾卦, 「文言」 九四.
139 『周易』, 乾卦, 九二 「爻辭」.
140 『周易』, 訟卦, 「彖辭」.

^{이견차대인자이시방투쟁 귀상거중득정지주이청단지}
以見此大人者以時方鬪爭, 貴尙居中得正之主而聽斷之.)"¹⁴¹

그는 송사訟事를 인사人事 중심으로 이해하고 있음을 확인할 수 있다. 정이천程伊川도 송사訟事에 대하여 송괘訟卦「단사」의 내용을 다음과 같이 주석하고 있다.

"송사訟事를 벌이는 사람은 시비是非를 가리기를 바란다. 시비是非의 변별辨別이 합당合當한 것이 곧 중정中正이다. 그러므로 대인大人을 만나는 것이 이로우니 그 숭상崇尙하는 것이 중정中正이기 때문이다. 송사訟事를 듣고 그것을 처결하는 사람이 올바른 사람이 아니면 혹 중정中正을 얻지 못한다. 중정中正한 대인大人이란 구오九五를 말한다.(^{송자구변기시비야}訟者求辨其是非也,
^{변지당내중정야}辨之當乃中正也, ^{고이견대인이소상자중정야}故利見大人以所尙者中正也, ^{청자비기인}聽者非其人,
^{즉혹부득기중정야 중정대인구오시야}
則或不得其中正也, 中正大人九五是也.)"¹⁴²

그는 시비의 변별辨別에 합당함이 중정中正이라 밝히고 있다. 이러한 관점은 중정中正이 별개의 것이 아님에도 불구하고 중中을 인간사회의 범주로 해석하고 있다고 볼 수 있다. 왜냐하면 그는 개인과 개인 간의 송사訟事로 이해했기 때문이다.

또한 정이천程伊川은 『역전易傳』에서 중中을 인간의 도덕적인 주체로서 마음의 태도라는 시각에서 보아 외적外的인 바름을 뜻하는 것으로서 "정정보다 더 중요하다.(^{부실중 즉불원어정의 소이중위귀야}不失中, 則不遠於正矣, 所以中爲貴也.)"¹⁴³ 고 언급하고 있다. 이는 중정의 개념을 이理와 의義의 관점에서 도덕적인 실천의 근

---

141 孔穎達,『周易正義』.
142 程伊川,『周易』, 訟卦,「彖辭」程傳.
143 『周易』震卦六五爻「程傳」.

거와 행위의 당위성으로 밝히고 있다.[144]

주희朱熹는 『주역본의』에서 중中과 정正에 대하여 다음과 같이 주석하고 있다.

"강剛은 체體를 말하는 것이요, 건健은 용用을 겸兼하여 말하는 것으로, 중中은 그 행실이 과過하거나 불급不及함이 없는 것이요, 정正은 그 입지立地가 치우침이 없는 것이다.(剛以體言, 健兼用言, 中者其行无過不及, 正者其立不偏.)"[145]

이는 주희朱熹가 중정中正을 이해함에 있어 인사人事를 중심으로 한 실천의 중中으로 이해함으로서 『중용』에서 중에 대하여 "과불급이 없는 행위와 치우침이 없는 관점이 바로 중中이며, 정正은 그 입지가 지우침이 없는 것이라.(中者其行无過不及, 正者其立不偏.)"[146]라고 하여, 도덕적인 실천적 의미로서 해석하였던 것이다.

위의 학자들의 중정에 대한 논의를 역학적인 관점에서 보면 앞 절에서 언급한 바와 같이 천도인 중도中道가 정도正道인 인도人道로 표상된 것이므로 이것을 숭상하는 것이 천도와 천명에 순응하는 군자의 도리이다. 그러므로 중을 자각하여 정을 행하는 사람을 귀하게 여긴다고 한 것이다. 이것이 중中과 정正을 역학적 관점에서 해석해야 하는 이유가 될 것이다.

『주역』의 여러곳에서 밝히고 있는 중中과 정正에 관한 내용 중에서 먼저 중정中正과 정중正中의 관계를 살펴보면 다음과 같다.

"상구上九, 위대하다, 건乾이여! 강건剛健하고, 중정中正하며, 순수함이 정精야

---

144 엄연석,「역전의 중정개념과 가치판단」, 한림대학교 태동고전연구소,『태동고전연구』 제18집, 2002, 110쪽.
145 朱熹,『周易本義』, 乾卦,「文言」의 註.
146 朱熹,『周易本義』, 乾卦,「文言」의 註.

요.(^{대 재 건 호}大哉乾乎, ^{강 건 중 정 순 수 정 야}剛健中正純粹精也.)"147

"상에 가로되, 주식酒食에서 정正하고 길吉하다고 한 것은 중정中正으로 함이기 때문이다.(^{상왈 주식정길 이중정야}象曰 酒食貞吉, 以中正也.)"148

"단彖에 가로되, 대인大人을 만남이 이로움은 숭상함이 중정中正일새오.(^{상 왈}象曰 ^{이 견 대 인 상 중 정 야}利見大人, 尙中正也.)"149

"상에 가로되, 하루를 마치지 않고 정貞하고 길吉하다 함은 중정中正하기 때문이다.(^{상 왈 부 종 일 정 길   이 중 정 야}象曰 不終日貞吉, 以中正也.)"150

"상에 가로되, 큰 복을 안음은 중中하고 정正하기 때문이다.(^{상 왈 수 자 개 복}象曰 受玆介福, ^{이 중 정 야}以中正也.)"151

위의 인용문에서는 중中하고 정正한 경우는 '중정中正'이라고 하며, 중中하여도 정正하지 못하는 경우를 '정중正中'이라고 구별하고 있다.152 그렇다면 중정中正과 정중正中의 의미에 대해 살펴보자. 수괘需卦 「단사」에서 다음과 같이 언급하고 있다.

"단彖에 가로되, 성실하게 기다리면 크게 통하고, 곧으면 길吉한 것은 천위天位에 자리해서 바르게(^정正)하고 가운데(^중中)함이기 때문이다.(^{단 왈}彖曰

---

147 『周易』, 乾卦, 「文言」, 上九.
148 『周易』, 需卦, 九五「小象辭」.
149 『周易』, 訟卦, 「彖辭」.
150 『周易』, 豫卦, 六二「小象辭」.
151 『周易』, 晉卦, 六二「小象辭」.
152 『周易』에서 '中正'과 '正中'을 區別하는 事例를 보면 다음과 같다.
　　『周易』, 需卦, 「彖辭」, "彖曰 需有孚光亨貞吉, 位乎天位, 以正中也."
　　『周易』, 需卦, 九五「小象辭」, "象曰 酒食貞吉, 以中正也."
　　『周易』, 隨卦, 九五「小象辭」, "象曰 孚于嘉吉, 位正中也."

^{수유부광형   정길위호천위   이중정야}
需有孚光亨, 貞吉位乎天位, 以中正也.)"¹⁵³

또한 수괘需卦 구오효九五爻 「소상사」에서도 다음과 같이 밝히고 있다.

"상象에 가로되 선善에 정성스러우니 길吉한 것은 자리가 바르고(正) 가운데
(中) 함이기 때문이다.(象曰 孚于嘉吉, 位正中也.)"¹⁵⁴
^{상왈 부우가길   위정중야}

그 밖에도 건괘乾卦 구오효 「소상사」는 강건하고 중정하다고 하였지만,
「文言」九二에서는 "(대인은) 용덕庸德으로 정중正中한 자이니(庸德而正中
者)"¹⁵⁵라고 하여, 정중正中으로 기록되어 있다. 정중正中에 대하여 정이천
程伊川과 주희朱熹는 다음과 같이 풀이 하고 있다.

정이천은 "대인은 용덕으로 정중正中에 처處한 자이다. 하괘下卦의 가
운데 있으니 정중正中을 얻은 뜻이 된다. 평상시의 말을 믿게 하고 평
상시의 행실을 삼간다는 것은 잠시라도 이를 반드시 하는 것이다. 이
미 과실이 없는 곳에 처했으면 오직 사邪를 막음에 있을 뿐이니 이미
사邪를 막았으면 성誠이 보존 된다.(以龍德而處正中者也, 在卦之正中,
爲得正中之義 庸信庸謹, 造次必於是也. 旣處无過之地, 則唯在閑邪,
邪旣閑則誠存矣.)"¹⁵⁶ 라고, 설명하고 있다.

주희朱熹는 "정중正中은 못에 잠기지 않고 위로 뛰어오르지도 않은 때
이다. 평상시의 말을 믿게 하고 평상시의 행동도 삼가는 것은 성덕盛德
이 지극한 것이다. 사邪를 막고 성誠을 보존한다는 것은 싫어함이 없을 때

---

153 『周易』, 需卦, 「彖辭」.
154 『周易』, 需卦, 九五 「小象辭」.
155 『周易』, 乾卦, 「文言」 九二.
156 『周易』, 乾卦 「文言」 九二爻辭에 대한 註.

에도 보존한다는 것이다.(正中 不潛而未躍之時也, 常言亦信, 常行亦謹, 盛德之至也, 閑邪存其誠, 无亦保之矣.)"¹⁵⁷ 라는 해석을 하고 있다. 또한 건괘「문언」의 강건중정의 주註에서도 "중은 그 행이 과불급이 없음이요, 정은 그 위가 지우치지 않음이다.(剛以體言健兼用言, 中者其行无過不及, 正者其立不偏.)"¹⁵⁸ 라고 하여, 중과 정을 인도人道 차원에서 동일한 의미로 해석을 하고 있다. 또한 곤괘 육오六五에서도 중中하였지만 정正하지 못했음에도 불구하고 "황중黃中의 이치를 통하여 바른 자리에 몸을 거하여(黃中通理正位居體)"¹⁵⁹라고 하여, 중과 정을 같이 표현하고 있다. 그리고 이괘離卦「단사」에서도 육이六二는 중정이나 육오六五는 중정이 아님에도 불구하고 "유柔가 중정에 붙어 있어 형통하니(柔離乎中正故亨)"¹⁶⁰ 라고, 해석한 내용에서 찾아볼 수 있다. 위의 논의에서 『주역』의 경문속에서 정중正中도 중정中正으로 표현 해석되고 있다는 것은 그 의미가 다르지 않음을 확인할 수 있다.¹⁶¹ 이것은 중도中道가 정도正道로 드러남에 따라 중과 정은 본질적으로 하나임을 의미하는 것이다.

따라서 필자는 기존의 정正의 입장에서 중中을 연구하여 밝힌 하학이상달下學而上達이라는 관점과 중中의 입장에서 정正을 연구 검토하는 두 관점이 병행되어야 한다고 본다.¹⁶² 왜냐하면 정正은 중中을 본체本體로 하여 작용하기 때문이다.

---

157 『周易』 乾卦「文言」九二爻辭에 대한 註.
158 『周易』, 乾卦,「文言」.
159 『周易』, 坤卦,「文言」.
160 『周易』, 離卦,「彖辭」.
161 이정호, 『정역연구』, 국제대학교 인문과학연구소, 1976, 65쪽.
162 중정지도의 올바른 이해 관점은 천도의 입장에서 지도地道와 인도人道를 구명究明하는 도생역성倒生逆成의 관점과 인도人道의 입장에서 지도地道와 천도天道를 구명究明하는 역생도성逆生倒成의 관점이 병행되어야 한다고 본다.

이러한 관점에 대하여 곤괘坤卦「문언文言」에서 "군자가 황중黃中의 이치를 통하여 바른 자리에 몸을 거居하여(君子, 黃中通理, 正位居體.)"[163]고 하여, 군자가 중도中道를 자각하고 이를 통해 정도正道에 머무는 정위正位에 대하여 밝히고 있다.

"황중통리黃中通理 정위거체正位居體"의 구절에서 ❶ 황중黃中은 인간의 마음속으로 본래성을 자각한 군자의 인격성을 말한다. ❷ 통리通理에서 지혜가 열려 인지지성仁智之性을 깨닫는다. 그러므로 통리通理에서 지혜가 열렸다고 하는 것이다.「효사爻辭」인 '황중원길黃中元吉'(五爻)은 무엇을 의미하는가 인성人性, 인덕人德을 의미한다. 즉 여기서 인지지성仁智之性이 깨달아진 것이다. "군자君子 황중통리黃中通理"에서 인지지성仁智之性을 깨닫는다. ❸ 정위거체正位居體란 인지지성仁智之性을 체體로 하여 군자君子에 있어서 체인體仁이 어떻게 되는가 "군자 황중통리하야 정위거체"가 체인體仁의 원리를 말씀한 것이다. 체인體仁과 정고족이간사貞固足以幹事의 원리, 체인體仁의 구체적인 원리를 구체적으로 설명하고 있는 것이 곤괘坤卦「문언文言」오효五爻풀이다. 즉 인지지성仁智之性을 자각自覺 체득體得한다는 원리를 구체적으로 설명하는 것이 "군자君子 황중통리黃中通理하야 정위거체正位居體"라고 한 표현에서 설명說明이 다 된 것이다.

이것은 역리易理에 통하여 그 중위中位에 머무는 것이 바로 정위正位에 몸을 거居하는 것이며, 여기서 정위正位란 공간적인 위位가 아니라 집중執中의 상태를 말하는 것이다.

미제괘未濟卦에서도 중中을 체體로 하여 정正을 드러냄에 대해 다음과 같이 언급하고 있다.

---

163 『周易』, 坤卦,「文言」.

"구이九二가 길吉함은 중中으로서 정正을 행行함이다.(象曰 九二貞吉, 中以行正也.)"164

중中를 체體로 하여 정正을 행함으로서 길吉함을 밝히고 있다. 위의 내용에서 논의한 바와 같이 결론적으로 중도中道와 정도正道는 서로 별개인 것이 아니며, 개념상의 구분일 뿐 존재론적으로는 하나라는 것이다.

중정中正의 관계에 대하여 『정역연구正易硏究』에서는 "학자들의 통론通論에 의하면 정중正中은 중中의 정당성만을 말한 것이니 내용은 중中하나뿐인데 대하여, 중정中正은 중中하고 정正한 것이니 득중得中과 당위當爲의 두 가지 내용을 가지고 있다고 볼 수 있다."라고 하여 중中과 정正의 관계를 밝히고 있다. 그에 의하면 『주역』에는 개체個體의 중中에 있어서 의미적으로는 중中과 정正이 함께 수반되어 완벽한 중中을 이루는 경우가 대부분이다. 어떤 경우에는 중中이 단독적으로 의미를 드러내는 경우도 있다. --(중략)-- 그러나 중中이 득정得正치 못하는 경우는 드물다는 것을 언급하고 있다.165 이러한 사실에서 중中과 정正은 둘이 아니라 분명히 하나라는 사실을 확인할 수 있는 것이다. 왜냐하면 중도中道는 정도正道를 통하여 드러남으로서 중정지도中正之道는 일체적一切的인 완전성完全性을 가지고 있는 하나라는 볼 수 있다. 그러므로 천도의 입장에서는 중도中道는 정도正道를 통하여 구현되는 것을 의미하는 것이다.

---

164 『周易』, 未濟卦, 九二爻 「小象」.
165 이정호, 『정역연구』, 국제대학교 인문사회과학연구소, 1976, 65-66쪽 참조.)

역학易學에서의 중도中道와 정도正道의 관계關係

역학에서는 성인의 자각을 통하여 드러난 것이 중中이며, 이를 군자의 주체적 자각을 통하여 괘상卦象을 통하여 공간상으로 드러난 것이 정正으로 표상되고 있다

천도天道가 인도人道로 전환되는 것은 인간의 순수한 본래적인 도덕의식을 매개로 가능한 것이다. 『주역』「계사상」편 제5장에 "한번은 음적陰的 방향方向으로 운동하고, 한번은 양적陽的 방향方向으로 운동하는 것을 도道라고 한다. 그것을 계승하는 것이 선善이요, 그것을 이루는 것이 성性이다. 인仁한 자는 그것을 보고 인仁이라 하고 지혜知慧로운 자者는 그것을 보고 지知라고 한다.(一陰一陽之謂道, 繼之者善也, 成之者性也, 仁者見之謂之仁, 知者見之謂之知.)"[166]라는 구절도 천도天道가 인간에게 계승될 때 선善이라고 하는 가지로 전환되어 인仁·지知라는 도덕규범으로 자각됨을 언급하고 있다.[167]

만물의 존재 근거가 되는 근원적인 존재를 도道로 규정하고 있다. 여기에 대한 논거를「계사상」편은 다음과 같이 밝히고 있다.

"한 번 음陰하고 한 번 양陽하는 것을 일러 도道라고 이르니(一陰一陽之謂道)"[168]

음양陰陽의 변화를 바로 도道라는 것이다. 그리고「계사하」편에서 "역은 천지에 준거해서 성립한 것이다. 그러므로 천지의 도를 미륜한

---

[166] 『주역』「계사상」편 제5장.
[167] 최영진, 『유교사상의 본질과 현재성』, 유교문화연구소, 2002, 22쪽.
[168] 『周易』, 「繫辭上」篇, 第五章.

다.(易與天地準, 故能彌綸天地之道.)"¹⁶⁹라고 하여, 도道가 바로 천지지도 天地之道임을 밝히고 있다. 이것은 역도易道에 근거하여 천지지도가 형성된다는 것을 의미한다고 볼 수 있다. 또한 천지지도에 근거하여 인간의 성명지리를 밝히고, 나아가 성명지리에 순응하는 것이 인간 삶의 원리임을 밝히고 있는 것이다.¹⁷⁰ 천지지도는 천도와 지도를 상대적인 개념으로 사용하지만, 천도에는 지도가 내포되어 있다. 그러므로 시간은 공간을 우선하는 것이다. 시간을 밝히기 위해서는 상징논리로써만이 가능하다. 이러한 천지지도와 인도人道에 관해 『계사하』편은 다음과 같이 말하고 있다.

"『역易』이라는 책은 광대廣大하여 모든 것을 갖추고 있다. 천도天道가 있고, 인도人道가 있으며, 지도地道가 있다.(易之爲書也, 廣大悉備, 有天道焉, 有人道焉, 有地道焉.)"¹⁷¹

인도人道와 그 존재 근거인 천지지도의 관계를 밝히고 있다. 『주역』에서는 천도와 지도 그리고 인도의 내용을 각각 음양원리와 강유원리 그리고 인의의 원리로 규정하고 있으며,¹⁷² 음양이 합덕함으로서 강유의 체體가 성립하게 된다고 하여 음양원리인 천도와 강유원리인 지도地道가 본체本體와 작용의 체용관계임을 밝히고 있다.¹⁷³

천도와 인도人道에 대하여 건괘 「단사」에서 "건도가 변화하면 각각 성명이 바르게 된다.(乾道變化, 各正性命.)"¹⁷⁴ 라고 하여, 천인관계로 볼 때 건

---

169 『周易』, 「繫辭上」篇, 第四章.
170 『周易』, 「說卦」, 第二章, "昔者聖人之作易也, 將以順性命之理."
171 『周易』, 「繫辭下」篇, 第十一章.
172 『周易』, 「說卦」, 第二章, "是以立天之道曰陰與陽, 立地之道曰柔與剛, 立人之道曰仁與義."
173 『周易』, 「繫辭下」篇, 第六章, "陰陽合德而剛柔有體."
174 『周易』, 乾卦, 「彖辭」.

도가 변화하여 각각의 성명지리가 바르게 됨을 의미하고 있다. 이는 천도와 인도가 상호체용의 관계임을 나타내고 있는 것이다.

위의 내용을 요약하면, 역도가 천지지도이며, 천지지도에 근거하여 인도가 형성되는 것은 체용관계體用關係로서 천도인 중도가 인도인 정도로 표현된 것이 중정지도라는 것이다. 또한 중정지도를 천명한 사람은 성인이며, 성인이 밝힌 중정지도를 실천해야 할 존재는 바로 군자이다. 건괘乾卦에서 다음과 같이 밝히고 있다.

> "나타난 용龍이 밭에 있으니, 대인大人을 만나봄이 유리하다.(見龍在田, 利見大人.)"175

군자가 대인지도를 깨닫는 것이 이롭다 한 것은 군자가 중정지도를 깨닫는 것이 이롭다는 것을 의미한다. 또한 송괘訟卦 「단사」에서 "대인을 만나봄이 이롭다 함은 중정을 숭상함이다.(利見大人, 尙中正也.)"176고 하여, 천도를 자각한 대인을 만나 도를 자각하는 것이 이롭다는 것을 밝히고 있다. 이것은 군자가 자각해야할 역도가 곧 중정지도임을 의미하는 것이다.

중中과 정正은 상호체용의 관계로서 개념상으로는 구분이 되나 존재론적으로 하나이다. 무망괘无妄卦 「단사」에서는 이러한 사실에 대한 논거를 다음과 같이 밝히고 있다.

> "옳바름으로서 크게 형통亨通하니 하늘의 명命이다.(大亨以正, 天之命也.)"177

---

175 『周易』, 乾卦, 二爻 「爻辭」.
176 『周易』, 訟卦, 「彖辭」.
177 『周易』, 无妄卦, 「彖辭」.

2. 천지역수天之曆數와 중정지도中正之道 93

이는 올바름으로써 크게 형통함이 천명이라는 뜻이다. 이때 정正의 중심은 중中에 있는 것이므로 대형이정大亨以正은 바로 중정지도라 할 수 있는 것이다. 그리고 『주역』에서 나타난 중정지도에 성격을 살펴볼 수 있다.

첫째, 「설괘」편에서 『주역』을 저작한 과정에서의 성인의 역할에서 중정지도가 하나임을 찾아 볼 수 있다.

> "옛 성인聖人이 『주역周易』을 저작著作한 목적目的은 성명性命의 이치理致에 순응順應하게 하기 위함이다.(昔者聖人之作易也, 將以順性命之理.)"[178]

이는 성인이 역易을 저작한 것은 인간의 성명지리를 밝혀 순응하게 하고, 그것을 주체로 한 삶의 원리를 밝히고자 『주역』이 저작되었음을 밝히고 있는 것이다. 성인이 자각한 중도中道가 군자를 통하여 정도正道로 드러난 것이므로 중정지도는 성인의 관점에 보면 중도中道이며, 군자의 관점에서 보면 정도正道라는 것이다. 이것은 관점에 따라 구분된 것이지 본질적으로는 하나이다. 따라서 인간의 성명지리로 천명된 군자지도는 중도가 내재되어 있는 정도임을 밝히고 있다.

둘째, 「계사하」편에서 삼재지도의 측면에서 중정지도의 의미를 다음과 같이 풀이하고 있다.

> "『역易』이라는 책은 광대廣大하여 모든 것을 갖추고 있다. 천도天道가 있고, 인도人道가 있으며, 지도地道가 있다. 천지인天地人 삼재三才가 모두 음양으로 나누어지기 때문에 육六이 된다. 육六이라는 것은 다른 것이 아니라 삼재지도三才之道이다.(易之爲書也, 廣大悉備, 有天道焉, 有人道焉, 有地道焉,

[178] 『周易』, 「說卦」, 第二章.

兼三才而兩之, 故六, 六者, 非他也, 三才之道也.)"[179]

    이는 『주역』에서는 천도와 인도, 지도가 있어 삼재의 도를 모두 내포하고 있음을 밝히고 있다. 또한, 천·지·인의 일관한 삼재의 도 가운데서 인도의 근거는 천지의 도임을 의미하고 있다. 또한 천도와 지도 그리고 인도의 내용을 각각 음양원리와 강유원리 그리고 인의의 원리로 밝히고 있다.[180] 그리고 음양이 합덕合德함으로서 강유剛柔의 체體가 존재하게 된다고 하여 음양원리인 천도天道와 강유剛柔 원리인 지도地道관계를 밝히고 있다.[181] 따라서 바로 군자지도인 인도를 밝히기 위해서는 그 존재 근거인 천지의 도를 밝히지 않을 수 없음을 말하고 있는 것이다. 왜냐하면 인도人道의 근거인 천지天地의 도道를 밝히고 그것과 인간의 본성과의 관계를 통하여 인도人道를 밝힌 것이기 때문이다.

    셋째, 중정지도를 체용體用의 관계에서 보면 중中은 본체本體 원리를 표상하고 정正은 작용作用 원리을 나타내는 체용體用관계로 볼 수 있다. 이러한 중정지도의 체용體用를 고괘蠱卦는 다음과 같이 언급하고 있다.

    "구이九二는 어머니의 일을 주관主管하는 것이니,(九二, 幹母之蠱, 不可貞.)"[182]

    또한 소상小象에서는 "어머니의 일을 주관主管한다는 것은 중도를 얻었기 때문이다.(象曰 幹母之蠱, 得中道也.)"[183] 라고 언급하고 있다. 이것은

---

179 『周易』,「繫辭下」篇, 第十一章.
180 『周易』,「說卦」篇, 第二章, "是以立天之道曰陰與陽, 立地之道曰柔與剛, 立人之道曰仁與義."
181 『周易』,「繫辭下」篇, 第六章, "陰陽合德而剛柔有體."
182 『周易』, 蠱卦, 九二 爻辭.
183 『周易』, 蠱卦, 九二爻 小象.

곤도坤道(정도正道)를 실천하는 것은 중도의 자각을 통하여 실천하고 있음을 천명하고 있다. 그러므로 이는 천도·건도가 중도中道임을 나타내는 동시에 지도地道·곤도坤道가 정도正道임을 의미하는 것이다.

그 밖에도 『주역周易』 이괘離卦의 二爻 「효사爻辭」와 「소상사小象辭」에서 "六二 黃離, 元吉. 象曰 黃離元吉, 得中道也."라고 하였고, 『주역周易』, 해괘解卦의 二爻 「효사爻辭」와 「소상사小象辭」에서는 "九二, 田獲三狐, 得黃矢貞吉. 象曰 九二貞吉, 得中道也."라고 하여 천도天道를 자각함을 중도中道를 얻음으로 규정規定하고 있다. 그러므로 중도와 정도가 체용體用의 관계로서 하나임을 확인할 수 있는 것이다. 그래서 건괘 「단사」는 다음과 같이 선언하고 있다.

"건도乾道가 변變하고 화化하여 각각各各 성명性命을 바르게 하니(乾道變化, 各正性命.)"184

군자의 성명지리가 건도乾道에 의해서 주어짐을 밝히고 있다. 그리고 무망괘无妄卦의 「단사」에서도 다음과 같이 언급하고 있다.

"정도正道로 크게 형통亨通함은 천명天命이다.(大亨以正, 天之命也.)"185

군자에게 주어진 중도가 천명을 통하여 정도로 드러나 크게 형통하게 됨은 그것이 곧 하늘의 뜻임을 밝히고 있는 것이다. 군자가 정도를 행하는 존재라는 것은 지도地道의 내용인 정도를 근거로 그것을 실천하는 존재가

---

184 『周易』, 乾卦, 「彖辭」.
185 『周易』, 无妄卦, 「彖辭」.

군자라는 것이다.

사람들이 반드시 중정지도를 숭상하고 실천해야 됨을 동인괘同人卦, 「단사」는 다음과 같이 설명하고 있다.

"중정中正으로 응應하는 것이 군자君子의 바름이다.(中正而應, 君子正也.)"186

군자가 중정지도를 자각하고 행하는 것이 올바른 삶임을 밝히고 있다. 그러므로 『주역』에서 중은 개체個體의 중中으로는 궐중지중厥中之中이요, 공간성空間性 위주가 아닌 시간성時間性과 공간성空間性이 동시에 드러난 중정지도를 이루는 것이다. 중정지도의 시간적인 표상체계는 하도·낙서이며, 공간적인 표상체계는 괘효이다. 하도낙서와 괘효원리에 대하여 제Ⅲ장과 제Ⅳ장에서 구체적으로 밝히고자 한다.

---

186 『周易』, 同人卦, 「彖辭」.

三 하도·낙서 원리로 본 중정지도 中正之道

역학의 논리체계 근원인 역수원리로서의 천도의 시간성을 위주로 표상된 것이 바로 하도·낙서이다. 즉, 천도의 논리체계를 위주로 한 것이 하도·낙서이며, 그것의 공간적 위치논거로서 표상한 논리체계가 괘효卦爻이다. 바꾸어 말하면 천지역수天之曆數의 시간성을 수數로 표현한 것이 역수曆數이고, 이의 논리체계를 도상화한 것이 하도·낙서인 것이다. 따라서 본 장에서는 먼저, 하도·낙서에 대한 기존학자들의 견해를 검토하고, 다음으로 하도·낙서의 역 철학적인 의미와 그 내용으로서의 중정지도에 관하여 살펴보기로 한다.

1. 하도河圖·낙서洛書에 대한 견해 검토

하도河圖 낙서洛書에 대한 견해

역 철학사의 측면에서 볼 때 하도·낙서에 관한 이론이 분분하였다. 이를 통해 상수역학象數易學과 의리역학義理易學으로 양분되어 학술적인 대립을 지속해 왔음을 미루어 짐작할 수 있다. 상수역학에서는 하도에 대한 논의를 중요시 해왔으나 의리역학에서는 관심을 거의 기울이지 않았다. 이후 왕필王弼에 의해서 상수象數는 사라졌다. 그러나 상수와 의리는 상징논리의 표현의 문제이다. 그리고 현존하는 하도·낙서의 도상은 많은 논란의 과정을 거쳐서 송대宋代의 주희에 의해서 확정되었다.[187]

하도河圖라는 말이 처음 등장한 것이 『서경』과 『논어』이다.[188]

"큰옥(大玉)과 보통옥(夷玉)과 천구와 하도는 동쪽에 있고,(大玉夷玉天球, 河圖在東序,)"[189]

"공자께서 말씀하시되, 봉황새도 오지 않고 하河에서 도圖가 나오지 않으니 이제 나는 다 되었구나!(子曰 鳳凰不至, 河不出圖, 吾已矣夫.)"[190]

이러한 『서경』의 내용에 대하여 종래 학자들은 하도가 옛날로부터 주실周室에 전승되어 온 옥석류玉石類이거나 성인출현의 상서적祥瑞的 성격을 가진 신물神物로 해석하고, 하도河圖가 나오지 않음에 대하여 공자가 개탄하고 있음을 밝히고 있다. 그러나 위의 내용을 살펴보았을 때 하도·낙서를 법法 받을 수 있도록 하기 위하여 그 중요성을 강조한 것이지 결코 보석류를 강조한 것은 결코 아니다. 왜냐하면 공자와 같은 성인이 보석에 관심을 가지고 황하에서 옥玉이 나오지 않았다고 한탄했겠는가? 그러므로 신물神物은 단순한 보물이나 성인의 출현을 상징하는 신물을 의미하는 것은 아님을 알 수 있다.

『서경』과 『논어』에서는 하도만을 언급한 반면에 「계사상」편에서는 하도와 낙서에 대해여 다음과 같이 논급하고 있다.

---

187 주희 저, 김상섭 역, 『역학계몽』, 예문서원, 1994, 46쪽.
188 주희 저, 김상섭 역, 『역학계몽』, 예문서원, 1994, 38쪽.
189 『書經』, 「周書·顧命」篇.
190 『論語』, 「子罕」篇.

"그러므로 하늘이 신물神物을 낳으니 성인聖人이 이것을 법法으로 삼았으며, 천지天地가 변화變化하거늘 성인聖人이 그것을 법法 받았으며, 하늘이 상象이 드리워 길흉吉凶을 나타내시거늘 성인聖人이 그것을 표상하였으며, 하수河水에서 도圖가 나오고, 낙수洛水에서 서書가 나오거늘 성인聖人이 이를 법法으로 삼았다.(是故, 天生神物, 聖人則之, 天地變化, 聖人效之, 天垂象, 見吉凶, 聖人象之, 河出圖洛出書, 聖人則之.)"[191]

『계사』에서는 하도와 함께 낙서를 부가附加·병기竝記하여 그 의미를 밝히고 있다. 하도·낙서는 단순히 하늘이 내려주신 상징물이 아니라, 도리어 천지의 생성변화와 대도大道를 표상하며, 인간세계의 길흉을 표상하는 신물神物로서의 새로운 성격으로 규정하고 있는 것이다. 여기서 성인이 이를 법法으로 삼았다는 것은 매우 중요한 의미를 갖는다. 왜냐하면 신물은 성인이 법法을 받은 하늘의 계시물이요, 하늘의 원리를 상징하는 천도이며, 천지의 운행변화에 성인이 이를 본받아서 상象으로서 길흉을 표상하고 있기 때문이다. 다시 말하면 하늘은 그 뜻과 의지를 인간세계에 내려주고 그것이 인간세계에서 길흉화복으로 나타나게 되었다는 것이다. 그리고 하수河水에서 용도龍圖가 나타나고 낙수洛水에서는 구서龜書의 신물神物이 출현했다 함은 성인聖人이 법칙法則으로 삼은 하도·낙서를 말하며, 이를 통하여 역도易道를 드러남을 밝히고 있는 것이다.

신물神物로서 등장한 하도·낙서는 성인의 작역作易 목적과 결부되면서부터 괘효로 형성된 『주역』과 더불어 천의 대도大道를 상징하는 신비성神秘性과 위대성偉大性을 가지게 되었다. 따라서 하도·낙서는 성인이 역과 괘효를 만드는 소이연所以然의 근본원리이며, 괘효卦爻와 상수象數로 표현된

---

[191] 『周易』, 「繫辭上」篇, 第十一章.

역리易理의 근거가 바로 하도·낙서에 있다는 것이다. 그리고 한대漢代 이후 역학에 있어서 하락상수河洛象數의 연구가 역학의 새로운 근본문제로 등장하게 되었다.[192] 하도·낙서에 대한 기존 학자들의 견해를 살펴보면 다음과 같다.

하도·낙서에 대한 한漢·당유唐儒들의 견해

하도·낙서가 역학의 근본문제임을 한대漢代 이후에 최초로 언급한 인물은 공안국孔安國(?~?)이다.[193] 그는 복희伏羲가 하도를 본받아 작역하고 우禹가 낙서洛書를 근거로 치수治水하였다고 하여, 다음과 같이 밝히고 있다.

"하도라는 것은 복희가 천하에 왕 노릇 할 때 용마가 황하에서 나와 마침내 그 문양으로서 팔괘八卦를 그린 것이며, 낙서라는 것은 하나라의 우禹가 홍수를 다스릴 때 신령스런 거북이가 문양을 지고 나왔는데, 그 수數가 아홉에 이르렀으니 우禹가 이것을 따라 차례를 정定하고 아홉 개의 법을 완성하였다.(孔安國云, 河圖者, 伏犧氏王天下, 龍馬出河, 遂則其文, 以畫八卦, 洛書者禹治水時, 神龜負文而列於背, 禹遂因而第之以成九類.)[194]

유흠劉歆(?~B.C.E. 23)도 「계사」편의 수리數理로 태초역太初曆을 해석하여 체계적인 역학이론을 만들어 내었다. 그리고 복희하도설伏羲河圖說과 하우낙서설夏禹洛書說을 확정하여 낙서와 『서경』의 『홍범구주洪範九疇』를 결부

---

192 유남상, 「하락상수론에 관한 연구」(1), 『논문집』 제5권 제1호, 충남대학교 인문과학연구소, 1978, 150쪽.
193 가노 나오키 저, 오이환 역, 『중국철학사』, 을유문화사, 1985, 336쪽.
194 『易學啓蒙』.

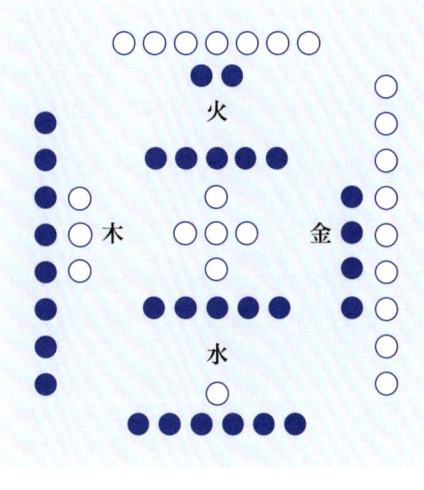

•하도

•복희 선천팔괘도

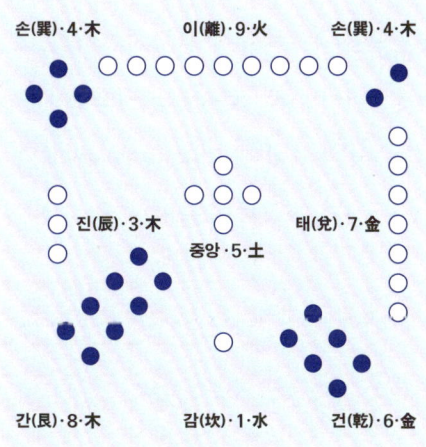

•낙서

•문왕 후천팔괘도

3. 하도·낙서원리로 본 중정지도中正之道

시킴으로써 낙서구수설의 기초를 정립한 것이다.

"복희伏羲가 하늘의 뜻을 이어 임금이 되어 하도河圖를 받아 그리니 팔괘八卦이다. 우禹가 홍수를 다스릴 때 낙서洛書를 받아 이를 본떠 펼치니 곧 구주九疇이다. 하도河圖와 낙서洛書는 서로 경經과 위緯가 되고, 여덟 괘卦와 아홉 문장文章이 서로가 안과 밖이 된다.(劉歆云, 伏犧氏繼天而王, 受河圖而畫之, 八卦是也. 禹治洪水, 法而陳之, 九疇是也. 河圖·洛書, 相爲經緯, 八卦九章, 相爲表裏.)"[195]

이러한 공안국孔安國과 유흠劉歆[196]의 주장에 의해 후일 복희팔괘도伏羲八卦圖와 하우낙서설夏禹洛書說이 홍범구주설洪範九疇說로[197] 대체되면서 낙서의 '구수설九數說'이 정착하게 된다.[198]

전한前漢의 양웅揚雄(B.C.E. 53~C.E. 18)은 다음과 같이 하도와 낙서를 『주역』의 근원으로 보았다. 양웅은 자字는 자운子雲이며, 서한시대西漢時代 촉蜀의 사람이다. 저술로는 「방언方言」, 「법언法言」, 「태현太玄」, 「훈찬訓纂」 등이 있다. 그는 『주역』 경전의 글 뜻을 이용하여 『도덕경道德經』을 해석하였으며, 역학을 도가황로지학道家黃老之學과 결합하여 음양변역陰陽變

---

195 朱熹 著, 김상섭 解說, 『易學啓蒙』, 예문서원, 1994, 38쪽.
196 강학위康學偉 外 2人 저, 심경호 역, 『주역철학사』, 예문서원, 2004, 167쪽.
197 홍범구주洪範九疇는 오행五行, 경용오사敬用五事, 농용팔정農用八政, 협용오기協用五紀, 건용황극建用皇極, 의용삼덕義用三德, 명용계의明用稽疑, 염용서경念用庶征, 향용오복向用五福, 위용육극威用六極이라는 자연현상自然現象, 사회정치社會政治 내지 인륜도덕人倫道德에 관한 아홉가지 범주範疇를 말한다.
198 구수설九數說은 유흠劉歆 이전以前에 이미 역위설易偉說로 주장되어진 것이다. 그러나 유흠은 구수설과 낙서를 결부시켜 낙서구수설의 기초를 정립한 것이다.(유남상, 「하락상수론에 관한 연구」(一), 『논문집』 제5권 제1호, 충남대학교 인문과학연구소, 1978, 150쪽.)

易을 천명하였다.[199]

"대역大易의 시작은 황하黃河가 용마龍馬를 내고 낙수洛水가 구서龜書를 준 데 있다.(大易之始, 河書龍馬, 洛貢龜書.)"[200]

이것은 황하의 용마가 등에 진 그림을 하도로 보고 낙수의 신령스런 거북이가 등에 배열된 문양을 낙서라고 보아 하도·낙서를 『주역』의 근원으로 여긴 것이다.[201]

후한後漢의 정현鄭玄(127~200)[202]은 『주역집해周易集解』에서 다음과 같이 밝히고 있다.

"하수河水는 하늘을 통하여 천포天苞를 내고 낙수洛水는 땅에 흘러 지부地符를 내었다. 황하黃河에서 용도龍圖가 나오고 낙수洛水에서 구서龜書를 이루니 하도河圖는 구편九篇이 있고 낙서洛書는 육편六篇이 있다.(河以通乾出天苞, 洛以流坤地符, 龍馬圖發, 洛龜書成, 河圖有九篇, 洛書有六篇.)"[203]

하수는 건乾을 통해 천체운행의 시초를 내고, 낙수는 곤坤의 부신을 내어 계시되어 진 것이 하도와 낙서의 출현이라고 밝히고 있다. 그리고 역수인 용구用九의 구九와 용육用六의 육六을 취하여 하도·낙서와 관련이 있음

---

199 가노 나오키 저, 오이환 역, 『중국철학사』, 을유문화사, 1985, 281쪽.
200 李善, 『文選注引』.
201 수희 저, 김상섭 역, 『역학계몽』, 예문서원, 1994, 39쪽.
202 정현鄭玄(127~200)은 동서한東西漢의 경학經學의 거두이다. 역학적으로는 한대의 십수사상十數思想을 주장하였다.(가노 나오키 저, 오이환 역, 『중국철학사』, 을유문화사, 1985, 290쪽.)
203 정현鄭玄, 『주역집해周易集解』.

을 알 수 있다.

한역漢易은 역학사의 전개에 있어 매우 중요한 시기였고, 또한 많은 저술이 전해져 오고 있다. 한대 역학은 맹희孟熹의 『주역장구周易章句』, 초연수焦延壽의 『초씨역림焦氏易林』, 경방京房의 『경씨역전京氏易傳』, 우번虞翻의 『주역주周易注』 등이 한역漢易의 근간을 이룬다. 그리고 위백양魏伯陽의 『주역참동계周易參同契』와 정현鄭玄의 『역위易緯』도 한역漢易의 저작으로 이들은 상수위주象數爲主 역학易學으로 한역漢易이라 불린다. 그러나 한역漢易의 주제는 하락상수론河洛象數論이라기보다는 괘기설卦氣說이나 괘변설卦變說을 핵심으로 하는 역학易學이다. 그리고 상수역象數易과 의리역義理易이 양립했던 시대이다.[204] 그 중에서 한역漢易의 공헌은 낙서구수설洛書九數說이다. 그리고 낙서구수설과 더불어 십수사상十數思想이 등장하게 된 점이다.

오행론五行論에 근거하여 십수사상을 성립시킨 사람이 바로 정현鄭玄이다. 정현은 오행설을 근거하여, 「계사상」편의 천지지수天地之數를 인용하면서 오행생성수五行生成數로써 역의 수적 체계를 이해하고 있었다.[205] 또한 『계사』의 천지지수를 오행생성수로 구분하여 설명함으로서 십수체계十數體系까지를 언급하였다. 그러나 한역漢易에서 십수론이 오행생성사상五行生成思想과 음양합덕설陰陽合德說까지 발전되었으나 십수十數와 하도를 결부시키는 데까지는 미치지는 못했다.[206] 이러한 한역漢易의 구수설九數說과 십수사상十數思想은 이후의 역학사에서 여러 가지의 분분한 논의의 과

---

204 양재학, 『주희의 역학사상에 관한 연구』, 충남대학교대학원 박사학위논문, 1992, 30-31쪽.
205 주희 저, 김상섭 역, 『역학계몽』, 예문서원, 1994, 40쪽.
206 최영진, 「주역에 있어서의 수의 문제」, 『유교사상연구』 제1집, 유교학회, 1986, 259-260쪽.

정을 거쳐서, 송대宋代에 이르러 주희朱熹와 채원정蔡元定(1135~1198)²⁰⁷에 의해서 도십서구적圖十書九的 하락상수론河洛象數論으로 정착되었다.²⁰⁸ 채원정은 남송南宋의 역학자易學者로 주희朱熹와 함께 하도·낙서의 도상圖象을 확정했으며, 역학易學에 관한 저서로는 『팔진도설八陳圖說』, 『홍범해洪範解』, 『대연상설大衍詳說』, 『황극경세지요皇極經世指要』, 『경세지요經世指要』, 『율려신서律呂新書』 등이 있다.

송宋·명유明儒들의 견해

하도·낙서에 대한 주희의 견해를 살펴보면 다음과 같다.

"내가 세상에 전하는 하도河圖·낙서洛書가 오래 되었으되, 감히 믿지 않을 수 없는 까닭은 바로 그 의리義理가 어긋나지 않고, 증험證驗이 틀리지 않기 때문이다.(惠於世傳河圖·洛書之舊, 所以不敢不信者, 正以其義理不悖而證驗不差爾.)"²⁰⁹

주희는 하도·낙서에 대한 믿음의 근거로서 그것이 의리에 어긋나지 않음을 그 이유로 삼고 있다. 아울러 그 근거가 공자로부터 연원하고 있음을 다음과 같이 주장하고 있다.²¹⁰

"이것은(河圖·洛書) 나(朱熹)의 주장이 아니라, 소강절의 설설이다. 그렇

---

207 깅흭위康學偉 外 2인서, 심경호 역, 『주역철학사』, 예문서원, 2004, 414-416쪽 참조.
208 유남상, 「하락상수론에 관한 연구」(一), 『논문집』 제5권 제1호, 충남대학교 인문과학연구소, 1978, 152쪽.
209 『朱子大全』, 卷38, 「答袁機仲」.
210 백은기, 「주희역학의 특질」, 『범한철학』 제4집, 범한철학회, 1989, 268쪽.

지만 소강절의 설說도 아니고 진희이의 설說이다. 또 진희이의 설說도 아니고 공자孔子의 설說이다.(此非熹之說乃康節之說, 非康節之說, 乃希夷之說, 非希夷之說, 乃孔子之說.)"²¹¹

이는 주희가 하도낙서의 도상을 확정하면서 그것이 공자의 설임을 강조하여 성통의 근원이 공자에게 있음을 밝힌 것이다. 또한 그는 하도십수설河圖十數說을 주장함으로서 기존의 낙서구수설洛書九數說과 더불어 역도易道의 수적 체계를 하도·낙서와 관련하여 정착시키고 역리易理의 근본으로 삼았다.

주희는 하도와 낙서를 경위經緯와 표리表裏의 관계로 보아 다음과 같이 설명하고 있다.

"유흠劉歆이 말하기를 복희씨伏羲氏가 천명天命을 받아 왕위王位에 있을 때 (하늘에서 내려주신) 하도河圖를 받아 (이것을 근거根據하여) 그린 것이 팔괘八卦이며, 하夏 왕조의 우禹가 홍수를 다스릴 때 하늘에서 주신 낙서洛書를 받아 그것을 법칙으로 하여 펼친 것이 홍범구주洪範九疇이다. 하도河圖와 낙서洛書는 서로 경위經緯가 되며 팔괘八卦와 구주九疇는 서로 표리表裏가 된다.(劉歆云, 伏羲氏繼天而王, 受河圖而畫之, 八卦是也, 禹治洪水, 法而陳之, 九疇是也, 河圖·洛書, 相爲經緯, 八卦九章, 相爲表裏.)"²¹²

이는 하도를 근거하여 낙서가 형성되었음을 밝히고 하도의 수와 낙서의 수가 서로 통함을 이유로 하여 경과위, 안과 밖이라 한 것을 알 수가 있다.

---

211 『朱子大全』, 卷38, 「答袁機仲」.
212 『易學啓蒙』.

이어 주희는 「계사상」편 천지지수절을 근거로 하여 하도의 도상을 설명하고 있다.

> "이것은 천지지수를 말한 것으로서, 양陽은 홀수이며, 음陰은 짝수로서 이는 이른바 하도河圖를 말한 것이다. 그 위치를 보면 일一·육六은 아래에 두고 이二·칠七은 위쪽에 두며 삼三·팔八은 왼쪽에 두고 사四·구九는 오른쪽에 두며, 오五·십十은 중앙中央에 자리 잡는다.(此, 言天地之數, 陽奇陰偶, 卽所謂河圖者也, 其位一六居下, 二七居上, 三八居左, 四九居右, 五十居中.)"[213]

이는 일一에서 십十까지의 수數를 오분五分하여 사방과 중앙에 배치하고 있음을 설명하고 있는 것이다. 또한 낙서에 대하여도 다음과 같이 설명하고 있다.

> "낙서洛書는 대개 거북이의 상象을 취取한 것이니, 그 수數는 구九를 머리에 이고 일一을 아래에 밟고 있으며 왼쪽에 삼三, 오른쪽에는 칠七을, 그리고 이二와 사四는 양 어깨에, 육六과 팔八은 두 다리 쪽에 배치한다.(洛書, 蓋取龜象, 故其數, 載九履一, 左三右七, 二四爲肩, 六八爲足.)"[214]

이렇게 하여 하도와 낙서의 도상은 주희와 채원정에 의하여 확정되어 전승되고 있다. 하도·낙서의 관한 이론의 연원을 도식화하면 다음과 같다.

---

213 朱熹,『周易本義』,「繫辭上」篇 9章, 天地之數節의 朱熹註.
214 朱熹,『周易本義』, 河圖·洛書說明 條.

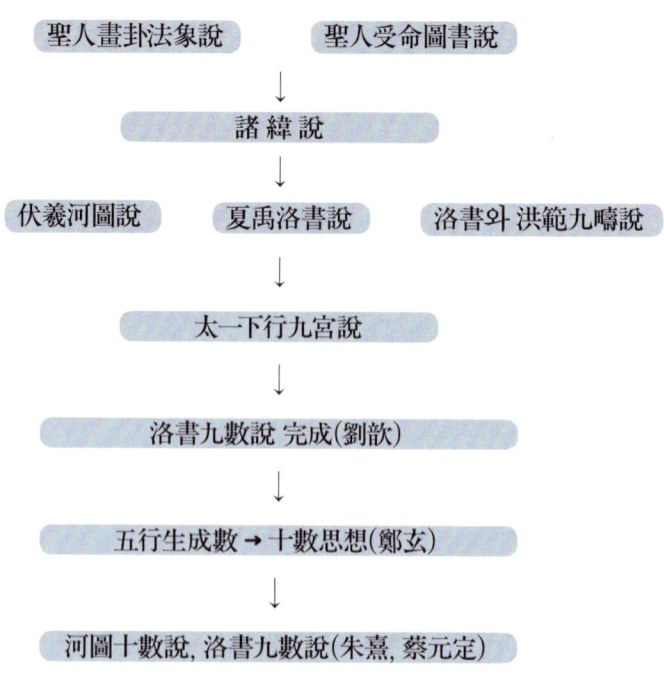

● 하도·낙서 이론의 연원

하도·낙서에 대한 기존 해석의 한계

앞에서 논의된 학자들의 하도·낙서에 관한 견해에 대하여 검토한 결과를 살펴보면, 송유宋儒들은 하도·낙서의 도상을 확정시키는 등 역학사에 있어서 지대한 공로가 있다. 그러나 다른 한편으로는 역수원리의 도상으로서 하도·낙서에 대한 견해는 다음과 같은 한계가 보인다.

첫째, 하도·낙서는 시간 원리의 본래적인 성격을 도상화한 것이다. 다시 말하면 하도·낙서는 시간의 문제로서 시간을 도상화한 것인데 기존 학자들은 평면적인 도상으로만 해석함으로서 수數의 팔괘 근원으로서 팔방八

方에의 괘를 배속시키거나 구주九疇의 수적 나열정도로만 생각하는 한계점이 있었다. 뒤에서 자세히 구체적으로 거론하겠거니와 하도는 종시終始의 시간성時間性을 표상하며, 낙서는 생장生長의 시간성을 도상화한 것이다. 그럼에도 불구하고 하늘이 성인의 출현을 계시한 상서로운 신비의 물건정도로 해석하면서 하도·낙서를 별개의 것으로 보고 있다는 것이다.

둘째, 하도·낙서는 분리생성의 관계이다. 수로 상징했기 때문에 분리된 것이다. 분리는 생장의 상징이다. 현상적인 생명세계의 분화과정을 하도안에 품고 있다. 그러므로 하도·낙서는 시간의 문제인 것이다. 하도·낙서는 시간성의 의미로서 합덕종시合德終始와 생·장·성의 원리를 표상하고 있다. 그럼에도 기존 학자들은 공간적인 의미로만 해석했기 때문에 시간운행원리로서의 관련성을 무시했다. 다시 말해서 공간적 도상으로 본 것이지 시간적 변화원리로 보지 않았으며, 시간을 종시원리 입장에서 순역원리를 이해해야 함에도 불구하고 시간의 문제로 보지 않았기 때문에 종시終始와 순역順逆 원리를 간과하는 한계가 있다.

셋째, 송유宋儒들은 하도·낙서를 확정하고 십수十數까지 거론하였으나 십수와 하도를 결부시키지는 못한 한계가 있다. 십十과 오五의 관계를 제대로 설정하지 못했다는 것이다. 이것은 체십용구體十用九(천도)와 체오용육體五用六(인도)에서의 용구용육의 원리를 제대로 밝히지 못하고 삼천양지三天兩地에 결부시켜 구九는 3(三天삼천)×3(천·지·인) = 9로, 육六은 2(兩地양지)×3(천·지·인)= 6으로 해석하는 등 원리적인 접근하지 못한 한계가 있다. 삼천양지는 천도는 십十을 체體로 하여 구九로 작용하고, 지도는 오五를 체體로 하여 육六으로 작용하는 원리로 보아야 한다. 그러나 단순히 수적개념으로 구九와 육六을 해석하는 것은 한계가 있다.[215]

---

[215] 체십용구體十用九와 체오용육體五用六은 다음 제IV장에서 구체적으로 설명하고자 한다.

넷째, 한대漢代 이후 송宋·명明·청淸 학자들은 대연지수와 낙서원리를 결부시키지 못하고, 설시구괘의 복서방법으로 이해함으로서 낙서원리의 근본적인 내용을 이해하지 못하는 한계를 드러내었다. 또한 천지지수절의 내용도 방위적인 개념으로만 이해함으로서 천지지수와 하도의 관계를 밝히지 못하였던 것이다.

다섯 번째, 한대漢代 이후 송宋·명明·청淸 학자들은 하도·낙서에 대하여 도십서구설圖十書九說은 인정하나 하도십수河圖十數의 도상圖象이 궁극적으로 "이것으로써 변화하며 귀신을 행하느니라.(此所以成變化, 而行鬼神也.)"²¹⁶라고 한 내용을 소이연所以然의 원리로만 해석을 하였다.

위와 같은 몇 가지의 한계로 인하여 하도·낙서가 지니고 있는 시간성의 의미와 생장生長·합덕合德·종시원리終始原理 및 십수十數의 철학적인 의미를 밝히지 못하고 방위적이고 평면적 해석이나 단순한 음양수의 결합으로 보았던 것이다. 이러한 한계점을 극복하자면 하도낙서의 논리적 상징성과 시간적·본원적의미를 밝혀야 한다. 이것은 궁극적으로 역수로 표상된 하도·낙서 속에서 중정지도를 드러내는 기틀이 될 것이다. 그렇다면 하도·낙서의 본질적인 내용은 무엇인가?

2. 하도河圖·낙서洛書의 철학적 의미

하도·낙서의 철학적인 의미로서의 가장 주요한 것은 하도·낙서는 시간성의 원리인 역수원리를 그 내용으로 하고 있다는 것이다.『주역』은 시간

---

216 『周易』,「繫辭上」篇 第九章, "天一地二天三地四天五地六天七地八天九地十, 天數五, 地數五, 五位相得, 而各有合, 天數二十有五, 地數三十, 凡天地之數, 五十有五, 此所以成變化, 而行鬼神也."

성을 종시終始로 규정하고 있다. 다시 말해서 시간성의 원리인 역수원리를 종시원리로 규정하고, 종시원리를 근거하여 전개되는 시간을 시종始終으로 규정하고 있다는 것이다.

시간성으로서의 생성生成·종시終始원리와 순역적順逆的 논리구조

시간성時間性인 종시원리終始原理 종시원리를 건괘乾卦의 「단사」에서는 다음과 같이 밝히고 있다.

> "끝과 시작을 크게 밝히면 육위가 때에 따라 이루어지나니, 시간적 순서로 육효의 용을 타고서 천도를 행한다.(大明終始, 六位時成, 時乘六龍, 以御天.)"[217]

이는 종시원리를 자각하여 그것을 여섯 시위時位를 통하여 표상함으로서 시간에 의해 육효六爻가 구성됨을 밝히고 있다. 육효중괘의 효爻중에서 상효上爻의 상上은 공간空間을 의미하며, 초효初爻의 초初는 시간時間을 의미한다. 이것은 '대명종시大明終始'라 하여, 시간성의 원리인 종시終始원리를 밝히고 있다.

『주역』에는 '크게 종시를 밝힌다(大明終始)', '끝나면 시작이 있으니 하늘의 운행이다(終卽有始天行也)', '두려운 마음으로 종시에 임하라(懼以終始)' 등 종시終始라는 용어가 자주 등장한다. 「계사」편에서는 '原始要終', '原始反終', '懼以終始' 등을 『주역』의 주요 목적으로 본다. 그만큼 '종시'와 '시종'은 중요한 개념이다. '시종始終'이라 하든 '종시終始'라 하든 '처음부터 끝까지' 또는 '항상'의 의미로 풀이할 수 있다. 그러나

---

217 『周易』, 乾卦, 「彖辭」.

종시라 할 때 특히 "마침이 있으면 반드시 시작이 있다."는 것은 시종과 달리 종終을 먼저 말하고 이어서 시始를 말한 것이라 할 수 있다. 그리고 종終이 있으면 시始가 있는 것을 천행天行 곧 천지자연의 운행 법칙이라고 했다. 물론 소식영허消息盈虛도 천행이라고 했다.[218]

고괘蠱卦「괘사」와 「단사」에서도 종시終始의 뜻을 다음과 같이 밝히고 있다.

"고蠱는 크게 형통하니, 큰 내를 건너는 것이 이로우니, 갑甲은 앞 삼일三日이며, 갑甲은 뒤의 삼일이니라.(蠱元亨, 利涉大川, 先甲三日, 後甲三日.)"[219]

"선갑先甲 삼일三日하고, 후갑後甲 삼일하면, 마침은 곧 시작이 있는 것이니 이것은 천행天行의 원리原理이다.(先甲三日後甲三日, 終則有始天行也.)"[220]

고蠱의 경우 크게 형통亨通하다. 그러나 가만히 기다리는 것이 아니다. 기다리기만 하면 되는 것은 아니다. 전일前日의 병폐에 대한 원인을 살피고, 오늘(갑甲)을 고쳐서 대비하면 후일에 세상을 새롭게 하는 길은 선갑삼일先甲三日 후갑삼일後甲三日이다. 갑甲은 십간十干의 첫 자이다. 그러므로 일의 시작이며, 하루의 처음을 의미한다.

이는 종시원리終始原理가 천행天行의 원리인 천도의 내용임을 밝히고 있다.[221] 이 때의 종시를 씨와 열매로 말하면 씨는 시始요, 열매는 종終에 비유할 수 있다. 이것을 『주역』에서 종시終始라고 한다. 종시는 시간의 진행을 의미하는 것이 아니라 시간의 원리적인 의미를 밝히고 있는 것이다. 다

---

218 곽신환, 「주역의 시 - 항구적변화의 현재성」, 『시간과 해석학』, 호남신학대학교, 2006, 111쪽.
219 『周易』, 蠱卦, 「卦辭」.
220 『『周易』, 蠱卦, 「彖辭」.
221 유남상, 「도서역학의 시간관 서설」, 『시간에 관한 연구』, 충남대학교, 인문과학연구소, 1989, 67쪽.

시 말하면 시간의 원리란 '뜻의 시간'이요, '의미로서의 시간'을 말한다. '종시원리終始原理'란 생성生成·종시終始의 개념으로서 시간을 규정할 때는 '시종始終'이라고 하고, 공간空間을 규정할 때는 '본말本末'이라고 한다. 시간자체는 통일적 근거이고 공간空間은 분수적分殊的 존재存在다. 시간성에 의해 종시終始에 의해 시종始終이 이루어지고, 시종始終에 의해 종시終始가 이루어진다. 그러므로 종終과 시始는 둘이 아니고 하나이다. 「계사하」편에서도 다음과 같이 밝히고 있다.

"『역』이라는 책이 시초始初를 근원根源으로 그 종終을 맞추어 질質(卦體)로 삼고, 육효가 서로 섞임으로 오직 그 때와의 일이다.(易之爲書也, 原始要終, 以爲質也, 六爻相雜, 唯其時物也.)"[222]

종시원리는 시간성을 구조원리 중심으로 나타낸 것으로 미래인 종말終末과 과거인 태초太初를 중심으로 시간성의 원리를 나타낸 것이지 현실적인 것을 의미하는 것은 아니다. 육효六爻와 관련하여 언급하고는 있으나 근본적으로는 역의 본질을 의미하는 것이다.

시간은 자연 과학적인 연구 대상처럼 객관적으로 존재하는 것이 아니기 때문에 시간에 대한 고찰은 인간 주체적인 자각의 방법으로서만 가능하다.[223] 그러므로 시간을 종시라는 개념으로 규정한 것이나. 또한 고괘蠱卦, 「단사」에서 종시終始에 대하여 다음과 같이 밝히고 있다.

"마치면 곧 시작함이 있는 것이니, 이것이 하늘의 운행이다.(終則有始, 天行

---

[222] 『周易』, 「繫辭下」篇, 第九章.
[223] 김만산, 『역학의 시간관에 관한 연구』, 충남대대학원 박사학위논문, 1992, 109쪽.

也.)"²²⁴

종즉유시終則有始가 바로 하늘의 운행원리임을 강조한 것이다. 시간은 천의 역수로서 생성과 종시의 성격을 말한다. 이때 시간이란 대상적 사고에 의해 규정된 물리적 시간을 말하는 것이 아니라 원리적인 형이상학적 시간이요, 근원적 시간의 본원적인 성격을 말하는 것이다.²²⁵

이와 관련하여 『중용』에서도 "성誠이라는 것은 사물의 끝이요 시작이니 (誠者物之終始也.)"²²⁶라고 했다. '성誠'을 어떻게 물물의 종시終始라고 했을까? 그것은 사물에 있어서의 종시원리를 말한다. 즉 끝나고 시작하는 원리인 것이다.

종시원리는 『주역』에서 말하는 '변화지도'이다. 왜냐하면 사물적 존재에 있어서 변화가 있을 적에 그 변화의 시간적 계기성을 역학에서는 종시라고 규정하기 때문이다. 그러면 인간의 인격의 변화는 어디에서 생기는가? 나의 심성세계 안에서 생긴다. 그렇기 때문에 인간의 인격성 자체가 종시원리를 내용으로 하고 있다. 인간에게 주어진 본래성은 시간성으로서의 주어진 종시원리요, 역수원리로서의 종시원리인 것이다.

하도·낙서의 순역논리順逆論理 구조

시간성의 논리구조인 순역원리順逆原理에 대하여 도식화된 아래의 도상을 통하여 살펴보면, 하도는 십일十一원리로서 현상적 과정을 함축한 원리이다. 종시終始로 보면 종終은 과거시간을 함축하고 있으며, 시始는 미래시간의 설계가 드러나는 것이 하도이다. 하도는 (1·6), (2·8), (3·8), (4·9)

---

224 『周易』, 蠱卦, 「彖辭」.
225 근원적根源的인 시간이란 원元의 시간 즉 천원天元을 의미한다.
226 『中庸』, 第二十五章.

의 씨(一)의 모양이면서도 열매(十)라고 할 수 있다. 반면 낙서는 씨에서 열매로의 진행원리이다. 다시 말해서 실제적인 시간으로 나타나는 생장과정의 원리이다. 십+(열매)은 보이지 않지만 상대적 방향의 수數와 합덕合德하여 십+이 된다. 이는 뜻으로서 시간으로 드러남을 의미하는 것이다. 이를 도상화하면 낙서는 구九까지의 오五를 중심으로 하여 사방으로 전개되는 것이다. 아래의 도상은 『정역』과 『주역』 및 하도·낙서를 종합하여 도상화한 것이다.[227]

未濟之象
(未來)

倒成作用		倒生作用
逆知來知　皇極	十九八七六五四三二一	數往者順
逆生作用		逆成作用

旣濟之數　●하도·낙서의 순역원리
(過去)

종시원리를 구성하는 종말과 시초의 관계에 대하여 「설괘」편 제3장에서

---

[227] 유남상, 「도서역학의 시간관 서설」, 『시간에 관한 연구』, 충남대학교 인문과학연구소, 1989, 66쪽.

의 수를 중심으로 한 도역倒逆의 생성生成작용 원리를 순역順逆원리로 밝히고 있다.

순역원리란 종시원리의 양면적인 성격을 말하는 것이다. 이러한 순역원리의 경전적인 근거는 「설괘」편이다. 여기서 '순역順逆'이라는 어휘가 시간 문제와 직접 관련이 되어 있음을 볼 수 있다.

"지나간 것을 헤아리는 것은 순順이요, 아직 오지 않는 것을 아는 것이 역逆이다. 그러므로 역易에서는 미리 헤아려서 미래未來를 아는 것이다.(數往者順, 知來者逆, 是故易逆數也.)"[228]

인용문에서 제기된 논점을 구분하면, 첫째 '왕래往來'의 문제로서 이것은 시간의 흐름을 의미하며, 둘째 '수數'의 문제로서 이는 시간 흐름의 질서와 그 체계體系를 말함이며, 셋째 순역順逆의 문제로서 이는 시간時間 흐름의 방향인 시간의 지향성을 말하는 것이며, 넷째『주역』에서의 역리易理는 주로 그 역방향逆方向에서 변화지도를 설명하고 있음을 말한 것이다.[229] 『주역』에서 역리를 기왕지사 과거의 일은 순수順數로 추산해서 알 수 있으며, 미래지사未來之事는 역수逆數로 추수推數해서 알 수 있음을 언급하고 있는 것이다.

「계사상」편에서 "수를 지극히 하여 오는 것을 아는 것을 점이라.(極數知來之謂占)"[230] 고 하여, 수를 극極해서 미래를 아는 것을 점占이라 언급하고 있다. 이 구절에 대한 학자들의 견해를 살펴보면 다음과

---

228 『周易』,「說卦」篇, 第3章.
229 송재국, 『선진역학에서의 인간이해에 관한 연구』, 충남대학교대학원 박사학위논문, 1992, 46쪽.
230 『周易』,「繫辭上」篇, 第5章.

같다.

공영달孔穎達은 『주역정의周易正義』에서 "현재하는 인간이 과거지사를 알고자 할 때나 인간이 순수順數로 미래지사를 알고자 할 때는 역수逆數로 셈하는 것이라.(易之爲用, 人慾數知旣往之事, 易則順后而知之, 人慾數知將來之事者, 易則逆前而數之, 是故聖人用此易道, 以逆數知來事也.)"[231] 고 하고 있다.

주희는 『역학계몽』에서 "현재現在인 금일今日을 중심으로 과거를 인식하고 미래를 예견하는 것이 순역順逆이다.(猶自今日而, 追數昨日也, 故曰數往者順, … (中略) … 猶自今日而逆計來事也, 故曰知來者逆.)"[232] 라고 언급하고 있다.

위의 학자들의 이러한 해석은 순역順逆의 문제를 단순히 인간이 현재를 기점으로 하여, 과거와 미래의 인간사를 인식하고 예견하는 인간적인 사유방식이나 방향을 말한 것으로 이해함으로서 시간의 지향성과 관련된 순역의 의의를 철학적으로 체계적인 설명을 하지는 못했음을 알 수 있다.

순역원리란? 시간을[233] 시종로 규정하고 있다. 그러므로 역도는 시간론으로서 변화의 내적인 요소는 시간(과거와 미래)이다. 시간은 계량적 시간, 물리적 시간이 아니라 내면적이고, 형이상학적 시간이다. 또한 시간은 절대적인 것이므로 현상적인 어느 것도 시간을 초월할 수는 없는 것이다. 『주역』이 수와 시간의 문제를 주요한 핵심문제로 취급함으로서 『주역』은 점서占筮라는 취급 받기도 하였다.

---

231 공영달孔穎達, 『주역정의周易正義』 '說卦' 3章.
232 주희朱熹, 『역학계몽學啓蒙』 原卦劃 第二의 注.
233 시간과 공간을 삼극지도와 삼재지도와 결부시키면 다음과 같다.
❶ 시간時間 : 과거, 현재, 미래 ⇒ 삼극지도三極之道
❷ 공간空間 :   상,   중,   하 ⇒ 삼재지도三才之道

『대학』에서는『주역』에서 밝히고 있는 순역원리를 현상적 관점에서 사事과 물物을 중심으로 다음과 같이 밝히고 있다.[234]

"물物에는 근본根本과 말단末端이 있고, 사事에는 끝남과 시작이 있으니, 먼저 하고 뒤에 함을 알면 곧 도道에 가깝다.(物有本末, 事有終始, 知所先後, 則近道矣.)"[235]

위의 내용을『정역』에서는 시간성과 시간 그리고 공간의 관계를 통하여 도역생성작용원리倒逆生成作用原理로 규정하고 있다. 근원적 존재인 종시원리를 중심으로 그것을 시간의 관점에서 공간의 관점으로 나타낸 것이 바로 도생역성의 관점이며, 본말本末로부터 시종始終으로 그리고 시종始終으로부터 종시終始에 도달하는 것은 역생도성의 관점이다. 그렇기 때문에 존재하는 모든 것을 시간적 사건과 공간적 물건으로 구분하고, 사건事件에는 종시가 있고, 물건物件에는 본말本末이 있어서 시종이라는 시간의 본성인 종시성(시간성)과 그것을 객체화하여 나타낸 본말성(공간성)을 중심으로 그 선후先後하는 바를 이해함으로서 역도易道를 자각할 수 있다고 하였다.

또한『정역』에서는 삼극의 도역생성작용을 그 표상체계인 하도와 낙서에 대하여 하도는 무극无極을 중심으로 미래적 이상을 상징적으로 나타내고 있으며, 낙서는 태극太極을 중심으로 과거적 본성의 세계를 헤아려서 나타내고 있음을 밝히고 있다.[236] 하도는 도생역성倒生逆成의 작용을 하며,

---

234 이 책에서는의 '물건物件'과 '사건事件'의 용어 대신 물건을 '물物'로, 사건을 '사事'로 사용함을 밝혀두고자 한다. 그리고 물物의 개념은 공간空間에 존재하는 현상으로 공간의 표현이며, 사의 개념은 시간을 통하여 이루어지는 시간적 개념과 연결된 의미로 사용하고 한다.

235『大學』, 第一章.

236 金恒,『正易』, 十五一言, 第二張, "龍圖未濟之象, 倒生逆成, 先天太極, 龜書旣濟之水,

낙서는 역생도성逆生倒成의 작용을 하며 그 결과 각각 태극太極과 무극无極이 밝혀지게 됨을 알 수 있다. 그리고 무극과 태극의 양자가 합덕된 존재가 황극皇極임을 알 수 있다.

시간성時間性과 삼극지도三極之道

시간성원리를 체용-구조體用構造로 나타내면 삼극지도三極之道이다. 그러므로 도서圖書를 통하여 표상된 역수원리의 내용은 삼극원리인 삼극지도와도 밀접한 관련을 가진다. 왜냐하면 「계사상」편에서는 "육효六爻의 변화를 통하여 표상되는 내용이 삼극지도이다.(六爻之動, 三極之道也.)"[237] 라고 하였기 때문이다. 『정역』에서는 삼극지도의 내용을 무극无極과 태극太極 그리고 황극皇極으로서 이를 삼극三極으로 규정하고 있다.(擧便无極 十, 十便是太極, 一, 一无十无體, 十, 无一无用, 合土, 居中五皇極.)[238] 이 삼극三極을 수數를 중심으로 표상하면 십十(무극无極)과 일一(태극太極) 그리고 오五(황극皇極)로 나타내게 되는 것이다.

삼극지도를 본체원리와 작용원리를 중심으로 나타내면 삼극의 도역생성작용 원리가 그 내용이다. 그러므로 도생역성작용에 의하여 태극이 드러나고, 역생도성작용으로 무극이 밝혀진다고 할 수 있는 것이다.

도역생성원리는 본체인 삼극의 관계를 중심으로 나타낼 수 있다. 『정역』에서는 무극은 태극지향성을 본성으로 하며, 태극은 무극지향성을 본성으로 한다. 이러한 본성에 의하여 태극지향작용과 무극지향작용이 이루어지는 것으로 도생역성과 역생도성작용을 의미한다. 이것을 합했을 때 도역생성倒逆生成원리가 된다. 그러므로 삼극지도를 작용원리를 중심으로

逆生倒成, 后天无極, 五居中位皇極."
237 『周易』, 「繫辭上」篇, 第二章.
238 金恒, 『正易』, 一張後.

나타내면 도역생성원리가 된다는 것이다. 또한 무극과 태극의 지향작용을 그 성질을 중심으로 '생성生成'으로 구분하고, 방향을 중심으로 '도역倒逆'을 구분하여 나타내면 미래성의 과거지향성은 '도생역성작용'이며, 과거성의 미래지향작용은 '역생도성작용'이 된다.[239]

삼극三極은 시간성의 구조 원리를 나타내는 것으로 무극无極은 미래시간의 존재근거로서의 '미래성未來性'이며, 태극太極은 과거시간의 존재근거로서의 '과거성過去性'이며, 황극皇極은 현재시간의 존재근거로서의 '현재성現存性'을 나타낸다.

시간성이 체용體用의 구조에 의해 나타나면 삼극지도三極之道가 된다. 『주역』에서 육효六爻의 변화는 삼극지도를 표상하는 것이다. 즉, 삼극三極을 시간성구조로 나타내면 무극无極(十), 태극太極(一), 황극皇極(五)이다. 이것을 구체적으로 살펴보면 다음과 같다.

❶ 무극无極은 미래의 시간존재 근거로 미래성을 나타내고 미래 세계의 이상으로서 종말성終末性을 의미한다. ❷ 태극太極은 과거의 시간존재 근거로 과거성을 나타내고 종말성終末性이 바탕이 되어 이미 전개된 세계의 본성本性으로서 태초성太初性을 의미한다. ❸ 황극皇極은 현재現在의 시간존재 근거로서 현존성現存性을 의미한다.

그렇다면 이러한 시간의 존재양상과 표상형식은 무엇인가?

먼저, 시간의 존재 양상은 시간성의 존재근거를 둔 현상적이며, 객관적이고 물리적 시간인 '과거', '현재', '미래'라는 존재양상으로 나타난다. 따라서 시간상의 원리적 구조도 '과거', '현재', '미래'를 일관하는 이론적 체

---

239 유남상, 「도서역학의 시간관 서설」, 『시간에 관한 연구』, 충남대학교 인문과학연구소, 1989, 68쪽.

계를 내용으로 하고 있다.[240] 그리고 미래와 과거 그리고 과거와 미래가 만나는 점點인 현재로 구분되며, 과거는 기억으로 존재되며, 미래는 기대로 존재하지만 기억이라는 것은 현재의 기억이고, 기대도 현재의 기대이다. 그러므로 시간이란 과거와 현재의 의미보다 무한의 영속성을 가진 것으로 볼 수 있다. 즉 시간성의 자기전개가 변화이고, 변화는 시간의 흐름이다. 그러므로 영원한 현재만이 존재한다고 말할 수 있는 것이다.

이상과 같이 중정지도인 역수원리는 천도이며, 시간성이다. 다시 말해서 시간성의 논리구조는 뜻의 시간이요, 의식의 시간이다. 따라서 중정지도는 천도의 시간운행원리인 시간성으로 이해되어져야 한다는 것이다.

다음으로 '시간時間의 형식形式'은 천지의 도를 자각한 인간의 심성내면에서 인식주체의 의식, 즉 시간의식으로 존재한다고 할 수 있다. 도서역학에서도 객관적 사물의 생성변화현상은 시간의 본질인 '변화지도'의 인식근거가 되는 것이며, 따라서 인식내용으로서의 생성의 원리인 변화지도는 시간의 존재근거가 된다. 여기서 형이상학적 존재인 '도'('변화지도')가 시종始終으로 정해진 생성현상을 나타내는 물리적 시간의 세계 안에 들어와서는 시간의 본질로서의 '시간성(종시성)'으로 정착된다. 이로서 인격성의 내용이 시간의 존재 근거로서의 본질적 시간(시간성)임을 알 수 있다. 그리고 본 질적인 시간은 현상적으로 '과거', '현재', '미래'라는 존재양상을 가지고 있다.

---

[240] 유남상,「도서역학의 시간관 서설」,『시간에 관한 연구』, 충남대학교 인문과학연구소, 1989, 67쪽.

하도河圖·낙서洛書의 생성生成·합덕원리合德原理 표상

하도·낙서는 십오十五를 본체本體로 하여 합덕성도合德成道된 원리를 밝히고 있다. 중심에서는 도서圖書를 구성하는 수와 그 내용을 천명하고 있다. 「계사상」편 제9장을 보면 천지지수절天地之數節과 대연지수절大衍之數節, 건곤책수절乾坤策數節, 만물지수절萬物之數節로 구성되었는데 천지지수절에서는 하도의 55수에 관하여 논하고 있고, 대연지수절에서는 낙서의 45수를 밝히고 있으며, 건책지수절에서는 하도와 낙서가 합덕성도된 원리를 밝히고 있다.[241] 이것은 도서圖書가 합덕성도를 통하여 역도의 표상하고 있음을 알 수 있다.

천지지수절에서 하도를 구성하는 수와 그것이 표상하는 내용을 밝히고 있는 부분을 「계사상」편에서 살펴보면 다음과 같다.

"천수天數는 일一이며, 지수地數는 이二이고, 천수天數는 삼三이며, 지수地數는 사四이고, 천수天數는 오五이며, 지수地數는 육六이고, 천수天數는 칠七이며, 지수地數는 팔八이고, 천수天數는 구九이며, 지수地數는 십十으로 무릇 천수天數는 오五이며, 지수地數도 오五이다. 천지天地의 수數가 각각各各 다섯 위를 얻어서 생수生數와 성수成數가 서로 합덕合德하니 천수天數는 이십오二十五이고, 지수地數는 삼십三十으로 천지天地의 수數는 오십오五十五이다. 이는 변화를 이루는 근거이며, 귀신鬼神을 행行하는 근거이다.(天一地二天三地四天五地六天七地八天九地十, 天數五, 地數五, 五位相得而各有合, 天數二十有五, 地數三十, 凡天地之數五十有五, 此所以成變化而行鬼神也.)"[242]

---

[241] 유남상, 「하락상수론에 관한 연구」, 『논문집』 제5권 제1호, 충남대학교 인문과학연구, 1978, 155쪽.
[242] 『周易』, 「繫辭上」篇, 第九章.

천수天數 25와 지수地數 30의 합습이 천지지수天地之數인 55로써 하도 도상의 수와 모두 일치한다. 그리고 말미末尾에서 이것은 변화를 이루는 근거요, 귀신鬼神이 행하는 근거라고 언급하고 있다. 변화를 이루는 근거라는 것은 그것이 변화의 도를 의미하며, 귀신을 행하는 근거라는 것은 신도神道임을 뜻한다. 그러므로 인용문의 내용이 변화지도, 신도神道를 표상하는 것임을 알 수 있는 것이다.

천지지수절에서는 천지의 수가 다섯 위位에서 서로 하나로 합덕됨을 말하고 있다.243 따라서 합덕원리를 중심으로 하여 변화지도를 표상하고 있음을 알 수 있다. 변화를 한마디로 나타내면 역易이다. 그러므로 역도易道를 변화지도變化之道라고 하는 것이다. 변화지도를 표상한다는 것은 바로 역도를 표상하는 것임을 알 수 있다. 합덕원리는 본체를 중심으로 표상된다. 그러므로 합덕원리를 위주로 중정지도를 표상하고 있는 도상圖象이 바로 하도·낙서이다. 또한 역수원리와 괘효원리를 합덕시키는 원리가 하도·낙서원리이다. 이러한 역도의 표상체계을 다음과 같이 도식화할 수 있다.244

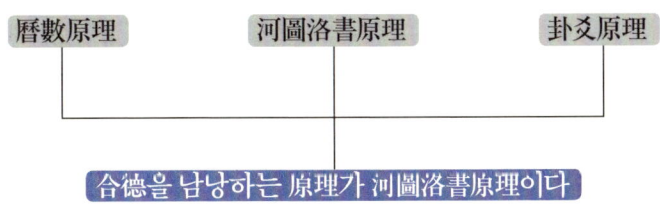

• 河圖·洛書의 生成·合德原理

---

243 하도의 도상에 나타난 (1·6), (2·7), (3·8), (4·9), (5·10)의 음양합덕을 의미하는 것이다.
244 유남상,「정역사상의 근본문제」,『논문집』제Ⅷ권 2호, 충남대학교 인문과학연구소 1980, 230쪽.

하도·낙서의 수는 존재의 근원적인 구조 원리와 변화지도를 나타내는 철학적인 상징수이다. 이것은 역수원리가 하도·낙서의 상수와 괘효상수卦爻象數를 통하여 역도로 드러난 것이다. 그러므로 역수원리와 괘효상수를 합덕시키는 것이 바로 도서상수원리圖書象數原理이다.

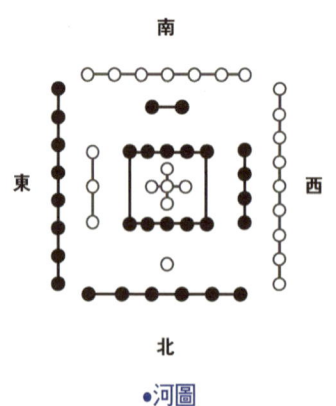

●河圖

하도의 도상을 살펴보면 일—에서 십十까지의 천수와 지수로 구성되어 있다. 즉 천수天數는 —·三·五·七·九의 기수奇數이며, 지수地數는 二·四·六·八·十의 우수偶數이다. 이 천지의 수가 역수원리를 표상하는 하도와 낙서를 구성하는 수이다. 『정역正易』에서는, "天地之數, 數日月."[245] 라고 하여, 천지天地의 수數는 일월천지역수日月天之曆數로 표상되고 있음을 언급하고 있다. 이는 천지天地의 수數가 천지역수天之曆數를 표상하고 있음을 밝히고 있는 것이다.

천지의 수는 기우奇偶의 수로서 기수奇數는 천도를 표상하며, 우수偶數는 지도를 표상한다. 천지의 도를 구분하여 선후적先後的 관계를 중심으로 나타내면 천도는 분생分生 원리가 그 내용이며, 지도는 합덕合德 원리가 그 내용이다. 그러므로 기우奇偶의 수가 합덕하여 형성된 하도·낙서의 도상은 그 내용이 합덕원리와 분생원리로 구성되어 있는 것이다. 이때, 하도는 합덕원리를 중심으로 그 가운데서 분생원리를 내포하고 있다.

하도가 합덕원리를 중심으로 역수원리를 표상하였다는 것은 그것이 본체원리를 중심으로 역수원리를 표상하였음을 뜻하며, 낙서는 작용원리를 중심으로 역수원리를 표상하고 있는 도상임을 의미한다. 그러므로 낙서의 기수奇數가 분생원리를 중심으로 역수원리를 표상하고 있기 때문에 이

---

[245] 『正易』, 第二十張.

를 통하여 역수원리의 구체적인 내용을 고찰할 수 있다.

낙서의 도상圖象을 살펴보면, 낙서의 본체수本體數는 오五이며, 작용원리를 표상하는 수는 생성의 사상수四象數이다. 그러므로 역수원리를 작용원리를 중심으로 살펴보기 위해서는 생성生成의 사상수를 중심으로 고찰해야 한다. 낙서의 성수成數인 구九·팔八·칠七·육六은 역수의 구성 원리를 표상하며, 생수生數인 일一·이二·삼三·사四의 역수가 생성변화生成變化하는 마디를 규정한다. 따라서 낙서는 사력변화원리四曆變化原理를 통하여 표상된다. 「계사상」편 제9장의 대연지수절大衍之數節은 작용원리를 중심으로 역수원리를 표상하고 있는 낙서원리에 대하여 다음과 같이 밝히고 있다.

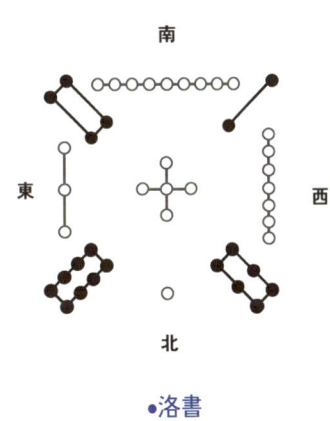

●洛書

"크게 넓힌 수數가 오십五十이니 그 씀은 사십구四十九라. 나누어 둘로 해서 양의兩儀를 형상形象하고, 하나를 걸어서 삼재三才를 형상形象하고, 넷으로 셈으로서 사시四時를 형상形象하고, 나머지를 손가락 사이에 끼움으로서 윤달을 형상形象하나니, 오년五年에 두 번 윤달이라. 그러므로 다시 끼운 후에 거느니라.(大衍之數五十, 其用四十有九, 分而爲二以象兩, 掛一以象三, 揲之以四以象四時, 歸奇於扐以象閏, 五歲再閏, 故再扐而後掛.)"246

대연大衍의 수를 오십五十이라고 하고, 오십五十 가운데 그 작용원리를 표상하는 수가 사십구四十九라고 하고 있다. 오십五十 가운데 사십구四十九가 작용원리를 표상한다면 나머지 수가 일수一數이다. 그리고 오십五十을 구

---

246 『周易』, 「繫辭上」篇, 第九章.

성하는 수는 오五와 십十이다. 이를 통하여 오五와 십十 그리고 일수一數가 기본이 되어 있음을 알 수 있다. 이것은 대연大衍의 수가 오십五十이며, 오십五十이 오五와 십十의 상승합덕相乘合德을 통하여 형성된 수라는 것은 그것이 십무극十无極과 오황극五皇極을 본체本體로 이루어짐을 뜻한다. 그리고 오십五十 가운데서 사십구가四十九가 작용을 표상한다는 것은 나머지 일수一數가 작용의 기본수가 됨을 의미한다. 그리고 작용의 기본이 되는 일수一數를 태극太極이라고 한다.

위의 대연지수절에서 오십五十을 대연大衍의 수數로 규정하고 있다. 이때 연衍은 수의 증감을 나타내는 개념이다. 그런데 여기에 대大라는 수식어를 사용使用한 것은 그것이 천도임을 의미하는 것이다. 그 근거로서 중심 건괘와 곤괘의 「단사」에서 각각 '대大'와 '지至'를 통하여 건도乾道와 곤도坤道를 표상하고 있음을 보면 이 점을 알 수 있다.

그리고 윤달을 표상하고, 오년五年에 다시 윤달을 사용하는 것을 언급한 것은 대연이라는 수의 증감을 통하여 표상되는 내용이 단순하게 기수朞數의 구성 원리를 말하는 것이 아니라, 역수원리를 표상하고 있음을 알 수 있는 것이다. 하도·낙서를 통하여 천도의 구체적인 내용인 역수원리가 표상되고 있음을 의미하는 것이다. 다시 말해서 천도인 역수원리를 하도·낙서의 신물을 통하여 천지의 이치를 표상하고 있다는 것이다.

하도와 낙서라는 도상이 표상하고 있는 역수원리는 성통에 참여한 성인들에 의하여 이미 자각되어진 근원적인 존재원리이다. 그 근거는 앞에서 제시한 것과 같이 「계사상」편에서 다음과 같이 밝히고 있다.

"이런 까닭에 하늘이 신물을 냄에 성인이 법으로 하며, 천지가 변화함에 성인이 본받으며, 하늘이 형상을 드리워서 길흉을 나타냄에 성인이 형상하며, 하수에서 하도가 나오고 낙수에서 낙서가 나옴에 성인이 법하니,(是故 天生神物, 聖人則之, 天地變化, 聖人效之, 天垂象見吉凶, 聖人象之, 河出圖洛出書, 聖人則之.)²⁴⁷

하늘이 신물을 냄(天生神物)이란 하도와 낙서를 의미하며, 이것이 신물임을 밝히고 있다. 그리고 하수에서 하도가 나오고, 낙수에서 낙서가 나옴에 이를 성인이 근원적인 존재원리로 삼고 있다는 뜻이다.

하도·낙서가 신물임에 대하여 『정역』에서 다음과 같이 언급하고 있다.

"천지天地의 이치理致는 삼원三元으로 원元으로부터 성인聖人이 탄강誕降하여 신물神物을 드러내 보이니 그것이 하도와 낙서이다.(天地之理, 三元, 元降聖人, 示之神物, 乃圖乃書.)"²⁴⁸

하늘이 내린 신물이 성인에 의해서 드러났음을 밝히고 있다. 『정역』에서는 하도와 낙서를 구성하는 천지의 수에 대하여 "천지의 수는 일월역수를 표상한다.(天地之數, 數日月.)"²⁴⁹ 라고 하여, 하도·낙서의 내용인 수가 바로 일월천지역수日月天之曆數임을 밝히고 있다.

하도와 낙서의 본체 도수는 십十과 오五이다. 이 십十과 오五가 상승相乘 합덕된 도수인 오십오五十五ㅣ 이 시 사상작용四象作用을 표상하는 기본도수가 된다. 하도·낙서의 본체도수本體度數 십오十五는 천지의 인격성이다. 즉, 인격 자체의 수數로써 십十과 오五로 표상하고 있는 것이다. 그러므로 "十乾天 五坤地"라고 한 것이다. 십十과 오五는 천지부모天地父母로 천天은 만물이

---

247 『周易』, 「繫辭上」편, 第11章.
248 金恒, 『正易』, 十五一言, 第二張.
249 金恒, 『正易』, 第二十張.

『주역』건괘와 곤괘의「단사」에서는 각각 '대大'와 '지至'를 언급하고 있다.

❶ 『주역』건괘에서 '대재大哉라 건원乾元이여' 라고 한 것은 건원의 덕을 찬탄하는 말이다. 건이 천지만물을 창조하는 덕은 실로 광대무변廣大無邊하다. 천은 만물을 창조하는 큰 기운을 가지고 있다. 따라서 천의 도와 건의 도가 같은 것이다. 건乾과 천天은 사람의 몸과 마음처럼 하나이면서 둘로 보일 뿐이다. 다시 말해서 건乾의 지극히 큼에 힘입어서 만물이 비롯되는 것과 같이 『주역』건괘에는 "대재건원大哉乾元, 만물자시萬物資始"라고 한 것이다.

❷ 곤坤은 유순柔順함으로서 건乾의 덕德을 이어 만물을 낳는다. 이는 곤坤의 '원元'을 설명한 것으로, "지재至哉라 곤원坤元이여 만물萬物이 자생資生하나니" 라고 한 것이다. 즉 곤괘의 크고 넓은 덕을 찬탄한 말이다. 건괘「단사」의 대재大哉와 곤괘「단사」지재至哉를 비교하면 대재大哉가 약간 크게 들린다. 그러나 곤괘의 덕은 건괘와 같이 그렇게 크고 위대하지 못하지만 지극한 곳까지는 가 있다는 것이다. '곤원坤元'은 곤坤의 원元으로서 만물이 시작하도록 하는 '곤덕坤德'이다. 만물은 곤원坤元의 덕德으로 시작되고 자란다는 것이다. 건乾에서는 만물자시萬物資始라 하였는데 시始는 기氣의 시작을 말한다. 곤坤에서는 '만물자생萬物資生'이라 하였는데 생生은 형형의 시작始作이다. 만물의 형체는 모두 곤坤 즉 땅에서 생긴다. 이것을 '만물자생'이라 하였다. 이 만물자생의 힘 즉 만물의 형체를 발생시키는 곤원坤元의 덕은 어디에서 왔을까 '내순승천乃順承天'이 그 쯤이다. 곤坤은 극히 유순하여 천天의 덕을 그대로 받아들임으로 생기는 힘이다. 그러므로 순順은 곤괘坤卦의 가장 큰 덕목이다. 따라서 "지재至哉라 곤원坤元이여 만물萬物이 자생自生하나니 내순승천乃順承天"이라 한 것은 곤괘坤卦의「단사」원형이元亨利 빈마지정牝馬之貞의 원元을 설명한 글이다.

생生하고 지地는 만물을 육育한다. 그러므로 십十은 천天의 근거이요, 오五는 지地의 근원根據이 되는 것이다. 그리고 성性은 인격성의 완성을 의미한다. 그것을 『주역』에서는 대연의 수로 규정하고, 이로부터 사상작용을 표상하는 사상수四象數를 추연推衍하고 있다. 따라서 중도를 표상하는 도수는 십十과 오五가 되며, 이를 근원으로 중정지도는 표상되어지는 것이다.[250]

하도·낙서의 체용논리와 천도天道·천명天命의 내용

하도·낙서의 체용적體用的 논리구조 하락河洛의 체용원리는 무엇인가? 천도는 지도를 근거하고, 지도는 천도를 근거하는 것이 상호체용 논리이다. 그러나 실제적으로는 중도中道를 체體라 하고 정도正道가 용用이 된다. 하도·낙서로 보면 하도는 본체원리가 위주이며, 낙서는 하도를 근원으로 하는 작용원리 위주임을 의미한다. 그러므로 역수원리가 하도와 낙서를 통하여 표상이 된다고 볼 때 역수를 본체원리와 작용원리로 구분하여 이해할 수 있다. 즉, 역수원리를 본체원리와 작용원리로 나누면, 본체원리는 중도中道가 되고, 작용원리는 정도正道로 드러난다. 따라서 하도·낙서의 상호체용 관계가 성립하게 되는 것이다.

『주역』에서 하도·낙서를 통하여 역수원리가 표상되고, 이것을 통해 표상된 역수를 근거로 하여 괘효원리가 형성된다. 또한 『정역』에서도 "역자易者는 역야曆也.(易者 曆也.)"[251]라는 대명제에 따라 하도·낙서를 천지역

---

250 하도·낙서를 통하여 중정지도가 표상된다 함은 신명원리와 간지도수干支度數에서 구체적으로 증명할 수 있다. (사)연경원硏經院에서 발간된 관중觀中 유남상柳南相 선생 주해註解의 『주·정역합본』편의 각종 도설에서 간지도수에 의해서 중정지도가 표상되고 있음을 나타내고 있다.

251 金恒, 『正易』, 「大易序」.

수天之曆數 변화원리로 규정하여 역도의 내용 전체가 역수원리임을 밝히고 있다.

앞에서 언급한 바와 같이 하도와 낙서의 본체 도수는 십十과 오五이다. 이 십十과 오五가 상승 합덕合德된 도수인 오십五十이 사상四象 작용을 표상하는 기본 도수가 된다. 그것을 『주역』에서는 대연大衍의 수數로 규정하고, 이로부터 사상작용四象作用을 표상하는 사상수四象數를 추연推衍하고 있다. 이 때 중도를 표상하는 도수度數는 십十과 오五가 된다. 그러므로 역수원리는 십오본체원리를 기본 내용으로 하여 도수로써 구성되는 것이다. 역수원리의 표상체계인 하도와 낙서 가운데 낙서는 작용원리를 중심으로 역수원리를 표상하기 때문에 낙서를 중심으로 사력변화원리의 추연이 가능하다.

여기에 대해서 관중 유남상 선생은 낙서원리와 사력변화원리에 대하여 다음과 같이 언급하고 있다.

"낙서원리는 천지역수天之曆數에 있어서 사력변화원리를 가장 전형적으로 표상하고 있는 것이다. 낙서는 구九·일一, 이二·팔八, 삼三·칠七, 사四·육六이 서로 오五를 중심으로 대응하고 있는 것이다. 우수遇數는 사유방四維方에서 대응하며, 기수奇數는 사정방四正方에서 서로 대응하고 있다. 그러므로 사력변화원리四曆變化原理는 곤도. 천지역수天之曆數에 있어서는 오수五數를 중심으로 하는 낙서원리에 근거를 두고 있기 때문이다. 그러므로 사력변화원리는 군자의 사덕원리와 직통되는 것이다. 따라서 인간에 있어서는 사력변화원리가 사덕원리로 주어지는 것이다. 바꾸어 말한다면 『맹자』에 있어서는 인의예지의 사덕이 구체적으로 행해지면 사단지심四端之心으로 나타나는 것이다. 그것이 인간에 있어서는 십오존공원리十五尊空原理

가 직접적으로는 인간의 본래성, 본래성에 있어서도 중심체로서의 본래성으로 정착이 되어진다. 인간이 십오존공위체원리를 그대로 계승한 본래성을 중심(主體)로 하여 인간의 주체성은 인간의 참다운 본래성이다. 그 본래성을 주체로 했을때 사덕이 행行해지는 것이다."라고 밝히고 있다. 따라서 하도와 낙서는 천지지수의 체용적 구조를 통해 중정지도를 표상하고 있는 도상이다.

하도·낙서의 천도天道와 천명天命의 내용

하도낙서를 인도적인 측면에서 보면 천도天道와 천명天命으로 나눌 수 있다. 그리고 역학에서 역수원리曆數原理가 새로운 문제로 등장하게 된 것은 역수원리가 천명天命의 구체적인 내용인 동시에 성인에게 주어진 천명天命을 내면화시켜 인간의 본성으로서 자득自得되어진 것이기 때문이다.[252] 역수원리를 역학의 핵심문제로 취급해야 하는 이유가 바로 여기에 있다고 할 수 있다. 대체로 명命의 근원이 천天이라면, 명命의 구체적인 내용은 역수원리이다. 그러므로 역수원리가 천명天命의 근원이요, 내용이라고 할 수 있는 것이다. 따라서 역수원리曆數原理의 내면적인 자각은 곧 천도天道와 천명天命에 대한 자각이 되는 것이다.

---

[252] 이에 대한 구체적인 내용은 제5장에서 설명하고자 한다.

하도·낙서의 내용은 어떻게 다른가?

구분	河圖	洛書
내용	·천도天道를 상징(體十用九作用) ·중심본체수 오五와 십+(十五) ·일一에서 십+까지의 수數 　(10수 도형) ·십무극+无極이 나타남	·지도地道를 상징(體五用六作用) ·중심본체수 오五 ·일一에서 구수九數까지 배열 　(9수 도형) ·오행의 상극의 이치
	·천도중심 ·하도적 신명원리 ·존재원리 위주의 역도를 표상	·지도와 인도중심 ·낙서적 실천원리 ·인간실존적인 삶 방식과 　실천원리 표상
	·상생질서 논리 ·(1·6), (2·7), (3·8), (4·9) ·음양의 결합 ⇐ 음양조화합덕 ○ ·생성生成원리	·상극질서 논리 ·(1·9), (2·8), (3·7), (4·6) ·음음, 양양의 결합 ⇐ 음양합덕 ✕ ·생장生長원리
	·체體로서 순順작용 　- 도생역성倒生逆成 작용 ·9·8·7·6의 체감작용 ·용도龍圖는 미제지상未濟之象 　- 원리적 현상	·용用으로서 역작용逆作用 　- 역생도성逆生倒成 작용 ·1·2·3·4의 체증작용 ·기제지상既濟之象 - 사물적 현상
	·삼극지도三極之道 ·양수陽數(25)+ 음수陰數(30) = 55수 ·미래적 시간에서 현재를 조명	·삼재지도三才之道 ·양수(25) + 음수(20) = 45수 ·현재 시간에서 미래를 향해서

●하도·낙서

3. 하도·낙서원리의 내용으로서의 중정지도

앞에서 살펴본 바와 같이 하도·낙서는 중정지도의 표상체계이다. 그것은 하도와 낙서의 도상에서 천인관계로 보면 천인지도의 관계로서 중도와 정도로 표상된다는 것이다. 그리고 중심에서 '원형이정元亨利貞'이 '대형이정大亨以正'이요 '대형이정'이 '천도'임을 확인한 바 있다.[253] 이것은 중도인 원형이정을 사상四象으로 표상하고 천도의 주체적인 내재화를 통하여 정도인 인예의지仁禮義智의 사덕四德으로 드러나고 있음을 말하는 것이다.

'건 원형이정'의 건乾은 오행五行으로 보면 토土요, 중심 본체本體이다. 따라서 건乾이 토土의 중심 본체本體라면 원형이정은 작용성을 표상하는 것이다. 이것은 건괘를 중심체로 한 사상작용을 말한다. 즉 오행을 기본원리로 하고 있다는 것이다. 원형이정이란 눈에 보이지 않는 역도(중도)를 눈에 보이는 사물에 비유해서 상징적(정도正道)으로 드러내는 것이다. 그러므로 중도中道와 정도正道는 체용관계이다. 그리고 군자가 정도인 사덕四德을 실천하는 주체임을 거듭 밝히고 있다. 이것은 천도에 근거한 정도正道임을 의미하는 것이다.

이것은 『정역』의 관점에서 볼 때 중정지도는 『정역』의 중위정역中位正易을 근거로 하고 있음을 의미하기도 한다. 그러므로 하도·낙서와 중정지도의 관계를 논술하기에 앞서서, 먼저 중정지도와 중위정역의 관계를 살펴보고자 한다.

---

[253] 건괘乾卦「문언文言」에서는 군자가 행하여할 4가지의 덕이 인도人道인 인예의지仁禮義智이며(又言曰 元者善之長也, 亨者嘉之會也利者, 義之和也, 貞者, 事之幹也, 君子, 體仁足以長人, 嘉會足以合禮, 利物足以和義, 貞固足以幹事, 君子, 行此四德者.) 이것이 천도天道의 내용이 원형이정元亨利貞(故曰乾元亨利貞)임을 밝히고 있다. 또한 천도天道와 천명天命이 대형이정大亨以正임도 아울러 밝히고 있다.(无妄卦「彖辭」, "大亨以正, 天之命也." 臨卦「彖辭」"大亨以正, 天之道也.")

원형이정元亨利貞 과 대형이정大亨以正

원형이정은 대형이정이니 정正을 중심한 이정以正이 바로 공간적인 역리이다. 그리고 원형이정은 하도·낙서의 본체원리와 직결된다. 따라서 역도란 원형이정 원리이다. 그리고 사력변화원리를 근거로 하여 사상원리가 전개되어 사덕으로 드러나게 된다. 이를 구체적으로 설명하면 다음과 같다.

❶ 대형이정 : 명명덕의 천하로 대사大事이다. 반면 개인인격의 수양은 소사小事이다

❷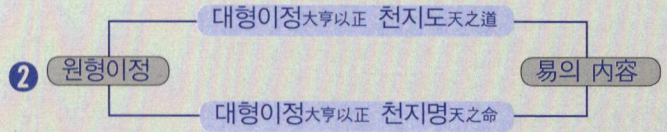

❸ 대형정大亨正은 대형이정大亨以正이니 인간을 중심으로 한 인식론적 입장이니 인생의 '참'(正)에 대한 지성知性의 자각自覺이 제일문제第一問題이다.

❹ 대형이정 천도이며 원형이정은 건곤사상과 동일한 의미이다. 그리고 사상작용도수를 근거로 사덕을 표상함. 그러므로 원형이정은 사상원리이다. 사덕원리는 군자의 실천원리이다.

❺ 시간을 주재하는 건乾의 사상四象
(사상四象) 원元   형亨   이利   정貞
(사시四時) 춘春   하夏   추秋   동冬 …사시四時변화(사시일월지정四時日月之政)
(사덕四德) 인仁   예禮   의義   지智

중위정역中位正易과 중정지도

천지역수天之曆數인 하도河圖·낙서洛書의 상징적象徵的인 논리論理로 본 중정지도中正之道는 중위정역中位正易을 의미한다. 『정역正易』「십일일언十一一言」에서 중위정역中位正易과 중정지도中正之道에 대하여 다음과 같이 밝히고 있다.

"복희괘의 태兌와 간艮은 수數로는 이二와 칠七이니 서남西南에서 호위互位한다. 복희괘에는 진震과 손巽은 수數로는 십오十五이니 오행五行의 종宗(밑둥)이오, 육남매의 어른이니 중위中位에 정역正易을 이룬다.(卦之兌艮, 數之二七, 西南互位, 卦之震巽, 數之十五, 五行之宗, 六宗之長, 中位正易.)"[254]

이는 중위정역을 밝힌 내용이다. 유남상 교수는 "하도의 본체도수 십오도수가 사력변화四曆變化를 통하여 귀공歸空되어 중위中位의 본체도수가 되는 십오존공위체원리十五尊空爲體原理와 사력四曆이 생성변화하여 음양이 합덕된 정력正曆으로 완성되어가는 사력변화원리四曆變化原理를 『정역』에서는 중위정역원리라고 한다."고 밝히고 있다.[255] 다시 말해서 하도의 중심수 십오十五가 존공尊空되어 중위中位의 본체도수로 귀환되는 십오존공위체원리와 더불어 사력四曆이 변화하여 정역기수正曆朞數(360)로 완성되는 사력변화위용四曆變化爲用 원리를 통일시킨 천지역수天之曆數의 변화원리를 의미한다.

사력변화원리四曆變化原理에 대하여 『정역正易』의 「십오일언十五一言」, 제6장第六張과 제7장第七張에서는 "제요의 기朞는 366일이며, 제순의 기

---

[254] 金恒, 『正易』, 「十一一言」, 第二十三張 前面.
[255] 유남상, 「역학의 역수성통원리에 관한 연구」, 『논문집』 제11권 제1호, 충남대학교 인문과학연구소, 1983, 139쪽.

朞는 365도度 1/4도四分度一이고, 일부一夫의 기朞는 375도度로 십오十五를 존공尊空하면 바로 우리 공부자孔夫子의 기朞인 360이다.(帝堯之朞, 三百有六旬有六日, 帝舜之朞, 三百六十五度四分度之一. 一夫之朞, 三百七十五度, 十五尊空, 正吾夫子之朞, 當朞三百六十日.)"라고 하여 사력四曆의 기수朞數를 밝힌 네 성인을 중심으로 기수朞數의 내용을 밝히고 있다. 위의 내용을 보면 제요帝堯가 밝힌 삼백육십육일과 제순帝舜이 밝힌 삼백칠십오도사분도지일 그리고 공자가 밝힌 삼백육십일과 일부一夫가 밝힌 삼백칠십오일의 네 기수朞數가 사력변화四曆變化 원리를 나타내는 네 기수朞數임을 밝히고 있다. 이것을 도식화하면 다음과 같다.[256]

四曆變化에 따른 朞數變化				
區分	原曆時代	河圖時代	洛書時代	正曆時代
易의 名稱	原曆375度	閏曆366度	閏曆365¼度	正曆360도
朞의 名稱	一夫之朞	帝堯之朞	帝舜之朞	一夫之朞 內 孔子之朞
閏度數	15度=180時 (99+81)	6度(72時) (81時에서 9時間歸空)	5¼도=63時 (72時에서 9時間歸空)	15度全體 歸空

用九用六과 四曆變化를 중심으로 한 潤度歸空法則과 正曆形成				
九六 原理	用九			用六
四曆 原理	原曆	閏 曆		正曆
		堯之朞	舜之朞	
變化의 性格	生變化	長變化		成變化
成數의 變化	9×9=81	9×8=72	9×7=63	9×6=54
生數의 變化	9×1=9	9×2=18	9×3=27	9×4=36
曆 數	90	90	90	90	正曆360度

256 유남상, 「하락상수론에 관한 연구」, 『논문집』 제5권, 제1호, 충남대 인문과학연구소, 1978, 12쪽, 圖表7 參照.

『정역正易』제7장第七張, "일부一夫의 기朞는 375도三百七十五度니 십오十五(人格性/生命情神)를 존공尊空하면(십오十五는 현실적現實的으로 오행五行이 저변에 있고, 용구용육用九用六의 원리原理와 관련이 있다.) 우리 공부자孔夫子의 기朞가 삼백육십일三百六十日에 당한 바로 그것이다(一夫之朞, 三百七十五度, 十五尊空, 正吾夫子之朞, 當朞三百六十日.)"²⁵⁷ 라고 하여 일부一夫의 기朞와 공자孔子의 기朞가 사력변화원리四曆變化原理에 의해 같아짐을 설명하고 있다.

하도의 본체수 십오는 천지지심天地之心을 표상하는 체體이고, 하도의 본체수 십오에 내포된 오수五數가 낙서를 통하여 드러내는 정도正道로 볼 수 있다. 낙서는 십오천지十五天地의 합덕을 본체로 하여 작용원리로 이루어진다. 따라서 중정지도의 본체 원리인 중도와 작용원리인 정도를 밝히고 있다. 이는 중정지도의 존재론적인 근거가 바로 하도·낙서임를 말하는 것이다.

『정역』에서의 중정지도中正之道의 본래적인 의미는 하도河圖·낙서洛書의 중심본체도수인 십오가 존공尊空되어 중위中位의 본체도수로 귀환하는 십오존공원리十五尊空原理와 더불어 사력생성변화원리四曆生成變化原理에서 사력四曆이 변화하여 정역기수로 완성되어 사력변화원리四曆變化原理를 통일시킨 역수원리曆數原理임을 의미하는 것이다. 역수원리가 인간 주체적 자각을 통하여 드러나는 천지합덕天地合德의 존재원리로 규정한 것이다.²⁵⁸ 따라서 하도·낙서를 통하여 표상되는 인도人道로서의 중정지도中正之道가 바로 중위정역中位正易 원리에 근거하며, 중위정역中位正易 원리가 바로 여수원리曆數原理라는 것이다.

---

257 金恒,『正易』,第七張.
258 유남상,「정역의 도서상수원리에 대한 연구」,『논문집』제8권 제2호, 충남대학교 인문과학연구소, 1981, 203쪽.

『정역』에서는 중위정역中位正易에서의 중中은 『서경』의 궐중지도厥中之道의 중中임을 밝히고 있다. 『중용』의 시중지도時中之道의 중中이다. 그리고 위位는 포오함육包五含六 십진일퇴지위十進一退之位의 위位이다. 그리고 하도·낙서가 선진유학에서 밝히고 있는 중정지도中正之道의 존재론적인 근거임을 언급하고 있다. 중정지도의 표상방법과 하도河圖·낙서洛書의 관계를 도식화하면 다음과 같다.

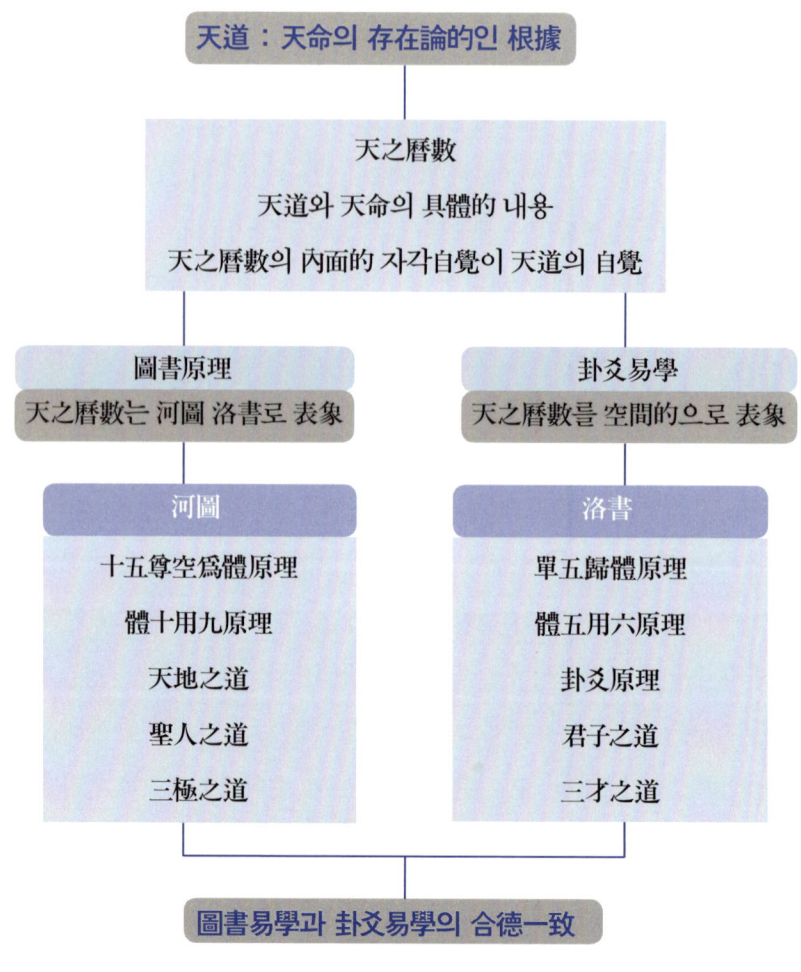

•중위정역과 중정지도

십오존공위체원리十五尊空爲體原理와 중도中道

하도의 십十과 오五의 상징적 내용을 공空으로 위체爲體하여 본체本體로 삼는 원리가 중도이다. 『정역』에서는 하도·낙서로 표상된 사력변화원리로서 가장 기본이 되는 것을 십오존공원리로[259] 규정하고 있다. 이때 십오는 하도의 중심수이며, 하도 도상의 상수는 역수원리로 표상되는 것이다. 하도·낙서의 관계에서 하도河圖내에 낙서洛書를 포괄하고 있다. 즉, 낙서의 중심수 오수五數는 하도의 중심수 십오十五에 내포되어 있다는 것이다.

이것을 상수의 측면에서 보면, 십오는 생명정신으로서의 시간성인 중中(體)이며, 사상작용은 공간성인 정正(用)이다. 『정역』의 관점에서 사상작용은 하도는 (1·6), (2·7), (3·8), (4·9)로 작용하고, 낙서는 (1·9), (2·8), (3·7), (4·6)으로 작용作用한다. 이때 하도의 40수와 낙서의 40수의 총수인 팔십과 하도·낙서의 중심수 이십二十의 합수로서 일원수一元數 100이 된다. 이때 이십二十은 하도 중심수 십오十五와 낙서 중심수 오五를 합습한 개념이며, 체용體用의 합수合數이다.

위 내용을 근거하여 천도의 측면인 시간성에 의해 중도中道가 십오존공위체원리十五尊空爲體原理에 의해 표상되고, 공간성원리에 의해 정도正道는 사력변화위용-원리四曆變化爲用原理로서 표상된다는 것이다.[260] 중도中道를 표상하고 있는 십오존공에 대한 근거를 『정역』 제칠장 전면에 다음과 같이 밝히고 있다.

"일부一夫의 일년一年 기수朞數인 삼백칠십오도三百七十五度에서 십오十五

---

[259] 하도의 십十과 오五의 상징적 내용을 공空으로 위체爲替하여 본체本體로 삼는 원리가 십오존공위체원리十五尊空爲體原理이다.
[260] 十五尊空爲體原理, 歸體原理에서 '爲體'란 本體度數가 된다는 의미이며, '歸體'는 本體度數로 歸結된다는 의미이다. 佛敎에서도 하나 뿐인 근본바탕으로 돌아간다는 의미로 歸數라는 용어를 사용하고 있다.

를 존공尊空하면 바로 우리 공부자孔夫子의 기수朞數인 삼백육십도三百六十度에 해당한다.(一夫之朞, 三百七十五度, 十五尊空, 正吾夫子之朞, 當朞三百六十日.)"[261]

위와 같이 정역에서는 일부一夫의 기수朞數 375도(원력기수原曆朞數)에서 15도가 존공되면 공자기수孔子朞數인 360도(정역기수正曆朞數)와 같게 되어 역수변화가 완성됨을 언급하고 있다.

존공尊空이란? 『정역』의 특수한 용어로서 역학사에서 전혀 새로운 개념이다. 존尊은 글자 그대로 높임이다. 높임의 대상은 물론 공空이다. 공空은 중中을 가르킨다. 이때의 중中은 『정역』에서 요堯·순舜이 말하는 '진실로 그 중中을 잡아라(允輯厥中)'의 중中이고, 공자孔子의 때에 맞음(時中)의 중中을 의미한다. 또한 공空은 '비워있음'을 의미한다.[262] 또한 「일부一夫 김항金恒선생 성덕비문聖德碑文」에서도 십오존공원리가 역수변화원리와 직결되어 있음을 다음과 같이 밝히고 있다.

"또 육갑六甲 중에서 십오존공원리十五尊空原理가 갖추어져서 십오성토十五成土을 이루고, 원력기수原曆朞數를 천명하여 사력변화四曆變化의 도道를 이루니 …… (중략) …… 대저 원력原曆은 십오도수十五度數와 삼백육십三百六十의 정력기수正曆朞數를 합하여 역수曆數의 전체全體를 가리키는 것이니 이것에서 십오도十五度는 윤역閏曆에서 장차 귀공歸空될 윤도閏度인 것이요 정역正曆에서는 이미 귀공尊空된 체수體數인 것이다."[263]

---

261 金恒, 『正易』, 第七張, 前面.
262 곽신환, 「학산 이정호의 역학 사상」, 『동양철학』 제26집, 한국동양철학회, 2006, 71쪽.
263 柳南相, 「一夫金恒先生聖德碑文」, 『正易』, 正經學會, 1976, 5-6쪽. "且六甲之中, 十五尊空爲體, 以成十五聖統, 闡原曆朞數而明四曆變化之道. (中略) …… 夫原曆十五閏度, 與

하도의 중심수 십오十五를 근거로 하는 십오존공위체원리十五尊空爲體原理와 사력변화四曆變化의 과정에서 십오十五가 존공귀체도수尊空歸體度數로 작용함으로서 사력이 생성변화되는 원리를 밝히고 있다. 또한 십오천지十五天地에 의해서 이루어지는 중도는 시간의 섭리와 작용원리를 말하고 있다.

'존공尊空'의 개념은 공空(佛家의 空과는 구별됨)으로 높인다는 뜻이며, 십十과 오五는 하도·낙서의 본체수이기 때문에 형이상학적인 무위无爲로 돌려놓고 작용하지는 않는다는 의미이다. 따라서 십오존공위체十五尊空爲體 원리는 인간의 입장에서는 십오천지十五天地의 인격적 의지를 자각하고 천지天地를 대신해서 그 뜻을 봉행奉行하다는 의미로 밝히고 있다.

사력변화위용원리四曆變化爲用原理와 정도正道

하도·낙서의 사상四象의 시간적인 변화로서 사력작용四曆作用을 용用으로 삼는 원리가 정도正道이다.

사역변화원리四曆變化原理는 만물의 생성원리이다. 또한 사력변화원리를 천인관계를 중심으로 나타내면 천도의 인간 주체화 원리가 된다. 천도의 인간주체화에 대하여는 『서경』과 『논어』에서 '천天의 역수曆數가 네 몸에 있다.'고 하여, 이는 천지역수天之曆數가 인간의 본래성本來性으로 주체화 되었음을 의미하는 것이다.

『정역』에서 밝히고 있는 사력변화위용원리에서의 사력四曆이란 원력原曆과 양兩 윤력閏曆및 정력正曆을 의미하는 것이다. 참고적으로 그 내용을 도식회히여 살펴보면 디 음괴 같다.[264]

三百六十正曆朞數之合, 則曆數之天體也. 此十五度者, 以閏曆則將爲歸空之閏度也. 以正曆則旣爲尊空之體數也."
264 유남상, 「하락상수론에 관한 연구」, 『논문집』 제5권 제1호에서 충남대학교 인문과학연

건책도수乾策度數와 곤책도수坤策度數

『주역』의『계사상』편 제9장의 천지지수절天地之數節에서 건책도수乾策度數와 곤책도수坤策度數의 산출의 내용과 근거에 대한 유남상 선생의 견해는 다음과 같다.

건책도수 216에서 36(4×9 = 36)을 제(-)하면 180이 된다. 즉, 용구用九→ 용팔用八→ 용칠用七→ 용육用六으로 4단계를 갈려면 9를 4번 감減(-)해야 한다는 것이다. 그러므로 하도河圖(216)를 이러한 방식으로 4번을 체감遞減(-36)하면 180이 되고, 낙서洛書도 곤책지수(144)도 이러한 방식으로 4번을 체증體增(+36)하면 180이 된다는 것이다.

그리고 건책도수 216의 산출근거는
216 = (9×9= 81)+(9×8= 72)+(9×7= 63)이며,
곤책도수 144의 산출근거는
144 = (9×1= 9)+(9×2= 18)+(9×3= 27)+(9×4= 36)이다.

이것은 천天은 -작용을 하면서 아래로 내려오고(↓도생역성倒生逆成), 地는 +작용을 하면서 위로 올라가서(↑역생도성逆生倒成) 육六에서 구九와 육六이 합덕을 이룬다는 것이 구육합덕원리이다.

十五尊空에 따른 四曆變化의 朞數變化				
區分	原曆時代	河圖時代	洛書時代	正曆時代
易의 名稱	原曆375度	閏曆366度	閏曆365¼度	正曆360度
朞의 名稱	一夫之朞	帝堯之朞	帝舜之朞	孔子之朞
閏度數	15도=180시 (99+81)	6도(72시) (81시에서 9시간 귀공)	5¼도=63시 (72시에서 9시간 귀공)	15도 전체 귀공

위의 도표를 보면 그 생성변화의 순서가 원력原曆→ 윤력閏曆→ 윤력閏曆→ 정력正曆 순順이 된다. 그런데 원력(375度)은 그 기수朞數의 내용이 다를 뿐 운행에 있어서는 사실상 정력(360度)과 동일한 것으로 간주하여 375도가 원력이며, 일부지기一夫之朞라 밝히고 있다. 그리고 공자지기孔子之朞 360일에 대하여 중심 「계사상」편 제9장에서 건곤책수乾坤策數의 합인 "범삼백육십당기지일凡三百六十當朞之日"을 근거하여, "정오부자지기正吾夫子之朞 삼백육십일三百六十日"[265]에 근거한 것이다. 위 도표상의 생성과정과 중도를 결부시켜 본체원리 중심으로 나타내면 십오존공위체원리十五尊空爲體原理이고, 작용원리 중심으로 나타내면 사력변화위용원리四曆變化爲用原理이다.

사력변화위용원리를 통하여 천도인 일월지도의 운행으로 인해 역수변화원리가 이루어진다. 그 근거로서 「계사하」편에서 일월운행에 의한 변화지도가 시간을 통하여 드러나고 있음을 다음과 같이 밝히고 있다.

"해가 가면 달이 오고 달이 가면 해가 와서, 해와 달이 서로 밀어서 밝음이 나오며, 찬 것이 가면 더운 것이 오고 더운 것이 가면 찬 것이 와서, 차

구소 1978, 161쪽.
265 金恒,『正易』, 第七章 前面.

고 더운 것이 서로 밀어서 해(歲)를 이루니.(日往則月來, 月往則日來, 日月相推而明生焉, 寒往則暑來, 暑往則寒來, 寒暑相推而歲成焉.)"²⁶⁶

해와 달이 서로 밀어서 밝음이 나온다는 것은 시간에 의해 일월日月이 주관됨을 의미하는 것으로서, 일월운행에 의한 시간운행원리로서의 역수변화원리임을 확인할 수 있다. 천지일월天地日月을 표상하는 십오十五와 구九·육六의 천지지수天地之數가 하도·낙서를 구성하는 수인 동시에 일월운행원리를 표상하는 도수度數임을 나타내고 있다.

사력변화위용원리四曆變化爲用原理는 구육합덕원리九六合德原理가 이루어지는 과정에서 발생하는 것이다. 그리고 사력변화위용원리는 십오존공위체원리를 체體로 하여 표상되는 작용원리이며, 군자에 의해서 실천되는 사덕원리四德原理는 정도라는 것이다. 논의한 내용을 역도의 표상체계로 도식화하면 다음과 같다.

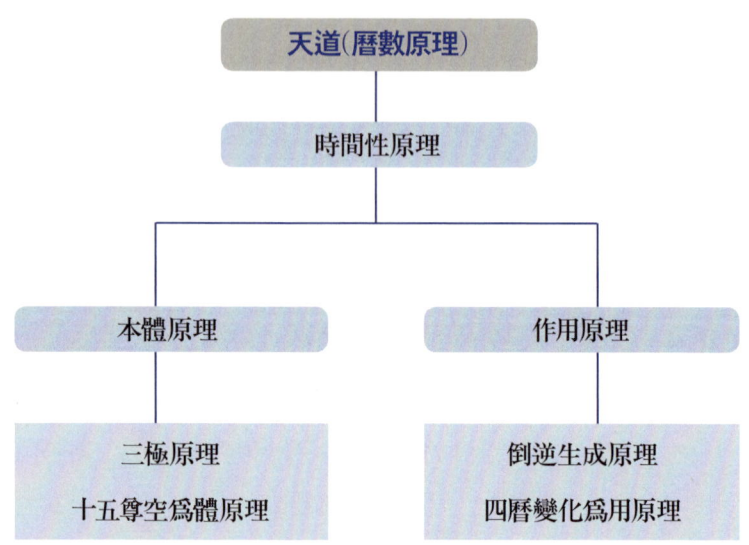

• 천도의 시간성원리

266 『周易』, 「繫辭下」篇, 第五章.

사력변화위용원리四曆變化爲用原理는 구육합덕원리九六合德原理에 의해서 용육用六에서 합덕성도合德成道되어 정역正曆으로 운행되는 것으로 귀결되기 때문에 오五를 체體로 하여 육六에서 구九와 합덕하는 것이다.[267] 이는 사력변화원리를 표상하는 낙서 중심의 본체도수가 오황극五皇極으로 드러난다. 그러므로 십오十五 천지天地에 의하여 이루어지는 사력변화원리가 인간의 본래성을 상징하는 오황극五皇極에서 합덕되는 것은 사력변화의 과정이 물리적인 변화가 아닌 도덕성을 본성으로 하는 십오十五 천지의 자기분화작용自己分化作用이라 할 수 있다. 따라서 사력변화원리四曆變化原理에 의해 십오十五가 귀체歸體되는 과정에서 천지의 본성인 도덕성이 자기분화自己分化되어 인간의 본래성을 형성하게 된다.

이상에서 논의된 내용을 요약하면, 결론적으로 중도는 시간성은 십오존공원리十五尊空原理에서 드러나며, 군자의 실천덕목인 정도는 사력변화원리四曆變化原理를 근거하여 역수원리가 괘효원리로 드러난다.

---

267 하도河圖는 체십용구원리體十用九原理이며, 낙서는 체오용육원리體五用六原理이다.

四. 괘효원리로 본 중정지도 中正之道

앞에서 하도·낙서를 통하여 중정지도를 살펴 보았다. 하도·낙서의 관계에 있어서 하도는 천도, 낙서는 지도적 표상체계로 볼 수 있다. 하도·낙서의 관계를 대비해보면 하도는 역수의 표상체계이고, 낙서洛書는 괘효의 표상체계이다. 다 같이 시간성과 생성종시生成終始의 호상체용互相體用 관계이기 때문에 따로 설명하기는 어려우나 『주역』은 역수원리를 근거해서 괘효원리로서 표상되어진 논리체계라고 볼 수 있다. 앞에서 역수원리가 중정지도임을 밝혔듯이 여기서 괘효원리로 본 중정지도의 의미를 밝히고자 한다. 먼저, 괘효구성의 제諸 견해見解를 검토하고, 다음으로 괘효 구성의 원리를 밝힌 연후에 마지막으로 괘효원리에서 본 중정지도의 역학적 의미를 살펴보고자 한다.

1. 괘효卦爻 구성논리構成論理에 대한 기존 견해
괘효卦爻 구성構成에 대한 제諸 견해

『정역』은 역수원리를 중심으로 한 논리체계라 한다면 『주역』은 괘효를 중심으로 한 논리체계로 구성되어 있다. 그렇다면 괘효와 하도·낙서는 어떠한 관계가 있는가? 기존 학자들의 괘효원리에 대한 기존 학자들의 견해를 살펴보면 크게 두 가지로 나누어 볼 수 있다. 그것은 괘효 형성과 하도·

낙서의 관련성 유무有無를 기준으로 한 구분이다.[268]

괘효와 하도·낙서가 아무런 관계가 없다는 역리를 언급한 학자인 황종희黃宗羲[269]는 『역학상수론易學象數論』에서 다음과 같이 언급하고 있다.

"도圖는 산천山川의 험이險易와 남북南北의 고심高深 등을 나타내는 후세後世의 경위圖經(지도地圖)과 같은 것이다. 서書란 풍토風土의 강유剛柔와 호구戶口의 액색扼塞을 나타내는 것으로서 하夏의 우공禹貢·주周의 직방職方 등과 같은 지리서地理書이다. 하락河洛은 천하天下의 중앙中央으로서 무릇 사방四方의 표준標準이 되는 데 도서圖書는 모두 하락河洛으로서 그 이름에 연계連繫시킨 것이다.(謂之圖者, 山川險易, 南北高深, 如後世之圖經是也. 謂之書者, 風土剛柔, 戶口扼塞, 如夏之禹貢, 周之職方是也. 謂之河洛者, 河洛爲天下之中, 凡四方所上圖書, 皆以河洛繫其名也.)"[270]

황종희黃宗羲는 하도는 지도와 같은 것이며, 낙서는 지리서로 언급하고 있다. 이것은 지도와 지리서로서의 개별의 사물로 역리와는 아무런 관계가 없는 것인데, 후세에 그 이름이 상호연계가 되어 하도·낙서라는 명칭이 생겼다는 것을 말하고 있다.

위에서 황종희는 만약 하도·낙서를 근거로 하여 괘효가 이루어 졌다면 이미 하도·낙서는 복희伏羲 때에 출현하였을 터인데, 공자가 무슨 이유로 『논어』에서 '하河에서 도圖가 나타나지 않음에 대하여(河不出圖)'[271] 탄

---

268 김만산, 『역학의 시간관에 관한 연구』, 충남대학교대학원 박사학위논문, 1992. 55쪽.
269 황종희黃宗羲(1610~1695) 자字는 태충太沖, 이주선생梨洲先生이라 칭함. 그는 대학자로서 『역학상수론易學象數論』, 『명이대방록明夷待訪錄』을 비롯한 많은 저서를 남김.(가노 나오키狩野直喜 저, 오이환 역, 『중국철학사』, 을유문화사, 1986. 507-516쪽 참조.)
270 黃宗羲, 『易學象數論』, 「圖書一」.
271 『論語』, 「子罕」, 第九.

식 했겠는가 라고 반문하고 있다.[272]

또한 그는 공안국孔安國·유흠劉歆·정현鄭玄의 설에 대하여도 다음과 같이 비판하고 있다.

"제가諸家를 상고해 보면 모두 처음에는 천지지수天地之數가 하도河圖라고 생각하지 않았다.(歷攷諸家皆以爲天地之數, 初未嘗以此爲河圖也.)"[273]

"제가諸家를 상고해 보면 모두 처음에는 구궁지수九宮之數를 낙서洛書라고 생각하지 않았다.(歷攷諸家皆以爲九宮之數, 初未嘗以此爲洛書也.)"[274]

이를 요약하면 본래 천지지수와 구궁지수 등은 하도·낙서와 아무런 연관이 없는 것인데 한대漢代 이후에 학자들에 의해서 천착된 것이라는 주장으로 볼 수 있다.[275]

괘효와 하도·낙서가 밀접한 관계가 있다는 주장은 한대漢代 이후에 성인획괘법상설聖人畫卦法象說과 성인수명도서설聖人受命圖書說이 자연스럽게 결부되면서 등장하였다. 하도·낙서에 대하여 『역학계몽』에서 언급된 내용에서 공안국孔安國은 "하도는 복희씨가 왕천하를 할 때에 황하에서 용마가 나왔는데 그 문채文彩를 법칙삼아 팔괘八卦를 그었다. 낙서는 하우씨夏禹氏가 치수治水를 할 때 신구神龜가 문文을 지고 나왔는데 등에 배열된 수가 구九에 이르니 우禹가 그로 인하여 수數를 차례로 펼쳐 구주九疇를 완성하였다.(河圖者, 伏羲王天下, 龍馬出河, 遂卽其文, 以劃八卦.

---

272 黃宗羲, 『易學象數論』, 「圖書一」, "卦畫疇敘之後, 河復出圖將馬用之而孔子嘆之者, 豈再欲爲畫卦之事取觀於, 論語而圖書之爲地." 參照.
273 黃宗羲, 『易學象數論』, 「圖書一」.
274 黃宗羲, 『易學象數論』, 「圖書一」.
275 김만산, 『역학의 시간관에 관한 연구』 충남대학교대학원 박사학위논문, 1992. 56쪽.

洛書者, 禹治水時, 神龜負文而, 列於背, 有數至九, 禹遂因而第之, 以成九類.)"[276]라고 주장한 것이 그 시초라고 할 수 있다. 이러한 공안국孔安國의 주장은 유흠劉歆에 의하여, "하도·낙서는 팔괘八卦와「홍범洪範」의 근본으로서 하도·낙서는 상호경위相互經緯이며, 상호표리가 된다.(劉歆, 以八卦爲河圖班固, 洪範本文爲洛書皆擬經文而爲之變說也.)"[277]고 주장하기에 이른다. 다시 말하자면 유흠劉歆은 복희伏羲가 하도를 받아 팔괘를 긋고 하우夏禹가 낙서를 받아 홍범구주洪範九疇를 술述하였다고 하면서, 「복희하도팔괘설伏羲河圖八卦說」과「하우낙서구주설夏禹洛書九疇說」을 확정한 것이다. 이러한 사실은 괘효의 형성이 하도·낙서에 연원하고 있음을 밝히고 있는 근거가 되는 것이다.

하도·낙서의 도상을 확정한 주희는 하도·낙서와 괘효의 관련성 여부에 대하여『역학계몽』에서 다음과 같이 밝히고 있다.

"하도河圖의 오五와 십十은 태극太極이다. 기수삼십奇數三十과 우수이십耦數二十은 양의兩儀이다. 1·2·3·4로서 6·7·8·9와 짝을 삼으면 사상四象이다. 사방四方에 건乾·곤坤·감坎·리離를 사우四隅에 진震·손巽·간艮·태兌를 배치配置한 것이 팔괘八卦이다. … (중략) … 낙서洛書는 그 중심을 비운 것이(五를 뜻함) 역시 태극太極이다. 기수奇數·우수耦數 각각 이십二十은 역시 양의兩儀이다. 1·2·3·4를 9·8·7·6에 포함包含시켜 종횡縱橫으로 십오十五가 되게 하면 7·8·9·6이(번갈아 가면서 상호소장相互消長하여) 역시 사상四象이 된다. 사정방四正方에 건乾·곤坤·감坎·리離를 두고 사우방四隅方에 진震·손巽·간艮·태兌 역시 팔괘八卦이다.(河圖之虛五與十者太極也. 奇數二十耦數二十者兩儀也.

---

[276] 朱熹,『易學啓蒙』,『本圖書 第一』.
[277] 黃宗羲,『易學象數論』,「圖書一」.

> 이일   이삼   사위육   칠 팔   구자사상야 석사방지합이위 건곤리감
> 以一·二·三·四爲六·七·八·九者四象也. 析四方之合以爲, 乾坤離坎
> 보사우지공이위태진손간자팔괘야   중략   낙서이허기중즉역태극야
> 補四隅之空以爲兌震巽艮者八卦也. …(中略)… 洛書而虛其中卽亦太極也.
> 기우각거이십즉역양의야   일   이   삼   사이함구 팔 칠   육종횡십오
> 奇耦各居二十則亦兩儀也. 一·二·三·四而含九·八·七·六縱橫十五
> 이호위칠 팔 구   육즉역사상야 사방지정이위건   곤   리   감사우지
> 而互爲七·八·九·六則亦四象也. 四方之正以爲乾·坤·離·坎四隅之
> 편이위태   진   손   간즉역팔괘야
> 偏以爲兌·震·巽·艮則亦八卦也.)"278

이와 같이 주희는 하도·낙서의 중수中數를 태극과 음양의 각 이십수를 양陽의 육·칠·팔·구(일·이·삼·사 포함)를 사상四象으로 하여, 이로부터 팔괘가 형성되었음을 밝히고 있다. 이것은 괘효가 근본적으로 하도·낙서 원리에 의하여 이루어지고 있음을 의미하는 것이다.

괘효卦爻 구성원리에 대한 해석의 한계

위에서 검토된 학자들의 괘효 형성에 대한 주장에서 다음과 같은 한계를 발견할 수 있다.

첫째, 괘효와 하도·낙서, 즉 천지역수天之曆數와 괘효는 무관하다는 황종희黃宗羲의 주장은 괘효와 하도·낙서원리가 표상되어 있는 『주역』의 전체적인 내용을 고려하지 않은 해석이라고 할 수 있다. 왜냐하면 괘효원리가 근본적으로는 하도·낙서원리인 역수원리를 근거로 드러난 것이기 때문이다.

「계사상繫辭上」편 제9장의 '천지지수절天地之數節'과 '대연지수절大衍之數節'에서 수數에 관하여 다음과 같이 언급하고 있다.

"천수가 다섯이요 지수가 다섯이니, 다섯 위가 서로 얻으며 각각 합함이 있으

---

278 朱熹, 『易學啓蒙』, 「本圖書」第一.

니, 천수는 이십오요 지수는 삼십이라. 무릇 천지의 수가 오십오니, 이것으로서 변화하며 귀신을 행한다.(天數五, 地數五, 五位相得而各有合, 天數二十有五, 地數三十, 凡天地之數五十有五, 此所以成變化而行鬼神也.)"279

"크게 추연한 수가 오십이니 그 씀은 사십구라. 나누어 둘로 해서 양의兩儀를 구성하고, 손가락에 걸어서 삼재三才를 형상形象하고, 넷으로 셈으로서 사시四時를 형상하고, 나머지를 손가락 사이에 끼움으로서 윤달을 형상하니, 오년五年에 두 번 윤달이므로 다시 끼운 후에 건다.(大衍之數五十, 其用四十有九, 分而爲二以象兩 掛一以象三, 揲之以四以象四時, 歸奇於扐以象閏, 五歲再閏, 故再扐而後掛.)"280

천지지수가 하도·낙서를 드러낸 것이라는 설에 관하여는 대부분의 학자들은 이론이 없다. 그러나 대연지수大衍之數 오십오五十에서 일·이·삼·사·오가 귀체歸體되면서 드러나는 존재생성存在生成의 변화원리가 낙서원리라는 것에 대하여는 거의 관심을 기울인 바가 없다. 대연지수절에 관한 내용은 '용시구괘법用蓍求卦法'으로 이해되어 왔다. 대연지수에 대하여 주희는 다음과 같이 말하고 있다.

"대연지수大衍之數 오십五十은 대개 하도 중궁수中宮數 천오天五에 지십地十을 승乘하여 얻은 수數이다. 서筮로서 용用함에 있어서는 사십구四十九를 쓰는데 그치는 것이니, 이것은 대개 모두 이세理勢의 자연스러움에서 도출된 것이지 인간의 지력知力이 능히 손익損益할 바가 아니다.(大衍之數五十, 蓋以河圖中宮天五宮天乘地十而得之, 至用而筮則又止用四十有九, 蓋皆出於理勢之自然

279 『周易』,「繫辭上」篇, 第9章.
280 『周易』,「繫辭上」篇, 第9章.

_{이 비 인 지 지 력 소 능 손 익 야}
而非人之知力所能損益也.)"²⁸¹

주희는 대연지수는 하도의 중궁수中宮數 십十과 오五가 승승乘하여 나온 것으로서 그것은 인간의 지력知力을 초월한 신비하고 자연스러운 능력에 의하여 용시구괘用蓍求卦가 이루어진다는 것이다. 이것은 결국 주희는 대연지수절을 점占을 치기 위한 용시구괘用蓍求卦로서 이해하고『주역』과 관련이 없는 것으로 보았다. 이것이 그의 한계이다.

둘째, 괘효卦爻와 하도·낙서가 유관설에 대하여는 한대漢代 이후로 공안국孔安國에서 주희朱熹에 이르기까지 도서역학과 괘효역학은 어느 정도 연관을 맺고 있음을 주장하고 있다. 그러나 구체적인 내용을 살펴보면 하도·낙서원리가 괘효를 형성하는데 어떻게 작용하는가에 대하여 역철학적인 논리적 설명이 충분하지 못한 한계가 있다. 왜냐하면 하도·낙서가 역학이 궁극적으로 밝히고자 하는 천지만물의 변화지도를 상징한 것임을 밝히지 못했던 것이다. 다시 말하면 하도·낙서가 드러내는 역수를 역학적으로 이해하기 보다는 산술적이고 과학적으로 이해했기 때문이다.

셋째, 주희는 괘효의 형성을 하도·낙서의 원리적 측면에서 설명하기 보다는 정자程子의 설을 이용하여 '가일배법加一培法'²⁸²으로 설명함으로서 괘효형성과 하도·낙서의 관련성을 드러내지 못한 한계가 있다. 가일배법은 역 철학적인 원리가 아니라 산술적인 증가법칙增加法則이라 할 수 있다. 이러한 주희의 관점은『주역』의 괘효형성에 있어서 삼효단괘三爻單卦와 육효중괘六爻重卦 외에도『주역』에도 없는 이효괘二爻卦, 사효괘四爻卦, 오효

---

281 『周易本義』, 大衍之數에 관한 朱熹의 註.
282 가일배법加一培法은 『周易』「繫辭」篇의 "易有太極, 是生兩儀, 兩儀生四象, 四象生八卦."에 있어서 一이 二가 되고 二가 四가 되며 四가 八이 되는 式으로 증가하여 "百千萬億之無窮"까지 이르게 됨을 말하는 것이다.

괘五爻卦, 구효괘九爻卦, 십이효괘十二爻卦등의 여러 가지 괘효가 성립될 수 있음을 주장하게 되었던 것이다.

넷째, 「계사하」편에서 "육효六爻가 서로 섞이는 것은 오로지 그 때와 물건이라.(六爻相雜, 唯其時物也.)"283 라고 하여, 육효는 시간성의 표현임을 밝히고 있다. 다만 상징수가 아니고 상징부호로서 표상한 것이다. 이것은 육효는 시간성을 근거한 공간성의 원리임을 나타내고 있다. 따라서 괘효를 공간성의 측면에서만 해석한 한계가 있다는 것이다.

다섯 번째, 겸삼재양지兼三才兩之의 측면에서 보면 삼재의 천·지·인과 음양을 승乘하여 육효가 형성된 것이다. 이것은 괘효가 육효 이상으로는 형성될 수 없음을 의미하는 것이다. 왜냐하면 괘효에서의 중정의 위를 보면 상괘의 중효인 오효는 중도中道인 성인지도를 표상하며, 하괘의 중효인 이효는 군자지도인 정도正道를 표상하고 있기 때문이다. 그리고 괘효는 낙서의 체오용육원리를 표상하고 있으며, 지도地道는 육六에서 완성되기 때문이다.

위에서 살펴보았듯이 과거의 많은 선유先儒들은 하도·낙서와 괘효가 관련성이 없다고 주장을 하거나, 하도낙서와 괘효가 관련성이 있음을 인정하면서도 철학적인 논리적 근거를 밝히지 못한 한계가 있었음을 확인할 수 있었다. 즉, 하도·낙서가 중정지도의 표상체계로써 괘효를 통하여 정도正道로 드러내는 연관성을 언급하지 못한 점이 있다.

하도·낙서의 중심수 십오十五는 삼극의 체로 부동의 중심축이다. 그리고 십十·오五는 본체원리로서의 중中이며, 작용하여 사상수로 드러날 때 사상수가 정正이다. 그러므로 '사정방四正方'은 낙서에서 기수奇數로 표상되고, '사우방四隅方'은 우수偶數로 표상된다. 이것이 시간성의 원리로 표상

---

283 『周易』, 「繫辭下」第九章.

될 때 삼극지도이다.(「계사상」 제육장, 「계사하」편 말미부터 「설괘」편까지 삼재지도로 반복된다) 시간의 개념으로 역도易道를 규정한 것이 바로 '삼극지도三極之道'이다. 그러므로 하·락원리는 시간성에 의한 천지역수天之曆數인 것이다. 따라서 시간성이 하·락의 원리이다. 『주역』에서의 위位는 다 변화한다. 왜냐하면 공간성 원리이기 때문이다. 그러나 공간성의 의미로만 생각해서는 안 된다. 왜냐하면 그것은 공간적인 사유思惟이며, 역도의 기본 개념은 시간성의 원리이기 때문이다.

2. 괘효卦爻 구성원리와 용구용육用九用六원리

앞에서 기존의 학자들이 괘효구성원리와 하도·낙서를 결부시키지 못한 한계점을 거론한 바 있다. 그렇다면 괘효 구성원리가 하도·낙서원리에 연원하고 있다는 근거는 무엇인가에 대한 문제일 것이다. 양효陽爻는 구九이며, 음효陰爻는 육六으로 구성된 용구용육원리用九用六原理와 체십용구體十用九 및 체오용육원리體五用六原理는 하도·낙서에서 유래된 것이다. 따라서 본 절에서는 괘효 구성원리에 대하여 보다 구체적인 논거를 밝히기 위해서 하도·낙서와 육효중괘 구성 원리에 따른 용구용육 원리, 괘효와 천지역수天之曆數의 관계, 육효중괘형성六爻重卦形成에 따른 겸삼재양지兼三才兩之에 대하여 살펴보고자 한다.

역수원리曆數原理에 근거한 괘효구성원리

괘효형성과 역수曆數 『주역』에서는 만물의 근본적인 존재구조를 음양

陰陽으로 규정하고 있다.284 그리고 그 형상形象은 양효(─)와 음효(─ ─)로 하고, 그 수로는 각각 구九와 육六으로 명칭하고 있다. 이는 하도의 중심 본체수인 십十과 오五에서 9·8·7·6의 지향성으로서 도생역성倒生逆成하는 순 작용이므로 구九 방향方向으로 쓰는 용구用九(體十用九)로 개념을 규정하였고, 낙서의 중심 본체수인 오五에서 6·7·8·9의 지향성으로서 역성도생逆成倒生하는 역작용逆作用이므로 육방향六方向으로 쓰는 용육用六(體五用六)으로 개념을 규정을 하게 된 것이다. 그리고 역易의 기본요소인 음양 양효의 형상에 대하여도 여러 설이 있으나, 천일지이天一地二를 형상화한 것으로 천지음양의 수數에서 온 것으로 볼 수 있을 뿐 아니라, 구九·육六이라고 일컬은 명칭은 더욱 분명하게 하도·낙서작용, 즉 도서원리인 용구용육用九用六에 근거하고 있음을 알 수 있다. 이것은 역수원리에 근거한 것이라 할 수 있다. 천도天道가 수數를 통해 괘卦로 드러나는 것을 「설괘」편에서 다음과 같이 밝히고 있다.

"옛적 성인聖人이 역易을 지음에 그윽히 신명神明을 도와 시초蓍草를 내고, 하늘은 셋으로 땅은 둘로 수數를 의지하고, 음양의 변함을 봐서 괘卦를 세우고, 강유剛柔를 발휘해서 효爻를 생生하니, 도덕道德에 화순和順하고 의리義理를 다스리며, 이치理致를 궁구窮究하고 성품性品을 다함으로서 명命에 이르느니라.(昔者聖人之作易也, 幽贊於神明而生蓍, 參天兩地而倚數, 觀變於陰陽而立卦, 發揮於剛柔而生爻, 和順於道德而理於義, 窮理盡性, 以至於命.)"285

상기 내용을 분석해보면 괘효 이전에 시수蓍數(=천지역수)가 먼저 제시되

---

284 『周易』「繫辭下」篇, "乾陽物也, 坤陰物也, 陰陽合德而剛柔有體, 以體天地之撰."
285 『周易』, 「說卦」篇, 第一章.

었다. 시수蓍數 제시의 근본 동기는 성인의 신명성인 인간 본래성을 자각하기 위한 것임을 밝히고 있다. 삼천三天(삼재의 도 혹은 또는 1·3·5의 天)과 양지兩地(양지작용 혹은 2·4의 지수 즉 천지역수天之曆數 중에 생수=천지의 기본수인 오행수)는 역수에 의거한 것이고, 음양작용에서 변화를 관찰하여 삼효단괘三爻單卦를 세웠고, 강유작용剛柔作用(지도의 작용=변화의 양지작용)이 발휘됨으로서 육효를(64중괘) 통해서 도덕을 드러내고, 천성이 이르게 됨을 밝혀 놓았다.

육효중괘 형성과 겸삼재양지兼三才兩之

역리易理를 표상한 궁극적인 괘상卦象의 형태가 왜 육효중괘六爻重卦인가? 먼저, 삼효단괘三爻單卦의 기본구조에 대하여 「설괘說卦」편에서는 다음과 같이 밝히고 있다.

"천天과 지地가 자리를 정定하고 산山과 택澤이 기氣를 통하며 뇌雷와 풍風이 서로 부딪치고, 수水와 화火가 서로 해치지 않아 팔괘八卦가 서로 교착交錯하니.(天地定位, 山澤通氣, 雷風相薄, 水火不相射, 八卦相錯.)"[286]

삼효단괘가 팔괘가 된 이유는 각기 음양양효를 삼재三才원리로 하여 건(☰)곤(☷)양괘와 건괘의 삼개효三個爻(☰) 내용을 각기 세분한 진震(☳)감坎(☵)간艮(☶) 삼양괘三陽卦와 그리고 곤괘 삼개효三個爻(☷)의 내용을 각기 세분화한 손巽(☴)이離(☲)태兌(☱) 의 삼음괘三陰卦를 합하고 보니, 삼효단괘는 팔괘를 형성하게 된다는 것이다. 그러나 삼효단괘로는 만사만물의 변화지도를 설명할 수는 없기 때문에 팔괘가 상착相錯하여

---

[286] 『周易』, 「說卦」, 第三章.

육효중괘와 64괘가 형성됨을 밝히고 있다. 왜냐하면 천·지·인 삼재를 표상하는 삼효단괘의 팔괘는 음양삼재陰陽三才의 위상에 따른 여덟 가지 상이기 때문이다. 그러므로 이는 존재의 기본 틀일 뿐 변화지도로서의 작용을 해명할 수는 없다는 것이다. 따라서 변화지도를 표상하는 본래의 작역作易의 목표를 달성하기 위해서는 삼재三才의 상대적인 존재가 있어야 작용을 할 수 있기 때문에, 양지兩之에 의하여 육효六爻가 필연적으로 요구된다고 할 수 있다. 이는 역리易理의 궁극적인 목표가 육효중괘로서 달성할 수 있기 때문이다. 다음으로 육효중괘 형성에 대하여 「설괘」편에서 다음과 같이 밝히고 있다.

"삼재三才가 모두 양지兩之로 작용하기 때문에 그것을 모두 나타내면 육六이다. 따라서 육六은 다른 것이 아니라 삼재三才의 도道를 나타낸다.(兼三才而兩之, 故六, 六者, 非他也, 三才之道也.)"[287]

이는 삼재三才 모두가 음양으로 양지兩之작용을 한다. 즉 삼재三才를 겸하여 음양陰陽작용을 시킨다는 의미이다. 다시말하면 원래의 바탕은 삼재지도三才之道이지만 삼재三才를 겸兼하여 천도天道에는 음양이 있고, 인도人道에도 음양이 있고, 지도地道에도 음양이 있으니, 이러한 양지兩之작용이 합숨하여 육효六爻가 생성되는 것이다. 이 내용을 도표화하면 다음과 같다.

天	⚊ → 兩之	上	⚋	天道	陰	上爻	
					陽	五爻	
人	⚊ → 兩之	中	⚋	人道	陰	四爻	← 六爻形成
					陽	三爻	
地	⚊ → 兩之	下	⚋	地道	陰	二爻	
					陽	初爻	

287 『周易』, 「繫辭下」篇, 第十章.

육六이 육효중괘를 구성하는 원리이며, 육효중괘 구성 원리는 낙서를 기본으로 하고 있음을 밝히고 있다. 낙서의 도상은 오五를 중심으로 9·8·7·6과 1·2·3·4가 서로 마주보며 자리하고 있다. 이 부분은 낙서의 도상을 작용원리를 중심으로 나타낸 것이라고 할 수 있다.

그리고 육효중괘와 겸삼재양지兼三才兩之에 대하여 「설괘」편에서 다음과 같이 밝히고 있다.

"옛적에 성인聖人이 역易을 지음은 장차 성명性命의 이치理致에 순순하고자 함이니, 이로서 하늘의 도道를 세움을 가로되 음陰과 양陽이오, 땅의 도道를 세움을 가로되 유柔와 강剛이요, 사람의 도道를 세움을 가로되 인仁과 의義니, 삼재三才를 아울러 둘로 하니라. 그러므로 역易이 여섯 획劃이 괘卦를 이루고, 음陰을 나누고 양陽을 나누며 유柔와 강剛을 차례로 씀이라[교체작용(질용迭用)]. 그러므로 역易이 여섯 위가 문장을 이루느니라.(昔者聖人之作易也, 將以順性命之理, 是以立天之道曰陰與陽, 立地之道曰柔與剛, 立人之道曰仁與義, 兼三才而兩之, 故易六畫而成卦, 分陰分陽迭用柔剛, 故易六位而成章.)"[288]

이처럼 천·지·인 삼재를 겸兼하여 양지兩之로 작용하여 육효중괘가 이루어진 것이라 하여 결국 삼효三爻(三劃)가 육효六爻(六劃)으로 되는 양지작용兩之作用의 논리를 확실하게 제시하고 있다. 그 결과로 삼효단괘의 필괘를 다시 삼효팔괘를 이중二重으로 교합交合시킨 형태로 되어 육효중괘로는 육십사괘六十四卦가 될 수밖에 없다는 것이다.

육효중괘六爻重卦 형성괴 겸삼재양지兼三才兩之의 연관성에서 보면, 『주역』은 구육양효九六兩爻를 기본요소로 하고, 천天·지地·인人 삼재三才를

---

[288] 『周易』, 「說卦」, 第2章.

표상하는 삼효단괘三爻單卦의 팔괘八卦와 이 팔괘八卦를 양지兩之작용으로 육효중괘六爻重卦인 육십사괘六十四卦가 구성된 것이다.

괘효는 겸삼재양지兼三才兩之함으로서 육효중괘가 성립되면서 공간적인 개념에 의해 내외괘內外卦와 상하괘上下卦가 생기는 것이다. 이렇게 형성된 육효중괘에서는 오효와 이효가 성인과 군자의 위치가 된다. 이것은 사람의 도도 천지의 도와 같이 이미 양지兩之된 것이므로 성인과 군자의 도로 양분兩分이 되는 것이다.

괘효는 삼극지도三極之道를 현상적인 측면에서 삼재지도三才之道로 표상된 것이다. 삼극지도에 대하여 「계사」에서는 다음과 같이 밝히고 있다.

"『역易』이라는 책은 광대廣大하여 모든 것을 담고 있다. 천도天道가 있으며, 인도人道가 있고, 지도地道가 있다. 삼재三才가 모두 양재兩之로 작용하기 때문에 그것을 표상하기 위하여 육六이 된다. (그러므로) 육六이라고 하는 것은 수數는 다른 것이 아니라 삼재三才의 도道를 표상한다.(易之爲書也, 廣大悉備. 有天道焉, 有人道焉, 有地道焉, 兼三才而兩之, 故六. 六者非他也, 三才之道也.)"289

괘효를 통하여 표상된 역도의 내용이 삼재지도임을 밝혀 그 내용이 천도와 인도 그리고 지도임을 확인할 수 있다. 이것은 역에는 천·지·인의 삼재를 내포하고 있고, 또한 양지의 작용에 의해서 육효중괘가 형성되어 있음을 밝히고 있다. 앞에서 언급한 바와 같이 괘효는 양효인 구九와 음효인 육六으로 구성되어 있다.

---

289 『周易』, 「繫辭下」篇, 第十章.

용구용육원리와 괘효형성

용구用九와 용육用六의 구육합덕九六合德은 건도의 축軸과 핵核인 십오十五를 체體로 하여 원형이정元亨利貞의 사력변화원리四歷變化原理로 밝혀놓고 있는 것이 바로 '용구용육원리用九用六原理'이다.[290] 용구용육원리에 대한 기존 학자들의 견해를 살펴보면, 「계사상」편 9장의 대연지수의 수리적인 근거를 두고 다음과 같이 언급하고 있다.

먼저, 공영달孔穎達은 『주역정의』에서 "무릇 오십지수五十之數에 대하여 여러 가지 말로 해석하여 옳다고 하고 있으나 누구의 주장이 올바른지 알지 못하다.(但五十之數, 義有多家, 各有其說, 未知孰是.)"[291] 고 하여, 대연지수大衍之數 오십五十에 대한 명확한 이론의 근거를 제시하지 못했다.

다음으로 주희朱熹는 정현鄭玄의 이론을 토대로 하여 대연지수를 용구용육법칙用九用六法則으로 이해하고 그것을 설시법으로 사용하는 변괘變卦의 범례로 인식하고 있었다. 이것은 구양수歐陽修의 영향으로 그가 구양수의 설시법을 전적으로 신뢰한 결과 용구용육의 설시법이 타당하다고 하여 대연지수를 점치는 법으로 인정하게 되었다.[292] 또한 용구용육원리에 대하여 "구九를 사용하고 육六을 사용한다는 것은 괘卦의 범례이다. … (중략) … 오직 건곤乾坤 두 괘卦에서만 말한 것은, 이것이 모든 괘의 머리에 있고 또 순양純陽과 순음純陰 괘卦이기 때문이다. 성인이 글을 이어서 건괘를 얻어 여섯 효 모두가 구九이고, 곤괘를 얻어 여섯 효 모두가 육六인 것으

---

[290] 뉴남상, 「『성역』의 도서상수원리에 관한 연구」, 『논문집』 제8권 제2호, 충남대학교 인문과학연구소, 1981, 197쪽.
[291] 『주역정의周易正義』 卷7, 12쪽.
[292] 『주자어류朱熹語類』, 卷75, "大衍之數五十, 以天地之數五十有五, 除出金木水火土五數并天一, 便用四十九, 此一說也. 數家之說, 雖多不同, 某自謂此說却分曉".

주희가 말한 용구용육用九用六 이란?

주희는 용구용육을 서법筮法으로 판정하고 있다.

『역학계몽』에서 "무릇 양효陽爻는 다 용구用九를 하고, 용칠用七은 하지 않으며, 음효陰爻는 다 용육用六을 하고, 용팔用八은 하지 않는다. 용구用九하기 때문에 노양老陽은 변해서 소음少陰이 되고 용육用六하기 때문에 노음老陰이 변해서 소양少陽이 되는 것이다.

그리고 용칠用七은 쓰지 않기 때문에 소양少陽과 소음少陰은 불변하는데 유독히 건곤의 이효二卦에만 말한 것은 그 까닭이 모든 괘卦의 수위首位이고 또한 순양純陽, 순음純陰이기 때문이다.

성인은 계사로 하여금 건괘를 만나는 육효가 다 구九요, 곤괘坤卦를 만나서는 육효가 다 육六으로 하여 이로서(건乾용구, 곤坤용육) 점占을 하게 한 것이다. 대개 '군용群龍이 아수牙晉하다.'함은 양陽은 모두 음陰으로 변變하는 상象이고, '영정永貞함이 이롭다'는 것은 음陰이 모두 양陽으로 변한 의義이니 그 외는 육효六爻의 변례變例를 보아야 할 것이다.("言, 凡陽爻皆用九而不用七, 陰爻皆用六而不用八, 用九故老陽變爲少陰, 用六故老陰變爲少陽, 不用七八, 故少陽少陰不變, 獨於乾坤二卦言之者, 以其在諸卦之首, 又爲純陽純陰之卦也. 聖人因繫以辭, 使遇乾而六爻皆九, 遇坤而六爻皆六者, 卽此而占之, 蓋群龍无首則陽皆變陰之象, 利永貞則陰皆變陽之義也, 餘見六爻變例.")(朱熹,『易學啓蒙』考變占, 第四) 라고 하여, 용구用九와 용육用六을 점술占術로 해석하고 있다.

로 점을 치게 한 것이다. 여러 용이 머리가 없다는 것은 양陽이 모두 음陰으로 변하는 모습이고, 영원히 바르게 하여야 이롭다는 것은 음이 모두 양으로 변한다는 뜻이다.(用九用六者, 變卦之凡例也, 獨於乾坤二卦言之者, 以其在諸卦之首, 又爲純陽純陰之卦也, 聖人因繫以辭使遇乾而六爻皆也, 遇坤而六爻皆六者, 旣此而占之, 蓋群龍无首, 則陽皆變陰之象, 利永貞, 則陰皆變陽之義也, 餘見六爻變例.)"293 라고 하여, 주희는 용구용육의 중점이 점에 있다고 한다. 그는 여섯 양이 모두 변한 것을(六陽皆變)을 가지고 '여러 용이 머리가 없는 모습'(龍无首之象)으로 해석을 하였고, '여섯 음이 모두 변하여 양이 되는 것'(變而爲陽)을 가지고 '영원히 바른 것'(永貞)을 해석하였다.

앞에서 논의된 내용을 살펴보면 용구용육 원리에 대한 주희의 견해는 점占을 판단하는데 있다고 볼 수 있다. 이때 구육합덕九六合德이란 성인과 군자의 합덕원리를 의미한다. 구·육합덕이 이루어진 세계가 후천의 세계이다. 원래『주역』은 괘효역으로서 구·육합덕에 근거하여 용육원리를 기본으로 한다. 그러므로 괘효가 육효로 구성되어 진 것이다. 구육합덕원리九六合德原理를 천지역수天之曆數 차원에서 체계적으로 밝혀놓은 것이『정역』이다. 십오존공위체가 될 수 있는 도수가 ❶ 시간적으로는 180시간이고, ❷ 날수로는 15일이며, ❸ 건곤책수로는 180이다. 이 때, 건곤책수 180은 하도의 도생작용倒生作用[건책수乾策數 216-36 (4×9=36)=180]과 낙서洛書의 역생작용逆生作用[곤책수坤策數 144+36 (4×9=36)=180]으로서 만나는 자리가 용·구用九와 용·육用六인 것이다. 따라서 구육합덕원리九六合德原理는 바로 건곤합덕원리乾坤合德原理이다.

293 주희朱熹 著, 김상섭 譯,『역학계몽易學啓蒙』, 예문서원, 1994, 201쪽.

『주역』은 9와 6을 표출시켜 용구원리로서 양효를 긋고, 용육원리로서 음효를 그은 것이다. 여기서 바로 괘효역이 완성된다. 『주역』은 도서원리적 근거를 가지고 쓰여진 괘효역이다. 용구용육의 구九·육六은 도서원리적 근거를 그대로 표상하고 있는 역수이다. 괘효역으로서의 『주역』의 성립의 근거는 건괘 체십용구원리體+用九原理를 근거로, '체오용육원리體五用六原理'에 의해서 곤괘가 완성된 것이다. 이 때 9·6이란? 도서상수원리圖書象數原理를 표상하는 숫자이다. 즉, 음양합덕원리를 표상하는 숫자이다. 용구用九는 아홉을 쓰는 하늘의 작용이라면 육을 쓰는 작용을 용육작용이라고 한 것이다. 이것은 괘효원리는 도서원리를 근거로 하여 용구용육 작용에 의해서 성립하였음을 알 수 있는 것이다. 따라서 용구용육에 대하여 구체적으로 살펴보면 다음과 같다.

용구원리用九原理

건괘 「효사」에 용구用九에 대하여 다음과 같이 밝히고 있다.

"구九를 씀은 여러 용龍을 보되 머리가 없으면 길吉하리라.(用九, 見群龍, 无首, 吉.)"294

용구는 천의 작용으로서 체십용구원리를 근거하여 육의 자리에 와서 완성된다는 것이다. 건괘를 도서원리로 표현하면 건은 십十이요, 용用은 구九로 작용한다는 것이다. 그래서 체십용구體+用九라고 하는 것이다. 천의 작용인 용구는 음효의 작용원리를 표상하는 역수원리의 숫자가 육六인 자리에서 합덕이 이루어져서 드러나기 때문이다. 괘효에서 상효는 하느님

---

294 『周易』, 乾卦.

의 자리이다. 그러므로 천덕을 사용하는데 있어서 머리로 사용할 수는 없다. 그것은 사용하는 자리가 아니기 때문이다. '여러 용을 보되 머리가 없으면 길하리라(見群龍, 无首, 吉.)'에서 '견見'은 이견대인利見大人의 견見이다.295 군자에 있어서는 행동으로 드러난다. 날마다 볼 수 있는 것이 군자의 덕이다. 무수无首란 머리가 드러나지 말아야 한다는 것이다. 구름 속에 용의 머리가 속으로 들어가 있으므로 머리가 드러나지 않는 것이다. 그래서 용구用九를 하자니 '견군용무수見群龍无首'라고 한 것이다. 천도인 십수원리十數原理는 어디에서 드러나는가? 사람의 마음속에 진리眞理라는 것은 드러나는 것이다. 진리자체는 겉으로 드러나지 않는다. 겉으로 드러나는 것은 사물이며, 용用이다. 마음속에 드러나는 것이 십수원리다. 그런 의미에서 십수원리는 영원한 은폐적 존재存在로서 우주宇宙가 끝날 때까지도 겉으로 드러나지 않는 것이다. 그러므로 우주역사의 중심축을 이룰 수 있다고 할 수 있을 것이다.

건괘「상사」에 용구用九에 대하여 다음과 같이 밝히고 있다.

"용구用九는 천덕天德이 머리가 되어서는 안 된다는 것이다.(用九, 天德不可爲首也.)"296

용구는 천덕(首)으로서 근본원리이기 때문에 용用에 있어서는 대상적對象的으로 드러나지 않음을 밝히고 있다. 『정역』에서는 '지덕地德'도 '십수十數'라고 했다. '천덕天德'은 역수원리에서 십十을 가르키고 상징적으로 십수원리十數原理는 히느님 그 자체요, 화옹무위化翁無爲의 화옹化翁이나. 상세

---

295 견見 = 현現.
296 『周易』, 乾卦, 「象辭」.

上帝의 덕을 의미하며, 상제의 공덕功德을 상징하는 '십수원리'는 용用에 있어서는 머리로 해서는 안 된다는 것이다. 즉, 적용하는데 있어서는 십수+數(天德천덕)는 머리로 할 수 없다. '용用'에 있어서 머리는 구九이다. 천덕에 있어서는 천덕이 체體가 되고 작용은 구九로 한다는 말이다. 따라서 '십수+數'는 용用하는데 있어서 머리로 할 수 없기 때문에 '용구用九'를 한다. 건괘 자체가 머리(乾爲首건위수)다. '건괘'는 수로는 '십+'이다. 그러므로 용구用九는 천天의 대덕大德이며, 천의 공용功用으로서 천도天道를 머리로 내세울 수가 없다는 것이다. 그것은 십수+數(天德천덕)은 체體이며, 용구用九는 64괘의 모든 양효陽爻를 쓰는 방법을 말한다. 건괘 「문언」의 용구用九에 대하여 살펴보자.

"건원乾元의 용구用九는 마침내 하늘의 법칙을 볼 수 있다.(乾元用九건원용구, 乃見天則내견천칙.)"297

건괘의 용구원리는 양효의 작용법칙이며, 인격적 작용법칙으로 천하가 다스려짐을 밝히고 있다. 이것은 도덕원리(낙서원리) 안에서의 작용법칙으로서 하도·낙서의 9·1, 2·8, 3·7, 4·6 작용으로 갈라져 음양이 작용하는 법칙을 의미하는 것이다. 그렇다면 하늘의 법칙인 천칙天則은 무엇인가를 정이천程伊川의 해석에서 살펴보면 다음과 같다.

"구九를 쓰는 방법은 하늘의 법칙이니, 하늘의 법칙이란 천도天道를 말한다.(用九之道용구지도, 天之則也천지칙야, 天地法則謂天道也천지법칙위천도야.)"298

297 『周易』, 乾卦, 「文言」.
298 『易程傳』, 乾卦, 「文言」.

구九를 쓰는 용구원리가 하늘의 법칙으로써 천도임을 밝히고 있다. 건괘는 순양純陽으로서 하늘의 법칙이다. 다시 말해서 체십용구의 건괘원리를 깨닫는 것이다. 천칙天則이란? 하늘의 법칙을 인격적 차원으로 깨달은 성인聖人의 인격성을 본받았기 때문에 인격성이라고 할 수 있다.[299] 그리고 성인은 주체적 자각을 통하여 역도易道를 깨달은 존재이다. 성인은 표준적 인격상 자체로서 도道를 몸소 전개시킨다는 것을 의미한다. 즉 성인의 생활 자체가 도道로서 후세에 밝혀진 것이다. 용구用九로서 천도를 이룬다는 것은 역수성통원리曆數聖統原理의 중요성이 드러난 것이다. 왜냐하면 '천칙天則'은 천도의 운행도수運行度數를 말하며, 역수원리가 밝혀졌음을 의미하기 때문이다. 그러므로 천칙은 미래 군자가 깨달은 것을 말한다. 『정역』의 관점에서 보면 십오존공원리十五尊空原理, 사역변화원리四曆變化原理를 깨달았기 때문에 천칙天則이란 말이 나온 것으로 볼 수 있다.[300]

　인간의 인격성은 생리적生理的 법칙이 아니라 물리적 존재차원을 초월하고 넘어선 것이다. 그러므로 인격성은 용심지법用心之法과 관련이 된다. 인간은 용구용육원리用九用六原理를 깨달으면 천칙이 드러나게 되며, 인간이 하늘의 법칙인 천칙天則을 성인을 통하여 깨달을 수 있다는 것이다.

용육원리用六原理

　곤괘坤卦에서 용육원리用六原理에 대해 다음과 같이 밝히고 있다.

　　"용육用六은 영원永遠히 곧아야 이롭다.(用六, 利永貞.)"[301]

---

[299] 최영신 교수는 천칙天則은 그 자체가 인격성이 아니라 성인의 인격성을 본받아 인칙人則이라고 하였다.
[300] 남명진, 「정역사상의 근본문제와 선후천변화에 관한 고찰」, 『종교학연구』 제7권, 인간사랑, 1998, 25쪽.
[301] 『周易』, 坤卦.

'건시원리乾始原理'가 건원용구乾元用九 원리라면, '이정利貞'은 곤괘坤卦의 용육원리用六原理이다. 왜 '건원용구'처럼 '곤원용육坤元用六'이라는 말하지 않고 단지 "용육영정用六永貞은 종말을 성대히 하는 것이다.(用六永貞, 以大終也)"³⁰²라고만 설명하고 있는가? 이것은 원형이정元亨利貞의 4글자 가운데 이정利貞의 두 글자만 따갔기 때문이다.³⁰³ 이정지도利貞之道란 영원한 진리요, 영원의 세계를 의미한다. 왜냐하면 용육用六의 영정永貞은 영원불멸永遠不滅의 세계를 의미한다고 볼 수 있기 때문이다. 영원은 인간의 인격성과 통해야 한다. 천지의 인격성과 인간의 인격성이 마음으로 하나 되어 통해야 한다는 것이다. 이것이 실존적인 인간의 주체적 자각이다. 나의 주체성의 자각을 통하여 하늘의 인격성(천지의 인격성)과 일체화 되었다. 이러한 원리는 수數·상象·언사言辭로 표상하며, 이것은 영원불멸의 진리임을 의미하기 때문이다. 따라서 '대大'는 건乾의 작용으로 곤괘는 건乾의 작용을 받아 결실을 맺는다. 그래야 유종有終이 된다. 건괘 「문언」에서는 건乾의 작용에 대하여 다음과 같이 밝히고 있다.

"건乾의 시작함이 능히 아름다운 이로움으로서 천하를 이롭게 하니라.(乾始能以美利, 利天下.)"³⁰⁴

이는 '건시乾始'가 '미리美利'를 이용하여 천하를 다스리게 한다는 것이다. 이러한 건乾의 작용을 곤괘 오효五爻의 '미재기중美在其中'으로 이어받

---

302 『周易』, 坤卦, 用六 象辭.
303 『周易』, 乾卦, 「文言」, '利貞者, 性情也.' 라 하여 利와 貞이 하늘의 性情임을 나타내고 있다. 程伊川도 『周易傳義』의 註에서 "利貞은 乾의 性情이다. 이미 始作하여 亨通하니 利와 貞이 아니면 終熄되지 않을 수 있겠는가(乾之性情也, 旣始而亨, 非利貞, 其能不息乎.)"라고 解釋하고 있다.
304 『周易』, 乾卦, 「文言」.

는다. 아름다움은 일반적으로 여성의 덕德이나 역학에서는 '군자'를 상징한다. 따라서 성인이 군자를 통하여 천하에 성인지도를 행한다는 말이다. 그러므로 곤괘는 체오용육體五用六의 낙서원리洛書原理이다. 하도의 입장에서는 사력변화를 거쳐서 용육用六이 성립한다는 것이다.

위에서 논의된 용구용육 원리와 연관된 내용을 살펴보면 다음과 같다.

첫째, 괘효를 형성하는 근본원리는 용구수用九數를 근원한 양효와 용육수用六數를 근원한 음효를 기본요소로 한다. 삼효단괘三爻單卦가 팔괘八卦가 된 이유는 각기 음양양효陰陽兩爻로 된 건乾(☰)과 곤坤(☷) 양괘兩卦와 건괘의 삼개효三個爻의 내용을 각기 세분한 진震(☳), 감坎(☵), 간艮(☶)의 삼양괘三陽卦와 곤괘坤卦의 삼개효三個爻의 내용을 각기 세분한 손巽(☴), 이離(☲), 태兌(☱)의 삼음괘三陰卦를 합하고 보니 삼효단괘는 팔괘가 될 수밖에 없다. 육효중괘가 64괘卦가 되는 이유는 단괘인 삼효팔괘에 다시 삼효팔괘를 이중으로 교합爻合시키다 보니 육효중괘는 육십사괘가 될 수밖에 없는 것이다.

『주역』에 있어서 구성 체계는 상술한 바와 같이 효爻를 기본요소로 하여 단괘單卦와 중괘重卦가 성립되지만, 효爻로부터 음양이 양분되는 것으로 보아 괘상에 있어서도 양분된 음양괘를 교합시킨 육효중괘를 전제로 한 삼효단괘임을 알 수 있는 동시에, 또 괘상성립卦象成立의 기본이 되는 음효와 양효를 역수曆數인 용구用九와 용육用六으로 표현한 것으로 미루어 볼 때 괘효는 역수원리의 공간적·사물적 표상임을 알 수 있다.

둘째, 용구용육用九用六 작용은 사력변화원리와 밀접한 관계를 가지고 있다. 하도 낙서의 본체수인 십오체十五體가 구九와 육六으로 나누어지면서 윤도수閏度數로 변화하고, 그것이 다시 증감增減을 통하여 합덕合德됨으로서 본체도수本體度數 십오十五로 복귀復歸하는 작용이기 때문이다.

셋째, 용구용육원리을 하락상수론적河洛象數論의 입장에서 고찰을 하면, 하도·낙서가 다같이 본체수本體數 십오十五를 중심본체로 하고 1·2·3·4의 생수生數와 6·7·8·9의 성수成數가 작용할 때, 십오가 성수成數인 구九·육六을 씀으로서 합덕성도合德成道된다는 뜻이다.305

넷째, 용구용육을 순역원리順逆原理의 측면에서 보면 낙서작용洛書作用은 일一·이二·삼三·사四·오五로 지향하는 역성작용逆成作用이다. 그리고 하도작용河圖作用은 십十에서 구九·팔八·칠七·육六으로 도생작용倒生作用이다.306 이러한 작용의 과정에서 물리적인 현상작용은 사四까지임을 알 수 있다. 왜냐하면 오五를 통하여 가치적價値的, 시간적時間的 의미까지 자각하고 난 후에 육六에서부터 시작할 수밖에 없기 때문이다. 그러므로 육六에서 성도합덕成道合德 이루어진다는 것이다. 건곤乾坤은 천지天地의 성정性情인 천지지심天地之心을 의미하는 것이다. 십오건곤十五乾坤을 체體로 하고 구九·육六을 용用으로 한다.307 이는 건곤 음양의 존재가 시간성의 원리에 근거했음을 의미하는 것이다. 왜냐하면 십오十五를 중심으로 사력변화원리를 표상한 하도·낙서는 천지역수天之曆數를 내용으로 하는 시간성을 위주로 한 것이기 때문이다.308

따라서 천도를 표상하는 십무극十无極과 인도人道를 표상하는 일태극一太極이 육六에서 합덕일체화合德一體化 된다는 것이다. 이것은 바로 천인합

---

305 유남상, 「정역의 도서상수원리에 관한 연구」, 『논문집』 제VIII권 제2호, 충남대학교 인문과학, 1981, 197쪽.
306 일一은 씨가 싹트는 작용을 한다. 그러므로 아무리 합해도 일一이다.
307 중도中道는 체십용구體十用九로 작용하며, 정도正道는 체오용육體五用六으로 작용함을 의미하는 것이다.
308 건괘의 십오十五는 천인관계이다. 건도, 곤도인 천지의 도道를 작용의 관점에서 보면 삼재지도, 인도人道이다. 따라서 천지지도와 삼재원리는 체용體用의 관계이다. 따라서 건괘의 실제 내용은 군자지도가 중심이다.

일天人合一을 상징象徵하는 것이다. 순역원리順逆原理에서는 낙서작용은 일, 이, 삼, 사, 오로 역성逆成작용하고, 하도河圖작용은 십十에서 구, 팔, 칠, 육으로 도생倒生작용이다. 이를 도식화하면 다음과 같다.

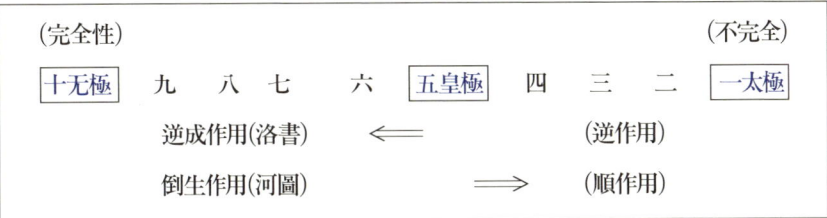

• 정역의 도역생성원리

따라서 중도中道에 맞도록 정도正道를 행하는 세계가 천인합일天人合一된 세계이다.[309]

3. 괘효원리의 내용으로서의 중정지도

괘효원리근거로서의 시간원리

천도인 역수원리를 본체원리와 작용원리로 나누면 본체원리는 중도中道가 되고, 작용원리는 정도正道가 된다. 바꾸어 말하면 역수원리인 중도가 육효중괘과 육십사괘를 통하여 드러남을 의미한 것이다.

그렇다면 천지역수天之曆數와 괘효원리卦爻原理는 무슨 관계가 있는 것인가? 중도는 시간성의 원리인 역수원리이며, 그것을 객관화하여 나타내면

---

[309] 역학에서의 천인합덕은 뜻의 합덕이다. 사람의 뜻과 천도운행의 합일合一을 의미한다. 이것이 보합대화保合大和된 세계이다.

공간성의 원리인 괘상원리가 된다. 천도의 표상방법으로서의 상징부호인 음(--)과 양(—)으로 생성원리를 표상하고 이 양의兩儀 상호작용성을 음양의 조합구조인(태양, 소양, 태음, 소음)인 사상四象의 작용원리로 표상하고, 다시 음양에 삼재원리를 조합시켜 여덟 가지로 표상함으로서 존재의 생성원리의 기본체基本體를 표상한 것이 팔괘이다. 또한 양지兩之작용으로 생성원리를 표상한 것이 64괘로서 역도 전체를 상으로 표상한 것이 괘상원리이다.

그리고 역수원리를 체용體用의 구조를 통하여 나타내면 삼극지도三極之道가 된다. 이러한 삼극지도를 현상적 관점에서 나타내면 삼재지도三才之道가 된다는 것이다. 그러므로 중도中道인 삼극지도를 정도正道로 나타내면 삼재지도가 된다. 그리고 삼재지도는 괘상卦象을 통하여 표상되는 정도正道인 것이다.

위의 내용을 괘효의 구성에서 종시원리終始原理와 겸삼재양지兼三才兩之의 연관성과 결부시켜 도표화圖表化하면 다음과 같다.

六爻		三才之道	位置	三極之道	作用現象	體用原理	四德構造	時間方向			
上九	—	天	上爻	无極	陰陽	智	貞	열매	終着點	終	
九五	—					體	聖人	終始↓	↓	后天	中正
九四	—	人	三才 中爻	皇極	仁義	義	利		始初點		終始合德
九三	—					禮	亨		終着點	先天	
九二	—	地	下爻	太極	剛柔	體	君子	生成↑	↑		中正
初爻	—					仁	元	씨	太初性	始	

● 상上은 공간空間을 표상하고, 초초初는 시간時間을 표상한다.

●육효중괘와 사덕원리

육효중괘의 구성에 있어서 이효二爻는 군자의 효위爻位이고, 오효五爻는 성인의 효위爻位이다. 그리고 각효各爻의 구성에 따른 성인·군자의 위位에서 중정지도의 의미를 찾아볼 수 있다.

　위의 도표에서 육효중괘의 천·지·인 삼재중에서 사람은 중위中位인 이효와 오효가 사람의 위位가 된다. 따라서 사람의 도道도 천지의 도道와 같이 이미 양지兩之된 것이므로 성인과 군자의 도道를 나누어진다. 따라서 성인聖人(大人)은 상괘上卦(外卦)의 중위中位인 오효에, 군자는 하괘下卦(內卦)의 중위中位인 이효에 각각 정위正位하는 것이 역학에 있어서 가장 이상적인 도덕원리로서의 중정지도이다. 그러므로 중정지도란 성인의 말씀(道)과 군자의 행실(道)이 내외상하內外上下가 합덕일체合德一體된 경지를 뜻하는 것이다.[310] 건괘 「문언」은 성인과 군자의 정위定位인 이효二爻와 오효五爻 뜻을 다음과 같이 밝히고 있다.

"군자가 배워서 모으고, 물어서 판단하며, 관대하게 거하고, 어짐으로서 행하나니, 역易에서 이르기를 용龍이 밭에 나타났으니 대인大人을 봄이 이로우리라 하니 군자君子의 덕德이라.(君子學以聚之, 問以辨之, 寬以居之, 仁以行之, 易曰 見龍在田利見大人, 君德也.)"[311]

무릇 대인大人은 천지天地와 더불어 그 덕德을 합하고, 일월日月과 더불어 그 밝음을 합하며, 사시四時와 더불어 그 치례를 합히고, 귀신鬼神과 더불어 그 길흉을 합하며, 하늘보다 앞서더라도 하늘을 어기지 아니하고, 하늘보다 뒤지더라도 천시天時를 받드나니, 하늘도 또한 어기지 아니하는데, 하물며 사람이며 하물며 귀신鬼神이랴.(夫大人者, 與天地合其德, 與日月合其明, 與四時合

310　유남상, 「정역사상의 근본문제」, 『논문집』 제7권 제2호, 충남대학교 인문과학연구소, 1980, 247-248쪽
311　『周易』, 乾卦, 「文言」, 二爻辭.

其序, ^{여귀신합기길흉}與鬼神合其吉凶, ^{선천이천불위}先天而天弗違, ^{후천이봉천시}后天而奉天時, ^{천차불위}天且弗違, ^{이황어인호}而況於人乎, ^{황어귀신호}況於鬼神乎.)"³¹²

    이는 도道를 이치理致로 배워서 의식意識을 내면화內面化하고, 사유思惟를 통하여 끊임없이 묻고 물어서 자신의 것으로 주체화하며, 너그러움으로 드러나는 체體의 세계에 살면서 인仁을 행行한다는 것이다. 따라서 이효二爻의 학취學聚는 지智를, 문변問辨은 의義를 나타내며, 관거居는 예禮를 인행仁行은 인仁으로서 군자의 사덕四德을 뜻하는 것이니, 이효二爻 군자의 중정지도는 오효 성인의 말씀(道)을 학문하여 지성知性을 계발하고 의리義理를 분변分辨하여 이 말씀에 따라 예禮로서 생활하고 인의仁義를 체득體得함으로서 성인聖人의 도道를 천하에 행하여 구현하는 사명(洛書원리의 逆作用)을 뜻하는 것이다. 또한 오효五爻는 성인(대인)의 중정지도로서 천지·일월·사시·귀신지도를 신명지덕神命之德임을 깨닫고 동시에 천지역수天之曆數에 근거로 한 군자의 사덕을 말씀으로 밝히는 천명(河圖의 順作用)을 뜻하는 것이다.³¹³

    괘상卦象은 시간時間을 수數로써 규정할 수밖에 없는 것을 공간성으로 바꾸어 놓은 것을 말한다. 『주역』의 구성 체계를 살펴보면, 괘상의 구성 체계는 효爻를 기본요소로 하여 단괘單卦와 중괘重卦로 성립되지만 효爻로부터 음양이 양분된 것으로 보아 괘상에 있어서도 양분된 음양괘를 교합시킨 육효중괘를 전제로 한 삼효단괘임을 알 수 있다. 동시에 괘상 성립의 기본이 되는 양효와 음효를 용구用九와 용육用六으로 표현한 것으로 보아,

---

312 『周易』, 乾卦, 「文言」, 五爻辭.
313 유남상, 「정역의 근본문제」, 『논문집』 제Ⅷ권 제이호, 충남대학교 인문과학연구소, 1980, 248쪽.

괘효는 천지역수변화원리天之曆數變化原理의 사물적이고 현상적 표현으로서 시간의 공간적 표상임을 알 수 있다. 천도의 공간적 표출에 있어서 괘효가 음양의 효爻가 서로 섞여서 형성되는 육효六爻에도 시간성時間性이 담겨 있다.[314] 즉, 육효六爻의 상징내용이 시간성의 원리에 근거해 객관화한 것이 공간성의 원리인 삼재지도임를 밝히고 있는 것이다.[315]

괘상원리卦象原理와 중정지도

역학의 논리체계는 존재存在의 범주가 시간과 공간인 것처럼 중정지도의 표상체계도 역曆하고 상象하는 방식이 있다. 먼저 역曆하는 논리체계에 의해서 시간성이 밝혀진 것이 천지역수天之曆數로서 도서원리圖書原理이다. 다음으로 상象하는 논리체계에 의한 것이 괘효 원리이다. 이것은 중정지도는 괘효라는 표상체계를 통하여 정도正道로 드러남을 의미한다. 그러므로 괘효卦爻는 하도·낙서를 근원(體)으로 하여 역도를 표상된다는 관점에서 중정지도의 표상과 삼재·삼극지도에 대하여 살펴보고자 한다.

중정지도가 괘상을 통하여 드러나는 역학적인 근거는 중정지도의 표상방법에서 찾아볼 수 있다. 그것은 중도中道인 역수원리는 신물인 도서圖書를 통하여 표상하고, 정도正道인 천지변화원리는 괘상을 통하여 길흉원리로 밝혔음을 뜻하는 것이다. 중정지도의 표상방법은 말과 괘상과 수로서 그것을 도식화하면 아래와 같다.

---

314 『周易』, 「繫辭下」篇, 第九章, "易之爲書也, 原始要終, 以爲質也. 六爻相雜, 唯其時物也."
315 『周易』, 說卦, 第二章, "是以立天之道曰陰與陽, 立地之道曰柔與剛, 立人之道曰仁與義, 兼三才而兩之."

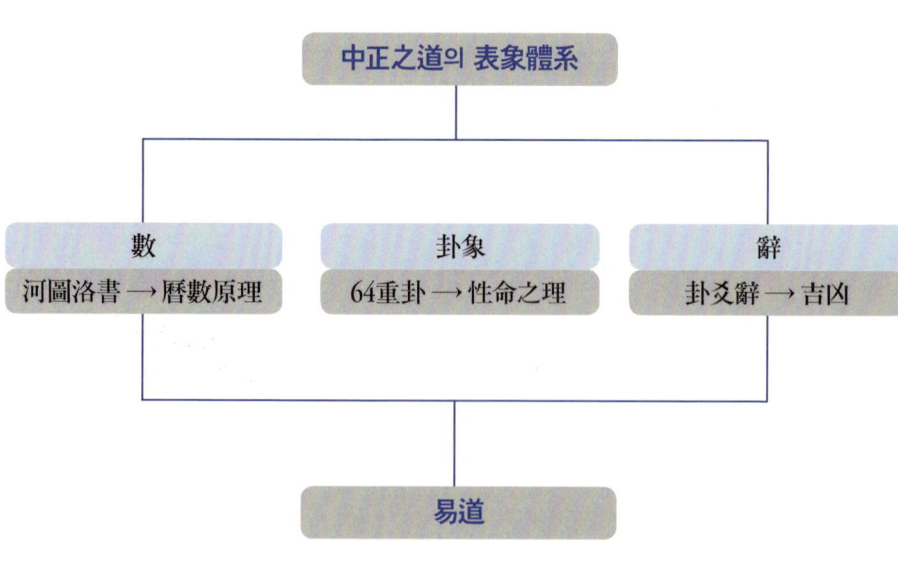

•중도中道의 표상체계

괘상으로 중정지도를 드러내는 근거를 「계사상」편』에서 다음과 같이 언급하고 있다.

"이런 까닭으로, 무릇 상象은 성인이 천하天下의 잡란雜亂한 것을 보아서, 그 형용形容을 비기며 그 물건物件의 마땅함을 형상形象함이라. 이런 까닭에 상象이라 이르고, 성인聖人이 천하의 동動함을 보고 그 회통을 보아서 그 전례를 행하며, 말을 매서 그 길흉吉凶을 판단함이라. 이런 까닭에 효爻라 이르는 것이니.(是故, 夫象, 聖人有以見天下之賾, 而擬諸其形容, 象其物宜. 是故謂之象, 聖人有以見天下之動而觀其會通, 以行其典禮, 繫辭焉以斷其吉凶, 是故謂之爻.)"316

---

316 『周易』, 「繫辭上」篇, 第12章.

성인이 천하를 존재하게 하는 심오한 진리를 깨우치고 그 형용함을 비긴다는 것은 역의 이치를 헤아린다는 의미이다. 역의 이치를 헤아린다는 것은 철학적인 이수理數를 통하여 역리易理를 추연한다는 것이다.[317] 즉 성인이 깨우친 중도中道를 군자의 실천원리로서의 정도正道로 표상하기 위한 방법으로 괘상卦象이라는 상징체계를 통하여 공간에 드러내고 있음을 말하고 있다.[318]

역曆하는 논리체계에 의해서 시간성이 밝혀진 역수원리를 통해 역도를 밝히고 있음을『정역』은 다음과 같이 밝히고 있다.

"역易이라는 것은 역수曆數이다.(易者, 曆也.)"[319]

이는 역도가 역수원리임을 밝히고 있다. 이는『서경』「요전」편에서도 다음과 같이 밝히고 있다.

"마침내 희씨羲氏 화씨和氏에게 명命하여 호천昊天을 공경히 따라서 해와 달과 성신星辰을 책력册曆하여 입시入時(백성의 농사철)를 공경히 주게 하였다.(乃命羲和, 欽若昊天, 曆象日月星辰, 敬授人時.)"[320]

일월성신日月星辰을 책력册曆한다는 것은 역曆은 수數로 기록함을 말하며, 상象은 하늘을 관찰함이니, 이것은 역도를 표상하는 방법이 바로 역수

---

317 김만산,「역학상 용어의 개념정의에 관한 연구(I)」,『동양철학연구』, 제17집, 동양철학연구회1998, 250쪽.
318 유남상,「정역사상의 근본문제」,『논문집』, 제7권, 제2호, 충남대학교 인문과학연구소, 1980, 246쪽.
319 金恒,『正易』.
320『書經』,「堯典」.

와 괘효임을 밝히는 것으로 볼 수 있다. 그러므로 역도를 괘효로 상징하여 드러낸 것이 괘효원리이다. 그러나 하도·낙서의 기奇·우수偶數를 통하여 표상된 역수원리는 음양원리이기 때문에 음양의 변화를 보고 그것을 근거로 괘卦를 세웠다는 것은 음양원리를 근거로 괘를 구성하였음을 의미하는 것이다. 하도·낙서와 괘효원리는 중정지도의 표상방법에 대한 개념적인 구분이다. 왜냐하면 괘효는 근본적으로 하도·낙서원리에 의해서 이루어 진 것이기 때문이다. 그러므로 중정지도는 하나이지 둘로 구분되어진 것이 아니다. 따라서 『주역』에서는 시간성을 자각하여 그것을 천명함으로서 여섯 시위時位에 의하여 구성된 육효가 형성됨을 밝히고 있는 것이다.(大明終始, 六位時成, 時乘六龍, 以御天.)[321]

象상(괘효)하는 논리체계에 의해 밝혀진 역도가 괘상원리이다. 『주역』에서의 괘상이란 시간성의 구조와 작용원리를 객관화한 공간성 원리의 구조와 작용원리를 내용으로 한다. 또한 괘상을 구체적으로 나타내는 표상방식이 괘효이다. 그 괘상원리의 표상의 과정은 「설괘」와 「계사」(괘·효사)로 구분할 수 있다. 입상立象의 결과로 괘상이 형성되고, 괘상이 괘효에 의하여 담겨지는 설괘와 괘상의 의미를 언사로 부연하는 「계사」를 통하여 괘상원리가 표현된다. 따라서 『주역』에서는 괘효와 「계사」에 의해서 역도가 표상되는 그 형식을 괘상이라 규정한다.(是故, 易者象也, 象也像也.)[322] 또한 상상에 대하여 ❶ 주희朱熹는 "상상은 사물事物과 유사類似한 것이다.(象者, 物之似也)"[323]라고 하고, ❷ 공영달孔穎達도 "역易의 괘卦는 만물萬物의 형상形象을 모사模寫한 것이다.(易卦者, 寫萬物之形象,

---

321 『周易』, 乾卦, 「彖辭」.
322 『周易』, 「繫辭下」篇, 第三章.
323 朱熹, 『周易本義』.

故易者象也, 象也者象也, 謂卦爲萬物, 象者法象萬物.)"³²⁴ 이라고 하여, 괘상을 물상으로 규정하고 있다. 그래서 『계사하』편에서 다음과 같이 밝히고 있다.

"그러므로 역易은 상象이니, 상象은 형상形象이요, 단象은 재질材質이다.(是故, 易者象也, 象也者像也, 彖者材也.)"³²⁵

상象은 작역作易 성인이 천도를 주체적으로 자각하여 상징적으로 표현한 것임을 밝히고 있다. 그러므로 괘상이 필요한 것은 인도人道를 표상하기 위해서이다. 인간이 삼재의 내적 존재로서 현상사물과 마찬가지로 시공時空 안에서 살아가면서도 시공을 초월해 있는 존재인 것이다. 형이상과 형이하를 연결시켜주는 것은 인간의 본래성을 통하여만 가능한 것이다. 역도가 인간에게는 뜻(聖人之義)으로 존재하는 것으로, 이것을 괘상卦象을 통하여 존재원리를 모두 드러낸 것이다. 이때 상象이란 물상物象이 아님을 분명하게 인식해야 한다.

삼극지도三極之道는 시간적인 입장에서 천지역수天之曆數인 중도中道를 표상하고, 삼재三才는 공간성인 괘효원리 입장에서 규정된 역학적인 개념이다. 그러므로 삼극지도와 삼재지도는 존재 자체는 동일하다고 할 수 있다. 이것은 『주역』에서 괘상의 구성 체계에서 괘상 성립의 기본이 되는 양효와 음효를 용구用九와 용육用六이라는 수數로 표현한 것으로 보아, 괘효는 역수변화원리의 사물事物의 현상적 표현임을 짐작할 수 있다. 즉 시간의 공간적 표상이라는 것이다. 천도의 공간적 표출에 있어서 괘효가 음양

---

324 孔穎達, 『周易正義』.
325 『周易』, 「繫辭下」篇, 第3章.

의 효爻가 서로 섞여서 형성되는 육효에도 시간성이 담겨져 있다.[326] 즉 역도의 표상체계 중에서 시간성의 원리인 삼극지도를 객관화한 공간성의 원리인 삼재지도를[327] 밝히고 있는 것이다.

앞에서 천도인 음양원리가 시간성인 역수원리임을 확인한 바 있다. 그리고 역수원리를 체용體用의 구조를 통하여 나타내면 삼극지도가 되고, 삼극지도를 현상적 관점에서 나타내면 삼재지도로 드러나게 된다. 그리고 삼재지도는 괘상을 통하여 표상되는 괘상원리로서 괘효를 통하여 표상된다. 그러므로 괘효를 통하여 표상된 공간성을 체용體用의 구조를 통하여 나타낸 것이 삼재지도이다.

삼재지도는 삼재의 양지兩之작용을 나타내는 개념이다. 그리고 양지兩之의 내용은 『주역』에서는 순역順逆으로, 『정역』에서는 도생역성倒生逆成 작용과 역생도성逆生倒成 작용을 현상적 관점에서 나타낸 것이다. 이러한 순역작용 원리를 나타내는 개념이 바로 삼재지도이다. 요약해서 말하자면 천지역수天之曆數는 중도中道이며, 중도의 내용은 삼극지도이고, 삼극지도를 공간성의 원리를 중심으로 나타내면 삼재지도三才之道가 된다는 것이다. 삼재지도의 내용이 인도人道이다. 삼재지도가 정도이며, 인도라는 것은 삼극지도를 인간 주체적으로 자각하였을 때 삼재지도가 밝혀지며, 삼재지도의 내용이 인도임을 뜻한다.

따라서 삼재지도三才之道의 내용이 천도天道와 지도地道 그리고 인도人道이며, 역수원리를 삼재지도로 천명한 까닭은 역리를 표현하는 수단에 있어 수리數理와 괘상卦象을 위주로 하는 차이가 있을 뿐 역수와 괘효는 상

---

326 『周易』, 「繫辭下」篇, 第九章, "易之爲書也, 原始要終, 以爲質也, 六爻相雜, 唯其時物也."
327 『周易』, 「說卦」, 第二章, "是以立天之道曰陰與陽, 立地之道曰柔與剛, 立人之道曰仁與義, 兼三才而兩之."

호유기적인 내외표리관계內外表裏關係로서 이원적二元的인 것이 아니다.³²⁸
「설괘」은 다음과 같이 밝히고 있다.

"옛 적에 성인聖人이 역易을 지음은 장차 성명性命의 이치理致에 순순하고자 함이니, 이로서 하늘의 도道를 세움을 가로되 음陰과 양陽이오, 땅의 도道를 세움을 가로되 유柔와 강剛이요, 사람의 도道를 세움을 가로되 인仁과 의義니, 삼재三才를 아울러 둘로 한다.(昔者聖人之作易也, 將以順性命之理, 是以立天之道曰陰與陽, 立地之道曰柔與剛, 立人之道曰仁與義, 兼三才而兩之.)"³²⁹

삼재지도三才之道는 천도天道인 음양원리와 지도地道인 강유원리 그리고 인도人道인 인의원리를 내용으로 한다는 것이다. 음양의 원리를 본체로 하여 이루어지는 작용원리를 나타낸 것이 강유이다. 그것을 「계사」에서는 다음과 같이 밝히고 있다.

"음양陰陽이 합덕合德하고 강유剛柔는 형체가 있다.(陰陽合德而剛柔有體)"³³⁰

음양의 본체를 강유剛柔의 작용으로 나타내기 위하여 효爻를 낳았다고 밝히고 있다. 따라서 괘卦는 음양원리를 근거로 하며, 효爻는 강유원리를 근거로 구성되었음을 알 수 있다.

---

328 유남상,「정역의 도서상수원리에 관한 연구」,『논문집』, 제8권 제2호, 충남대학교 인문과학연구소, 1981, 185쪽.
329 『周易』,「說卦」, 第二章.
330 『周易』,「繫辭下」篇, 第六章.

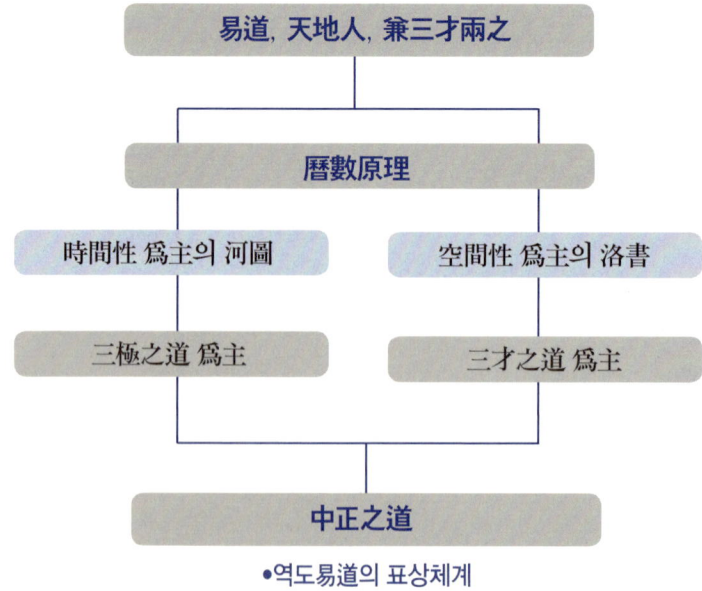

•역도易道의 표상체계

　앞에서 언급한 바와 같이 인도人道인 성명지리는 천지도덕을 근거로 하여 천·지·인 삼재의 도道를 표상하는 육효중괘의 원리로서 체십용구體十用九와 체오용육體五用六의 하도·낙서원리를 근거로 한다. 시간성인 삼극지도三極之道를 공간적으로 표상한 것이 삼재지도三才之道이다. 따라서 『주역』이 괘효를 통하여 삼극지도를 삼재지도로 표상한 까닭은 그것을 통하여 성명지리性命之理를 밝히고자 함이다.

　여기에 대하여 「설괘」에서 다음과 같이 밝히고 있다.

"옛 성인이 역易을 저작著作한 목적은 장차 이를 갖고서 성명지리에 순응順應하게 하고자함이다.(昔者聖人之作易也, 將以順性命之理.)"[331]

---

331 『周易』, 「說卦」, 第二章.

성명지리는 인간의 본성을 나타내는 개념이다. 즉 성명지리란 인도人道를 군자의 본성을 중심으로 하여 밝힌 것이다. 위의 내용을 중심으로 하여 인도를 군자의 성명지리로 밝히는데 그 목적이 있음을 알 수 있다. 이 또한 "도덕에 화순和順하여 의의義를 주체主體로 실천하며, 이치理致를 궁구窮究하고 본성本性을 다하여 천명天命에 이른다.(和順於道德而理於義, 窮理盡性, 以至於命.)"[332] 라고 표현되기도 한다.

성인이 성명지리의 인도人道를 밝히고자 『주역』을 저작著作하였음에도 불구하고 그것을 천도天道, 지도地道와 더불어 천명하였던 까닭은 역수원리가 삼극지도이며, 삼극지도를 근거로 삼재지도가 형성되기 때문이다. 인간은 천지를 근거로 존재하기 때문에 인간의 본성을 밝히기 위해서는 그 존재 근거인 천지의 도道를 밝혀야 한다 하며, 인간의 삶의 원리 역시 천지와 인간의 관계를 통하여 그 내용이 밝혀지기 때문일 것이다.

괘상卦象원리의 근원인 인격성으로서의 건乾·곤坤

중정지도는 『주역』의 64괘 중에 대표 괘인 건·곤괘에서도 살펴볼 수 있다. 이는 건·곤괘을 기본으로 하여 천도인 원형이정과 인도인 인예의지의 사덕원리四德原理를 표상한 『주역』의 64괘와 384효를 통하여 표상된 인도 외는 체용體用의 관계이다.[333] 따라시 긴곤괘의 싱격은 한마디로 익학의 전체의 내용과 원리를 표상하고 있다고 할 수 있다. 그러므로 건·곤괘을 '기역지문호其易之門戶'라고 하는 것이다.[334] 그리고 『주역』의 64괘 중에서

---

332 『周易』,「說卦」, 第一章.
333 『周易』, 乾卦,「文言」"元者善之長也, 亨者嘉之會也, 利者義之和也, 貞者事之幹也, 君子體仁足以長人, 嘉會足以合禮, 利物足以和義, 貞固足以幹事."
334 『周易』,「繫辭上」篇, 第12章, "乾坤, 其易之縕耶."

중정지도를 『주역』의 괘효사및 십익+翼의 차원에서 언급되어 있음을 볼 때, 중정지도로서의 건·곤괘이므로 건곤지도가 바로 중정지도임을 확인 할 수 있다.

건곤지도는 형이상학적 원리이다. 이것은 건도와 곤도는 다 같이 형이상 학적 원리로서 건·곤의 천지합덕원리를 표상하고 있음을 의미하는 것이다.

건·곤괘의 구성은 다른 일반적인 괘와는 다르다. 건괘는 6개의 문절文節로 나누어서 음양을 표상하고 있으며, 나머지는 건·곤괘 모두 「괘사」, 「단사」, 「상사」, 「문언」으로 되어 있다.335 특히 「문언」을 포함한 십익+翼의 문장적 구조는 건·곤괘의 괘사를 3차례가 언급되고 있다.336 그러므로 효사에 대한 괘사는 체體에 관한 원리이다. 괘효를 체용논리體用論理로 보면, 괘사는 건·곤괘의 본체적인 이론을 서술한 것이다. 따라서 건곤을 합쳐서 말할 때, 본체적인 원리로서 체용구조를 의미하는 것이다.

곤괘는 공간적 현상으로 드러난 낙서원리에 바탕으로 한 체오용·육원리를 설명하고 있다. 건·곤은 체용적인 관계로서 곤괘에서 건의 원리를 따르는 '빈마지정牝馬之貞'이라 함은 건도를 순승順承하는 의미에서 빈마牝馬라는 의미이다. 따라서 건·곤 관계는 천지, 부부, 군신의 관계로 말할 수 있지만 성인과 군자의 관계로 보면 곤坤은 지상地上의 현실적 존재인 인간의 역할을 할 수 있는 군자지도에 관하여 언급하고 있는 것이다. 건괘는 체십용구體+用九 원리를, 곤괘는 체오용·육體五用六 원리原理를 바탕으로 하여 용육用六에서 건·곤 합덕이 이루어진다. 이러한 건곤괘 구성 원리에 따른 특징들을 살펴보면 다음과 같다.

첫째, 건곤은 체용원리이다. 건·곤의 체용관계에 대하여 건·곤괘 「단

---

335 卦辭는 體用原理를 표상한다. 易學의 기본 바탕이 되는 원리를 본체적인 원리라고 정의 할 수 있다.

336 '문왕''이 「괘사」로 1회, '공자'가 「단사」에서 1회, 「문언」에서 1회로 구성되어 있다.

사」에서 살펴볼 수 있다.

   (가) "위대하다 건원乾元이여 만물萬物이 이로부터 시작하니 마침내 천도를 통섭하는구나.(大哉, 乾元, 萬物資始, 乃統天.)"[337]

   (나) "지극하다 곤坤의 원元이여 만물萬物이 이로부터 생겨나니, 마침내 순응하여 천덕을 이어받는구나.(至哉, 坤元, 萬物資生, 乃順承天.)"[338]

   위의 두 인용문은 건·곤이 성격과 상호 관계를 구체적으로 설명해주고 있는 경문이다. 따라서 건곤의 「단사」[339]를 비교해 보면, (가)의 건괘 「단사」에서 '위대하다' 함은 현상적인 기운으로서의 천天을 의미한다. 단 그 이면裏面에는 지地를 깔고 있는 것이다. 이것은 역수에서 십수十數은 지수地數인데 천天을 상징하며, 오수五數는 천수天數인데 지地를 상징하여 사용하는 것과 같은 이치이다. 이를 통하여 건곤은 상호체용相互體用의 관계임을 확인할 수 있다. 이 때 상호체용이라 함은 천도와 지도는 나누어지는 것이 아니라 서로를 근거로 한다는 의미이다.

   (가)에서 건원乾元이라 함은 건원지기乾元之氣이다. 도道가 기氣를 통하여 자기自己를 드러낸다는 말이다. 이것은 원元의 원리가 근거가 되어 역도가 전개되고 있다는 것이다. 또한 천지지도에서 원元이란 현상에 나타난 하늘의 천지지심을 말한다.[340] 천지지심에 대하여 복괘復卦의 「단사彖辭」에서

---

337 『周易』, 乾卦, 「彖曰」.
338 『周易』, 坤卦, 「彖曰」.
339 「단사彖辭」는 괘상 전체를 설명한 것이지, 괘사卦辭를 설명한 것이 아니다. 그리고 진秦·한내漢代 이후 역학자늘의 오류로 인해서 십익十翼을 전傳이라고 한 것이다. 그러므로 성인聖人과 군자君子의 개념과 성경聖經과 전傳의 개념적 정의에 대하여도 혼란을 가져오게 되었던 것이다. 그러나 『주역』·『정역』에서는 분명히 구분하고 있다. 그리고 경전經典의 구성에 있어서도 건괘의 괘효사, 십익은 십일원리에 맞추어서 경문이 형성되고 있다.
340 일원一元이란 하도·낙서의 합수인 100을 의미한다.

"복괘復卦에서 천지의 마음을 깨달은 것인저.(復其見天地之心乎)"³⁴¹라고 언급하고 있다. 따라서 대하여 건원은 건원상제乾元上帝로서 천도 운행의 주체이며, 만물이 의뢰하여 시작하니(萬物資始) 한다 함은 바로 만물은 모두 건원지기를 받아 생겨난다는 것을 의미하는 것이다.

만물자시萬物資始는 시간개념으로 창조의 시작을 의미한다. 천天의 뜻에 의해서 시작한다는 것을 말한다.『주역』에서는 시간을 규정할 때는 '시종'이라고 하고, '본말'은 공간적인 규정이다. 시간자체는 통일적 근거이다. 객관적인 시간도 통일적이다. 공간은 분수적 존재다. 따라서 자시資始의 자資는 시간이요, 본말本末은 공간적 규정이다. 그리고 자시資始의 시始는 시간적 개념이며, 만물은 공간적 현상세계이다.

인용문 (나)에서의 곤괘의 '만물이 이로부터 생겨난다 함(萬物資生)'과의 관계에서 곤도坤道는 공간적이며, 존재存在 일반一般을 의미하는 것이다. 즉, 건괘의 시始와 곤괘의 생생이 합승하여 시생始生한다는 말이다. 그리고 하늘을 통하였도다(乃統天)의 통천統天이란 천도원리天道原理를 통솔·주관함을 의미하며, 창조원리로서 우주만물을 주관하는 근원적인 존재가 바로 건도乾道라는 것이다. 그러므로 (나)의 곤원坤元은 본래는 건乾과의 합덕合德으로 생긴 땅의 근원으로서 공간성空間性을 의미하며 동시에 건도乾道의 뜻을 받들어서 성인이 제시한 길로 군자가 수행해야 함을 밝히고 있다. 또한 자생資生은 천시자생天施地生으로 실제 형상形象으로 태어나는 것을 의미하며, 마침내 순응하여 하늘을 받든다(乃順承天)는 시간성이 공간성을 우선함을 의미하는 것이다. 그러므로 곤괘는 나누어지는 원리가 하나로 합덕되는 작용으로 작성된다.

곤괘는 체體와 용用을 합덕시키는 음양합덕원리가 곤괘의 기본원리이

---

341 『周易』, 復卦, 「象辭」.

다. 즉 곤도坤道의 사명은 군자가 성인지도를 계승하는 것을 밝히고 있다. 이는 건곤이 상호체용의 관계로서 역할이 다름을 알 수 있는 것이다.

둘째, 건곤乾坤은 시간성時間性과 결부되어 있다. 그리고 역도의 기본 개념은 시간성이다. 건곤지도乾坤之道의 광대함이 천지와 짝하는 것이다. 건·곤이 물리적 천지天地로 드러나는 것이다. 물리적인 천지의 성정이 건곤이다. 건곤의 변통이 사시四時로 드러나고, 음양陰陽의 원리는 일월원리日月原理이다. 그러므로 사시四時, 일월日月은 모두 천도를 중심으로 밝히고 있다. 따라서 시간성의 원리이며, 천지역수天之曆數이다. 일월이 운행됨으로서 역수가 생성된다. 그러므로 천지역수天之曆數와 결부되어 있는 것이다. 그러므로 『역경』의 경문에 대한 해석의 관점이 또한 시간성의 관점이어야 한다는 것이다. 다시 말해서 공간성 원리가 위주인 낙서를 단순히 생성원리로만 인식할 것이 아니라 시간을 상징하는 '종시원리'로 보아야 한다는 뜻이다.

역의 원리는 크게 음양합덕원리와 만물생성원리로 나뉜다. 그리고 건괘의 체십용구體十用九원리는 낙서원리를 내포한 하도원리이다. 이때 낙서는 시생始生원리이고, 하도河圖는 음양합덕陰陽合德원리 위주이다. 따라서 괘효역卦爻易인 『주역』도 후천원리를 전제로 하고 있다. 그리고 건괘, 「괘사」에서 "건은 원코 형코 이코 정하니라.(乾, 元亨利貞.)"³⁴²고 하여, 건도는 전도이며, 전도인 사상四象을 시간성의 원리를 통해서 밝히고 있다. 건원용구乾元用九이다. 건의 체십용구體十用九로서 낙서원리(생성원리)를 내포한 하도원리이다. 따라서 괘효역인 『주역』도 후천원리를 기준으로 만들어 졌다. 하도원리는 구육합덕九六合德인 음양합덕 위주이다.

셋째, 건·곤합덕원리에 의해 중정지도가 드러난다. 즉, 건·곤합덕원리

---

342 『周易』, 乾卦, 「卦辭」.

에 의해서 성인지도가 군자지도로 밝혀진다는 것이다. 『주역』의 내용이 군자지도를 내용으로 하고 있으나 천도를 내재한 인도의 관점에서 작성되었다. 그러므로 『주역』의 괘효사의 구조를 보면 먼저 천도를 논하고 이어서 인도人道를 밝히고 있다. 천도와 인도에 관련하여 건괘의 초효사에서 다음과 같이 밝히고 있다.

"물속에 잠긴 용이니 쓰지 말라.(初九, 潛龍勿用.)"[343]

이는 天道의 관점에서 '잠용潛龍'을 논하고 이어서 인도人道의 관점에서 '물용勿用'을 논하고 있다. 또한 건괘의 「단사」에서는 "건도가 변화하면 각각 성명이 바르게 된다.(乾道變化, 各正性命.)"[344]고 하여, 천도天道를 바탕으로 인도를 논하고 있다. 건乾은 토土이다. 중심본체로서 천도운행의 전체적 원리 그 자체라고 할 수 있다. 또한 천행天行의 중심 본체로서 운행원리이며, 역수원리를 의미한다. 그리고 하도·낙서의 중심본체도수인 십오十五(天地之道=地道 五를 포괄하는 天道)의 십十은 열(열림)로 대도大道를 의미한다. 그러므로 선후천先后天의 역수원리를 일관하는 종시원리 그 자체를 의미한다. 건도의 축이요, 핵인 십오十五를 체로 하여 원형이정의 사력변화원리로 밝혀놓고 있는 '용구용육用九用六 원리(六甲原理)'이다.

이것을 선후천의 관점에서 보면, 후천后天에서는 군자가 선천에서 성인이 밝혀놓은(또는 천지부모가 밝혀놓은) 중도中道를 군자지도인 정도正道로 드러내는 것이다. 이것이 바로 역도易道의 대의大義이다. 즉, 성인의 말씀 안에 천지지심이 들어있음을 전제로 한 것이다.

---

343 『周易』, 乾卦, 初九爻辭.
344 『周易』, 乾卦, 「彖辭」.

천지부모의 만물생성의 뜻을 군자君子가 이어받아 실천원리로 표상한 것이 바로 괘효원리인 『주역』이다. 따라서 『주역』에서 "천지의 큰 덕을 가로되 생이오.(天地大德曰生)"³⁴⁵라고 하여, 중정지도는 우주의 역사 속에서 영원히 지속됨을 밝히고 있는 것이다. 그래서 곤괘坤卦의 용육원리의 핵심이 되는 점이 곤괘坤卦 상육上六 「효사」와 「상사」에서 다음과 같이 밝히고 있다.

"육六을 씀은 영구永久하고 정고貞固함이 이롭다.(用六, 利永貞.)"³⁴⁶
"용육영정用六永貞은 종말을 성대히 하는 것이다.(用六永貞, 以大終也.)"³⁴⁷

곤坤의 용육작용에 정고貞固함이 없다면 영구히 끝마치지 못한다는 것이다. 그러므로 용육用六의 도道는 이로움이 종말終末을 성대하게 함에 있는 것이라 하여 용육작용의 중요성을 말하고 있다.

건·곤괘에서는 또한 「문언」을 통하여 중정지도를 드러내고 있다. 「문언」은 천문天文과 인문지언人文之言이다. 천지지언天地之言은 성인의 말씀이요, 천하를 화성化成시키는 원리(人道的 眞理)도 「문언」에서 밝히고 있다. 「문언」은 인문人文원리 위주로서 역도인 중정지도를 밝히고 있다. 그러므로 건곤괘의 「문언」은 천도 위주가 아닌 인도 위주로 구성되어 있다. 군자의 시덕원리는 인예의지로 군자가 체득한 사덕원리를 설명하고 있다. 사서원리四書原理의 서書는 책冊만을 말하는 것은 아니다. 낙서洛書의 서書의 의미를 내포하고 있다. 그리고 성명지리性命之理를 사분四分하면 사덕원리라고 할 수 있다.

---

345 『周易』, 「繫辭」 下篇, 第1章.
346 『周易』, 坤卦.
347 『周易』, 坤卦.

왜냐하면 군자의 사덕원리四德原理를 설명함에 있어서 건괘乾卦의 원형이정元亨利貞은 인도人道의 성명지리性命之理 위주로 설명하고 있기 때문이다. 그리고 건괘乾卦「문언」말미부분末尾部分에 "건원乾元은 시작해서 형통한 것이요(元亨者, 始而亨者.)"[348] 라고 하여, 원형이정元亨利貞을 설명하는데 인간에 관해서는 한마디도 언급하지 않고 있다. 왜냐하면 인도人道가 포함된 천도를 위주로 역도를 표상하고 있기 때문이다. 건곤의 작용은 하도와 낙서의 합덕으로 이루어진다. 따라서 용구用九안에 용육用六이 내포되고, 건도乾道안에 곤도坤道가 내포되는 것이다.

위에서 살펴본 바와 같이 시간성을 표상하고 있는 건곤지도는 체용體用의 관계로서 건곤지도乾坤之道가 곧 중정지도임을 밝히고 있다. 즉, 건도의 원형이정의 사상四象이 곤도인 군자의 사덕원리로 드러남을 밝히고 있는 것이다.

건곤천지의 도道를 설명한 내용이 바로 '원형이정元亨利貞'이다. 그렇다면 중정지도와 원형이정의 관계는 어떤 것인가? 건괘에서는 천도인 사상四象(元亨利貞)을 인간 주체화를 통하여 인도人道인 사덕四德(인예의지仁禮義知)으로 나타낸 것으로서 이것은 건괘의 체십용구원리體十用九原理를 바탕으로 원형이정을 설명하고 있다. 따라서 원형이정은 천도의 인간 자각적 개념의 표현이라 할 수 있다. 왜냐하면 천도는 인간 자각의 필연성을 의미하며, 인간의 자각이 없으면 천도의 변화는 무의미하기 때문이다.

원형이정은 『주역』의 사상원리四象原理이다. 그러나 원형이정의 의미에 대해 일부학자들은 문자적 해석에 급급하여 원형이정이 천도로서의 역수원리이며, 시간성임을 직접적으로 언급하지는 못했다. 원형이정의 자의字意와 내용에 대하여 살펴보면 다음과 같다.

---

348 『周易』, 乾卦, 「文言」, 上九.

원형이정의 자의字意 ❶ 원元은 二 + 儿 = 元으로 위 아래 2인의 관계로서, 하늘과 땅의 인격성의 관계에서 시발점이 된다는 뜻이다. 그리고 元은 씨로서 시간적 의미의 '처음으로'이다. 그리고 원元→ 형亨 → 리利 → 정貞의 순서로 운행된다. ❷ 형亨은 亠 + 口 + 了(드러남)의 의미이다. ❸ 이利는 禾(벼) + 刂(낫) = 벼를 낫으로 베는 것으로 가을, 추수, 심판이다. ❹ 정貞은 卜(갑골胛骨의 갈라진 모습, 자물쇠, 고정시킴) + 貝(보물)로서 완성의 의미를 가진다

원형이정의 내용 원형이정은 춘하추동의 원리요, 천의 의도요, 원리이면서 천의 프로그램(역수) 그 자체이다.

역의 변화지도는 원형이정元亨利貞의 사상四象을 체體로 하여 인예의지仁禮義智의 사덕四德으로 표상되고 있다. 인간의 존재는 건곤의 천지합덕원리안에 자녀양육 원리가 내포되어 있다. 생명성을 영원히 지속시키는 방법은 자녀를 출산해서 양육하여 성가成家시키는 것이다. 그리고 부모의 역할이 끝나면 천지天地로 돌아가는 것이다. 인간이란 천지합덕원리天地合德原理에 의해서 만물이 태어나고 생성生成하는 것이다. 건乾은 십+이며 원형이정으로 원리로 보면 9·8·7·6이다. 역수와 시간성으로 보면 1·2·3·4와 6·7·8·9이다. 그리고 곤坤은 1·2·3·4로서 괘상으로 보면 초효初爻는 원元, 삼효는 형亨, 사효四爻는 이利, 상효는 정貞이다. 이효二爻와 오효五爻는 중정中正이며, 체體로서 실제로 사용되지는 않는다. 그러므로 천도의 원형이정과 인간 본래성의 인예의지를 비교하면서 논한 것은 인간 본래성의 성명적 구조를 사덕을 통하여 구명한 것이다.

원형이정을 사력변화원리의 입장에 관련성을 살펴보자. 천도 입장에서 보면 원元은 원력原曆, 형리亨利는 윤역閏曆, 정貞은 정력正曆을 의미한다고 할 수 있다. 다시말해 원형이정은 사력四曆을 상징으로 표현하고 있다.

따라서 천도에 근거한 인도의 사덕적 구조이며, 천도의 사상적인 구조와 같이 인간의 본성도 천도 구조에 상응하여 사덕적인 구조를 가지고 있음을 알 수 있다. 위의 내용을 도식화하면 다음과 같다.

區分	元(仁)	亨(禮)	利(義)	貞(智)	作用數
四季節에 比喩	싹이 보인다 (春)	개방의 季節 (夏)	가름, 갈림길 (秋)	貞固상태 (冬)	
四曆變化	原曆 一夫之朞	閏曆 堯之朞	閏曆 舜之朞	正曆 孔子之朞	
洛書의 四象數	1·9(太陽)	2·8(少陰)	3·7(少陽)	4·6(太陰)	40
河圖의 四象數	1·6	2·7	3·8	4·9	40

• 원형이정과 사력변화 및 하도·낙서

따라서 중도中道인 천도는 원형이정으로서 정도正道인 인예의지로 드러나고 있음을 밝히고 있다. 중도中道는 시간성 원리이며, 역수원리로서 이를 객관화하여 나타내면 공간성의 원리인 괘상원리卦象原理를 통하여 중정지도中正之道가 드러난다는 것이다.

위에서 살펴 본 내용을 요약하면, 군자지도인 정도正道는 천도인 삼극지도三極之道가 괘효원리卦爻原理에 의해 객관화되어 삼재지도三才之道로 표상된 것이다. 따라서 『주역』은 성인의 중정지도와 군자君子의 성명지리(仁義之道)가 괘효를 통하여 표상된 군자지도로 표상된 것이다.[349] 이것은 역수원리를 근간으로 하여 괘효원리를 올바르게 깨달아야 중정지도를 올바르게 이해할 수 있음을 의미하는 것이다. 그러므로 『서경』「대우모大

---

349 유남상, 「정역사상의 근본문제」 『논문집』, 제7권, 제2호, 충남대학교 인문과학연구소, 1980, 26쪽.

禹謨」편에서 '윤집궐중允執厥中'하라고 한 것이다. 이것은 '궐중厥中'의 중정지도中正之道가 인간 본래성으로 내재화되어 군자의 성명지리性命之理로 실천 구현됨을 의미하는 것이다.

五. 중정지도 中正之道의 인도적 구현과 실천

앞에서 중정지도가 천지역수天之曆數에 있으며, 천지역수天之曆數 성격으로서의 시간성의 표상체계로서 하도·낙서원리와 괘효원리를 통하여 중정지도를 밝혔다. 따라서 천지역수天之曆數의 표상체계인 하도·낙서와 괘효원리를 통하여 인간존재의 본래성과 그리고 인간의 도리와 사명으로서의 구현방법과 실천의 길이 무엇인지 살펴보고자 한다.

1. 인간 본래성의 존재론적인 의미와 구조

인간 본래성 개념과 존재론적 의미

인간 본래성 개념 인간 본래성이란 자기가 태어날 적에 본래부터 받아 가지고 나온 본래성을 말한다. 즉, 인격적 존재의 주체성으로서의 본래성을 의미하는 것이다. 『중용』에 "하늘이 명命한 것을 성性이라고 한다(天命之謂性)"[350]는 표현이 있다. 여기서 성性은 자각한 천도天道로서의 천명天命을 말한다. 왜냐하면 천天은 인간 밖에 있는 것이 아니라 인간의 본성으로 내재화된 천天을 의미하기 때문이다. 이것이 건괘「단사」에서 '대명종시大明終始'

---

[350] 『中庸』, 第1章.

란 '군자가 본래성을 깨달으면' 이라는 뜻이다. 자기가 본래 타고 나온 인격적 존재로서 인간으로 태어날 적에 본래부터 받아 가지고 나온 인격적 존재의 주체성으로서의 본래성을 말한다. 따라서 인간의 본래성을 자각하지 못하고서는 역수원리를 깨닫지 못한다는 것이다. 천도도 인격성의 존재원리(도덕원리)이다. 그래서 '천지역수재이궁天之曆數在爾躬'이라고 한 것이다. 대명종시大明終始란 인간에 있어서는 본래성의 자각을 통하여 크게 밝혔다는 소리이다. 즉, 성인에게 있어서는 이통신명지덕以通神明之德이 되었다는 것이다. 그러므로 이류만물지정以類萬物之情(각정성명各正性命된 세계)이 가능한 것이다. 이는 나에게 이미 주어진 본래성을 깨닫는 것을 의미한다.

중정지도는 인격성이 내재되어 있는 시간의 주재자인 천天과 존재일반의 현상적 생성生成의 공간으로서의 지地가 지고지덕至高至德하더라도 인격적 인간존재가 없다면 구현될 수가 없을 뿐 아니라 나아가 천지天地도 무의미한 공허한 껍질에 불과하다고 보는 것이 역易 철학의 근본적 입장이라 할 수 있다.

이는 모든 존재자存在者 중에서 인간人間만이 시간時間을 알 수 있는 존재存在이며, 이 주어진 시간의식으로 하여금 그 주재자主宰者인 하늘의 인격성人格性과 상통한다고 보는 것이다. 이러한 시간의식은 시간운행의 주체主體, 즉 하늘로부터 받은 것이라고 할 수밖에 없다. 왜냐하면 인간도 모든 다른 존재자存在者와 같이 그 주체主體에 의해 피조被造된 존재이기 때문이며, 더구나 인간은 피조被造된 존재 중에서 시간의식時間意識을 품부稟賦받은 유일의 존재이기 때문이다. 따라서 중정지도의 인간적인 구현에 대한 구체적의미를 드러내기 위해 먼저 천도天道의 주체적인 자각으로 내재화된 인간 본래성의 존재론적 의미와 구조에 관해서 살펴볼 필요가 있다.

인간 본래성의 존재론적 의미

천지만물天地萬物과 인간 존재의 본의本意를 「서괘」편은 다음과 같이 밝히고 있다.

"천지가 있은 다음에 만물이 있고, 만물이 있는 다음에 남녀가 있고, 남녀가 있은 다음에 부부가 있고, 부부가 있은 다음에 부자가 있고, 부자가 있은 다음에 군신이 있고, 군신이 있은 다음에 상하가 있고, 상하가 있은 다음에 예의를 두는 바가 있느니라.(有天地然後, 有萬物, 有萬物然後, 有男女, 有男女然後, 有夫婦, 有夫婦然後, 有父子, 有父子然後, 有君臣, 有君臣然後, 有上下, 有上下然後, 禮義有所錯.)"[351]

위의 내용에 의하면 인간존재로서의 남녀는 천지와 만물이 있은 연후에 존재하게 되며, 인격적 합덕체슴德體로서의 부부夫婦는 자연적인 인간 존재가 있은 연후에 존재하게 됨을 밝히고 있다.[352]

또한 천지만물의 생성生成에 관해서도 「설괘」편에서 다음과 같이 밝히고 있다.

"천지가 있은 다음에 만물이 생하니, 천지 사이에 가득 찬 것이 오직 만물이라.(有天地然後, 萬物生焉, 盈天地之間者, 唯萬物.)"[353]

이것은 인간을 포함한 모든 존재만물이 하늘로부터 생성됨을 말하고 있다. 『주역』에서 천天과 지地 그리고 천지지도에 대하여 어떻게 규정하고 있

---

351 『周易』, 「序卦下」篇.
352 김만산, 『역학의 시간관에 관한 연구』 충남대학교 대학원 박사학위논문, 1992, 82쪽.
353 『周易』, 「序卦下」篇.

는가 먼저, 천지는 크고 넓어서 끝이 없다고 한다. 그것은 만물이 존재하고 활동하는 공간이다. '대大'는 천天, 광廣은 지地에서 나오는 개념이다. 또한 천지天地는 논리적으로 만물을 선행先行한다고 한다. 이를 「설괘」편에서 "천지가 있은 후에 만물이 생겼다.(有天地然後, 有萬物.)"고 한다. 이것은 달리 말하면 천지가 만물을 낳았다고 할 수 있다. 천지의 만물화생萬物化生은 천天과 지地의 교감交感으로 가능하다.『주역』에서 천天과 지地의 교交와 불교不交에 대한 언급이 많은 것은 만물의 생성과 관련이 있기 때문이며, 이는 또한 만물의 생성문제에 깊은 관심을 지녔음을 반영한다.354

건·곤괘의 「단사」에서도 천지를 상징하는 건원乾元과 곤원坤元으로 말미암아 천지天地가 시생始生된다. 이는 건곤합덕(음양합덕)으로 만물이 생성된다는 것이다. 만물의 생성에 대하여 건곤괘乾坤卦 「단사彖辭」에서 다음과 같이 밝히고 있다.

"단상彖에서 말하기를, 크도다 건원乾元이여 만물萬物이 이로부터 비롯되는 것이니, 마침내 천도天道를 통섭統攝하는구나.(彖曰 大哉乾元, 萬物資始, 乃統天.)"355

"단상彖에서 말하기를, 지극하구나 곤원坤元이여 만물萬物이 이로부터 생겨나니 마침내 천덕天德을 유순柔順히 이어 받는구나.(彖曰 至哉坤元, 萬物資生, 乃順承天.)"356

이는 곤덕坤德을 상징하는 곤원坤元은 천덕天德을 상징하는 건원乾元을 계승한 것으로 결국은 인간을 포함한 만물의 존재근거는 천도天道에 있음을 밝히고 있는 것이다. 이러한 이유로 유가儒家의 경전에서는 인간의 존재

354 곽신환,『주역의 이해』서광사, 1990, 78쪽.
355『周易』, 乾卦,「彖辭」.
356『周易』, 坤卦,「彖辭」.

근거를 천天에 두고 역수원리인 천도·천명과 인간 본래성의 관계를 규정하고 있는 것이다.357

인간 본래성과 역수원리曆數原理

인간 스스로 밝힘이 가능한 본래성은 신묘한 가능성으로 밖에 달리 표현할 수 없는 인간 존재원리로서의 시간의식에 바탕한 시간성이면서 종시성終始性임을 의미한다. 이를 다시 말하면, 그것은 이미 태초성太初性으로 본래적 내재를 가지고 이 세상에 온 것이며, 동시에 종말성終末性으로 예기豫期되면서 지향해 갈 것이다. 이 개념을 합슴하여 규정한다면 인간의 성명(本來性 본래성)이라 할 수 있다. 인간에게 주어진 본래성은 시간성으로서의 종시원리終始原理가 천지역수天之曆數로서의 종시원리이다.

여기서 시간성의 원리와 인간에게 주어진 본래성(天性천성, 主體性주체성으로 받아가지고 온)과 본래적 사명, 본래성이 시간성으로 주어졌음을 확인할 수 있다. 따라서 인간 본래성(性命성명)은 천지지도天地之道와 자신의 본래성을 일치시켜 자각해야한다. 왜냐하면 천지지도는 도덕성道德性이기 때문이다. 이를 신명지덕神明之德으로 규정하고 있기 때문이다. 신명神明이란 개념은 『주역』을 비롯한 몇몇 유가경전에 등장하는 매우 중요한 철학적 개념으로서, 이는 인간에 내재한 본성으로 본래적으로 주어진 스스로 밝힐 수 있는 자각 기능인 본래직 신성神性으로 말하며, 그 스스로 밝힘이 가능한 본래성은 신묘神妙한 가능성으로 밖에 달리 표현할 수 없는 인간 존재원리로서의 시간의식을 바탕으로 한 시간성, 즉 종시성終始性이니 이를 다시 나누어 이미 태초성太初性으로 본래 가지고 이 세상에 온 것으로서 합슴하여 개념을 규정하면 성명性命이라고 할 수 있다. 이를 덕성적인 쪽으로 말

---

357 김만산, 『역학의 시간관에 관한 연구』, 충남대학교 대학원 박사학위논문, 1992, 84쪽.

하면 명덕明德이며 이때를 신명지덕神明之德이라고 한다. 신명지도란 인간의 주체속에 시간의식이 내재로 인한 깨달음을 의미한다.358

인간 본래성의 존재 근거에 대하여 천도와 천명의 구체적인 내용인 역수원리와 연관하여 『서경』과 『논어』에서 "제순帝舜이 말씀하기를, 이리오라 우禹야 홍수가 나를 경계하였는데 믿음을 이루고 공功을 이룸은 너의 어짊이며, 나라의 일에 부지런하고, 집안에 검소하여 자만하고 큰 체하지 않음은 너의 어짊이다. 네가 자랑하지 않으나 천하天下에 너와 더불어 능히 다툴 자가 없으며, 내가 과시하지 않으나 천하에 너와 더불어 공功을 다툴 자者가 없으니, 내가 너의 덕德을 성대히 여기며 너의 아름다운 공적을 가상히 여기노라. 하늘의 역수曆數가 너의 몸 안에 있으니 마침내 네가 원후의 자리에 오를 것이다.(帝曰來, 禹降水儆予成允成功, 惟汝賢, 克勤于邦, 克勤于家, 不自滿假, 惟汝賢. 汝惟不矜, 天下莫與汝, 爭能, 汝惟不伐, 天下莫與汝, 爭功, 予懋乃德嘉乃丕績. 天之曆數在汝躬, 汝終陟元后.)"359 로 밝히고 있다. 또한 "인심人心은 위태롭고 도심道心은 은미하니, 정精하게 하고 한결같이 하여야 진실眞實로 그 중中을 잡을 것이다.(人心有危, 道心有微, 惟情惟一, 允執厥中.)"360 고 하여, 역수원리란 역수구성의 근본원리로써 천명의 존재론적인 근거인 천도를 말하는 것이다.

'천지역수재여궁天之曆數在汝躬'이란 천도天道의 내면적인 집약에 의하여 천명天命이 자신에게 주어져 있음을 깨닫는 것이다. 그리고 '윤집궐중允執厥中'이라고 한 것은 바로 성인에게 주어진 천명을 내면화시켜 주체적으로 자득自得되어진 인간 본래성을 말하는 것이며, '사해곤궁四海困窮 천록영

---

358 남명진, 「주역의 괘효원리에 관한 연구」, 『동서철학연구』 제15호, 한국동서철학회, 1998, 24쪽.
359 『書經』, 「大禹謨」篇.
360 『書經』, 「大禹謨」篇.

종天祿永終'이라고 경계한 것은 정치적인 입장에서의 천명을 말한 것으로서, 만약에 천하를 잘못 다스리면 천명이 끊어져서 현실적인 지위인 천록天祿을 상실한다는 것이다.[361]

앞에서 언급한 바와 같이 '역수원리'는 천도의 구조 원리를 시간성으로 표상한 것으로서, 이것은 하도·낙서로 상징되어지는 것이다. 따라서 하도·낙서에 의해서 드러나는 역학적인 시간성인 역수원리는 만물의 존재 근거인 천도의 존재구조를 드러낸 것이며, '천지역수재여궁天之曆數在汝躬'이란 네가 이미 만물의 존재근거로서 천도의 시간성을 깨달았다는 뜻으로서 이는 천명의 자각을 말한다. 또한 윤집궐중允執厥中은 천명天命의 자각에 의하여 인간 본래성이 주체적으로 자득自得되었음을 뜻하는 것이므로, 인간 본래성은 천도의 내면적인 집약을 통한 천명天命의 자각을 매개로 하여 자성自性이 자득自得되어진 존재론적 구조를 가지고 있다고 할 수 있다.

인간 본래성의 자각이란 '천도天道와 천명天命은 인간 본래성으로 깨달아져서 이미 인성人性안에 내재內在되어 있는 형이상학적인 존재로서 인성人性의 존재론적인 근거임을 알 수 있다. 따라서 시간성時間性으로서의 천지역수天之曆數는 역수구성의 근본원리를 의미하는 것으로서 천명의 존재론적인 근거로서의 천도이다.'[362] 그렇다면 인간 본래성의 존재론적 구조는 무엇인가?

---

361 유남상, 「역학의 역수성통원리에 관한 연구」, 『논문집』 제11권 1호, 충남대인문과학연구소, 1983. 303쪽.
362 김만산, 『역학의 시간관에 관한 연구』 충남대학교 대학원 박사학위논문, 1992, 97쪽.

인간 본래성의 존재론적 구조

인간 본래성에 대하여 천도와 인도人道의 존재구조와 상관관계를 통하여 살펴볼 수 있다. 「문언」에서 다음과 같은 말이 있다.

"문언文言에 가로되 원元은 선善의 어른이요, 형亨은 아름다움의 모임이요, 이利는 의리義理의 화和함이요, 정貞은 군자君子가 인仁을 체득體得함이 족히 사람의 어른이 될 수 있으며, 모임을 아름답게 함이 족히 예禮에 합승하며, 물건物件을 이롭게 함이 족히 의리義理에 화합和合하며, 바르고 굳셈이 족히 일을 주관함이니, 군자는 이 네 가지 덕德을 행行한다. 그러므로 '건 원형이정乾元亨利貞'이라 한다.(文言曰 元者善之長也, 亨者嘉之會也, 利者義之和也, 貞者事之幹也, 君子體仁足以長人, 嘉會足以合禮, 利物足以和義, 貞固足以幹事, 君子行此四德者, 故曰乾元亨利貞.)"363

이것은 천도의 구조인 원·형·이·정의 사상四象과 인도人道의 구조인 인·예·의·지 사덕四德이 갖는 천인합덕적天人合德的 존재구조에 관해서 논한 것이다. 즉 의하면 인간의 본래성으로 주어진 사덕四德의 천도의 사상四象에 존재근거를 두고 있음을 알 수 있다.

그렇다면 천도인 원·형·이·정은 무엇인가? 「계사」편에서 "역易에는 태극太極이 있고, 태극太極은 양의兩儀를 낳고 양의兩儀는 사상四象을 낳고 사상四象은 팔괘八卦를 생생한다.(易有太極, 是生兩儀, 兩儀生四象, 四象生八卦.)"364 고 하였다. 이는 태극에서 음양과 사상과 팔괘가 생성되는 역리易理의 논리적인 생성체계에 관해서 언급한 것으로서, 여기에서는

---

363 『周易』, 乾卦, 「文言」.
364 『周易』, 「繫辭上」篇, 第十一章.

사상四象을 논하고 있는 것이다. 음양은 오행으로 공간적으로 드러난다. 그러므로 천도의 오행과 오행작용은 사상으로 자신의 존재구조를 객관화 시키는 것이다.

또한 「계사」편에서 "하늘이 상象을 드리워 길흉을 드러낸다.(天垂象, 見吉凶.)"365 "역에 사상四象이 있음은 보여 주기 위함이다.(易有四象, 所以示也)"366 고 하였다. 이는 천도가 사상四象으로 드러나고 있으며 아울러 "상象을 이루는 것을 건乾(成象之謂乾)"367이라는 것이다. '건乾은 원元하고 형亨하고 이利하고 정貞한다.' 고 하여, 천도를 드러내는 상象이 곧 건도乾德인 원형이정의 사상四象임을 나타내고 있다. 즉, 천도는 시간적인 지평地平에서 천지역수天之曆數를 드러내지만, 공간적인 지평地平에서는 원형이정의 사상四象을 드러내는 것이다. 천도天道의 존재구조인 원형이정인 사상四象은 인간에 있어서 인예의지仁禮義智인 사덕四德이 된다. 천도의 인간화란 천의 존재원리를 인간이 자각함으로써 천지의 성정性情을 인간의 본래성으로 깨달았다는 뜻이다.

따라서 인간의 본래성은 천도의 인간화의 원리에 의해서 원형이정이 인예의지의 사덕으로 내재화되었음을 알 수 있는 것이다. 언급한 내용을 도식화하면 다음과 같다.

---

365 『周易』, 「繫辭上」篇, 第十一章.
366 『周易』, 「繫辭上」篇, 第十一章.
367 『周易』, 「繫辭上」篇, 第五章.

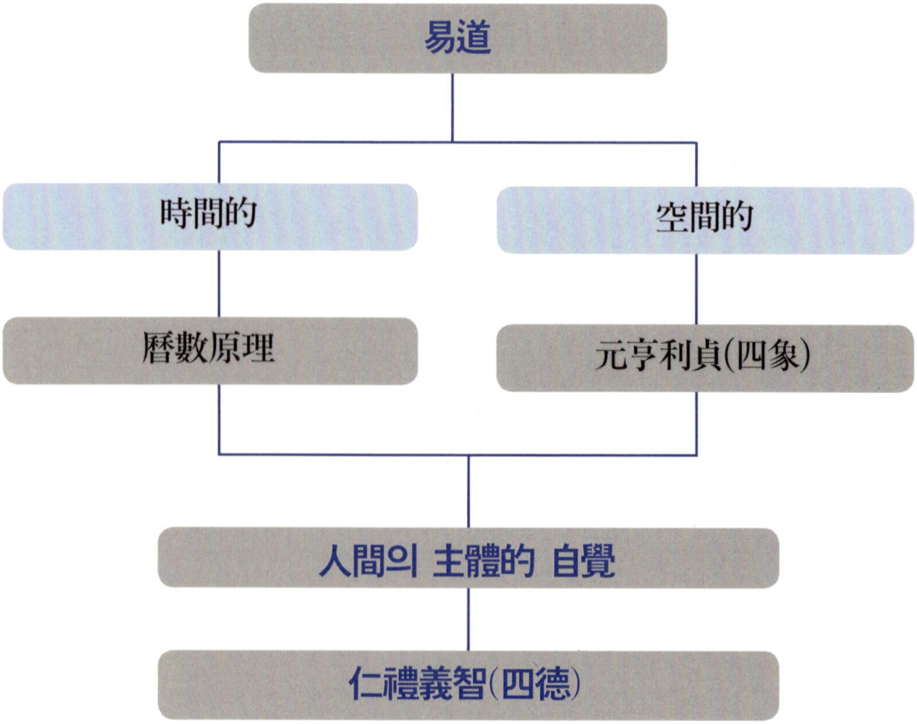

```
                    易道
                   /    \
               時間的    空間的
                |         |
             曆數原理   元亨利貞(四象)
                   \    /
              人間의 主體的 自覺
                    |
              仁禮義智(四德)
```

• 역도易道의 자각과 사력원리

2. 중정지도와 인간 본래성本來性

인간 본래성과 성명지리性命之理

『주역』에서는 인간으로 하여금 성명지리性命之理를 깨닫게 함을 목적으로 인간의 존재근거를 역수원리인 천도天道와 천명天命에 두고 있다. 인간의 존재근거는 천도에 있고, 인간의 본성은 천도의 자각을 통한 천도의 내재화로 이해되고 있다.[368] 그렇다면 인간 본래성으로 주어진 성명지리는 무엇인가?

천도의 인간주체화와 성명지리 인간 본래성이란? 천명에 의해 내재화된 성명지리를 의미한다. 그러므로 인간 본래성의 존재 근거는 천天이다. 이것을 천도의 인간 주체화라고 한다.『중용』에서도 인간 본래성이 천명으로 주어졌음을 밝히고 있다.[369] 「설괘」에서는 인간 본래성을 성명지리로 규정하고 있다.[370] 다시 말해서 인간 본래성을 성명性命의 이치와 형이상적 존재원리로 규정하고 있는 것이다.

천도天道의 인간주체화란 천도가 인간 본래성이 군자에게 성명지리로 주어진다는 것이다. 군자에게 주어진 성명지리가 바로 인도人道의 내용이기 때문에 그것을 자각하고 실천하는 주체인 인간을 중심으로 나타내면 군자지도가 된다는 것이다. 역학에서는 인간 본래성으로 내재화한 천도를 중中으로 규정하고 있다. 즉 인간 본래성으로 주어진 자신의 본래성을 자각하면 그것이 천도의 자각인 것이다. 이것이 천도의 주체적 자각원리이다.『맹자』「진심장」상편에 다음과 같이 밝히고 있다.

---

[368] 최영진,『역학사상의 역학적 탐구』, 성균관대학교대학원 박사학위논문, 1989, 87쪽.
[369]『中庸』第一章, "天命之謂性."
[370]『周易』,「說卦」, 第二章, "將以順性命之理."

"맹자왈 마음을 다하는 자는 본성을 안다. 자기 본성을 알면 하늘을 알게 되는 것이다. 자기의 마음을 살리고, 자기의 성을 기르는 것이 하늘을 섬기는 것이다. 단명하거나 장수함에 의심을 두지 않고 자기를 닦아 천명을 기다리는 것이 천명을 지키는 이치이다.(孟子曰 盡其心者, 知其性也, 知其性則知天矣, 存其心養其性, 所以事天也, 夭數不貳, 修身而俟之, 所以立命也.)"[371]

본성을 자각하는 것이 천도를 자각하는 것임을 밝히고 있다. 삼재지도의 내용인 천도天道와 지도地道 그리고 인도人道의 관계를 보면 천도와 지도는 체용의 관계이며, 지도가 포함된 천도를 근거로 인도가 형성된다. 이것을 천도와 인간의 관계를 나타내면 천도를 인간의 본래성으로 주체화함으로서 인간이 존재하게 되는 것이다.

천도의 인간 주체화로 군자에게 주어진 성명지리가 인도의 내용이기 때문에 그것을 자각하고 실천하는 주체인 인간이 내면화한 것이 군자지도이다. 그러나 성인은 성명지리를 자각하고 천명한 존재이다. 그러므로 군자지도를 논함에 있어서 성인지도를 매개로 해야 함에도 불구하고「설괘」편에서 "옛 성인이『역경』을 저작한 목적이 (후천 군자로 하여금) 성명지리에 순응하게 하고자함이다.(昔者聖人之作易也, 將以順性命之理.)"[372] 라고 하였던 것이다.

이는 작역의 목적이 군자로 하여금 성명지리에 순응케 하고자 함을 밝히고 있을 뿐 아니라「계사상」편에 "성인이 괘효의 상을 보고 그 내용을 설명하는 언사를 부연하여 길흉을 밝혔다.(聖人設卦觀象繫辭焉而明吉凶)"[373], "군자가 집안에 거처할 때는 괘효상을 보고 괘효사를 완미하며,

---

371 『孟子』의「盡心章」上篇.
372 『周易』,「說卦」篇, 第二章.
373 『周易』,「繫辭上」篇, 第二章.

움직일 때는 괘효사의 변화를 보고 그 점사를 완미한다.(是故, 君子居則
觀其象而玩其辭, 動則觀其變而玩其占.)"³⁷⁴ 라고 언급하고 있다. 이것은
『주역』을 저작하여 성명지리를 밝힌 존재가 성인이며, 성인이 밝힌 성명지
리를 자각하여 실천하는 존재가 군자임을 밝히고 있는 것이다.

인간의 본래성이 형이상적 존재이기 때문에 본능과 구별되며, 미래적 이
상을 나타내는 명命이 형이상적 존재이기 때문에 운명運命과는 다르다. 그
러나 본능本能은 인간의 몸이 갖는 속성일 뿐 형이상적 존재가 아니다. 운
명運命은 형이상적 존재를 나타내는 것이 아니라 과거 지향적 관점에서 사
물事物을 중심으로 파악한 것이다. 그러므로 미래지향적 관점에서 보면,
명命은 역사적 사명이 되기 때문에 본능과 운명이라는 문제는 형이하적
관점에서 논의論議되어지는 것일 뿐 형이상적 관점에서 논의論議되어지는
성명性命과 다르다. 천도와 인도人道를 미래적 관점에서 나타내면 천지天地
의 도道가 인간의 본래성으로 주체화하였기 때문에, 인간이 자신의 본래
성을 자각하고 더불어 천도·천명을 주체적으로 자각함으로서 그것을 실
천하는 삶을 살아가게 된다. 이처럼 군자는 본성과 더불어 천명을 자각
하고 그것을 실천하며 살아가는 존재이다. 그러므로 「문언」에서는 "군자
가 황중黃中의 이치를 깨달아 바른 자리에 몸을 거居하여(君子, 黃中通理,
正位居體.)"³⁷⁵ 라고 했던 것이다. 이는 군자가 정위正位에서 천명天命을 실
천하는 존재임을 밝히고 있는 것이다. 이것은 군자에게 주어진 성명지리性
命之理는 천지天地의 도道가 인간 주체화한 것이기 때문에, 그 존재 근거는
형이상학적 존재인 천지지도에 있다는 것이다. 그렇다면 인간 본래성의 주
체적인 자각으로 드러난 성명지리는 어떤 의미를 가지고 있는가?

---

374 『周易』, 「繫辭上」篇, 第二章.
375 『周易』, 坤卦, 「文言」, 六五爻辭.

성명지리와 중정지도

성인이 밝힌 중정지도와 군자가 실천해야 할 성명지리는 본질적으로 하나이다. 군자의 중정지도란? 성인의 말씀(道)를 학문하여 지성智性으로 개발啓發하고 의리義理로 분변分辨하며, 말씀에 따라 예禮로서 생활하고 인의仁德을 체득體得함으로서 성인의 도道를 천하에 행行하여 구현하는 사명을 뜻한다.[376] 다시 말하면 성인지도를 신명지덕神明之德으로 깨달아 천지역수天之曆數 변화원리에 의한 중위정역中位正易원리를 근거로 하여 천도의 사상四象을 군자의 사덕四德으로 밝힌 것이다.[377] 따라서 군자는 인간 본래성으로 주어진 성명지리를 자각하고, 중정지도中正之道를 실천해야 되는 것이 과제이다. 이를 바탕으로 성인·군자의 관계가 성립되는 것이다. 위에서 논의된 내용을 바탕으로 중정지도인 역도의 표상방식을 도식화하면 다음과 같다.

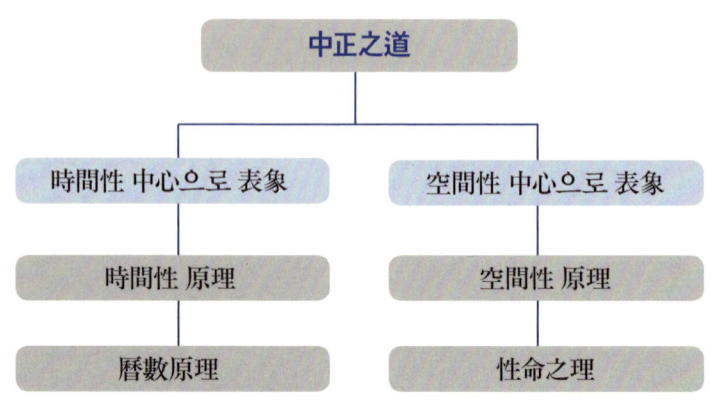

•중정지도의 표상체계

---

[376] 『周易』, 乾卦, 「文言」篇, "君子, 學以聚之, 問以辨之, 寬以居之, 仁以行之."
[377] 유남상, 「정역사상의 근본문제」, 『논문집』 제Ⅷ권, 제2호, 충남대학교 인문과학연구소, 1980, 244쪽.

앞서 언급한 바와 같이 역학에서의 천도란 천명의 존재론적인 근거로서 천도의 내용은 천지역수天之曆數이며, 하도·낙서를 통하여 표상된다. 그리고 천도의 구체적인 내용은 사상四象이며, 사상四象은 한마디로 정貞이다. 그리고 천도는 대형이정大亨利貞이다. 임괘臨卦「괘사卦辭」에 원형이정에 대해 '대형이정大亨利貞은 천지도야天之道也'라고 하고, 무망괘无妄卦에서 '대형이정大亨利貞은 천지명야天之命也'라고 하여, 천도와 천명으로 규정하고 있다. 특히『계사』에서 천도와 인간 본래성의 관계에 대하여 다음과 같이 밝히고 있다.

"한 번은 음陰하고 한 번은 양陽하는 것을 일러 도道라 이르니, 그것을 계승繼承한 것이 선善이며, 이루어진 것은 성性이다.(一陰一陽之謂道, 繼之者善也, 成之者性也.)"378

천도·천명에 의해서 인간 본래성이 주어짐을 밝히고 있다. 한 번은 음陰으로 작용하고, 한 번은 양陽으로 작용하는 음양의 질운迭運 작용을 도道라고 한다. 음양이 번갈아 작용하는 질운迭運 작용성作用性을 선善이라고 하며, 질운작용迭運作用에 의하여 이루어진 것을 성性이라고 밝히고 있다. 음양의 질운작용 원리는 일월천지역수日月天之曆數를 나타내는 것이며, 그 내용은 도생역성倒生逆成 작용과 역생도성逆生倒成 작용이다. 이러한 도역倒逆의 생성작용은 본체本體인 십오十五 천지天地의 심心에 의하여 이루어진다. 그렇기 때문에 작용이 끊임없이 이어지는 것은 천지의 위대한 덕성이 현현顯現한 것으로 그것을 선성善性이라고 할 수 있다. 천도 자체의 본성인 도덕성을 작용성을 중심으로 나타낸 것이 본성인 것이다. 역도의 본성인

378『周易』,「繫辭上」篇, 第五章.

선성善性이 주체화함으로서 인간의 본래성이 된다. 이를 한마디로 나타내면 천도의 인간 주체화 원리라고 할 수 있다.

천도의 인간 주체화 원리에 의해서 주어진 성명지리의 내용인 사단四德은 측은지심, 사양지심, 시비지심, 수오지심이라는 심心을 근거하여 언행으로 드러난다는 것이다. 군자가 사덕四德을 행하고 왕도정치를 행하는 것은 자신이 처한 시공時空에 맞게 드러나는 본성의 발로이며, 인위적 조작에 의하여 행하여지는 것이 아니다. 따라서 덕성을 실천하고 실천하지 않는 것이 덕성 자체에 영향을 미치는 것은 아니다. 이로부터 사덕四德과 사상四象을 공간성을 내포한 시간성時間性의 차원에서 인식되어야 함을 알 수 있다. 따라서 천도의 인간 주체적 자각을 통하여 군자의 성명지리로 밝혀지는 인도人道의 내용이 사덕원리이다. 이것은 성명지리로 주어진 인간의 본래성이다.

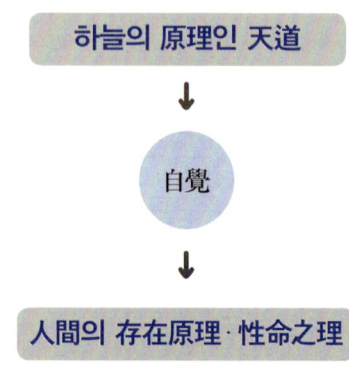

• 천도와 성명지리

또한 건괘乾卦 「문언文言」에서는 다음과 같이 밝히고 있다.

"군자는 이 사덕四德을 행行하는 존재存在이다.(君子, 行此四德者, 故曰乾元亨利貞.)"379

이는 사덕원리가 군자가 실천해야할 군자지도임을 밝히고 있다. 바로 성명지리로 주어진 것이 군자지도인 인도人道이다. 다시 말해서 성명지리를 자각하고 실천하는 주체인 인간을 중심으로 나타내면 군자지도가 된다는 것이다. 그러나 성명지리를 자각하고 천명한 존재는 성인이기 때문에 성인지도를 매개로 하여 군자지도인 정도正道인 사덕四德을 논할 수밖에 없다.

천도의 원형이정과 인간 본래성으로 주어진 사덕인 인예의지를 비교하면서 논한 것은 인간 본래성의 성명적性命的 구조를 사덕四德을 통하여 체계적으로 밝혀진 것이다. 따라서 천도天道에 근거한 인도人道의 사덕적四德的 구조이며, 천도의 사상적四象的인 구조와 같이 인간의 본성도 천도天道 구조에 상응하여 사덕적四德的인 구조를 가지고 있음을 알 수 있다.『계사상』편에서는 성명性命과 사덕四德의 관계를 다음과 같이 밝히고 있다.

"한 번은 음陰하고 한 번은 양陽하는 것을 일러 도道라고 이르니, 그것을 계승繼承한 것이 선善이며, 이루어진 것이 성性이다. 어진 이는 성性을 보면 인仁이라고 말하고, 지혜知慧로운 사람은 성性을 보면 지智라고 말한다.(一陰一陽之謂道, 繼之者善也, 成之者性也. 仁者見之謂之仁, 知者見之謂之知.)"380

379 『周易』, 乾卦, 「文言」.
380 『周易』, 「繫辭上」篇, 第五章.

위의 내용을 보면 음양인 천도를 근원하여 인간의 본래성이 형성되었음을 알 수 있다. 또한 성性의 내용을 사덕四德의 인仁과 지智로 규정하고 있음을 보아 예禮와 의義가 명命임을 알 수 있다. 그렇기 때문에 사덕四德의 인지仁智를 과거적 본성으로 그리고 예의禮義를 미래적 이상으로 규정하여 그것을 성명지리性命之理라고 하는 것이다.

3. 성인·군자지도와 중정지도中正之道

중정中正의 의미(『周易』, 豫卦, 遯卦, 姤卦, 旅卦 참조)에서 중中은 성인聖人, 십오성통十五聖統을 의미한다. 정正은 군자를 상징하고, 사덕四德의 실천을 사명으로 하는 군자를 의미한다. 그러므로 중정中正은 성인聖人·군자君子를 의미한다.[381]

성인·군자의 사명使命

성인지도와 중도中道를 논의하면서 중정지도를 성인·군자지도로 구분하는 것은 중도가 성인의 자각에 의해서 이루어졌기 때문이다. 그리고 공간상에 드러난 정도正道를 실천 자각하는 사람은 군자이다. 성인의 의해서 중도의 자각이 이루어짐에 대하여 「계사상」편에서 다음과 같이 밝히고 있다

"무릇 역易은 성인聖人이 이로서 깊은 것을 극極하고 기밀機密을 연구함이니.(夫易, 聖人之所以極深而研幾也.)"[382]

---

[381] 『周易』, 乾卦, 「文言」, "君子四德之."
[382] 『周易』, 「繫辭上」篇 第十章.

극심極深은 지극히 깊은 곳에 들어가는 것을 의미하는 것으로 형이상학적인 심성내면心性內面의 세계, 즉, 인간 본래성을 의미한다. 그리고 기幾는 도道 자체가 구체적으로 드러나지는 않았지만 장차 드러날 선단先端이다. 그러므로 기미幾微는 도道를 자각해야 알 수 있는 것으로 변화지도를 자각하지 못하면 기미를 알 수 없는 것이다. 따라서 성인도 역도를 주체적으로 자각했음을 알 수 있다. 즉 군자가 본성인 성명지리性命之理를 자각하고, 사덕四德을 주체로 실천하는 것은 사명으로 하고 있다는 것이다.

성인의 사명에 대하여 「계사」에서도 다음과 같이 밝히고 있다.

"성인이 괘효卦爻의 상象을 보고 그 내용을 설명하는 언사言辭를 붙여서 길흉을 밝혔다.(聖人, 設卦觀象繫辭焉而明吉凶.)"[383]

이는 성인이 상象을 관찰하여 언사言辭를 통해서 인간의 길흉吉凶을 밝혔음을 언급하고 있다. 또한 건괘 「상사象辭」에서 군자의 역할에 대하여 다음과 같이 밝히고 있다.

"군자가 평소에는 괘효역卦爻象을 보고 괘효사卦爻辭를 완미玩味하며, 움직일 때는 괘효시의 변화變化를 보고 그 점사占辭를 완미玩味한다.(是故, 君子, 居則觀其象而玩其辭, 動則觀其變而玩其占.)"[384]

군자는 괘상을 보고 괘효사를 완미하며, 괘효사의 변화를 보고 점사占辭를 완미한다고 밝히고 있다. 위의 내용을 전체적으로 볼 때 『주역』을 저

---

383 『周易』, 「繫辭上」篇, 第二章.
384 『周易』, 「繫辭上」篇, 第二章.

작著作하여 성명지리를 밝힌 존재가 성인이며, 성인이 밝힌 성명지리를 자각하여 실천하는 존재가 군자임을 밝히고 있는 것이다.

군자의 사명에 대하여 『주역』에서는 유만물지정類萬物之情으로 규정하고 있다.385 유만물지정의 측면에서는 성인과 군자의 역할이 다르다. 성인은 만물과 그 존재 근거인 천지의 도를 구분하여 그 관계를 밝힘으로서 만물의 본질을 드러낸다. 그리고 군자는 중정지도의 실천 주체로서 성인이 밝혀놓은 중도를 실천하는 사명을 가진 존재인 것이다. 따라서 성인과 군자에 사명에 대하여 구체적으로 살펴보자

첫째, 성인과 군자의 사명使命으로 보면, 군자는 성인이 진리를 밝혀 놓기 전前에 앞서서 행위行爲하면 혼미하여 도道를 잃게 되고, 성인聖人이 진리를 밝혀놓은 후後에 그것에 순종하면 영원한 진리眞理를 깨닫게 된다는 것은 군자란 성인이 밝혀놓은 천지의 도를 주체적으로 자각하여 천명을 봉행奉行하는 존재이기 때문에 천시天時에 앞서서는 안 되며, 천도天道에 순응하여 천시天時를 따라서 천명天命을 봉행奉行해야 함이 군자의 역할임을 밝히고 있다. 그러므로 성인의 자각에 의해서 드러난 천도天道를 군자를 통하여 정도正道로서 드러내는 것이다.

둘째, 성인과 군자는 천명을 자각한 주체로서 그들이 자각한 역사적인 사명에 의하여 상호 구분되는 존재이다. 역사적인 사명이란 천도의 내면화에 의한 천명의 주체적인 자각과 동시에 주체적으로 자득自得되어지는 인간 본래성에 존재 근거를 두고 있다. 따라서 천도와 천명 그리고 인간 본래성이 시간성으로 드러나는 것이며, 단지 입장의 차이가 있을 뿐 존재구조는 같은 것이라고 할 수 있다.386 그러나 성인과 군자의 역사적인 사명

---

385 『周易』,「繫辭下」篇, 第二章, "古者包犧氏之王天下也, 仰則觀象於天, 俯則觀法於地, 觀鳥獸之文, 與地之宜, 近取諸身, 遠取諸物, 於是始作八卦, 以通神明之德, 以類萬物之情."
386 김만산,「역학의 시간관에 관한 연구」충남대학교대학원 박사학위논문, 1992. 117쪽.

은 그 상황이 다른 만큼 서로 다르게 드러날 수밖에는 없기 때문에, 성인과 군자의 역사적인 사명은 다르게 나타나는 것이다. 성인의 역사적 사명에 대하여 이괘離卦「상사象辭」와「단사彖辭」그리고 이괘頤卦「단사彖辭」에서 다음과 같이 밝히고 있다.

"상象에서 말하기를, 밝음이 이괘離卦를 작作하는 것이니, 대인大人이 그런 이치理致로 밝음을 계승繼承하여 사방을 비춘다.(象曰 明于作離, 大人以繼明照于四方.)"387

"유柔(음효陰爻)는 중정中正에(이효二爻와 오효五爻) 위치位置한 연고緣故로 형통亨通하니, 빈우牝牛(君子)를 기르면 길吉하리라.(柔麗乎中正故亨, 是以畜牝牛吉也.)"388

"이괘頤卦에서 정正하고 길吉하다고 하는 것은 바른 것을 양육養育하면 길吉하다는 것이다. '관이觀頤'는 그 기르는 바를 보는 것이요, '자구구실自求口實'은 그 스스로 기르는 것을 보는 것이다. 천지天地는 만물을 양육하며 성인聖人은 현인賢人을 양육하며 만민萬民에게 미치게 하는 것이니, 이괘頤卦가 드러내는 때의 의미가 크구나.(頤貞吉, 養正則吉也, 觀頤觀其所養也, 自求口實, 觀其自養也. 天地養萬物, 聖人養賢以及萬民, 頤之時大矣哉.)"389

이괘離卦는 본래 하늘로부터 신리의 빛을 비추어 줌을 상징하는 괘卦이다. 따라서 대인大人이 이치를 본받아 자신이 깨달은 진리로서 세상을 밝게 비쳐준다는 것이다. 이때의 진리란 천도의 내재화에 의한 천명의 자각에 의하여 존재구조원리로서의 시간성을 역도로 드러내는 것이다. 다시

---

387 『周易』, 離卦,「大象」.
388 『周易』, 離卦,「彖辭」.
389 『周易』, 頤卦,「彖辭」.

말하면 천지도덕원리를 밝혀서 군자를 깨우치게 하는 사명이 있음을 밝히고 있다. 이러한 이치에 대하여 관괘觀卦에서는 다음과 같이 밝히고 있다.

"하늘의 신도를 깨우침으로서 사시四時가 어긋나지 않는 이치를 아는 것이니, 성인은 이러한 신도神道로서 가르침을 베풀기 때문에 천하가 감복한다.(觀天之神道而四時不忒, 聖人以神道設敎而天下服矣.)"[390]

성인은 천지신도天之神道를 자각하여 역리易理로서 체계화함으로서 진리를 만민에게 보이는 자각의 주체라 할 수 있으니, 천도와 천명을 자각하여 역리를 밝혀주는 것이 성인의 역사적인 사명임을 알 수 있다.

다음으로 성인에 의해서 양육되는 군자의 사명에 대해 곤괘坤卦에서 다음과 같이 언급하고 있다.

"곤坤은 원元하고 형亨하고 이利하고 빈마지정牝馬之貞하니 군자의 행할 바가 있는 것이다. 선先하면 혼미昏迷하고 뒤에 하면 주인을 얻어 이롭다.(坤, 元亨利牝馬之貞, 君子有攸往, 先迷後得主利.)"[391]

"먼저 하면 혼미해서 도道를 잃고, 뒤에 하면 항상 함을 얻으리니.(先迷失道, 後順得常.)"[392]

군자는 성인이 진리를 밝혀놓기 전에 앞서 행하면 혼미昏迷하여 도道를 잃게 되므로 성인이 진리를 밝혀놓은 후에 그것에 순응하여 행함으로서 상도常道를 얻어야 하는 것이다. 따라서 군자는 성인聖人이 밝혀놓은 역리

---

390 『周易』, 觀卦, 「彖辭」.
391 『周易』, 坤卦, 「卦辭」.
392 『周易』, 坤卦, 「彖辭」.

에 순응하여 구체적으로 도道를 행行하는 역사적인 사명을 가지고 있는 사람임을 밝히고 있다.

군자의 사명에 대하여 곤괘의 「문언」에서 군자는 천도를 자각한 성인을 뜻에 순응하고 시의성時宜性에 적합토록 행동하며, 나아가 천시天時를 봉행奉行해야함에 대하여 다음과 같이 언급하고 있다.

"뒤에 하면 주인을 얻어서 떳떳함이 있으며, 만물萬物을 머금어 화和함이 빛나니 곤坤의 도道가 그 순順한져! 하늘을 이어 때로 행行하나니라.(後得主而有常, 含萬物而化光, 坤道其順乎, 承天而時行.)"393

"군자君子가 배워서 모으고, 물어서 판단하며, 너그럽게 거居하고, 어짐으로서 행行하나니, 역易에 이르기를 드러난 용龍이 밭에 있으니 대인大人을 만나봄이 이롭다 하니, 인군人君의 덕이라.(君子, 學以聚之, 問以辨之, 寬以居之, 仁以行之. 易曰 見龍在田利見大人, 君德也.)"394

군자의 역사적인 사명과 그에 따른 구체적인 행위까지 언급하고 있다. 이것은 군자가 성인에 의해 밝혀진 인간 본래성을 근거하여 인예의지仁禮義智의 사덕四德을 행하는 자者임을 밝히고 있는 것이다.

성인·군자지도의 측면에서 본 중정지도는 별개의 것이 아니라 하나이다. 왜냐하면 성인지도인 중도와 군사시노인 성도로 구분한 것은 학문적인 연구를 위한 부득이한 개념적 구분일 뿐이지 존재론적으로 하나이기 때문이다.395 그러므로 성인·군자지도가 바로 중정지도이다. 예를 들면

---

393 『周易』, 坤卦, 「文言」篇.
394 『周易』, 乾卦 九二爻 「文言」篇.
395 남명진, 「주역의 괘효원리에 관한 연구」, 『동서철학연구』 제15호, 한국동서철학회, 1998, 32쪽.

이것은 천지에는 인간을 포함하고 있기 때문에 천지와 인간은 별개로 있는 것이 아니며, 몸과 마음이 별개의 것이 아닌 것과 같은 이치일 것이다. 그러므로 천지의 도를 주체적으로 자각하면 그것이 바로 인도人道가 되는 것이다. 이것이 유가철학의 이상적인 목표인 천인합일天人合一, 천지합일天地合一, 신인합일神人合一이다. 천인합일天人合一에 대하여 「계사상」편에서 다음과 같이 밝히고 있다.

> "역은 생각함도 없으며 함도 없어서, 고요히 움직이지 않다가 느껴서 드디어 천하의 연고에 통하나니, 천하에 지극히 신묘한 자가 아니면 그 누가 능히 참여 하리오!(易无思也, 无爲也, 寂然不動, 感而遂通天下之故, 非天下之至神 其孰能與於此.)"396

이는 점占을 칠 때 사특한 생각과 작위作爲가 없어야 함을 밝히고 있다. 그러나 점占이란 천지역수天之曆數를 추연하는 것이며, 감통感通한다고 하는 것은 인격적인 존재가 하나가 되는 것을 말하는 것이다. 이것은 신神과 인간人間이 일치하는 방법이며, 이를 통하여 천지天地가 하나가 되어 신神과 일치하는 방법이다. 천지天地와 하나가 되는 방법은 다음과 같다.

먼저, 역易을 자각하는 데에는 사특한 생각이 없어야 하며, 사특한 작위作爲도 없어야 하는 것이다.

다음으로 감통感通하는 것은 인격적인 존재가 하나가 된다는 것이다. 그리고 고故는 연고緣故로서 선후천변화의 연고變故라고 할 수 있다. 따라서 역易과 지신至神이 같은 것으로 역도易道가 인격적 존재라는 것을 확인 할 수 있다. 이는 인간이 자신의 심성내면心性內面에 본래성으로 가지고 있는

---

396 『周易』, 「繫辭上」篇, 第十章.

지신至神을 자각할 때 역도易道를 자각할 수 있다는 것이다. 따라서 인간人間이 자신의 심성내면心性內面에 본래성으로 가지고 있는 지신至神을 자각할 때 역도易道를 자각할 수 있다는 것이다.

마지막으로 이통신명지덕以通神明之德이라 할 때의 덕德은 인격적 문제이다. 건곤乾坤도 천지天地의 본성을 인격적으로 표상한 것이니 인간의 내면적 존재임을 알 수 있다. 따라서 천인합일天人合一이 이루어지는 곳이 인간 심성내면心性內面임을 알게 해주는 것이다.

요컨대, 천인합일天人合一을 하도河圖・낙서洛書의 측면에서 살펴보면, 하도河圖에서는 십수十數를 전제前提로 오수五數가 완성됨을 표상하고 있다. 이때 오五는 인간 본래성이고, 십十은 무극无極으로서 천天을 의미한다. 오五를 중심으로 십十을 나누면 1・9, 2・8, 3・7, 4・6으로 낙서洛書에서 나누어진다. 따라서 「계사상繫辭上」편 9장은 천지지도天地之道를 전제로 하여 인도人道를 설명하고 있다고 보아야 할 것이다.

중정지도의 자각自覺과 왕도王道의 구현

성인聖人의 중정지도 자각 인간은 애초부터 하늘의 신명神明한 원리를 감득感得할 수 있는 본성本性을 가지고 태어났다. 따라서 나의 존재 근거인 천지天地의 뜻을 알고자 할 때는 내가 주체가 되어야 한다. 인간존재를 존재생성存在生成의 근원적인 구조인 음양적인 구조와 관련하여 이해할 때, 인간의 본성은 신덕神德과 물정物情의 통일統一 묘합성妙合性으로 규정하고, 인간 스스로를 신물양성神物兩性의 합덕合德인 존재로 자각하는 것이다.[397]

인간 본래성으로 내면화된 성인의 말씀(道)속에는 살아가는 원리(君子之道)가 들어 있으므로 천명을 두려워하며, 군자는 사명을 자각・실천해

---

[397] 송재국, 『주역풀이』, 예문서원, 2000, 244-246쪽.

야 한다는 것이다. 이러한 자각과 실천에 대하여 「계사상繫辭上」편에서 다음과 같이 밝히고 있다.

"무릇 역易은 성인聖人이 이로서 깊은 것을 지극하게 하고 기미를 연구함이니, 오직 깊으므로 천하의 뜻을 통할 수 있고, 오직 기밀하므로 능히 천하의 일을 이루며, 오직 신神인 까닭에 빨리 아니해도 빠르며 가지 아니해도 이르나니.(夫易, 聖人之所以極深而硏幾也, 唯深也故, 能通天下之志, 唯幾也故, 能成天下之務, 唯神也, 故不疾而速, 不行而至.)"398

중정지도의 깨달음에 대한 내용으로서 극심極深이란 지극히 깊은 곳에 들어감을 의미한다. 드러나지 않는 이치로서 깊이 은폐되어 있는 본래성을 의미한다. 즉 이것은 형이상의 세계로서 심성내면의 세계 혹은 본래성의 세계를 의미하는 것이다. 또한 기幾는 도道 자체가 구체적으로 드러나지는 않았지만 장차 드러날 기미幾微의 뜻이다. 이것은 기미는 도道를 자각해야 알 수 있는 것으로 변화지도를 자각하지 못하면 기미를 알 수 없다는 것이다. 따라서 인용문에서 성인도 역도를 주체적으로 자각했음을 알 수 있는 것이다.

중도中道는 인간 본래성으로 내재화되어 성명지리로 주어지는 것이다.399 인간의 본성이 인지지성仁知之性(善性)으로 주어짐을 의미한다.400 '선善'은 존재론에서는 진眞의 세계이자 미美의 세계이다. 참된 진리의 세계는 선善한 세계이자 아름다운 세계이다. 가치價値의 세계에서는 불선不善에 대비되는 선善이다. 다음으로 성지자成之者의 성性은 현상에서 구체화되어

---

398 『周易』, 「繫辭上」篇, 第十章.
399 『周易』, 「繫辭上」篇, 第五章, "繼之者善也, 成之者性也."
400 맹자의 성선설의 근거가 이것이다.

드러난다는 것이다. 즉, 현상의 세계에서 드러난 것이 인간의 본래성이다. 그리고 '일음일양지위도-陰-陽之謂道'인 음양작용의 원리가 인간 본래성으로 드러나기 때문에, 천지지도天地之道의 인간주체화 원리를 표상하고 있음을 알 수 있다.

천지의 음양지도가 인간에 내재화됨으로서 인간 본래성을 구성한다. 이것이 변화의 원리로서 천변인화天變人化하는 원리이다. 또한 "잇는 자는 선善이요(繼之者善也)"⁴⁰¹에서 계승은 실천을 의미한다. '계지자繼之者 선야善也'에서 '계繼'는 '생生한다, 발용發用한다, 작용作用한다, 잇는다'의 의미이다. 즉, '계繼'란 흐름을 끊어지지 않게 잇는 것이고, '지之'는 대명사代名詞로 도道를 의미한다. 그리고 '성지자成之者 성야性也'에서 '성成'은 하나의 기틀을 이루는 것을 말한다.

따라서 한 번 음陰하고 한 번 양陽하는 도道의 흐름을 끊어지지 않게 잘 잇는 것이 '선善'이 되는 것이고, 이러한 흐름이 하나의 완성된 틀을 이룬 것이 '성性'이다. 결국 선善이나 성性은 도道의 또 다른 표현이고, 굳이 나눈다면 선善은 시작인 원형元亨에 가깝고, 성性은 마무리 결실인 이정利貞에 가깝다고 할 것이다. 다른 말로 표현하면 태극太極의 인자因子를 가지고 분화되어 나가는 것을 '계지자繼之者 선야善也'라고 본다면, 이 인자因子를 받아 각기 다른 성품性品을 이루는 것을 (各正性命) '성지자成之者 성야性也'라고 볼 수 있다. 명命은 시간으로 주어진다. 그러므로 명命은 시간이며, 살아있는 시간이 바로 생명生命이다. 그러므로 명命은 시간으로 살아감을 의미한다. 어떻게(올바르게) 시간을 보내면서 살아가라는 명命이다.

이와 관련하여 보면, 『중용』에서의 '천명지위성天命之謂性'은 시간이 명命

---

401 『周易』,「繫辭上」篇, 第五章.

으로 주어진 것으로서 이때의 명命은 합슴과 분分원리라고 할 수 있다.⁴⁰²
성性은 날 때의 마음이며, 시간時間으로 주어진 것은 명命이다. 시간의식時間意識⁴⁰³은 품수적稟受的, 선천적先天的으로 받은 성性이다. 성性은 시간의식이고, 마음씨이다. 마음으로 살아가는 것이 명命이다. 성性이 마음씨이면 열매로 맺어진 종시원리終始原理 전체가 성性이다. 천명으로 주어진 것은 성性이나 운용하는 것은 인간이다. 그리고 내 마음을 어떻게 발용發用하는가 하는 것이 솔성率性이다. 그러므로 천·지·인 삼재에서 인간이 천지에 참여할 수 있는 근거가 바로 여기에 있다고 할 수 있다.

중정지도가 천명에 의해 성명지리로 주어졌음을 「설괘」에서 다음과 같이 언급하고 있다.

"옛 성인聖人이 『역易』을 저작著作한 목적이 군자로 하여금 성명지리性命之理에 순응하게 하고자 함이다.(昔者聖人之作易也, 將以順性命之理.)"⁴⁰⁴

이처럼 저작목적과 주체적인 자각을 밝히고 있을 뿐 아니라 군자의 실천적인 사명을 다음과 같이 언급하고 있다. 이는 건괘의 경우이다.

"하늘의 운행은 건전하다. 군자는 이를 본받아 굳세어 쉬지 않는다.(象曰 天行健, 君子以, 自彊不息.)"⁴⁰⁵

---

402 현존재現存在로 태어남은 합슴이다. 그리고 떠나는 것은 '분分'이다. 그러므로 시간時間은 '명命'인 것이다.
403 시간의식은 시간성인 천도天道를 자각할 수 있는 인소因所이다.
404 『周易』, 「說卦」, 第二章.
405 『周易』, 乾卦 「象辭」.

건健은 진리眞理에 맞게 힘써 나가는 인간의 도덕적인 굳셈이(불굴不屈의 정신) 진실로 천도를 볼 수 있게 하며, 군자가 스스로 힘써 쉬지 않음은 하늘의 운행이 굳셈을 본받는 것이라고 밝히고 있다.[406] 자강불식自彊不息이란? 인도人道로서 군자가 실천해 가야할 도덕원리로서 인격적 존재의 도덕원리를 말한다. 즉, 신명지덕神明之德이 성명지리性命之理로 주어졌음을 의미한다.

신명지덕神明之德의 소통 신명神明이란 인간에 내재한 본성으로 본래 주어진 스스로 밝힐 수 있는 본래적인 신성神性을 말한다. 인간은 스스로 이해하고 자신의 근거를 규정할 때 천지부모天地父母가 인간을 낳아준다고 한다. 이 때 천지가 인간을 낳아주는데 있어서 하늘의 뜻이 있다면 그것은 하늘의 몫이다. 그리고 인간이 하늘의 섭리를 밝힌다는 것은 불가능하거나 아니면 인간적 교만이라고 할수 있다. 그러나 자식으로서 부모의 마음을 미루어 짐작하거나 헤아려 볼 수 있는 경우와 같은 것일 것이다. 왜냐하면 인간이란 애초에 하늘의 신명神明한 원리를 감득感得할 수 있는 본성을 가지고 태어났기 때문이다. 통신명지덕通神明之德과 유만물지정類萬物之情을 순역원리順逆原理와 결부시켜 도식화하면 우측의 도표와 같다.[407]

신명지덕神明之德(天)

↓順　↑通

본래성本來性(人)

↑逆　↓類

만물지정萬物之情(地)

• 통신명지덕과 순역원리

---

[406] 『周易』, 乾卦 「象辭」, "天行健, 君子以, 自彊不息."에 대한 程伊川의 註, "故取其行健而已, 至健固足以見天道, 君子而自强不息, 法天行之健也."
[407] 宋在國, 『周易풀이』 예문서원, 2000, 223쪽 참조.

신명지덕神明之德에 대하여「계사」편에서 다음과 같이 밝히고 있다.

"천지天地의 일을 체득體得하고, 신명神明한 덕德에 통한다.(以體天地之撰,
以通神明之德)"⁴⁰⁸

천지지도天地之道의 본성인 도덕성道德性을 자각하는 것이 신명神明한 덕德에 통함임을 밝히고 있다. 따라서 신명神明의 자각이란 바로 신성神性을 근거하여 천명을 자각하는 것을 말한다.

天命의 自覺

↓順 ↑逆

天命의 實踐

• 천명의 자각과 실천

천명의 자각自覺은 공간에서는 괘효卦爻로 드러난다.『주역』은 괘효卦爻를 통하여 공간성空間性의 원리를 중심으로 역도를 천명하고 있다. 따라서『역경』의 저작 과정을 표상체계와 내용을 중심으로 밝히고 있는데, 그 내용을 살펴보면 다음과 같다.

"옛 성인聖人이 역易을 저작著作할 때 그윽히 신명지덕神明原理에 참여하여 시

---

408 『周易』,「繫辭下」篇, 第六章.

초蓍草를 생생生하였으니 삼천양지參天兩地를 수數에 의하여 나타낸 것이다. 음양陰陽의 변화變化를 보고 괘卦를 세웠으며, 강유剛柔로 발휘하니 그것을 나타내기 위하여 효爻가 생생生하였다.(昔者聖人之作易也, 幽贊於神明而生蓍, 參天兩地而倚數, 觀變於陰陽而立卦.)"[409]

위의 내용에서 신명神明은 형이상의 근원적 존재를 나타내는 개념이다. 따라서 그윽히 신명神明에 참여하였다는 것은 신명원리를 자각하였음을 뜻한다. 성인이 근원적 존재의 존재원리인 신명원리를 자각함으로서 그것을 천명한『역』이 저작되었던 것이다. 신명神明에 참여하여 시초蓍草를 생생生하였다는 것은 자각한 신명원리神明原理를 시초원리蓍草原理로 표상하였음을 뜻한다. 그러므로 시초원리는 역수원리를 가리키며, 역수원리는 하도와 낙서를 통하여 표상된다. 하도와 낙서가 체용體用의 관계이기 때문에 하도를 중심으로 천지역수天之曆數를 나타낼 수 있다.「계사」에서는 시초원리와 괘효원리의 관계를 다음과 같이 밝히고 있다.

"그러므로 시초蓍草의 본성本性은 원만하면서도 신묘神妙하며, 괘卦의 덕德은 방정方正하면서도 지혜知慧롭다.(是故, 蓍之德圓而神, 卦之德方以知.)"[410]

시초蓍草의 본성本性이 원만하면서도 신묘神妙하다는 것은 하도 원리의 특성을 나타내는 것이며, 그것은 시간성의 특성을 나타내는 것이다.
천도가 이루어진 것이 성性(性命)으로 규정된 것에 의하면 인간의 본성이란 인간에 내재화된 천도를 의미한다고 할 수 있다. "성性이 곧 천명의

---

[409]『周易』,「說卦」, 第一章.
[410]『周易』,「繫辭上」篇, 第十一章.

체득體得이며, 내재화도 천명의 체득이다."⁴¹¹ "건도변화乾道變化 각정성명 各正性命"의 두 명제는 인간의 본래성은 중도中道가 인간에게 내재된 것임을 표현함으로서 중도와 성性의 본질적인 동일성을 언급하고 있는 것이다. 이러한 논리가 『중용』의 '천명지위성天命之謂性'에서 그대로 나타나 있다. 그러므로 천天과 성性은 일원적인 이론 구조가 완성되는 것이다.

정도正道의 실천과 만물지정萬物之情의 분류

성인의 신명神明한 덕德을 통함으로서 자각되어진 중정지도를 일정한 논리와 형식에 의하여 상징적인 입상立象과 표상으로 드러난 것을 유만물지정類萬物之情으로 규정하고 있다. 그 논거를 「계사」에서 살펴보면 다음과 같다.

"글로는 말을 다하지 못하며 말로는 뜻을 다하지 못하니, 그렇다면 성인聖人의 뜻을 보지 못하는 것인가! 성인이 상象을 세움으로서 뜻을 다하며, 괘卦를 베풂으로서 참과 거짓을 다하며, 말씀을 맴으로서 그 말을 다하며, 변하고 통함으로서 이로움을 다하며, 두드리고 춤으로서 신묘함을 다 하느니 라고 하셨다.(子曰 書不盡言, 言不盡意, 然則聖人之意, 其不可見乎. 聖人立象以盡意, 設卦以盡情僞, 繫辭焉以盡其言, 變而通之以盡利, 鼓之舞之以盡神.)"⁴¹²

이는 역도를 표상함에 있어서 말과 글로 그 뜻을 다하지 못함으로서 성인이 상象과 괘卦를 세워 성인의 뜻과 만물의 이치를 밝히고, 괘卦에 언사

---

411 민황기, 『선진유학에 있어서 중 사상에 관한 연구』, 충남대학교 대학원 박사학위논문, 1992, 37쪽.
412 『周易』, 「繫辭上」篇, 第十二章.

言辭를 붙여서 길흉吉凶을 판단함으로서 인간이 실천해야 할 행위의 기준인 정도正道를 제시하고 있음을 밝히고 있는 것이다.

군자는 사덕四德을 실천하는 존재로서 그 실천은 사덕을 주체로 이루어지는 것이다. 『주역』에서는 사덕을 중심으로 군자의 실천 방법에 대하여 "군자는 배워서 모으고 물어서 판단하여 너그럽게 거居하고 인仁으로서 행行하나니, 『역』에 이르기를 나타난 용龍이 밭에 있으니 대인大人을 만나 봄이 이롭다 하니 이는 인군人君의 덕德인 것이다.(君子, 學以聚之, 問以辨之, 寬以居之, 仁以行之, 易曰 見龍在田利見大人, 君德也.)"[413]라고 밝히고 있다. '학이취지學以聚之'는 군자는 배움을 통하여 천하의 이치를 내면화한다는 것으로서, 인예의지仁禮義智의 사덕 중에 지智를 중심으로 학문의 방법이며, '문이변지問以辨之'는 이치를 물어 변별辨別하는 것으로서 의義를 중심으로 나타낸 것이며, '관이거지寬以居之'는 자신을 낮추고 상대방을 높이는 예禮를 중심으로 나타낸 것이다. 그리고 '인이행지仁以行之'는 인仁으로 행行하는 것이니 인仁을 중심으로 나타낸 것이다. 따라서 위의 내용은 지의智義를 통하여 학문함으로서 성인지도를 내면화하고 예禮와 인仁으로 주체화하여 드러난 것이다. 또, 인仁과 예禮에서는 인仁을 주체主體로 하고 예禮로 행行하는 것을 의미하고 있다.[414] 따라서 성인의 천도 자각과 군자의 실천에 관한 내용을 도식화하면 우측과 같다.

三才之道
↓
人間의 主體的 自覺(學問方法)
↓
性命之理·四德原理

●천도의 주체적 자각과 사덕원리

---

[413] 『周易』, 乾卦, 九二爻, 「文言」.
[414] 유남상, 「정역사상의 근본문제」, 『논문집』 제Ⅷ권 제2호, 충남대학교 인문과학연구소, 1980, 245쪽.

학문을 통하여 성인의 성명지리性命之理를 자각하고, 사덕四德을 주체로 실천하는 것이 군자의 사명이며, 그것을 『주역』에서는 '유만물지정類萬物之情'으로 규정하고 있다.415 그런데 유만물지정의 내용은 성인과 군자가 다르다. 성인은 만물과 그 존재 근거인 천지天地의 도道를 구분하고 그 관계를 밝힘으로서 만물萬物의 본질을 드러내는 반면에, 군자는 성인이 밝혀놓은 역도易道를 깨달아 실천하는 존재이다.

인간의 삶은 행위의 연속인데, 이는 언言과 행行으로 구분이 된다. 따라서 인간의 삶은 언言과 행行의 행위를 떠나서는 고려될 수 없는 관계를 가지고 있다. 「계사」에서는 군자가 언행을 통하여 천지를 움직이는 것, 곧 사덕을 실천하는 것을 다음과 같이 말하고 있다.

"군자가 말하기를 군자의 일상생활 가운데서 그가 하는 말이 선하면 천리 밖에서도 응하니 하물며 가까운 곳에 있는 자가 어찌 응하지 않겠는가? 일상생활 가운데서 그가 하는 말이 선하지 않으면 천리 밖에서도 어길 것이니 하물며 가까운 곳에 있는 자가 어찌 어기지 않겠는가? 말은 심신心身의 몸을 떠나면 백성들에게 더하여 지며 행동은 가까운 곳에서 이루어져도 먼 곳에서 드러난다. 언행言行은 군자의 추기樞機이니 이 추기樞機의 발현發顯이 영욕榮辱의 근원이다. 곧 언행言行이 천지天地를 움직이는 소이所以이니 어찌 삼가지 않을 수 있겠는가?(子曰 君子居其室出其言善, 則千里之外應之, 況其邇者乎, 居其室出其言, 不善則千里之外違之, 況其邇者乎, 言出乎身加乎民, 行發乎邇見乎遠, 言行君子之樞機樞機之發榮辱之主也, 言行君子之所以動天地也, 可不愼乎.)"416

415 『周易』, 「繫辭下」篇, 第二章, "古者包犧氏之王天下也, 仰則觀象於天, 俯則觀法於地, 觀鳥獸之文與地之宜, 近取諸身, 遠取諸物, 於是始作八卦, 以通神明之德, 以類萬物之情."
416 『周易』, 「繫辭上」篇, 第八章.

군자가 언행을 통하여 천명天命을 봉행奉行하는 것은 반드시 천시天時에 따라서 이루어져야 한다. 그리고 군자의 언행을 천시天時와 관련하여 다음과 같이 밝히고 있다.

"공자가 말하기를, 군자가 도道를 행行함에 있어서 때로는 나가기도 하고 때로는 머물기도 하며, 때로는 침묵을 지키기도 하고 때로는 말하기도 한다. 두 사람의 마음이 하나가 되면 그 예리함이 쇠도 끊을 수 있으며 그러한 하나로 된 상태에서 이루어진 말은 그 냄새가 난초의 향과 같다는 것이다.(子曰 군자지도혹출혹처혹묵혹어 이인동심기리단금 동심지언기취여란 君子之道或出或處或黙或語, 二人同心其利斷金, 同心之言其臭如蘭.)"417

위의 인용문을 보면 군자가 천시天時에 따라서 진퇴進退와 언행言行으로 하늘의 명命을 봉행奉行할 때의 마음은 두 사람이 한 마음이라고 하고 있다. 이때 두 사람은 성인과 군자 혹은 군자와 백성을 가리킨다. 군자가 성인의 마음과 하나가 되었다는 것은 성인지도를 자각하였음을 의미한다. 성인지도의 자각을 통하여 천명을 봉행하는 군자의 마음을 백성과 하나 된 마음으로 언급하고 있는 것이다. 그러므로 전자前者는 학문을 중심으로 군자君子의 언행을 언급한 것이라면, 후자後者는 실천을 중심으로 군자의 언행을 언급한 것이라고 할 수 있는 것이다.

군자는 학문을 통하여 성명지리를 자각하고 실천하는 존재이다. 이건대 인利見大人에서 '견見'은 자각의 문제이다. 근원적인 존재원리를 자각함을 견으로 표현하므로 건괘가 군자지도 중심임을 입증하고 있다. 건곤의 측면에서 보면 그러므로 건괘는 학문의 원리, 곤괘는 실천의 원리이다. 그렇기 때문에 성명지리의 성격을 파악하기 위해서는 군자의 학문의 과정을

417 『周易』, 「繫辭上」篇, 第八章.

중심으로 고찰하지 않을 수 없다. 『주역』에서는 성인에 의하여 『역』이 저작되는 과정과 함께 군자의 학문하는 방법을 제시하고 있는데 그 내용을 살펴보면 다음과 같다.

> "도덕에 화순和順하여 의義로 다스리며, 이치理致를 궁구窮究하며, 본성本性을 다하여 천명天命에 이른다.(和順於道德而理於義, 窮理盡性, 以至於命.)"[418]

위의 내용을 보면, 군자는 먼저 본성을 자각하고 천명을 자각하여 그것을 봉행奉行하겠다는 뜻을 세우는 입지立志와 그것을 바탕으로 성인지도를 연구하는 궁리窮理, 그리고 궁리를 통하여 자신의 본성을 자각하는 진성盡性을 통하여 자신의 천명을 자각하는 지명知命이 성명지리性命之理, 천도天道를 자각하는 과정이다. 다시 말하면 군자가 성인이 저작한 역을 중심으로 학문을 통하여 성명지리를 자각하는 과정을 보면 입지立志와 궁리窮理 그리고 진성盡性과 지명知命의 네 단계로 구분하여 파악하는 것이다. 이것을 역학의 학문 방법인 천도의 인간 자각이라고 한다. 그리고 입지立志는 궁리窮理와 진성盡性 그리고 지명知命을 일관하는 근본이기 때문에 입지의 내용을 다음과 같이 밝히고 있다.

> "공자가 말하기를, 우祐는 돕는것이니, 하늘이 돕고자 함은 순종하는 자이요, 사람이 돕고자 함은 진실할 믿음을 가진 사람이니 믿음을 바탕으로 천지의 도에 순응할 것을 생각하고 또한 성인의 말씀을 숭상한다.(子曰 祐者助也, 天之所助者順也, 人之所助者信也, 履信思乎順, 又以尙賢也.)"[419]

---

[418] 『周易』,「說卦」, 第一章.
[419] 『周易』,「繫辭上」篇, 第十二章.

인간의 본래성은 천도가 내재화된 것이기 때문에 성명지리의 내용인 사덕四德은 그 존재 근거인 천도를 함께 논하지 않을 수 없다. 따라서『주역』에서는 천도의 사상四象과 성명지리性命之理의 사덕四德을 함께 밝히고 있는데 그 내용을 살펴보면 다음과 같다.

"원元은 선善한 것의 어른(으뜸)이요, 형亨은 아름다운 모임이다. 이利는 의로움이 조화됨이요, 정貞은 일을 주관主管(근간根幹)함이다. 군자는 인仁을 체득體得하여 족히 사람을 기르고, 아름답게 모여 족히 예禮에 합습하도록 한다. 만물을 이롭게 하되 의리義理에 조화되도록 하고 바르고 굳세게 일을 주장主張하니, 군자가 이 사덕四德을 행하는 사람이다. 그러므로 건乾은 원형이정元亨利貞이라 하느니라.(元者善之長也, 亨者嘉之會也, 利者義之和也, 貞者事之幹也, 君子體仁足以長人, 嘉會足以合禮, 利物足以和義, 貞固足以幹事, 君子行此四德者, 故曰乾元亨利貞.)"⁴²⁰

위의 내용을 보면 인화人和의 사회와 사물事物을 중심으로 인예의지의 사덕을 논하고 있음을 알 수 있다. 다만 군자는 자각을 통하여 성명지리를 천명하는 존재가 아니다. 그렇기 때문에 사덕을 논하면서도 지知 자체는 논하지 않고 인仁과 예의禮義를 논하고 있다.

첫째, '군자가 이 사덕四德을 행行하는 사람이다' 라 함은 시간성이 내포됨을 의미하는 것이다. 왜냐하면 시간성은 천도이기에 천도를 자각할 수 있는 인소가 시간의식이다. 다시 말해서 시간의식은 시간성을 깨닫는 가능적인 근거이다. 그리고 시간의식은 가지고 싶어서 가지게 되는 것 아니라 선천적으로 주어진 것이다. 그러므로 천도의 시간성을 깨달을 수 있는

420 『周易』, 乾卦,「文言」.

가능적인 존재가 바로 인간으로서 시간의식을 인간만이 가지고 있다는 것이다. 자각능력이 있는 자는 성인이며, 시간의식을 가르쳐서 깨달을 수 있는 자는 군자이다. 따라서 인간본성은 본래 주어진 것이고, 인간 본래성은 타고난 성품으로서 이것이 시간의식을 주어졌음은 시간에 대한 통각과 오성(깨달음의 성격)의 근거, 기틀, 게기가 된다는 것이다.

둘째, '천명지위성天命之謂性'에서도 시간의식의 도덕성 본래성을 지키는 것이 바로 솔성率性이다. 그 구체적인 덕목은 인의仁義로서 천지역수天之曆數의 뜻이라고 할 수 있다. 그러므로 인의仁義와 천지역수天之曆數는 사상적 성격과 일맥상통한 것이다.

셋째, 인·예·의·지는 자각이 아니라 인간이 살아가야 되는 길을 성인聖人 찾아낸 것이다. 시간성에 의해서 주어진 구체적인 도덕의식의 규범화로서 천지지심天地之心을 축으로 한 것이 바로 인·예·의·지 사덕이며, 고로 원형이정이다. 군자지도인 사덕四德에 대하여 구체적으로 살펴보면 다음과 같다.

인仁은 시간의식 때문에 인간은 유한한 존재로 자각하여 측은지심惻隱之心을 가지게 되는 것이다. 그러므로 측은지심은 인仁이다. 따라서 도덕의식은 근본적인 마음씨(仁)에서 비롯된 것이다. 천도의 원元이 주체적으로 자각됨으로서 밝혀진 존재원리의 본체이듯이 군자의 근본 원리가 된다. 따라서 인仁이 체體가 되어 나타난 것이 예禮이다. 예禮는 인격적 존재가 만나는 원리라고 할 수 있다. 그렇기 때문에 아름답게 만남으로서 족히 예禮와 합슴한다고 하였던 것이다.[421]

의義는 역사속에서 옳고 그름(義 不義)의 판단의식이 내재된 역사의식이다. 그리고 지智의 종시적終始的인 방향이 의義가 된다. 또한 의義는 예禮가

---

[421] 『周易』, 乾卦, 「文言」, "嘉會足以合禮."

비인격적 존재인 사물事物에까지 확충된 것으로서 사물을 다스리는 원리이다. 그러므로 사물을 그 본질인 용도성用途性에 따라서 다스림으로서 사물을 이용하면 의義에 조화된다. 예禮는 인仁의 생성적生成的인 입장이다. 그러므로 사덕四德은 종시적終始的이며, 천도天道를 밝혀 성인이 우리에게 내려주는 것이다. 따라서 인간은 예禮를 지켜 살면서 마지막으로 의義·불의不義를 판단하는 것이다. 예禮를 지키며 살아가는 것이 명命이다. 생명生命을 가지고 살아가는 것이 명命이다.

예禮와 의義를 사회를 중심으로 이해하면 예禮가 가정 윤리라면 의義는 국가 윤리라고 할 수 있다. 지智는 성명性命의 완성된 경지境地로서 사물을 주관하는 주체이다. 지智를 통하여 사건事件을 다스리고, 의義를 통하여 사물을 다스린다.

인仁과 예禮는 본체本體와 작용作用의 관계이며, 지智와 의義 역시 체용體用의 관계이다. 그런데 앞에서 밝힌 것과 같이 인仁은 실천의 주체이기 때문에 군자는 인仁을 주체로 하여 예의禮義를 실천하는 존재이다. 천도天道의 사상四象과 인도人道의 사덕四德을 논하고 있는 부분을 중심으로 이를 살펴보면 천도인 원형이정의 사상四象은 선지장善之長·가지회嘉之會·의지화義之和·사지간事之幹이라고 할 수 있다. 그리고 군자가 자각한 사덕四德 가운데서 '체인體仁'과 '정고貞固'는 인仁과 지智의 자각을 의미하고, '족이장인足以長人'과 '족이간사足以幹事'는 각각 그 공능功能을 말한다. '가회嘉會 족이합례足而合禮'와 '이물利物 족이화의足以和義'라 하여 장인長人(仁)과 간사幹事(智)의 내용이 다름 아닌 가회嘉會(禮)와 이물利物(義)임을 알 수 있다. 가회嘉會히여 합례合禮하는 것은 군자의 개인적인 측면에서는 행行이며, 이물利物하여 화의和義하는 것은 사회적인 측면에서의 군자의 행行인 것이다.⁴²² 그렇기 때문에 인도人道인 군자지도를 밝히면서 주체인 인仁과 그것을 실천하는 관점에서 예禮를 포함한 의義를 병칭竝稱하여 '인의지도 仁義之道'라고 하였다.

군자에 의하여 사덕이 실천될 때 그것은 구체적으로 언행을 통하여 사람과 사물을 다스리는 것이 된다. 그렇기 때문에 성명지리性命之理를 자각한 군자가 사덕四德을 실천하는 방법은 언행을 통하여 천하에 널리 덕德을 펼쳐서 백성들로 하여금 도덕적 세계에 살도록 하는 왕도정치王道政治라고 할 수 있다.

천명을 자각하여 인사人事를 실천하고 만물을 다스리는 것이 유만물지정類萬物之情이다. 천명의 체득體得이란 천도天道의 내재화 근거이다.⁴²³ 「계사상」편과 건괘「단사」에서 다음과 같이 밝히고 있다.

(가) "한 번은 음陰하고 한 번은 양陽하는 것을 일러 도道라 이르니, 그것을 계승繼承한 것이 선善이며, 이루어진 것은 성性이다.(一陰一陽之謂道, 繼之者善也, 成之者性也.)"⁴²⁴

(나) "건도乾道가 변화하여 각각 성명을 바르게 하니.(乾道變化, 各正性命.)"⁴²⁵

(가)에서의 도道는 (나)에서의 '건도乾道', 즉 생생무식生生無息하는 천도를 가리킨다. 그리고 (가)에서의 일음일양一陰一陽은 (나)에서의 건도변화

---

422 남명진.「주역」의 괘효원리에 관한 연구」,『동서철학연구』제15호, 한국동서철학회, 1998, 32쪽.
423 민황기,『선진유학에 있어서 중 사상에 관한 연구』, 충남대학교대학원 박사학위논문, 1992, 45쪽.
424 『周易』,「繫辭上」篇, 第五章.
425 『周易』, 乾卦,「彖辭」,

乾道變化를 구체적으로 나타내는 것이다. 이러한 천도의 변화로 인해서 후천의 세계가 열리는 것이다. 또한, 도道가 인간에 있어서 이루어진 것을 성性으로 규정될 수 있으며, 이때 본성本性이란 인간에게 내재된 천도天道를 말한다.[426] 따라서 건도변화乾道變化는 바로 역수曆數의 변화를 의미한다고 볼 수 있다.

역수曆數의 변화는 그냥 생기는 것이 아니다. 인간이 본심(本來性의 自覺)과 성덕成德(仁義之道의 自覺)이 되어야 한다. 그러므로 천도의 운행이전運行以前에 군자의 성덕成德이 선행되어야 한다. 따라서 성인은 선천이천불위先天而天弗違한다. 즉 천도의 운행運行보다 먼저 한 말씀이 성인의 말씀이다.

(나)에서 '각정성명各正性命'이 분分의 원리라면, '보합대화保合大和'는 합슴의 원리이다. 각정各正은 인간의 모든 존재, 모든 사물事物이 각각各各 그 중도中道(인간 本來性)를 깨닫는 것을 의미한다. 인간은 천지지심天地之心으로부터 천명을 받은 존재이기에 하늘의 역수변화원리의 자각을 통하여 자신의 성명性命을 유감없이 발휘할 수 있게 된다. 그때가 『주역』의 64괘중에서는 가인괘家人卦요, '공자孔子'의 정명正名 원리인 것이다. 이 세계가 각정성명各正性命이 되게끔 다스려야 한다는 사명이 군자에게 주어진 것이다.[427]

천지지도가 변화한다면 인간을 포함한 만물이 각각 자기의 성명을 좇아 살아가게 된다. 이 세계가 군자지도의 목표인 보합대화保合大和된 후천도덕세계다. 이 세계가 참다운 인격적 존재의 존재지평으로서 도덕원리가 구현되고 참다운 인간의 존재가치기 구현되는 세계가 열린다.

---

[426] 최영진, 『역학사상의 철학적 연구』, 성균관대학교 대학원 박사학위논문, 1989, 88쪽.
[427] 『周易』, 家人卦, 「彖辭」, "彖曰 家人女正位乎內男正位乎外, 男女正, 天地之大義也. 家人有嚴君焉 父母之謂也. 父父子子兄兄弟弟夫夫婦婦而家道正, 正家而天下定矣."

六.

나가는 말

역학에 있어서의 중정지도에 관하여 다음과 같은 순서로 살펴보았다. 진秦·한漢 이후 학자들의 중中에 관한 견해를 검토한 결과 중中은 심성心性의 실천적實踐的인 상태로서 과불급過不及이 없는 균형성 및 적합성을 의미하며, 또는 중中은 근원적으로는 심성心性의 본체本體라는 정도로 해석하는데 불과하였음을 확인하였다. 또한 필자는 역학의 핵심주제인 중정지도는 선진유학의 근본원리인 천지역수天之曆數의 입장에서 밝혀져야 한다는 문제를 제기하였다. 따라서 천지역수天之曆數의 표상체계로서의 하도·낙서원리 및 괘효원리로서 선진유학의 핵심명제인 중정지도를 밝힘으로서 그 본질적 의미가 드러나게 되었으며, 그 중정지도에 입각한 인도人道의 구현과 실천의 길을 제시해 보았다. 이 연구 순서를 좀 더 구체적으로 풀어보면 다음과 같다.

제Ⅰ장에서는 중中에 대한 기존학자들의 견해를 검토하면서 그 한계를 지적과 함께 중징지도의 올바른 구넝에 대한 문제를 제기하였다.

제Ⅱ장에서는 선진유가에서의 중中의 본래적인 의미를 올바르게 구명하기 위하여 역학의 근본문제인 역수원리와 그 특성인 시간성을 위주로 살펴보았다.

제Ⅲ장에서는 역학의 주제인 역수원리의 구체적 표상체계인 하도·낙서에 대하여 먼저 진秦·한漢 이후의 학자들의 견해를 검토하고, 그에 대한 한계를 지적한 다음 그 하도·낙서의 역철학적인 의미를 통하여 중정지도의 논리구조를 밝혔다.

제Ⅳ장에서는 중정지도의 표상체계중의 다른 하나인 괘효원리에 대한 진秦·한漢 이후의 기존 학자들의 견해를 비판적으로 검토하고, 중정지도가 하도·낙서원리적 시간성에 근거하여 공간적 시위성을 표상한 괘효원리임을 밝히고, 삼재·삼극지도를 표상한 삼효단괘를 체로 하여 용육用六의 작용원리를 표상한 것이 육효중괘 원리임을 밝혔다. 그리고 이효二爻와 오효五爻인 중위中位의 도道가 다른 나머지 4개의 효爻를 통하여 사상적四象的 변화變化와 그 정위情僞의 드러남을 살펴보았다.

마지막으로 제Ⅴ장에서는 중도中道인 성인지도와 정도正道인 군자지도가 음양구육합덕陰陽九六合德, 건곤천지합덕乾坤天地合德, 선후천합덕先后天合德의 관계로서 인도적人道的 구현이 가능하게 됨과 실천궁행해야하는 당위의 도리를 밝혔다.

그 결과 궁극적으로 중정지도가 왜 올바르게 조명照明되어야 하는가 하는 그 이유와 당위성이 다음과 같이 밝혀졌다.

첫째, 역학에서의 중정지도는 언어적 개념논리로는 완벽하게 각득覺得할 수 없는 상징논리로 표상되어져 있기 때문이다. 성인은 역도易道를 수數와 상象과 사辭를 통하여 표상하고 있어서 문자적인 해석에만 국한될 경우에는 역도를 올바르게 파악할 수 없으며, 따라서 역도의 상징논리에 입각하여 중정지도를 고찰해야 함을 확인하였다.

둘째, 중정지도는 중도中道를 근간으로 하여 정도正道로 드러나고 있기 때문이다. 그러나 진秦·한대漢代 이후의 '중정지도'에 대한 해석이 철저하게도 실천적 도리로서의 정도 위주로 이루어졌고, 하도·낙서로 표상되어진 천지역수天之曆數, 그리고 또 다른 표상체계인 괘효원리에 대한 인식관점에서는 본체적 원리인 중도적 측면으로 이해되는 못했다. 다만, 중中을 실천상의 정합성과 조화성으로서 주로 정도正道의 측면으로 해석함으로서 천도天道를 중中으로 하고 인도人道를 정正으로 천인합덕天人合德의 중정지도임을 망각하고, 결국에는 선진역학先秦易學의 본래적 의미를 밝히지 못하는 한계를 드러냈다.

셋째, '중정지도'는 천지역수天之曆數인 하도·낙서의 상징적 논리체계로 보면 그것은 중위정역中位正易을 의미하기 때문이다. 『정역』 출현 이후에 중위정역의 역수원리적 의미가 비로소 밝혀짐으로써 중정지도의 의미가 올바르게 드러나게 된 것이다. 즉 『정역』에서는 중정지도가 하도의 중심수인 십十과 오五의 상징적 내용인 건곤乾坤(天地)의 인격성人格性을 공空으로 높이 받들어 본체本體로 삼는 원리, 즉 십오존공위체원리十五尊空爲體原理가 '중위中位'이며, 낙서洛書의 용구용육작용用九用六作用을 통하여 사력변화四曆變化로 나타난 작용의 원리, 즉 사력변화위용원리四曆變化爲用原理가 '정역正易'이 되어 중위정역中位正易이 성립되는 원리로 언급한 것이다.

넷째, 괘효원리卦爻原理의 입장에서 중정지도는 선천 성인의 위位인 오효五爻와 후천后天군자의 위위인 이효二爻의 성인·군자지도로 되어 있어서 성인·군자의 합덕 세계를 분명하게 밝힐 수 있기 때문이다. 즉, 상괘上卦의 중위中位인 오효五爻의 성인지도는 중도中道이며, 하괘下卦의 중위中位인 이효二爻의 군지지도는 정도正道를 위주로 표상하고 있기 때문이다. 또한 이러한 괘효원리 입장에서 『주역』의 64괘 서괘원리序卦原理나 괘효사를 상호 연관시켜 해석해야 중정지도가 더욱 분명하게 드러나기 때문이다.

다섯째, 중정지도 입장에서 보면, 역수원리로 보나 괘효원리로 보나 본질적으로 중도와 정도가 서로 무관하게 독립된 존재가 아니라 합덕관계로 존재하고 있음을 표상하고 있음이 밝혀지기 때문이다. 역수원리는 생성종시의 도역생성倒逆生成, 순역논리順逆論理, 선후천원리로 되어 있는 시간성을 표상하며, 괘효원리는 천지상하합덕天地上下合德의 공간성을 위주로 표상하고 있다. 이것은 괘효원리와 하도낙서가 존재원리의 차원에서 보면 존재론적 시時·공空 원리로서 상호체용의 관계일 뿐 서로 별개의 것이 아닌 것과 같이 이를 근거한 중도中道와 정도正道도 상호 무관한 고립된 존재가 아니라 생성종시生成終始 합덕合德관계로 존재함을 표상하고 있음이 밝혀지기 때문이다.

여섯째, 선천 성인이 밝혀놓은 중도원리를 통하여 후천군자가 적극적으로 정도正道를 실천함으로서 유가儒家의 이상적인 세계를 구현할 수 있는 길이 분명하게 명시될 수 있기 때문이다. 다시 말하면 중정지도가 규명됨으로서 후천군자의 사명은 선천先天 성인이 밝혀놓은 중도원리를 통하여 정도正道로 올바르게 자각 실천할 수 있는 길이 열리기 때문이다.

위와 같이 중정지도가 천지역수天之曆數의 관점에서 검토 연구되어야 한다는 당위성으로 제기된 문제들에 대하여 본론에서 연구 검토한 결과를 다음과 같이 요약하여 결론으로 삼고자 한다.

1. 선진유학에 있어서의 중도中道는 단순히 언어·문자적 해석으로는 본질적인 의미를 올바르게 이해하기 어려운 선진성학의 중심과제임을 확인 하였다.

『주역』이 중정지도中正之道를 표상하고 있는 논리방식은 수數, 상象, 사辭의 상징체계로 되어 있다. 이것은 역도를 상징논리로 표상하고 있음을 밝히고 있다. 중정中正에 대한 해석은 상징적인 논리에 입각하여 해석되어야 올바르게 밝혀질 수 있음에도 불구하고 진秦·한漢 이후의 학자들은 피상적인 문자적 해석으로 일관하고 있어서 중정中正의 본래적인 의미가 가려져 있었다. 그런데『정역正易』의 출현 이후 역학의 핵심주제인 천지역수天之曆數가『주역』의 도서원리, 괘효원리, 십익十翼의 논리체계와 일관되게 표상되어 있음이 밝혀진 동시에 궁극적으로 선진유학의 핵심주제인 중정지도를 올바르게 밝혀지게 되었다. 따라서 선진유학의 천지역수天之曆數의 중中이라는 관점에서 역학의 도서상수, 괘효원리에 입각한 중정지도가 구명되고, 또한『주역』의 사辭, 즉 괘효사卦爻辭·단사彖辭·상사象辭·계사繫辭등과 관련하여 선진유가의 중론中論을 논리적으로 밝힘으로써 중정지도를 올바르게 밝힐 수 있음을 제시하였다.

2. 중정지도의 본질적 의미 내용은 역도인 천지역수天之曆數, 즉 역수원리의 상징논리체계인 하도·낙서원리와 괘효원리로서 밝혀지는 시간성에 근거하고 있음을 확인하였다. 이와 같은 결론을 중과 중정지도, 중과 천지역수天之曆數, 그리고 역수원리의 의미와 천도, 즉 천도의 본질적 의미 내용으로서의 시간과 시간성 및 그 표상형식 등의 순으로 다음과 같이 풀어 정리하기로 한다.

먼저 중과 중·정의 개념적 관계는『주역』에서는 중과 정을 따로 언급하거나 같이 말하는 경우노 있어서 숭과 정을 나누어 논한 것이 대부분인 것으로 보이나『서경』이나『논어』,『중용』등에서는 '중中' 한 글자로 개념화한 경우가 대부분이다. 이는 천지지도를 천도天道로 포괄하여 표현하는 것과 같은 논리 표현의 맥락으로 볼 수 있어서『수역』이외의 중中 개념에는 정正이 포괄된 중정지도로 보는 것이 타당할 것이다. 이를 근거로『서경』의 '천지역수天之曆數가 너에게 있으니 진실되게 그 중中을 잡아라' 한 중中은 천지역수天之曆數의 중정원리를 지칭하는 것으로서 선진유학의 핵심주제인 천지역수天之曆數와 관련한 성인지도의 내용인 것이다. 천지역수天之曆數의 역수라는 개념은 이 곳 외에도「홍범洪範」편의 '세월일시歲月日時'의 시간적 율동의 수를 총괄 표현하여 '역수曆數'라고 하였으며, 또「요전堯典」에서는 '일월성신日月星辰을 역曆하고 상象하여 인민人民에게 시의성을 밝혀주었다' 라고 하였는데, 여기 역曆은 역수曆數를 의미한 것으로서 모두 천지역수天之曆數를 의미한다고 하겠다.

　이러한 천지역수天之曆數는 하늘의 역수라는 의미로서 단순한 수가 아니라 시간의 근거로서의 역曆의 원리를 상징한 수이며, 따라서 천의 역수는 하늘의 시간운행의 근거로서의 수數, 즉 천天의 시간운행의 도수度數를 의미하는 것이다. 천天의 시간운행時間運行의 도수度數는 천행天行의 도수度數이다. 그러므로 천天의 시간운행의 도수는 천의 시간적 운행의 근거가 되는 수數, 즉 천이 행하는 길을 도수로 상징화한 천도의 원리수原理數인 것이다. 그리고 천의 시간운행은 천天의 원리나 법칙으로서 일음일양一陰一陽하는 도수度數로 드러나는 것이므로 일음일양一陰一陽의 도道인 것이다. 그러므로 도道는 천도天道요 천도天道는 일음일양一陰一陽의 음양교체 운행현상으로서 일월日月을 통해서 드러나는 것이다. 그리하여『정역』에서는 '천지지수天地之數는 수數 일월日月' 이라고 하였고, 천지지수는 음양변화의 원리를 수數로서 표상하고 있음을「계사상」편 제9장 천지지수절에서도 극명하게 논명하고 있는 것이다.

　따라서 천지지수절은 하도의 도상을 설명한 것이며, 이어서 대연지수절에서는 낙서의 생성원리의 도상을 설명한 것이며, 이 천지역수天之曆數의 구체적 세월일시歲月日時를 일수기수日數朞數로서 설명한 것이 건곤책수절乾坤策數節이라 하겠다. 이를 요약하면 천지역수天之曆數는 하늘의 시간운행의 원리로서 결국 시간의 본질적 성격인 시간성을 표상한 것이기 때문에 역수원리라고 할 수 있으며, 이는 현상적 사물개념으로서는 표현할 수가 없으므로 수數나 상象등으로 상징화하는 방법 이외에 도리가 없는 것이다. 그러므로 결국 천도는 형이상적 원리로서 수·상으로 성인이 표상하여 밝혀놓은 것이 바로 하도와 낙서라고 할 수밖에 없는 것이다. 이렇게 볼 때 천지역수天之曆數는 시간이 갖는 본질적 성격으로서의 시간성을 수·상으로 표상한 것이고, 이 수·상이 바로 하도·낙서와 괘효로서 이를 통하여 시간성을 구명할 수밖에 없으며, 이 시간성을 『주역』에서는 순역順逆원리로 규정하였고, 『정역』에서는 도역생성원리倒逆生成原理로 밝혀놓고 있다.

시간성의 논리구조인 도역생성倒逆生成의 체용體用관계로 보면 도생역성倒生逆成은 중도中道로서 하도원리라면, 역생도성逆生倒成은 정도正道로서 낙서원리이다. 그러므로 하락원리河洛原理는 곧 중정지도中正之道인 것이다. 시간성은 시간時間의 존재 근거가 되는 근원적 존재이다. 천지역수天之曆數가 시간성이기 때문에 군자가 정도正道를 행행하는 것은 중도中道인 시간성을 근거로 하여 그것에 순응하는 것이다. 이러한 군자의 역할에 대하여 "때가 그칠 때면 그치고, 행할 때면 행하여 동정에 그 때를 잃지 않으면 그 도가 빛나고 밝다.(時止則止, 時行則行, 動靜不失其時, 其道光明.)"[428] 고 하여, 중도인 시간성을 자각하고 천시天時에 따라서 적중하게 살아가는 시중時中을 밝히고 있다. 『중용』에서도 "군자가 중용을 지킴은 시의성時宜性에 적중한 시중時中을 따르는 것이다.(君子之中庸, 君子之時中也.)"[429] 라고 하여, 군자가 정도正道를 행하는 것을 시의성時宜性에 적중的中하는 시중時中으로 규정하고 있다.

---

428 『周易』, 艮卦, 「象辭」.
429 『中庸』, 第五章.

시간성이 현상화되어 나타나는 원리가 공간성이 된다. 시간성인 중도中 道가 공간성원리로 중도中道와 정도正道로 나누어 본다면 시간의 원리로서 시간성은 도수度數를 통하여 드러나는 도수度數원리이며, 공간적 현 상태 로 드러나는 공간성원리는 도덕원리가 된다. 『정역』에서는 중도中道를 중 심으로 그것을 본체本體의 관점에서는 도수원리度數原理로 규정하고, 작용 作用의 관점에서는 도덕원리로 규정하고 있다.[430] 그러므로 중도中道는 시간 성이며, 정도正道는 시의에 맞게 실존하는 공간성의 원리인 도덕원리이다.

천지역수天之曆數가 중中이요, 중中이 바로 정도正道를 포괄하고 있는 개 념이기 때문에 중정지도中正之道는 앞에서 요약한 천지역수天之曆數의 본 질적本質的의미인 시간성時間性의 원리를 통해서 구명究明되어진다.

3. 중정지도는 하도·낙서원리에서 볼 때 하도의 합덕종시合德終始원리로 서의 십오존공위체원리十五尊空爲體原理가 중도적中道的인 입장이며, 낙서 의 생성작용生成作用 원리로서의 사력변화위용원리四曆變化爲用原理가 정도 적正道的인 입장立場임이 밝혀졌다. 이것이 시간운행원리로서의 중위정역 中位正易원리이다. 하도의 중위수中位數인 십오十五가 사력변화四曆變化를 통 하여 귀공歸空되어 중위中位의 본체도수本體度數로 돌아가는 원리, 즉 십오 존공위체원리十五尊空爲體原理가 중도이며, 낙서의 생성작용을 통하여 사력 이 귀공歸空되는 과정에서 동시에 용구용육用九用六으로 작용되어지는 원 리 즉, 사력변화위용원리四曆變化爲用原理가 정도正道임이 밝혀졌다. 이것을 『정역』에서는 '중위정역'이라고 한다. 요컨대, 천지역수天之曆數의 상징적

---

[430] 『正易』,「十一一言」, 第二十六張, 雷風正位用政數, "己位, 四金一水八木七火之中无極, 无極而太極十一, 十一地德而天道, 天道圓庚壬甲丙, 地德方二四六八, 戊位二火三木六水九金 之中皇極, 皇極而无極五十, 五十天度而地數, 地數方丁乙癸辛, 天度圓九七五三."

논리체계인 하도·낙서의 원리에서 보면 중정지도는 중체中體의 귀공歸空인 중위적中位的 변화變化원리와 작용의 사력적四曆的 변화원리가 동시에 이루어지는 중체정용中體正用의 원리가 중위정역되어진다는 원리인 것이다.

십十과 오五는 천지의 인격성인 건곤을 상징하는 수로서 생명정신을 의미한다고 할 수 있다. 이것을 중도로 하여 천天의 구작용九作用과 지地의 육작용六作用이 합덕하여 사단계四段階의 역수변화曆數變化, 즉 사력변화위용四曆變化爲用원리로서의 정도正道로서 낙서洛書원리이며, 인도적人道的 사덕四德의 실천 근거가 된다. 요컨대, 중도中道의 십오十五를 존공하여 체體로 삼는 '십오존공위체원리'로서의 '중위中位'의 변화와 사四단계의 역曆 변화를 용用으로 하는 '사력변화위용원리'로서 '정역'되어지는 변화가 동시에 이루어지는 것이 중위정역되어지는 원리로서 바로 하도·낙서원리의 시간성에서 본 중정지도인 것이다

4. 역수원리에 근거한 시간성의 현상적인 표상체계가 괘효원리이며, 괘효원리를 통해서 본 중정지도는 역수원리의 현상적 표현으로서 천도를 이어받아 자각한 성인지도가 오효五爻로 상징되는 한편, 지도地道를 이어 성인의 가르침을 실천의 사명으로 받은 군자지도가 이효二爻로 상징되는 바, 오효성인·이효군자의 합덕合德은 중도中道를 표상하고, 그 밖의 나머지 초初·삼三·사四·상효上爻의 4개효爻가 사상四象의 정도正道로서 군자의 사덕四德 실천을 의미하는 것이다.

천도의 공간적 표출에 있어서 음양의 효가 착종錯綜 배합配合되어 구성되는 육효六爻에는 시간성이 담겨져 있다.[431] 다시 말하면 육효의 상징象徵

---

431 『周易』,「繫辭下」篇, 第九章. "易之爲書也, 原始要終, 以爲質也, 六爻相雜, 唯其時物也."

내용이 시간성에 근거하여 객관화된 공간성의 원리인 괘효인 것이다. 즉 시時·공空의 존재원리로서 삼재지도가 육효로 표상된 것이 괘효조직 원리이며, 시간의 생성종시生成終始원리가 『주역』의 64괘의 순서로 구성된 것이 64괘 서괘원리로서 이 또한 포태생성종시胞胎生成終始의 시간원리를 표상하고 있는 것이며, 『주역』의 상·하경구조로 보면 역시 상경上經은 건乾·곤坤·감坎·리離의 중도中道로서 선천생성先天生成원리가 내포되어 있고, 하경下經은 함咸·항恒·기旣·미제未濟의 정도正道로서 후천합덕後天合德 원리가 내포되어 있는 것이다.

　요컨대 시간성인 중도를 공간성의 원리인 정도로 나타내기 위해서는 괘효원리를 통하지 않을 수 없다. 따라서 존재 원리인 역도를 역수원리를 중심으로 표상하면 중도가 되고, 괘상원리를 중심으로 표상하면 정도가 되는 것이다. 그러므로 중정지도의 해명은 역수원리의 자각을 통해서 가능하다고 하겠다. 중정지도의 역학적인 근거와 그 내용은 앞서 논한 하도·낙서원리를 통해서 뿐만 아니라 괘상원리卦象原理를 통해서 비로소 드러날 수 있다.

5. 역수원리의 상징적인 표상체계인 하도·낙서원리와 괘효원리를 통해서 밝혀지는 중정지도에서 드러난 중도中道와 정도正道의 관계는 존재론적으로 시時·공空의 결합이며, 합덕적合德的 관계로 이루어져 있음으로 그것은 중정지도의 중도中道와 정도正道를 통하여 드러나고, 정도正道는 중도中道를 근거하고 있기 때문에 방법상 구분하여 논하였더라도 각각 독립된 별개의 도道가 아니라 존재론적存在論的 시時·공空 원리와 같이 본질적으로는 하나의 도道인 것이다. 다시 말하면 중정지도를 중도와 정도로 구분한 것은

개념상의 논리로 구분하여 논한 것일 뿐 존재론적으로는 하나의 원리이다. 이것이 구체적인 현상적 정도正道로 드러났다 하더라도 중도中道의 원리가 내포되어 있는 것이다.

   중中과 정正의 관계는 궁극적으로 천天의 시간운행원리時間運行原理인 역수원리曆數原理의 입장에서 논해야 하는 것이다. 왜냐하면 천지역수天之曆數는 중정지도의 중中을 위주로 한 논리체계이기 때문이다. 다시 말하면 천도의 내용인 중도中道는 지도적 의미인 정도正道를 통하여 구현되어야 한다는 것이다. 『주역』에서의 중中과 정正의 관계도 중정中正과 정중正中으로 표현되고 있는데 그 본질적인 의미에 있어서는 동일하며, 천도안에 지도地道가 함축되고 천도를 말할 때 지도地道가 내포되어 있듯이 중도中道라고 말할 때 정도正道가 그 안에 내포되어 있는 것이다.

   인간의 본성과 삶의 원리를 밝힌 정도正道는 인도人道로서 그 존재 근거인 천天의 본성을 밝힌 중도中道인 천도와 양자 관계를 나타낸 것이 중정지도이다. 그것은 중도인 천지역수天之曆數는 신물神物인 도서圖書를 통하여 표상되고, 정도正道인 천지변화원리는 괘상을 통하여 길흉원리로 밝혔음을 뜻하는 것이다.

   이를 종합하여 중도와 정도正道의 관계를 유형별로 구분하여 설명하면 다음과 같다.

   1 천지지도天地之道 관계로 보면 천도는 중도中道이고, 지도地道는 정도正道이며, 또 삼재지도의 관계에서 말하면 천지지도는 중도이며, 인도人道는 정도正道이다.

   2 시간성과 공간성의 관계로 보면 시간성은 중도이며, 공간성은 정도正道이다. 또 시간성에서 보면 도생역성倒生逆成원리는 중도이며, 역생도성逆生倒成원리는 정도正道이다.

③ 신명원리와 하도·낙서의 관계에서 보면 신명神明원리는 중도이며, 하도·낙서는 정도正道이다.

④ 하도낙서와 괘효원리로 보면 하도·낙서는 중도이며, 괘효원리는 정도이다.

⑤ 하도원리와 낙서원리의 관계로 보면 하도원리가 중도이며, 낙서원리는 정도이다.

- 하도 안에서 십오十五가 중도이며, 사방수四方數는 정도이다.
- 낙서 안에서 오五는 중中이며, 사상수四象數는 정도이다.

⑥ 괘와 효의 관계에서 보면 괘卦는 중도, 효爻는 정도正道이다. 단괘單卦와 중괘重卦의 관계에서 보면 단괘는 중도, 중괘는 정도이다. 또한 삼역三易의 팔괘원리는 중도이고, 64괘 서괘원리는 정도이다.

⑦ 중정지도를 천도의 측면에서 체용적體用的 관계로 보면 삼극지도는 중도이며, 삼재지도는 정도正道이다.

⑧ 건곤괘로 보면 건괘는 중도中道이며, 곤괘는 정도正道이다. 그리고 건은 건도로서 중도이며, 원형이정은 정도이다.

⑨ 선후천관계로 보면 선천은 중도이며, 후천은 정도이다.

⑩ 인도적 측면에서 보면 성인지도는 중도이며, 군자지도는 정도이다.

- 성인지도안에서 보면 역수성통은 중도이며, 역사속에 나타난 십오성인十五聖人은 정도가 된다.
- 군자지도에서 보면 중정中正은 성인이 제시해준 말씀은 중도이며, 인예의지의 사덕적 실천은 정도이다.
- 건도변화乾道變化는 중도中道이며, 각정성명各正性命은 정도正道이다

이를 체용원리로 종합하면 상호체용관계로 설명되어 질 수 있는 바 체體는 중도이며, 용用은 정도正道로서 중도와 정도는 별개가 아니라 체용일원

體用一元이며, 또한 역도의 천·지·인 삼재지도가 일관된 중정지도로 되어 있다. 그 중에서 인도人道와 관련하여 인간의 존재근거와 실존적인 삶의 길에 대한 체용 중정지도에 대하여는 상기의 항과 같이 밝혀졌다.

6. 인간의 존재근거와 실존적인 삶의 길로서 인도人道와 관련하여 본다면 궁극적으로 군자지도인 정도正道를 구현함에 목표가 있는 바 그 근원이 성인지도인 중도에 있음이 밝혀졌다. 바꾸어 말하면 시간의 원리에 근거한 성인지도인 중도, 즉 시간운행원리인 천도를 자각한 성인의 중도와 그 성인지도에 근거한 군자의 도道인 정도正道가 뜻으로서 합덕되어진 성인·군자지도가 인도人道의 이상이며, 유가儒家의 이상세계인 왕도적 세계가 궁극적으로는 이 군자의 정도적正道的 실천을 통하여 이루어 질 수밖에 없다는 점이 밝혀졌다.

먼저, 성인의 천도자각에 대해서 살펴보면 성인이 먼저 천도인 중도를 천명으로 자각하여 후천군자에게 성명지리와 사덕으로 제시해 주었다. 그러므로 인간은 시간의식으로 주어진 본성을 자각하고 이것을 명命으로 실천해야 한다. 인간의 본성은 천명이다. 시간적으로는 이미 선천적으로 태어나는 순간에 이미 내재화되어 있지만 그것을 성인의 말씀에 주체적으로 자각하는 순간에 천명으로 깨닫게 되는 것이다. 다시 말하면 이것은 천도를 심성心性 내면에서 주체적으로 자각하는 순간에 천도가 내재화됨을 의미한다.

성인에 의해 자각된 중도는 곧 본래성으로서 내새화된 것이며, 후천군자의 도리는 그것을 성명지리로 깨달아 실천하는 이것이 정도正道이다. 따라서 역학에 있어서 중정지도는 성인에 의해서 깨달아 제시된 중도가 군자지지인 정도正道로서 드러나는 것을 의미한다. 다시 말하면 성인의 중도는 군자의 정도正道를 통해서 구현되어 지는 것이다.

총괄 요약컨대 천지지도로 보면 중中이 체體가 되어 정正으로 작용되어 나타나는 '중체정용中體正用'의 건도변화乾道變化의 논리요, 인도人道로 말하면 중中을 체體로한 정도正道로서 실천 작용 즉 중(天道천도)을 체體로 하여 정도正道(四德사덕)을 실천궁행(用용)하는 '체중용정體中用正'의 원리를 중심주제로 한 것이 역도의 중정지도인 것이다. 결과적으로 역도는 중정지도를 역수원리와 괘상원리로 표상한 논리체계로서 진秦·한漢 이래의 중정지도에 대한 오해를 불식시키고, 선진성학의 핵심명제인 중정지도가 곧 중위정역원리임을 밝힌 것이다.

중정지도는 천지지도로 말하면 중中이 체體가 되어서 정正으로 합덕 작용되는 '중체정용원리中體正用原理'로서 중위정역中位正易되어지는 변화가 이루어짐을 의미하고, 인도人道의 측면에서 말하면 중中을 체體로하여 정덕正德을 실천하는 도리인 '체중용정體中用正'의 도리로서 각정성명各正性命하는 길인 것이다. 결과적으로 천도天道의 자각 주체인 성인의 도道를 따라 군자가 그 도道를 실천궁행함이 중정지도에 입각한 바른 삶의 원리이다. 즉 중정지도는 궁극적으로 건도변화乾道變化에 각정성명各正性命하는 보합대화保合大和의 인간세계를 실현하는 중위정역中位正易원리로서 장래에 군자가 정도正道인 사덕四德을 올바르게 실천궁행하고 이것을 토대로 유가적 이상인 왕도의 세계를 구현하는 정도正道의 외길뿐임을 의미하는 것이다.

參考文獻

1. 經典類

『周易』,『正易』,『書經』,『詩經』,『論語』,『孟子』,『大學』,『中庸』

『禮記』,『近思錄』,『易學象數論』,『傳習錄』,『易學啓蒙』.『朱子大典』

『朱子語類』

2. 單行本

강학우 外,『周易哲學史』, 예문서원, 서울, 1994.

강천봉,『啓蒙傳義硏究』, 개마서원, 서울, 1981.

啓明漢文學會編,『退溪學文獻全集』, 學民出版社, 大田, 1991,

곽신환,『周易의 이해』, 서광사, 서울, 1991.

金敬琢,『新 完譯 周易』, 明文堂, 서울, 1992.

  ,『新譯老子』, 玄岩社, 서울, 1981.

금장태,『儒敎思想과 宗敎文化』, 서울大學校出版部, 서울, 1994.

  ,『韓國의 近代儒學思想』, 서울大學校出版部, 서울, 1999.

김길환,『朝鮮 儒學思想硏究』, 일지사, 서울, 1980.

김병호,『亞山周易講義(上·中·下)』, 소강, 大邱, 1999.

金承鎬,『周易原論』, 민영사, 서울, 1999.

金碩鎭,『大山周易講義(上·中·下)』, 한길사. 서울, 1999.

金忠烈,『中國哲學史』, 에문서원, 서울, 1994.

  ,『中國哲學散稿(Ⅰ)·(Ⅱ)』, 온누리出版社, 서울, 1994.

김학교 역,『大學과 中庸』, 明文堂, 서울, 1984.

남동원,『周易解意』1·2·3, 나남, 서울, 2001.

南明鎭 外 공저,『周易과 韓國哲學』, 문진도서출판사, 서울, 2003.

박태섭,『周易을 읽으면 未來가 보인다』, 선재, 서울, 1999.

성백효, 譯,『論語』, 傳統文化硏究會, 서울, 2003.

　　　　, 譯, 『大學·中庸』, 傳統文化硏究會, 서울, 2003.

　　　　, 譯, 『孟子 上·下』, 傳統文化硏究會, 서울, 2003.

　　　　, 譯, 『詩經 上·下』, 傳統文化硏究會, 서울, 2003.

　　　　, 譯, 『詩經 上·下』, 傳統文化硏究會, 서울, 2003.

　　　　, 譯, 『周易本義』(上,下), 傳統文化硏究會, 서울, 1991.

　　　　, 譯, 『周易傳義』(上, 下), 傳統文化硏究會, 서울, 2001.

宋在國, 『周易풀이』, 예문서원, 서울, 2001.

宋恒龍, 『中國哲學의 特質』, 동화출판공사, 서울, 1983.

李乙鎬, 『다산의 易學』, 민음사, 서울, 1993.

李正浩, 『正易句鮮』, 國際大學校 人文社會科學硏究所, 서울, 1977.

　　　　, 『正易硏究』, 國際大學校 人文社會科學硏究所, 서울, 1976.

　　　　, 『周易字句索引』, 國際大學校 人文社會科學硏究所, 서울, 1978.

李鍾聲, 『神論』, 大韓基督敎出版社, 서울, 1982.

이춘식, 『中國古代史의 展開』, 신세원, 서울, 1995.

李鉉中, 『易經』과 四書』, 亦樂, 서울, 2004.

　　　　, 『韓國哲學의 易學的 照明』, 청계, 서울, 2001.

이민수 著, 『孔子家語』, 乙酉文化史, 서울, 1974.

유명종, 『韓國哲學史』, 일심사, 서울, 1984.

　　　　, 『韓國思想史』, 이문출판사, 서울, 1983.

윤종빈, 『韓國易學論理』, 문경출판사, 대전, 2007.

장기근, 『現代版 論語』, 명문당, 서울, 1980.

최양부, 『하이데거 存在 思惟의 길』, 문경출판사, 서울, 1997.

崔英辰, 『周易의 自然觀』, 민음사, 서울, 1992.

　　　　, 『유교사상의 본질과 현재성』, 儒敎文化硏究所, 서울, 2002.

최영성, 『韓國儒學通史』(上 ·中 ·下), 심산, 서울, 2006.

忠南大學校 儒學硏究所, 『東洋哲學과 現代社會』, 이화, 서울, 2003.

하종호 著, 『宗敎哲學』, 梨花女子大學校 出版部, 서울, 1994.

韓國東西哲學硏究會,『東洋哲學思想의 만남』, 문경출판사, 大田, 1998.

韓國東西哲學硏究會,『東洋哲學思想의 이해』, 문경출판사, 大田, 1997.

韓國東洋哲學會 篇,『東洋哲學의 本性論과 人性論』, 延世大學校出版部, 서울, 1984.

韓國哲學會 篇,『韓國哲學史 中』, 동명사, 서울, 1997.

韓國周易學會 篇,『周易의 現代的 照明』, 범양사출판사, 서울, 1992.

韓長庚,『易經大意』, 삶과 꿈, 서울, 1997.

　　　,『易學原理總論』, 삶과 꿈, 서울, 1997.

　　　,『正易』, 삶과 꿈 서울, 1997.

黃義東,『栗谷思想의 體系的 理解Ⅰ·Ⅱ』, 서광사, 서울, 1997.

　　　,『韓國의 儒學思想』, 서광사, 서울, 1995.

W. Richard Comstock 著, 尹元撤 譯,『宗敎學』, 展望社, 서울, 1986.

高懷民 著·정병석 譯,『周易哲學의 理解』, 문예출판사, 서울, 1996

高 亨 주해, 김상섭 譯,『고형의 周易』, 예문서원, 서울, 1996.

金錫鎭 譯,『周易傳義大典譯解』,(上·下) 대유학당, 서울, 1996.

勞思光,『中國哲學史』(古代篇, 漢唐篇, 宋明篇), 탐구당, 서울, 1993.

다카다 아쓰시 著·이기동 譯,『周易이란 무엇인가』. 여강출판사, 서울, 1991.

鈴木由次郞,『漢易硏究』, 明德出版社, 東京, 1963.

樓宇烈,『왕필집교석』, 화정서국, 臺北, 민국 81.

牟宗三 著·宋恒龍 譯,『中國哲學의 特質』, 同和出版公社, 서울, 1983.

마테오리치 著, 송영애 外 5人譯,『천주실의』, 서울대출판부, 서울, 2001.

森三植三郞 著, 임영덕 譯,『中國 사상사』, 온누리 出版社, 서울, 1986,

岑溢成 著·황갑연 譯,『大學哲學』, 서광사, 서울, 2000.

狩野直喜 著 ·吳二煥 譯,『中國哲學史』, 乙酉文化社, 서울, 1986.

梁啓超 ·馮友蘭外 著·김홍경 篇譯,『陰陽五行說 硏究』, 신지서원, 서울, 1993.

王治心,『中國宗敎思想大綱』, 중화서국, 臺北, 1980.

王弼 著 ·임채우, 譯,『王弼 周易註』, 도서출판 길, 서울, 1998.

王夫之 著,『船山全書』, 第一·二·六·七·八册, 嶽麓書社出版, 臺北,

요명춘 ·강하귀·양위현 著·심경호譯,『周易哲學史』, 예문서원, 서울, 1998.
李澤厚,『中國古代思想史論』, 北京, 人民出版社, 1986
李學勤 主編,『十三經注疏·周易正義』, 北京, 北京大出版社, 1999.
赤塚 忠 著 ·조성윤 譯,『中國思想槪論』, 理論과 실천社, 서울, 1987.
朱伯崑 外 著 ·金學權 譯,『周易散策』, 예문서원, 서울, 2003.
　　　,『易學哲學史』(上·中), 北京大學出判社, 北京, 1988.
朱　熹 著 ·김상섭 解說,『易學啓蒙』, 예문서원, 서울, 1994.
　　　, 著,『周易本義』, 九州出版社, 北京, 2001.
胡　廣 編, 崔鳳洙 譯,『譯版 性理大全(天, 地, 人)』, 이화출판사, 서울, 1996.
束景南 著,『朱熹大傳上·下』, 商務印書館, 北京, 2003.
馮友蘭 著 ·정인재 譯,『中國哲學史』, 螢雪出版社, 서울, 1982.
馮　寓 著 ·김갑수 譯,『天人關係論』, 신지서원, 서울, 1993.

3. 學位論文
1) 碩士論文
金滿山,『周易에 있어서의 聖人과 君子觀』, 忠南大學校大學院 碩士學位論文, 1987.
金榮睦,『陰陽五行思想의 存在論的 考察』, 忠南大學校 大學院 碩士學位論文, 2001,
金在弘,『周易의 中正之道에 關한 硏究』, 忠南大學校大學院 碩士學位論文, 2004.
南明鎭,,『花郞國仙道의 思想的淵源에 關한 硏究』, 忠南大學校大學院 碩士學位論文,
　　　1971.
宋在國,『周易의 人間觀』, 忠南大學校大學院 碩士學位論文, 1987.
楊在鶴,『書經洪範思想의 考察』, 忠南大學校大學院 碩士學位論文, 1986.
柳七魯,『孔子의 時中之道에 關한 硏究』, 成均館大學校大學院 碩士學位論文, 1978.

2) 博士論文
郭信煥,『周易의 自然과 人間에 關한 硏究』, 成均館大學校大學院 博士學位論文,, 1987.
金滿山,『易學의 時間觀에 關한 硏究』忠南大學校大學院 博士學位論文, 1992.

南明鎭,『淸初學術與韓儒丁茶山實學思想之硏究』, 中國文化大校 (臺灣), 博士學位論文, 1985.

閔晃基,『先秦儒學에 있어서의 中 思想에 關한 硏究』, 忠南大學校大學院 博士學位論文, 1992.

白殷基,『朱熹易學의 硏究』, 全南大學校 大學院 博士學位論文, 1991.

宋寅昌,「先秦儒學에 있어서의 天命思想에 關한 硏究」, 忠南大學校大學院 博士學位論文, 1987.

宋在國,『先秦易學의 人間 이해에 關한 硏究』, 忠南大學校大學院 博士學位論文, 1992.

沈貴得,『周易의 時中論에 관한 硏究』, 成均館大學校大學院 博士學位論文, 1997.

楊在鶴,『朱熹易學에 關한 硏究』, 忠南大學校大學院 博士學位論文, 1992.

李世鉉,『先秦儒家의 天人關係論 硏究』, 成均館大學校大學院 博士學位論文, 2000.

尹天根,『中庸硏究』, 高麗大學校大學院 博士學位論文, 1987.

尹太鉉,『京坊 易의 硏究』, 東國大學校大學院 博士學位論文, 1988

李世東,『朱熹의 周易本義 硏究』 서울大學校大學院 博士學位論文, 2001년

李鉉中,『易學에서 나타난 儒家思想의 存在論的 根據』, 忠南大學校大學院 博士學位論文, 1996.

崔瑛甲,『先秦儒家의 道德哲學에 關한 硏究』, 成均館大學校大學院 博士學位論文, 1999.

崔英辰,「易學思想의 哲學的 硏究」, 成均館大學校大學院 博士學位論文, 1989.

崔一凡,『儒敎의 中庸思想과 佛敎의 中道思想에 關한 硏究』, 成均館大學校大學院博士學位論文, 1991.

崔良大,『하이데거의 存在물음의 構造契機에 의한 定礎過程에 關한 硏究』, 忠南大學校大學院 博士學位論文, 1987.

4. 一般論文

姜文植,「周易淺見錄의 形成背景과 權近의 易學」,『韓國學報』第29卷 제1號, 一志社, 2003.

공영립,「孔子의 天思想의 宗敎性에 關한 硏究」,『中國學報』第19輯, 1978.

郭信煥, 「易學과 退溪의 天命思想」, 『退溪學論叢』 創刊號, 退溪學釜山研究院, 1995.

郭信煥, 「周易 淺見錄과 陽村權近의 易學」, 『周易과 韓國易學』, 韓國周易學會. 1996.

郭信煥, 「朝鮮儒學의 太極 解釋 論辯」, 『東洋哲學研究』 第47輯, 東洋哲學研究會 2006.

郭信煥, 「『周易』의 變通과 改革思想」, 『儒敎思想研究』 第29輯, 韓國儒敎學會, 2007.

郭信煥, 「『周易』의 時」, 『時間과 解釋學』, 호남신학대학교, 2006.

金滿山, 「三易卦에 나타난 道德原理에 關한 研究」, 『哲學, 人間 그리고 敎育』, 第7回 韓國哲學者 聯合大會大會報 學術大會要約本(1994. 10. 21.-22.), 大田, 韓國東西哲學研究會 外 4개 哲學會 共同主體, 1994.

金滿山, 「易學上 用語槪念定義에 關한 研究(Ⅰ)」, 『東洋哲學研究』 第17輯, 東洋哲學研究會, 1998

金滿山, 「存在의 縱的構造와 橫的構造에 關한 圖書易學的 研究」, 『東西哲學研究』, 第16號, 韓國東西哲學會, 1998.

金滿山, 「漢·宋代의 九·十數論과 河圖洛書 圖象의 定立」, 『東西哲學研究』 第12號, 韓國東西哲學會, 1995.

금장태, 「周易淺見錄과 陽村 權近의 道學的 易 이해」, 『退溪學報』 第118輯, 退溪學研究院, 2006.

金京一, 「易經의 乾坤的 世界의 構造」, 『東洋哲學研究』 第40輯, 韓國東洋哲學會, 2004.

金益洙, 「周易 繫辭傳의 理論體系(上)」, 『周易哲學과 文化』, 創刊號, 韓國易經文化學會, 2003.

金益洙, 「退溪의 易學觀(Ⅰ)」, 『退溪學研究』 第3號, 檀國大學校 退溪學研究所, 1989.

金益洙, 「退溪의 易學觀(Ⅱ)」, 『退溪哲學研究』 第14輯, 東洋哲學研究會, 1994.

金益洙, 「退溪의 易學觀(Ⅳ)」, 『退溪哲學研究』 第16輯, 東洋哲學研究會, 1996.

金益洙, 「退溪의 易學思想」, 『새 교육』 第403號, 大韓敎育聯合會, 1988.

金益洙, 「退溪李滉의 易學思想」, 『周易과 韓國易學』, 韓國周易學會, 1996.

金益洙, 「孔子의 易學思想研究(上)」, 『韓國體大論文集』 第10輯, 韓國體大, 1990.

金益洙,「孔子의 易學思想研究(下)」,『韓國體大論文集』第14輯, 韓國體大, 1994.

金在弘,「先秦儒家의 天人關係에 關한 研究」,『汎韓哲學』第45號, 汎韓哲學會 2007.

김학권,「李滉의 易學研究」,『周易研究』第14輯, 韓國周易學會, 1999.

김학권,「周易에서의 '生生'과 '太和'」,『儒敎思想研究』第20輯, 韓國儒敎學會, 2004.

南明鎭,「正易思想의 根本問題와 先后天變化原理에 關한 考察」,『宗敎敎育學研究』第7卷, 인간사랑, 1998.

南明鎭,「第三易卦圖 出現可能性의 論理的 根據」,『儒學研究』第3輯, 忠南大學校 儒學研究所, 1998.

南明鎭,「周易의 卦爻原理에 關한 研究」,『東西哲學研究』, 第15號, 韓國東西哲學研究會, 1998.

南明鎭,「栗谷의 易學觀에 관한 研究」,『栗谷思想研究』第12輯, 栗谷學會, 2006.

남상호,「周易과 孔子仁學」,『汎韓哲學』第28輯, 汎韓哲學會, 2003.

박권수,「朝鮮後期 象數易學의 發展과 變動」,『韓國思想史學』第22輯, 韓國思想史學會, 2004.

朴用載,「周易의 繫辭와 說卦傳의 相關性과 解釋에 關한 研究」,『周易哲學과 文化』創刊號, 韓國易經文化學會, 2003.

박재술,「周易의 卦爻成立과 그 의미變化에 대한 考察」,『哲學研究』第14號, 哲學研究會, 1998.

방 인,「朱熹의 易學的 世界觀과 易學史에서의 朱熹易學의 位置」『哲學研究』, 第14號, 哲學研究會, 1988.

백은기,「朱熹 易學의 特質」,『汎韓哲學』第4輯, 汎韓哲學會, 1989.

백은기,「朱熹의 易學에서 나타난 易簡에 關하여」,『汎韓哲學』第35輯, 汎韓哲學會, 2004.

백은기,「朱熹의 周易解釋에서 나타난 中에 關한 研究」,『汎韓哲學』第25輯, 汎韓哲學會, 2002.

서근석,「星湖李瀷의『周易』解釋에 관한 研究」,『退溪學報』第117輯, 退溪學研究院, 2005.

徐正淇, 『周易의 義理思想과 易理의 體系』, 『周易哲學과 文化』 創刊號, 韓國易經文化學會, 2003.

宋寅昌, 「儒家思想에 있어서의 天命의 自覺과 人間存在」, 『東西哲學研究』, 創刊號, 韓國東西哲學會, 1984.

宋在國, 「周易의 三才思想과 人間이해」, 『東西哲學研究』 第17卷, 韓國東西哲學會, 1999.

송정희, 「孔子의 天에 觀한 研究」, 『中國學報』 第18輯, 韓國中國學會, 1977.

沈貴得, 「周易의 陰陽의 調和에 대한 研究」, 『東洋哲學研究』 第35輯, 東洋哲學研究會, 2003.

楊在鶴, 「正易思想의 現代的 이해」, 『周易哲學과 文化』 創刊號, 韓國易經文化學會, 2003.

楊在鶴, 「正易의 現代的 이해」, 『東西哲學研究』 第24號, 韓國東西哲學會, 2002.

嚴連錫, 「程頤의 易傳과 說卦傳 解釋에 있어서 理概念」, 『東洋學』 第34輯, 檀國大學校 東洋學研究所, 2003.

嚴連錫, 「程頤의 義理的 易 解釋 理論의 特性」, 『哲學研究』 第54輯, 哲學研究會, 2000.

嚴連錫, 「朝鮮前期 易哲學의 두 傾向에 關한 考察」, 『哲學研究』 第55輯, 哲學研究會, 2000.

嚴連錫, 「曺好益 易學의 象數學的 方法과 義理學的 目標」, 『大同文化研究』 第38輯, 大同文化研究院, 2001.

嚴連錫, 「易傳의 中正概念과 價値判斷」, 『泰東古典研究』 第18輯, 翰林大學校 泰東古典研究所, 2002.

呂紹綱, 「栗谷哲學의 淺論」, 『栗谷思想研究』 第3輯, 栗谷學會, 1997.

呂紹綱, 「再論 退溪易學」, 『周易研究』 第26號, 中國周易學會(중국 제남), 1998.

呂紹綱, 「退溪易學 初論」, 『韓國의 哲學』 第26號, 慶北大學校 退溪學研究所, 1998.

呂紹綱, 「退溪易學을 또 論함」, 『退溪學報』 第107·108 合輯, 退溪學研究院 2000.

柳南相, 「金恒의 正易思想」, 『古稀論文集』, 박규진박사고희기념사업회, 圓光大學校出版

局, 1984.

柳南相,「圖書易學의 時間觀 序說」,時間에 關한 硏究」, 忠南大學校, 人文科學硏究所, 1989.

柳南相,「易과 曆」,『百濟硏究』第17輯, 忠南大學校 百濟硏究所, 1986.

柳南相,「易學의 曆數聖統原理에 關한 硏究」,『論文集』第11卷 第1號, 忠南大學校 人文科學硏究所, 1983.

柳南相,「正易思想의 根本問題」,『論文集』第7卷 第2號, 忠南大學校 人文科學硏究所, 1980.

柳南相,「正易의 圖書象數原理에 關한 硏究」,『論文集』第8卷 第2號, 忠南大學校 人文科學硏究所, 1981.

柳南相,「河洛象數論에 關한 硏究」,『論文集』第5卷 第1號, 忠南大學校 人文科學硏究所, 1978.

유승종,「孟子 天觀의 宗敎性 硏究」,『孔子學』第8號, 韓國孔子學會, 1999.

유승종,「中國 古代 天觀硏究」,『孔子學』第3號, 韓國孔子學會, 1998.

윤사순,「退栗의 理氣哲學에 관한 現代的 解釋」,『退溪學報』第110輯, 退溪學硏究院, 2001.

尹太鉉,「京坊易의 易學史的 考察」,『周易哲學과 文化』創刊號, 韓國易經文化學會, 2003.

이경원,「眉叟 許穆의 天觀」,『建國語文學』, 第19輯, 建國語文學會, 1995.

이기훈,「權近의 河洛論과 朱熹의 河洛論」,『哲學論叢』, 새한철학회, 1999.

李文周,「中國 古代 天觀에 대한 硏究」,『東洋哲學硏究』第10輯, 東洋哲學硏究會, 1989.

李相益,「終末論에 대한 易學的 이해」,『周易哲學과 文化』創刊號, 韓國易經文化學會, 2003.

李愛熙,「朝鮮後期 易學觀의 考察」,『國民倫理硏究』第20輯, 韓國國民倫理學會 1984.

이원태,「人情에 基礎한 王弼의 義理易學觀」,『周易哲學과 文化』創刊號, 韓國易經文化學會, 2003.

이정복,「周易論理에 대한 解釋的인 考察」,『精神文化通卷』, 韓國精神文化院, 1989.

이충구,「周易諺解의 過程과 特徵」,『東洋哲學研究』第14輯, 東洋哲學研究會, 2003.

李允熙,「退溪까지의 易學史 개관」,『退溪學』第7輯, 安東大學校 退溪學研究所, 1995.

李鉉中,「圖書原理내용인 天之曆數」,『哲學論叢』第24輯, 새한哲學會, 2001.

李鉉中,「易學의 天之曆數와 卦爻原理」『東西哲學研究』第29號, 韓國東西哲學會, 2003.

李鉉中,「周易의 性命之理」,『汎韓哲學』, 第29輯, 汎韓哲學會, 2003.

장원석,「周易의 時間과 宇宙論」,『東洋哲學研究』第24輯, 東洋哲學研究會, 1998.

정병석,「周易의 秩序觀」,『東洋哲學研究』第25輯, 東洋哲學研究會, 1999.

정병석,「周易에 대한 退溪의 義理的 觀點」,『退溪學報』, 第115輯, 退溪學研究院, 2005.

정병석,「周易에 있어서의 數의 問題」『儒教思想研究』第1輯, 儒教學會, 1986.

黃晒起,「周易에 대한 茶山의 反神秘化 觀點과 稟命思想」,『韓國思想史學』第21輯, 韓國思想史學會, 2004.

부록 ❶

『주역』에서 본
지도자 덕목

*『동양철학연구』 제69집, 동양철학연구회 발간(2012년 3월)

I. 서론

오늘날 현대사회는 농경사회와 산업사회를 거쳐 정보사회로 변동되어 왔다. 특히 21C 정보사회는 산업사회에 비하여 사회 성원들의 다양한 욕구가 표출되었다. 따라서 현대 복지국가들은 이러한 개개인들의 욕구를 충족시키기 위해 사회구조의 질적 분화와 양적확대를 거듭하면서 사회적 다원주의를 지향하게 되었다.[432]

그러나 오늘날 현대사회는 부, 권력, 위신이라는 사회적 희소가치를 분배하는 과정에서 심각한 지역 간, 산업간, 소득간의 격차를 초래하였다. 이러한 격차는 사회전반에 걸친 양극화 현상을 가져올 뿐 아니라 계층 간의 대립으로 인한 사회적 갈등의 심각성은 점차 가중되었다.[433] 그리고 사회통합의 저해라는 심각한 사회적 문제에 직면되어 있다. 그러므로 오늘날 많은 국가들은 사회적 양극화 현상으로 인한 사회적 대립과 갈등을 해소하고, 나아가 구성원들의 상생을 위한 소통을 통한 사회통합의 중차대한 과제를 안고 있다고 할 수 있다.

이러한 사회적 과제의 해결을 위해서는 사회 성원 전체의 장기적이고, 지속적인 노력이 필요하다. 그러나 이를 위해서는 무엇보다도 사회지도자들의 사회 문제의 심각성에 대한 깊은 인식 능력depthperception과 사회 문제 해결의 위한 선견력foresight및 비전 세시를 통한 선구석 결단이 선행되어야

---

[432] 다원주의란 내가 속한 집단은 다른 집단에 종속되거나 예속되지 않고 독자적인 자율성을 유지하면서 기능을 수행할 수 있는 것을 말한다.
[433] 김대규,『교양인을 위한 리더십』학문사(서울), 2006, 23쪽.

한다고 할 수 있을 것이다. 왜냐하면 지도자는 사회적인 목표를 달성하는 데 사회 구성원들이 공헌할 수 있도록 강한 동기를 부여하고, 사회적 방향과 사회문제에 대한 창의적인 해결방법을 제시하는 선도적 역할을 할 수 있기 때문이다. 그러므로 21세기의 현대복지국가들은 어느 때보다도 양극화에 따른 사회문제를 효율적으로 해결하기 위한 지도자들의 창의적인 리더십이 요구된다고 할 수 있다.

따라서 본고에서는 『주역』이라는 창을 통해서 바라본 지도자의 덕목이 무엇인지 모색하기 위해 먼저, 『주역』의 64괘 「괘효사」와 「십익+翼」에서 나타난 지도자의 유형과 역할을 분석해보고, 그 다음으로 『주역』에서 밝히고 있는 바람직한 지도자의 덕목이 무엇인지를 살펴보고자 한다.

II. 『주역』에서의 지도자 유형과 역할

지도자는 집단을 이끌고 나가는 사람이다. 흔히 지도자를 항해하는 선박의 선장에 비유하기도 한다. 선장이 올바른 항로로 성원들을 잘 이끌고 가면 선원들과 선박을 예정된 항구에 무사히 도착할 수 있다. 만일 그가 무능하거나 무식해서 목표를 잘못 정하거나 선원들을 제대로 지휘하지 못하면 그 항해는 실패하거나 비극적인 상황에 직면할 수 있을 것이다.[434] 그러므로 가족과 같은 작은 집단에서부터 국가와 같은 큰 집단에 이르기까지 지도자의 역량에 따라 그 집단의 안정과 발전 여부가 좌우된다고 할 수 있다.

어느 나라, 어느 민족도 고난과 시련이 비켜갔던 역사를 가진 곳은 없을

---

[434] 서성교, 『한국형 리더십을 말한다』, 원맨원북스, 2011, 33쪽.

것이다. 그러한 고난과 시련이 불어 닥칠 때마다 국가와 민족의 흥망은 그 나라 지도자의 리더십에 의해 결정되어 왔음을 역사적으로 확인할 수 있다. 이러한 지도자의 덕목과 역할에 관해서는 동·서양을 불문하고, 시간과 공간이라는 특수성에 따라 다양하게 언급되고는 있다. 그러나 그 내용을 크게 두 가지 유형으로 일반화한다면 먼저, 대중과 동고동락을 최우선으로 하는 의리형 지도자와 다음으로 사회적 효율성을 우선하는 실리형 지도자로 크게 구분할 수 있을 것이다. 그 중에서도 유학에서는 일반적으로 민본정치사상에 입각한 의리형 지도자를 이상적인 지도자의 상으로 삼고 있다. 그렇다면 유학의 근원적 내용을 담고 있는 경전인 『주역』에서는 지도자의 의미와 덕목 및 역할에 대하여 어떻게 규정하고 있는가를 구체적으로 살펴볼 필요가 있다.

64괘 「대상사大象辭」에 나타난 지도자 유형과 의미

『주역』은 건·곤괘를 비롯한 64괘와 십익十翼으로 구성되어 있다. 그 중에서도 64괘에는 괘卦마다 그 괘상卦象을 설명하고 있는 「대상사」가 있다. 그 「대상사」의 내용에 대인大人, 상上, 후后, 선왕先王, 군자君子 라는 다양한 지도자의 유형들이 언급되어 있다. 따라서 여러 유형에 대한 의미를 『주역』외 64괘 「괘효사」와 「십익十翼」을 통해 살펴보고자 한다.
대인大人의 의미와 역할 대인大人에 대하여 이괘離卦「대상사」와 건괘乾卦「문언文言」에서 다음과 같이 언급하고 있다.

"상에 가로되 밝은 것 둘이 이를 지었으니, 대인이 이로써 밝은 것을 이어서 사방을 비춘다 하나니라.(象曰 明兩作, 離, 大人以, 繼明照于四方.)(『주역周易』,

중화이괘重火離卦,「大象辭」)

"무릇 대인은 천지와 더불어 그 덕을 합하며, 일월과 더불어 그 밝음을 합하며, 사시와 더불어 그 차례를 합하며, 귀신과 더불어 그 길흉을 합해서, 하늘에 앞서 해도 하늘이 어기지 아니하며, 하늘을 뒤따라 해도 하늘의 때를 받드나니, 하늘도 또한 어기지 아니할진대 하물며 사람에게 있어서며, 하물며 귀신에 있어서 인져.(夫大人者, 與天地合其德, 與日月合其明, 與四時合其序, 與鬼神合其吉凶, 先天而天弗違, 後天而奉天時, 天且弗違而況於人乎, 況於鬼神乎.)"(『주역』, 건괘乾卦「문언文言」)

먼저, 이괘離卦「대상사」에 말하는 이離란 밝음, 진리, 천도, 태양 등을 의미한다. 대인大人은 이것을 본받아 이괘離卦 괘상의 의미인 밝음, 진리, 천도를 공간인 사방四方에다 전파하는 것이 그의 역할임을 설명하고 있다. 다음으로, 건괘乾卦「문언文言」에서는 이러한 대인大人의 덕德을 찬탄하고 있다. 대인大人이 가지고 있는 덕德은 천리天理로써 인욕人慾의 사私가 조금도 섞이지 않고 극히 공명정대公明正大함을 천명하고 있다. 그 이유는 첫째, 건괘乾卦는 순양純陽으로만 구성되어 있다.⁴³⁵ 이것은 대인大人이 만약에 조금이라도 사사私事로운 욕심慾心을 가지고 있다면 천지天地, 일월日月, 사시四時, 귀신鬼神과 일체一體가 될 수 없다는 것을 표상하고 있는 것이다. 다시 말하면 하늘은 천지만물을 덮고 있으며, 땅은 만물萬物을 싣고, 이것들이 나고(生) 자라도록(長) 도우는 것이 천지의 역할임을 천명하고 있다. 이와 같이 대인大人도 천지天地와 같이 한없이 넓은 도량으로 천하 만민天下萬民을 감싸고 길러낸다는 것이다. 그러므로 천지天地와 대인大人이 그 덕德

---

435 『주역』 건괘 「문언」에서 "대재건호大哉乾乎 강건중정순수정야剛健中正純粹精也"라고 밝히고 있는 것이다.

을 같이 한다고 밝히고 있는 것이다. 둘째, 대인大人은 때로 천시天時를 앞서 일을 할 때도 있고, 혹 천시天時보다 뒤에 할 때도 있지만 천天은 대인大人의 일을 따라 운행運行된다는 것이다. 이것은 천도天道로써 천하 만민天下萬民을 길러내고, 욕심慾心을 조금도 섞지 않아 천지天地의 덕과 같이 함이니, 대인大人이 하는 일을 하늘도 어기지 않는다고 밝히고 있는 것이다.

위와 같이 살펴본 결과 대인大人은 하늘의 뜻을 자각하여 천도天道를 사방에 드러내는 존재이며, 천하 만민을 위하여 천지天地, 일월日月, 사시四時, 귀신鬼神과 함께한다고 언급하고 있다. 이것은 바로 『주역』의 경문經文안에서 나타난 성인聖人의 사명과 역할로 규정하고 있다. 그러므로 대인大人은 성인聖人을 군자君子적 입장에서 표현한 것으로서 성인聖人을 지칭하고 있음을 확인할 수 있는 것이다.

상上의 의미와 역할   상上에 대하여 산지박괘 「대상사」에서 다음과 같이 밝히고 있다.

> "상에 가로되 산이 땅에 붙은 것이 박이니, 상이 이를 본받아서 아래를 후하게 하여 집을 편안히 하나니라.(象曰 山附於地, 剝, 上以, 厚下安宅.)" (『주역』, 산지박괘山地剝卦 「대상사大象辭」)

산지박괘山地剝卦(䷖)의 괘상卦象은 땅은 두텁게 하여 높은 산을 넉넉히 실어야 한다는 것이다. 상上은 이를 본받아 아래에 있는 사람들의 생활을 두텁고 편히 해야 힘을 붙이고 있다. 다시 말하면 백성들에게 때를 알려 생명과 재산을 보호하고, 세금을 적게 징수하고, 부역賦役은 농번기農繁期를 피하여 국민의 생활을 편하게 한다는 의미이다. 그리고 그 결과로써 자기 자리를 안전하게 할 수 있다는 것이다.[436] 왜냐하면 군왕이 윗자리에서 민본정치를 하면 태평성대를 이룰 수 있고, 그 결과로 군왕君王의 자리가 안전하게 되며, 사직社稷을 유지할 수 있기 때문이다. 따라서 상上은 하늘의 뜻에 따라 민본정치를 실천하는 군자를 구체적으로 지칭하는 것으로 볼 수 있다.

선왕先王의 의미와 역할 선왕先王에 대해서는 수지비괘水地比卦를 비롯한 7괘의 「대상사」에서 다음과 같이 밝히고 있다.

"상왈 땅위에 물이 있는 것이 비니, 선왕이 이로써 만국을 세우고 제후를 친하나라.(象曰 地上有水, 比, 先王以, 建萬國親諸侯.)"(『주역』, 수지비괘水地比卦「대상사大象辭」)

"상에 가로되 우뢰가 땅에서 나와 떨침이 예니, 선왕이 이로써 음악을 짓고 덕을 숭상하여 성대히 상제께 천신하며 조상으로써 배하나라.(象曰 雷出地奮, 豫, 先王以, 作樂崇德, 殷薦之上帝, 以配祖考.)"(『주역』, 뇌지예괘雷地豫卦「대상사大象辭」)

"상에 가로되 바람이 땅위를 행하는 것이 관이니, 선왕이 이로써 방소를 살피고 백성을 살펴서 가르침을 베푼다 하나라.(象曰 風行地上, 觀, 先王以, 省方觀民設教.)"(『周易』, 풍지관괘風地觀卦「대상사大象辭」)

"상왈 우뢰와 번개가 서합이니, 선왕이 이로써 벌을 밝히고 법을 신칙 하나라.(象曰 雷電, 噬嗑, 先王以, 明罰勅法.)"(『주역』, 화뢰서합괘火雷噬嗑卦「대상사大象辭」)

---

[436] 안택安宅의 '택宅'은 윗사람이 있는 자리를 말한다. 또한 상간上艮의 산山은 움직이지 않은데서 나온 말이라고 할 수 있다.

"상에 가로되 우뢰가 땅 가운데 있는 것이 복이니, 선왕이 이를 본받아서 동짓날에 관문을 닫아 장사와 여행을 행하지 못하게 하며, 임금이 방소를 살피지 아니하니라.(象曰 雷在地中, 復, 先王以, 至日閉關, 商旅不行, 后不省方.)"
(『주역』, 지뢰복괘地雷復卦 「대상사大象辭」)

"상에 가로되 하늘 아래에 우뢰가 행해서 물건마다 무망을 주니, 선왕이 이로써 성하게 때를 대해서 만물을 기른다 하나니라.(象曰 天下雷行, 物與无妄, 先王以, 茂對時育萬物.)"(『주역』, 천뢰무망天雷无妄 「대상사大象辭」)

"상에 가로되 바람이 물위에 행함이 환이니, 군자가 이로써 상제께 제사를 올리며 묘당을 세우니라.(象曰 風行水上, 渙, 先王以, 享于帝立廟.)"(『주역』, 풍수환괘風水渙卦 「대상사大象辭」)

첫째, 수지비괘水地比卦(䷇) 「대상사」에서 선왕先王은 이 상象을 보고 비괘比卦의 도道에 따라 지형地形과 인정人情, 풍속風俗 등을 관찰하고, 때로는 순행巡幸하여 천하天下는 한집같이 되고, 만민萬民은 한 몸 같이 되게 하며, 천하를 잘 다스려야 함이 선왕의 역할임을 밝히고 있다.

둘째, 뇌지예괘雷地豫卦(䷏)는 「대상사」에서는 선왕先王이 천둥이 땅위로 울려 퍼지는 예괘豫卦의 상象을 보고 이것을 본받아 예악禮樂을 만들고 덕德을 숭상하며, 정성을 다해서 상제上帝께 제사祭祀를 올리며, 이로써 조상祖上과 함께 제사를 지낸다는 것이다.

셋째, 풍지관괘風地觀卦(䷓)는 바람이 땅 위를 불고 지나는 상象이다. 선왕이 이를 보고, 사방四方에 있는 여러 나라를 돌아보며, 풍속과 습관 및 문화에 따라 그들의 실정에 맞는 왕도정치를 하여야 한다는 것이다.

넷째, 화뢰서합괘火雷噬嗑卦(䷔)의 상象을 본받아 선왕은 우레의 위력과 번개 불의 밝은 지혜로 법을 제정하여 시행하고 형벌을 밝혀 소인小人을 교화敎化시키라는 것이다.

다섯째, 지뢰복괘地雷復卦(䷗)는 천둥이 땅속에 있는 상象이다. 천둥이 처음으로 땅속에 온 것이니 힘이 몹시 약하다. 다시 말하면 양陽이 처음으로 돌아온 것이니 힘이 약하다. 그러므로 양陽을 양육養育하여야 한다는 것이. 따라서 선왕先王이 상象을 보고 지일至日 즉 동지冬至날은 관소館所를 닫고, 상인商人이나 여행자의 출입을 금한다는 것이다. 즉 동지冬至날 하루는 비록 왕王이라 할지라도 출입出入을 금禁하고 조용히 쉬면서 자신을 성찰하고, 수양한다는 것이다.[437]

여섯째, 천뇌무망괘天雷无妄卦(䷘)는 하늘 밑에 땅에 천둥이 울려 퍼지는 것은 상象이다. 땅위에 천둥이 울려 퍼지고 만물萬物이 성장하는 시기가 다르므로 각각 그들의 성질性質에 따라 무성한 때에 맞추어 바르게 발육發育한다는 것이다. 선왕先王은 이 상象을 보고 본받아 힘써서 천시天時에 대응對應하여 만물을 양육養育하고 각각 그들이 마땅함을 얻도록 해야 함을 말한다.

일곱째, 풍수환괘風水渙卦(䷺)는 물 위에 바람이 지나가는 상象이다. 수水는 건너가야 될 강물이다. 바람이 물위에 행한다는 것은 목도木道를 타고 강을 건너간다는 것이다. 선왕先王은 하늘의 뜻을 의심疑心하지 말고 지극한 정성으로 제사祭祀를 지내고, 천도天道에 순응順應하라는 뜻이다.

위와 같이 이상의 7괘에서 나타난 선왕先王의 역할은 다음과 같다. 선왕

---

437 후불성방后不省方의 '성방省方'은 선왕先王이 동서남북 사방을 순시하는 것이다. 동지冬至날은 선왕先王도 이 성방省方에 쉬고 안정하면서 미약한 양陽을 양육한다. 이 말은 건초구乾初九의 '잠용물용潛龍勿用'으로 자신을 성찰하는 의미와 거의 같은 뜻으로 이해할 수 있다.

은 지형地形과 인정人情, 풍속風俗 등을 관찰하고, 만민萬民과 한 몸 같이 되어 천하를 잘 다스리며, 예악禮樂을 만들고, 정성을 다해서 상제上帝께 제사를 올리며, 사방四方에 있는 여러 나라를 돌아보고, 풍속과 습관習慣 및 문화文化에 따라 그들의 실정에 맞는 왕도정치王道政治를 하며, 밝은 지혜知慧로 법법을 제정하여 시행하고, 형벌刑罰을 밝혀 소인小人을 교화敎化하며, 천시天時에 대응對應하여 만물을 양육養育하는 등으로 언급하고 있다. 이러한 내용들은 역시 성인지도聖人之道를 실천하는 군자의 역할을 지칭함을 알 수 있다.

후后의 의미와 역할 후后에 대하여 지천태괘와 천풍구괘 「대상사」에서 다음과 같이 밝히고 있다.

> "상에 가로되 하늘과 땅의 사귐이 태니, 후가 이로써 천지지도를 이루며, 천지의 마땅함을 도움으로써 백성을 좌우하나니라.(象曰 天地交泰, 后以財成天地之道, 輔相天地之宜以左右民)"(『주역』, 지천태괘地天泰卦 「대상사大象辭」)
> "상에 가로되 하늘아래 바람이 있는 것이 구니, 후가 이로써 명을 베풀어 사방에 고 하나니라.(象曰 天下有風, 姤, 后以施命誥四方.)"(『주역』, 천풍구괘天風姤卦 「대상사大象辭」)

먼저, 지천태괘地天泰卦(☷☰) 대상사는 하늘의 기氣와 땅의 기氣가 서로 잘 사귀고, 조화調和를 이루는 것을 표상하고 있는 상象임을 밝히고 있다. 그러므로 후后는 이러한 태괘泰卦의 상象을 보고 그것을 본받아 천지天地의 도道에서 지나친 것이 있으면 알맞게 조정調定하여 만물萬物이 잘 이루어지도록 하며, 또 부족不足한 곳이 있으면 그것을 보충補充하여 천지天

地의 화육化育을 돕고, 만민萬民의 생활을 편하도록 해야 함을 밝히고 있다.[438] 그러므로 후后는 건도乾道를 유순하게 받아드리는 곤도坤道로서 군자를 의미한다고 할 수 있다. 다음으로 천풍구괘天風姤卦(䷫)「대상사」에서는 하늘(乾) 아래 바람(巽)이 부는 상象이다. 하늘로부터 바람(神道, 木道)이 불어와 안이 손순遜順한 가운데 밖으로 강건剛健한 덕으로 만물에 두루 미친다는 것이다. 따라서 후后는 백성들에게 시의성時宜性에 맞게 명하는 것이다. 다시 말하면 24절기에 맞도록 일을 시켜 백성의 생명과 재산을 보호하는데 있다는 것이다. 그러므로 천풍구괘天風姤卦(䷫)에서의 후后도 천도天道에 순종하고, 실천하는 군자를 말하고 있음을 알 수 있다.

상기와 같이 『주역』 64괘에서 나타난 지도자 유형에 대한 개념과 역할의 내용을 살펴본 결과 크게 두 가지 유형으로 구분할 수 있다. 먼저, 대인大人은 성인聖人과 동일한 개념이며, 다음으로 선왕先王, 상上, 후后는 군자의 총칭적 개념이라고 할 수 있다. 그러므로 『주역』 64괘 「대상사」에서 나타난 여러 가지 유형의 지도자의 의미는 크게 성인과 군자로 대분할 수 있다는 것이다. 그렇다면 『주역』의 64괘와 「십익十翼」에서 나타난 성인聖人과 군자君子의 의미는 무엇이며, 그 역할과 상호관계는 무엇인가?

지도자 유형의 구분

성인聖人	대인大人
군자君子	상上
	선왕先王
	후后

438 왕자王子의 도道는 재성천지지도財成天地之道하며 보상천지지의輔相天地之宜하야 이좌우민以左右民하는 것으로 끝난다. 옛 임금이 홍수를 다스리고 역법曆法을 정하고 땅을 개간하고 농공업農工業을 지도指導하는 것과 그 밖의 정치상의 시설을 하는 것은 모두 천지의 도道를 재성財成하고 천지天地의 의宜를 도와 백성을 좌우한다는 정신이다. 천지자연의 운행을 방해하는 것은 없애고 모자라는 힘을 보태는 것이 재성천지지도財成天地之道하며 보상천지지의輔相天地之宜하는 왕도王道이다.

III. 성인과 군자의 의미와 관계

『주역』은 성인지도에 입각한 군자지도를 표상하고 있다. 그렇다면 역易과 성인聖人은 관계는 무엇이며, 성인聖人과 군자君子의 의미와 역할은 무엇인가?.

성인의 의미과 사명

역易과 성인聖人의 관계 하늘과 역易관계, 역易과 성인聖人의 관계를 「계사상」편에서 다음과 같이 언급하고 있다.

> "자왈 역이 그 지극하구나! 무릇 역은 성인이 이로써 덕을 높이고, 업을 넓힘이니, 지는 높고(숭) 예는 낮으니(비), 숭은 하늘을 본받고, 비는 땅을 법하느니라.(子曰 易其至矣乎, 夫易聖人所以崇德而廣業也, 知崇禮卑, 崇效天卑法地.)"(『주역』,「계사상」편제7장)

성인聖人이 하늘을 본받아 덕德을 높이고, 땅을 법法으로 삼아 업業을 넓히는 것이다. 하늘의 주장함에 군자君子의 예禮는 낮추고, 순종함으로써 빛이 나니 비卑라고 언급하고 있는 것이다. 하늘을 따르는 것이 예禮로써 역과 성인의 관세와 성인聖人과 군자의 관계를 말하고 있다. 땅을 본받는다는 법지法地의 지地(=卑)는 겸손으로 군자의 입장을 설명하고 있다. 다시 말하면 군자는 하늘의 뜻과 땅의 법칙에 따라 행한다는 것이다. 법칙 되로 행行힘에는 질시가 있어야 되니 이것이 바로 예禮라는 것이다. 따라서 성인聖人은 역易의 이치理致가 인간에게 어떻게 작용되는가를 천명하는 존재임을 밝히고 있다는 것이다.

성인의 의미 성인聖人에 대하여「계사상」편에서 다음과 같이 밝히고 있다.

"성인이 천하의 잡란한 것을 봄에 있어서, 저 형용을 비기며, 그 물건에 마땅함을 형상함이라. 이런 까닭에 상이라 이름이요. 성인이 천하의 동함을 봄에 있어서, 그 모이고 통함을 보아서 그 전례를 행하며, 말을 매서 그 길흉을 판단함이라. 이런 까닭으로 효爻라 이르니, 천하의 지극히 잡란한 것을 말하되 싫어하지 못하며, 천하의 지극히 동함을 말하되 어지럽지 아니하니, 비긴 뒤에 말하고 의논한 뒤에 동動하니, 비기고 의논해서 변화를 이루느니라.(聖人 有以見天下之賾而擬諸其形容, 象其物宜, 是故謂之象, 聖人 有以見天下之動而觀其會通, 以行其典禮, 繫辭焉, 以斷其吉凶, 是故謂之爻, 言天下之至賾而不可惡也, 言天下之至動而不可亂也, 擬之而後言, 議之而後動, 擬議以成其變化.)"(『주역』,「계사상」편제8장)

"성인이 괘를 베풀어서 (지어서), 형상을 보고 말을 매어 (붙여서) 길흉吉凶을 밝히며, 강剛과 유柔가 서로 밀어서 변화를 생한다 하니, 이런 까닭으로 길과 흉은 잃고 얻는 형상이오.(聖人設卦, 觀象繫辭焉而明吉凶, 剛柔相推而生變化, 是故吉凶者, 失得之象也.)"(『주역』,「계사상」편제2장)

위의 내용에서 성인聖人은 천지天地의 작용원리를 자각自覺하고, 천지지도를 인간의 공간적인 삶에 있어서 길흉吉凶을 판단하는 기준인 법칙法則을 삼고 있음을 밝히고 있다. 성인이 천도를 자각하여 구체적인 삶의 원리와 길흉의 기준을 밝히고 있는 것이 효사爻辭이다. 효사爻辭의 내용으로 길흉을 결단함으로써 예의禮義를 밝히고 있다는 것이다. 그러므로 예의禮義에 맞으면 길吉이고, 맞지 않으면 흉凶하다는 것이다. 그러므로 군자는 마땅히 역易의 이치에 견주어 헤아린 다음에 말하고,「괘효사」와 의논한 후에 움직여야 한다는 것이다. 왜냐하면 성인의 말씀이 우리에게 그 나아갈 바를 가르쳐 주기 때문이다.("辭有險易, 辭也者, 各指其所之…")(『주역周易』,「계사상」편제3장) 또한 성인聖人이 역易속에서 이치理致를 깨달아 근원적인 진리眞理를 말했기 때문에 미워할 수 없다는 것이며, 천하의 지극히 큰 움직임을 말하였지만, 이치理致에 정확히 들어맞아 예의禮義로 드러났으므로 어지럽힐 수 없다는 것이다.

요컨대, 성인聖人이 괘卦를 베풀고 상象을 깨달아서 말씀을 매어 군자지도와 소인지도를 밝혀서 군자지도로 나아가게 한 것이다. 왜냐하면 성인은 64괘를 통해서 시의성時宜性의 맞는 행동의 결과로서의 길흉吉凶을 밝히고 있기 때문이다. 따라서 성인聖人은 천도를 자각하여 성인지도를 천명闡明하고, 그 내용을 괘상卦象으로 드러내는 존재임을 밝히고 있다.

성인聖人의 사명 성인聖人의 사명에 대하여 화풍정괘火風鼎卦「단사彖辭」에서 다음과 같이 밝히고 있다.

"단왈, 정은 형상이니, 나무로써 불을 들여서 밥을 삶으니, 성인이 삶아서 상제께 제사 올리고, 크게 삶아서 성현을 기르느니라.(彖曰 鼎象也, 以木巽火, 亨飪也. 聖人亨, 以享上帝, 以大亨, 以養聖賢.)"(『주역周易』, 화풍정괘火風鼎卦,「단사彖辭」)

『주역』에서의 음식물은 대부분 군사의 인격석인 영양소인 성인지도를 의미한다. 따라서 목도木道의 불로써 음식물(성인지도)을 익히고 삶는 정鼎의 이치理致를 깨닫고, 본받아 현인賢人들을 길러내는 것을 의미한다. 따라서 성인聖人은 천명天命을 자각한 존재로써, 성인지도를 괘상으로 표시하며, 군자지도와 소인지도를 밝히며, 군자를 길러내는 것을 사명으로 하는 존재임을 확인할 수 있다.

군자君子의 의미와 사명

군자의 의미 『주역』에서 말하는 군자의 의미는 무엇인가? 군자 대하여 건괘乾卦「문언文言」에서 다음과 같이 밝히고 있다.

> "군자가 인을 체득함이 족히 사람의 어른이며(사람을 기르며), 모임을 아름답게 함이 족히 예에 합하며, 물건을 이롭게 함이 족히 의리에 화합하며, 바르고 굳셈이 족히 일을 주장함이니, 군자가 이 네 가지 덕을 행하는 지라, 그러므로 가로되 '건원형이정'이니라.(君子 體仁足以長人, 嘉會足以合禮, 利物足以和義, 貞固足以幹事, 君子行此四德者, 故曰乾元亨利貞.)"(『주역周易』, 건괘乾卦,「문언文言」)

군자가 인仁을 자기 몸으로 행동한다는 말이다. 군자는 건乾의 원덕元德, 즉 인仁의 덕德을 몸에 지니고 만물을 포용하며, 만물과 일체가 되어 있음으로 사람의 장長이 된다는 것이다. 다음으로 군자는 건乾의 형덕亨德을 체득하고 있음으로 모든 좋은 것과 아름다운 것이 모여 있고, 하는 일이 모두 아름답고 법도法度에 맞음으로 예禮에 합당하다고 할 수 있는 것이다.[439] 이것은 군자가 건乾의 원형이정元亨利貞의 덕德 즉 인의예지仁義禮智의 덕德을 체득體得한 것을 의미한다.[440] 이것을 천도天道의 운행으로 말하

---

[439] 군자는 건乾의 이덕利德을 체득體得하여 만물萬物을 각각 그 마땅한 곳을 얻게 하고 편리便利한 곳에 머물게 하니 의덕義德에 합당合當하며, 군자는 건乾의 정덕貞德을 체득體得하여 지혜가 밝고 바르고 견고하며 만사를 잘 성취 시킬 수 있음으로 매사에 근간根幹이 될 수 있다.

[440] 인의예지에서 인仁은 만물을 육성하는 덕이며, 그 인仁이 외부로 나타나 자라고 번지고 퍼져나가 아름다운 동작과 질서 있는 조직, 문물제도로 되어 있는 덕德이 예禮이다. 그것이 여물어 마땅한 곳을 얻는 것이 의義의 덕德이며, 더욱 굳어져 차분하게 사물을 관찰하고 바르고 여물게 되어 있는 덕德이 지智이다. 이 지智의 덕德에서 다시 인仁의 덕德이 나타나 끝없이 순환한다.

면 원형이정元亨利貞이라 하고, 인간人間의 도덕道德으로 말하면 인의예지仁義禮智으로 규정할 수 있다.[441]

군자의 사명 군자의 사명에 관하여 건괘乾卦「문언文言」에서 다음과 같이 밝히고 있다.

"구삼九三에 말하길 '군자는 종일토록 굳세고 굳세어서 저녁에도 두려워하면 위태로우나 허물이 없을 것이다. 라고 함은 무엇을 이름인가? 공자 왈 "군자가 덕에 나아가며 업을 닦나니 충성되고 미덥게 함이 덕에 나아가는 바요, 말을 닦고 그 정성을 세움이 업에 거하는 바라. 이를 줄을 알고 이르나니 더불어 기미 할 수 있으며, 마칠 줄을 알고 마치니 더불어 의리를 보존할 수 있으니, 이런 까닭에 높은 자리에 있어도 교만하지 아니하며 낮은 자리에 있어도 근심하지 않나니, 그러므로 굳세고 굳세게 해서 그 때로 인하여 두려워하면 비록 위태하나 허물이 없으리라.(九三曰 君子終日乾乾, 夕惕若, 厲无咎, 何謂也. 子曰 君子進德修業, 忠信所以進德也. 修辭立其誠, 所以居業也. 知至至之, 可與幾也. 知終終之, 可與存義也. 是故 居上位而不驕, 在下位而不憂, 故乾乾因其時而惕雖危, 无咎矣.)"(『주역周易』, 건괘乾卦「문언文言」구삼효사九三爻辭)

이는 건괘乾卦 구삼九三「효사」에서 군자에 대한 몇 가지 특징을 살펴 볼

---

[441] 천도운행의 원元·형亨·이利·정貞이 천도의 인仁·의義·예禮·지智이며, 일년의 춘春·하夏·추秋·동冬이 일년의 인仁·의義·예禮·지智라 할 수 있다. 인仁·의義·예禮·지智는 하나하나 분리할 수 없는 일체이며, 인仁이 발전되어 예禮가 되고 그것이 여물어 의義가 되고 더 굳게 되어 지智가 되며, 지;智가 있으면 반드시 또 인仁의 덕德이 나타나 일년의 춘春·하夏·추秋·동冬처럼 계속 순환되는 것이다. '인仁·의義·예禮·지智'는 이와 같이 혼연일체가 되어 '영원'이 이어지는 하나임으로 원·형·리·정이나 춘春·하夏·추秋·동冬과 같이 넷으로 분리할 수가 있다.

수 있다 먼저, 군자는 하루 종일 덕德으로 나아가고 업業을 닦아야 한다는 것이다. 덕으로 나아간다는 것은 자기 도덕이 진보進步되도록 공부하고, 수양하는 존재임을 밝히고 있다. 덕德을 닦는다는 것은 자기 하는 일을 말한다. 왜냐하면 도덕을 수양하여도 자기 할 일을 하지 않으면 도덕의 공功이 적고, 일을 해도 도덕의 수양이 모자라면 훌륭한 일을 할 수 없기 때문이다. 또한 수사修辭란?「괘효사卦爻辭」,「계사繫辭」등을 닦아서 참된 마음을 세우고, 학문을 한다는 것이다. 다시 말하면 마음 가운데 본래부터 갖고 있는 성실誠實함을 굳게 지니고 있으면 그 성실함이 밖으로 나타나 말도 잘 닦아지고 하는 일도 잘 되어 편안하게 있을 수 있다는 것이다.[442]

다음으로 군자는 도덕적 수양이 어디까지 가야한다는 것을 미리 알고서 힘을 다하여 그곳까지 도달하면 더불어 기幾를 말할 수 있다는 것이다. '기幾'는 기미幾微로써 일이 일어나기 전에 나타나는 미묘한 조짐을 말한다. 기미를 본다는 것은 대단히 중요한 일이다. 왜냐하면 역易을 배워서 사물事物 변화의 리理를 알고저 하는 것은 기幾 즉 사물의 변화의 시작에서 볼 수 있는 극히 미세한 조짐을 알고저 함이기 때문이다. 많은 사람들이 예사로 보고 넘기는 극히 희미한 기미幾微를 볼 수 있다면 그 다음의 변화를 미리 알 수 있고 거기 대처하는 방법을 세울 수 있다. 다시 말하면 안으로 충직한 마음이 있고 밖으로 말이 신실信實하게 될 때까지 성인지도를 수양修養하여 도덕이 여기까지 도달한 사람이면 사물事物의 기미幾微를 알 수 있는 사람임으로 더불어 기미에 대한 말을 할 수 있다는 것이다. 그러므로 기미가 보이지 않으면 아직 도덕이 부족함으로 덕의 나아감에 더욱 노력하여야 한다. 그 결과 '기미幾微'를 알면 일이 어떻게 진전되고 끝나는

---

[442] 말만 꾸미는 것은 진실眞實이 아니다. 군자는 말을 꾸미면서 마음의 성실誠實함을 굳게 지키고 있어야 성인지도를 올바르게 실천할 수 있다는 것이다.

가를 짐작 할 수 있다는 것이다.

　마지막으로 군자는 성인지도를 실천하고, 노력하는 사람으로 윗자리에 있어도 교만驕慢하지 않고 아랫자리에 있어도 높은 자리를 바라고 마음 아파하지 않아야 한다는 것이다. 또한 군자는 종일 열심히 일하고 또 저녁에는 몸과 마음을 삼가하고, 조심한다는 것이다. 이는 군자가 밤낮없이 어떤 시간이라도 항상 성인지도를 두려워하고, 도덕적인 긴장상태를 유지하면 비록 위태로운 자리이지만 허물없이 잘 지낼 수 있음을 말하고 있다.

　따라서『주역』에서의 군자는 성인지도를 자각하고 이를 실천하는 사람이다. 또한 군자는 자신에 엄격하며, 백성을 교화시켜 대중의 공익을 도모하는 지도자이다. 그러므로 백성위에 군림하는 지배자나 자신의 사익私益을 중시하는 소인배와는 구분되는 것이다.

성인·군자의 관계

　위에서 분석한 결과 성인은 천도를 자각한 사람이며, 군자는 이를 실천하는 사람임을 확인할 수 있었다. 이러한 성인과 군자에 대하여 곤괘坤卦「단사彖辭」와 「계사繫辭」편에서 다음과 같이 밝히고 있다.

> "곤은 원元하고, 형亨하고, 이利하며, 암말의 곧음이니, 군자의 갈 바 이니라. 먼저 하면 아득해서 도를 잃고, 뒤에 하면 순해서 항상 함을 얻으리니.(坤, 元亨利牝馬之貞, 君子有攸往, 先迷後得主利, 先迷失道後得常.)"(『주역周易』, 곤괘坤卦「단사彖辭」)

> "이런 까닭에 군지기 기하여 편인한 것은 역의 차례요, 즐서워하여 완미하는 것은 효의 말이니, 이런 까닭에 군자가 거할 때는 그 형상을 보고 그 말을 음미하여, 움직일 때는 그 변함을 보고 그 점을 구경하나니, 이로써 하늘

로 부터 도와 길해서 이롭지 않음이 없다.(是故, 君子所居而安者, 易之序也.
所樂而玩者, 爻之辭也. 是故, 君子居則觀其象而玩其辭, 動則觀其變而玩其
占, 是以自天祐之吉无不利.)"(『주역』,「계사상」편 제2장)

  먼저, 곤괘坤卦「단사彖辭」에서는 군자가 성인聖人보다 먼저 하면 도道를 잃고, 뒤에 하면 항상 됨을 얻는다고 천명하고 있다. 다음으로「계사」편에서는 군자는 거居할 때는 성인의 말씀을 완미하여 군자지도와 소인지도를 구별하고, 움직일 때는 역리를 궁구하여 그 변한 효爻를 보고 그 가르치는 바를 음미吟味해야 한다고 한다. 그 결과로 하늘로부터 도움이 있어 길吉하여 이롭지 아니함이 없음을 밝히고 있다.[443] 이는 성인지도에 순종하는 것이 군자의 사명임을 밝히고 있다.

  또한 군자가 성인지도를 실천함에 있어서 성인이 군자의 갈 바를 제시해 줌을 다음과 같이 밝히고 있다.

"이러므로 군자가 장차 무슨 일을 하고, 장차 무슨 행동을 하려 할 때에는 물어서 말을 하려하니, 그 명을 받음이 메아리가 울리는 것과 같아서, 먼 곳이나 가까운 곳이나, 그윽한것이나 깊은 것을 가리지 않고, 드디어 미리 일을 안다고 하나니, 천하의 지극히 정미로운 자가 아니면 그 누가 이에 참여하리오.(是以, 君子將有爲也, 將有行閒焉而以言其受命也. 如嚮无有遠近幽深,

---

[443] 요약 설명하면 君子는 성인聖人이 밝혀놓은 괘상원리卦象原理를 관관觀(자각自覺)하고 언사言辭를 가지고 놀고, 움직인 즉 변화지도를 관관觀하여 점占을 가지고 노니 이런 까닭에 하늘로부터 도와서 길吉하여 리利롭지 않음이 없는 것이다. 점占을 가지고 논다는 것은 존재存在의 차원次元에서 시비是非의 문제問題가 인간의 문제로 넘어오면 길흉이 드러나면서 리해가 발생하는 것이다. 따라서「계사상」편 제오장에서 '극수지래지위점極數知來之謂占 이오' 라고 하였다. 제2장은. 성인이 역易을 지으신 뜻과 군자가 이를 체득體得하여 행하하는 태도態度를 쓴 것이다.

遂知來物, 非天下之至精, 其孰能與於此.)"(『주역』,「계사상」편 제10장)

　성인聖人에게 묻는다는 것은 바로 경전經典을 공부하는 것이며, 명命을 받는 것은 성인지도를 나의 심성내면心性內面에서 자각이 이루어진다는 것을 의미한다. 그러므로 군자가 역易에 물으면 그 대답은 말(言)로 하되, 메아리 같이 하여 멀고, 가깝고, 은밀하고, 깊숙함에 구별 없이 미래未來에 일어나는 사건事件을 알게 된다는 것이다. 이것은 천도天道에 대한 지극한 정情으로써 도통道通의 경지가 아니면 능히 알 수 없으며, 역易의 이치理致가 아니면 능히 알 수 없음을 밝히고 있다.

　위의 내용에서 성인과 군자의 관계를 살펴본 결과 앞에서도 언급된 바와 같이 성인은 천도를 자각하는 존재이며, 군자는 성인聖人의 말에 순종해야 하는 것이 사명임을 거듭 밝히고 있다. 즉 성인지도聖人之道를 헤아려 자각하면 내 마음속에서 성인聖人과 하나될 수 있다. 또한 길흉吉凶을 구분할 수 있으며, 성인지도에 자문하면 우리의 갈 바 분명하게 제시해주고 있음을 천명闡明하고 있다는 것이다. 그러므로「계사繫辭」편에서 "두 사람의 마음이 같으니 그 날카로움이 쇠를 끊도다. 같은 마음의 말은 그 향기가 난초와 같도다."("二人同心, 其利斷金, 同心之言, 其臭如蘭.")(『주역』,「계사상」편제8장) 고 하여 천도를 자각한 성인지도를 군자가 주체적으로 자각하고, 실천히면 성인지도가 난초의 향과 같이 사방四方에 널리 퍼지게 됨을 밝히고 있는 것이다.

　『주역』은 성인지도에 입각한 군자지도를 표상하고 있다. 그리고 군자는 성인지도를 주체적으로 지각하여 실천하는 존재임을 확인할 수 있었다. 그렇다면 성인지도를 실천해야할 군자의 덕목은 무엇인가?

태극기와 지천태 원리

지천태괘地天泰卦는 상괘上卦는 곤괘坤卦의 지地이며, 하괘下卦는 건괘乾卦의 천天으로 합덕원리合德原理를 나타내고 있는 괘이다. 태泰는 통通하는 것이다. 양쪽 물건物件과 사람이 잘 통通하는 것이다. 서로 기분氣分이 소통疏通되고 서로의 뜻이 통하게 되면 서로의 관계가 편하게 잘 풀려 나간다. 이것이 양쪽 물건 또는 사람 사이의 태泰이다. 태괘泰卦는 위에 곤괘坤卦의 땅이 있고 아래에 건괘乾卦의 하늘이 있다. 모양으로 말하면 위에 있어야할 하늘이 아래에 있고 아래에 있어야 할 땅이 위에 있으니 잘못된 것으로 생각 되지만 여기서는 현상적 모양으로 보는 것이 아니고 기氣로서 근원 보게 되니 하늘의 기운은 내려와서 땅으로 통하고 땅의 기氣는 올라가서 하늘로 통하니 하늘과 땅의 기氣가 서로 통하고 화합하여 천지 만물이 나고 자라게 된다. 이것이 천지 음양으로 본 지천태 원리로써 우리나라 국기인 태극기의 구성원리이다. 인사人事로 보면 건乾의 천天은 군주요 곤坤의 지地는 국민國民이다. 위에 있는 군주의 은택이 아래에 있는 국민에게 통하고 아래에 있는 국민의 상태가 위에 있는 군주에게 통하여 상하가 소통하여 천하가 태평하게 된다. 남녀 간의 경우로도 응용해 보아도 된다. 이것은 군주와 국민사이의 지천태地天泰로 본다. 또 군주는 진심으로 신하를 신임하고, 신하는 성심誠心으로 군주를 섬기면 군주와 신하의 뜻이 잘 소통된다. 이것이 지천태地天泰이다. 그러므로 이 괘는 하늘의 기운과 땅의 기운이 서로 섞이고 통하는 것이다. 즉, 양陽과 음陰, 군주와 신하, 군자와 소인, 남자와 여자 등의 양쪽이 서로 통하고 잘 조화되는 괘이다. 그러므로 지천태괘는 천하태평의 괘이다.

Ⅳ. 『주역』에서 나타난 지도자 덕목

앞에서 살펴본 바와 같이 『주역』은 성인지도에 입각하여 군자지도를 표상하고 있다. 그렇다면 『주역』에서 밝히고 있는 이상적인 군자의 덕목德目은 무엇인가? 군자의 덕목에 대하여 지천태괘地天泰卦(䷊)에서 다음과 같이 밝히고 있다.

"구이九二는 거친 것을 포용해 주고, 황하黃河를 맨몸으로 건너는 용맹을 쓰며, 멀리 있는 것을 버리지 않고, 붕비朋比(朋黨)을 없애면 중행中行(중도)에 배합하리라.(九二 包荒, 用馮河, 不遐遺, 朋亡, 得尙于中行.)"(『주역』지천태괘, 구이「효사」)

위의 내용을 지천태괘(䷊) 구이九二효에 대한 내용이다. 육효중괘의 원리로 볼 때 오효五爻는 성인의 효爻이며, 이효二爻는 군자의 효이다. 천하를 지천태地天泰의 태평성대를 이루기 위해 이효二爻 군자인 지도자가 가져야 할 사덕목四德目에 대하여 밝히고 있다. 이를 좀 더 구체적으로 살펴보면 다음과 같다.

첫째, 지도자는 포용력이 있어야 한다는 것이다. 원래 황荒은 잡초가 무성한 거친 논밭을 의미하나, 여기서는 난잡亂雜한 소인小人이나 혹은 말을 잘 듣지 않는 잡다한 사람들까지 포용한다는 것을 말한다.[444] 그러므로 포황包荒은 거칠고 더러워진 것을 모두 감싸주는 포용력을 말한다. 이 때 거친 것을 감싼다는 것은 군자의 도량度量이 넓어 거칠고 더러워진 사람들

---

[444] 왕필도 거칠거나 더러운 것을 포용하는 것으로 해석했으며, 『주역전의』와 『주역본의』에서도 같이 해석하고 있다.

까지 남김없이 다 받아들이고 화합和合하는 것이다.⁴⁴⁵ 또한『주역』에서는 군자가 소인을 대하는 구체적인 방법론을 천산돈괘(☰☶)에서 다음과 같이 밝히고 있다.

"상에서 말하기를, 하늘 밑에 산이 있는 것이 돈遯이니, 군자는 이로써 소인小人을 멀리하되, 미워하지 않고, 엄하게 하나니라.(象曰 天下有山, 遯, 君子以, 遠小人不惡而嚴.)"(『주역』, 천산돈괘天山遯卦「대상사大象辭」)

천산돈괘天山遯卦(☰☶)의 괘상卦象은 하늘 아래 산이 있는 것이 돈遯이다. 상괘上卦는 건乾으로 천도를 의미하고, 하괘下卦는 간艮으로 산山은 머무는 (止) 덕을 가지고 있다. 따라서 군자가 이것을 본받아 소인을 멀리하되 미워하지 말고, 자신에게 더욱 더 엄격하게 함으로써 군자의 덕德으로 소인을 감화感化 교화敎化를 시켜 나감을 말하고 있다. 그러므로 군자는 천도天道에 머물러야 함을 표상하고 있는 것이다. 군자의 지선止善에 대하여 뇌천대장괘雷天大壯卦(☳☰)에서 다음과 같이 밝히고 있다.

"상에서 말하기를, 우레가 하늘 위에 있는 것이 대장大壯이니, 군자君子가 보고서 예禮가 아니면 행하지 않는다.(象曰 雷在天上, 大壯, 君子以, 非禮弗履.)"(『주역』, 뇌천대장괘雷天大壯卦,「대상사大象辭」)

대장괘大壯卦(☳☰)의 괘상을 보면 상괘上卦인 진震은 족足으로써 움직여

---

445 천하태평을 위해서는 착한 군자를 등용하는 것은 그렇게 어려운 일이 아니지만 소인과 세궁민細窮民의 생활을 안정시키는 것은 어려운 일이다. 소인과 빈민貧民은 무성한 잡초와 같은 것이다. "군자가 바람이면 소인小人은 풀이다. 바람이 불면 풀은 반드시 눕는다."고 하듯이 관대하게 포용하는 것이 중요하다는 것이다.

실천함을 나타내는 이履의 상象이며, 하괘下卦의 건乾은 천天으로 구성되어 있다. 이는 뇌천대장괘雷天大壯卦(䷡) 상괘上卦인 진족震足이 하괘下卦인 건천乾天을 밟고 있는 형상形狀이다. 다시 말하면 천天 즉 지극히 정대正大한 도道를 진괘震卦의 발이 밟고 실천하는 모양이다. 그러므로 바른 도道와 예禮를 행하는 것이니 비례불리非禮弗履라 한 것이다.[446]

요컨대 지도자인 군자는 포용력을 가지고, 소인배를 감싸면서 자신에게 더욱 엄격하여 소인들은 교화敎化하면서 예禮로써 행하라고 밝히고 있는 것이다.

둘째, 지도자는 과단성과 용기가 있어야 함을 말하고 있다. 용빙하用馮河의 빙馮은 맨발로 건널 빙이다. 배나 뗏목으로 강江을 건너지 않고, 맨발로 걸어서 강江을 건너려하는 것이다. 이것은 성인지도에 대한 믿음을 가지고, 결행決行하는 과단성과 용기를 비유한 말이다. 따라서 지도자란 넓은 도량으로 소인小人을 포용하는 것만으로는 부족하며, 동시에 진리에 대한 믿음을 가지고, 맨발로 큰 강을 건너는 결단력과 용기가 필요하다는 것이다.

셋째, 멀리 숨어있는 자까지도 버리지 않고 다 헤아리는 총명과 지혜가

---

[446] 비례불리非禮弗履란? 예가 아니면 디디고 서시 않느나(행하지 않는다)는 것이다. 비례불리非禮弗履에 대하여 『논어』에서 '공자'가 '안연'의 극기복례克己復禮에 대한 질문에 '비례물시非禮勿視 비례물청非禮勿聽 비례물언非禮勿言, 비례물동非禮勿動'라고 대답하였다. (『논어』, 「안연」 제12, 안연문인顔淵問仁, 자왈子曰 "극기복례위인克己復禮爲仁. 일일극기복례一日克己復禮, 천하귀인언天下歸仁焉. 위인유기爲仁由己, 이유인호재而由人乎哉? 안연왈顔淵曰 "청문기목請問其目. 자왈子曰 "비례물시非禮勿視, 비례물청非禮勿聽, 비례물언非禮勿言, 비례물동非禮勿動.") '공자孔子'가 '안연'의 극기복례克己復禮에 대한 질문에 ''비례물시非禮勿視 비례물청非禮勿聽 비례물신非禮勿信, 비례물동非禮勿動'이라 하셨는데, 뇌천대장괘雷天大壯卦 「대상사大象辭」에서 말한 '비례불리非禮弗履'는 이 넷을 포함하고 특히 '비례물동非禮勿動(上卦 震은 動)'의 뜻이 있다고 할 수 있다.

'빙하馮河'에 대한 『주역』과 『논어』에서의 의미

'빙하馮河'는 『주역』 뿐아니라 『논어』에서도 보인다. 먼저, 『논어』 「술이」편 제10장에 "자로가 말하기를, "선생님께서 삼군三軍을 통솔하신다면, 누구와 함께 하시겠습니까?" 공자가 말씀하시길, "맨손으로 호랑이를 때려잡고 맨몸으로 江을 건너다가 죽어도 후회하지 않는 자와 내가 함께 하지 않을 것이다. 반드시 일에 임해서는 두려워하며 도모하기를 좋아해서 성공하는 자와 함께 할 것이다."("子路曰 子行三軍, 則誰與. 子曰 暴虎馮河, 死而無悔者, 吾不與也, 必也臨事而懼, 好謀而成者也.")고 밝히고 있다.

여기에 대한 필자의 견해로는 「술이述而」편은 공자가 군자君子와 인자仁者의 덕목을 말하고 있으며, 특히 「술이述而」편 제10장은 공자孔子가 과묵寡黙한 덕을 가진 안연顔淵을 칭찬하고, 난세에 용맹한 사람이 필요하다고 주장하는 행동파인 자로子路의 경솔하고 무모함을 훈계하는 과정에서 '맨손으로 호랑이를 때려잡고 맨몸으로 강江을 건너는 구절에서의 '폭호빙하暴虎馮河'를 사용하고 있다고 본다. 그러므로 이때 '빙하馮河'의 의미는 무모한 만용을 의미하고 있다고 보아야 할 것이다.

다음으로 『주역』의 지천태괘() 구이九二 효사爻辭는 천하의 태평성대를 이루는 군자의 역할로서의 '빙하馮河'로 이는 성인지도에 믿고, 실천하는 과감한 결단력으로 해석하는 것이 괘효사의 전체의 의미와 일치하는 해석이라고 본다. 그러므로 '빙하馮河'에 대한 『주역』과 『논어』에서의 의미는 달리 해석되어야 된다고 사료된다.

있어야 한다는 것이다. 지도자란 집단내의 구성원들의 전부를 바라볼 줄 아는 전체적인 시각이 필요하다. 그리고 집단 구성원 개개인들의 작은 고충까지 놓치지 않고 배려하는 지혜가 있어야 된다는 것이다. 이것은 집단 구성원들로 하여금 그 집단의 목적을 달성하는데 헌신토록 할 뿐 아니라 지도자와 구성원들 간의 신뢰감 형성에 매우 중요한 요인이 된다는 것이다.

넷째, 지도자는 공명정대해야 한다는 것이다. 붕망朋亡은 공평정대를 말한다. 인사관리나 신상필벌에 있어서 학연, 지연, 혈연 등의 연줄에 따라 사사로운 정情을 주지 말라는 것이다. 지산겸괘地山謙卦「대상사」에서 "상에 가로되 땅 가운데 (속에) 산이 있는 것이 겸謙이니, 군자가 이로써 많은 것을 덜어서 적은데에 더하며, 물건을 저울질하여 베풂을 고르게 하나니라.("象曰 地中有山 謙, 君子以, 裒多益寡, 稱物平施.")(『周易 지산겸괘地山謙卦』「대상사大象辭」) 고 밝히고 있다.

요컨대, 지천태괘(☰)구이九二「효사爻辭」에서의 「❶포황包荒, ❷용빙하用馮河, ❸불하유不遐遺, ❹붕망朋亡」의 네 글귀는 군자가 천하를 태평하게 하는데 필요한 덕德이다. 즉 관대하게 포용하는 도량과 과감하게 결행하는 용기와 멀리 숨어있는 곳까지 비출 수 있는 총명한 지혜와 공평무사한 덕을 말하고 있는 것이다.

V. 결론

본고에서는 바람직한 지도자 덕목의 모형 무엇인가를 도출하기 위해서 『주역』이라는 창을 통해서 『주역』의 64괘 괘효사와 「십익十翼」에서 나타난 지도자의 유형은 분석해보고, 『주역』에서 밝히고 있는 바람직한 지도자 상과 덕목이 무엇인지를 상론해 본 결과 다음과 같은 결론을 도출할 수 있었다.

첫째, 『주역』에 나타난 지도자의 여러 개념들은 성인과 군자로 크게 대분할 수 있었다. 그리고 성인聖人은 천명을 자각한 존재이며, 군자君子는 성인지도를 순종하고, 실천하는 사명을 가진 존재임을 확인 할 수 있었다.

둘째, 『주역』에서 나타난 지도자의 바람직한 덕목으로는 관대하게 포용하는 도량(包荒^{포황})과 모든 일을 과감하게 결행하는 결단과 용기(用馮河^{용빙하}) 그리고 멀리 숨어있는 곳까지 살펴볼 수 있는 총명한 지혜(不遐遺^{불하유})와 공평무사한 덕(朋亡^{붕망})으로 사회정의를 실현하는 것이 지배자가 아닌 지도자가 가져야 바람직한 덕목임을 밝히고 있다.

따라서 오늘날 현대사회의 지도자들이 『주역』의 창으로 본 지도자의 덕목에서 사회적 희소가지의 분배 과정에서 발생하는 사회적 대립과 갈등 해소를 위한 바람직한 모형을 모색하고, 이를 통해 사회성원들의 다양한 욕구를 충족시키기 위한 지혜를 발휘한다면 오늘날 우리 사회의 공통적인 화두인 상생과 소통을 통한 사회통합의 대안이 될 수 있을 것이다.

參考文獻

1. 경전류
『주역』,「논어」,『중용』,『주역본의』,『주역전의』

2. 단행본
김대규,『교양인을 위한 리더쉽』학문사(서울), 2006

서성교,『한국형 리더쉽을 말한다』, 원맨원북스(서율), 2011

정병석,『주역』, 을유문화사(서울), 2011

부록❷

周易의 宗教性

*『동양철학연구』제65집, 동양철학연구회 발간(2011년 3월)

I. 서 론

　　　　　　　　　　　인류 역사의 시작과 함께 천天은 사람들의 최대 관심사였다. 그리고 천에 대한 성격이 어떻게 규정되는가에 따라 그 사회의 문화와 사회적 성격이 결정되었다. 또한 원시고대사회부터 비롯된 천관의 변천은 사회적 각종상황과 여건에 따라 다양한 원시종교가 성립되었다. 그리고 천과 인간의 관계도 설정되었다.

　유학에서도 천天은 유가철학의 핵심적 과제중의 하나이다. 특히, 유학은 약 2,500년의 오랜 세월동안 역사적인 변천과 함께 많은 동양인들과 더불어 한국인들의 삶속에 녹아들어 사회 모든 분야에 걸쳐 중심축을 형성해 왔으며, 현재에도 우리 문화와 사유체계 저변에 자리 잡고 있음을 부정할 수는 없다. 그러나 유학은 현대사회로 접어들면서 사회적 변화에 능동적으로 대처하지 못하는 한계를 드러내면서 자기 정체성의 위기에 직면하게 되었다. 그리고 유학은 전통문화로서의 그 명맥을 유지하고 있는 실정이다.

　이제 유학은 사회적 역할을 재정립하고, 대중과의 보편적인 소통의 통로는 무엇인가를 모색하여 보다 역동적으로 역할을 수행해야할 당면과제를 안고 있다. 그렇다면 그 바람직한 모형은 무엇인가? 유학의 경전들은 윤리·도덕적인 가치체계를 강조한다. 그러나 그 내면에는 윤리·도덕적 가치의 근원으로써 천도天道를 진리체계의 근원으로 삼아 인도人道를 실천 할 것을 분명하게 밝히고 있다. 필자는 유학의 윤리·도덕적 가치체계에 대한 실천적 역동성은 천도에 대한 절대적인 믿음을 바탕으로 한 종교성에 기인해야 한다고 본다. 다시 말해 종교성을 바탕으로 할 때 능동적인 사회적 역할이 가능하다는 것이다.

따라서 본고에서는 유학의 실천적인 역동성의 실마리를 『주역』에서 찾기 위해서 먼저, 『주역』에서 나타난 천·신관의 분석을 통해 종교성religiosity을 검토하고, 다음으로 이를 바탕으로 유학의 종교적 당위성을 모색하고자 한다.

II. 『주역』에서 나타난 천·신관과 종교성 검토

동양에서는 원시생활의 시작과 함께 천天을 절대자로 보고, 하늘의 뜻이 무엇인가를 알고자 하였으며, 그것을 존숭尊崇·실천實踐하면서 피흉취길避凶取吉을 위한 삶의 방식을 오랫동안 유지해 왔다.[447] 동양의 천관天觀은 상고시대의 모든 분야에 영향을 끼쳤고, 이를 기준으로 사회제도가 정착되면서 사회운영원리로서의 기능을 수행하였다. 따라서 천관天觀은 당시 사회의 문화이며, 이것을 발생적으로 보아 과학·도덕·예술의 모체母體로서 조종祖宗이 된다고 볼 때, 종교적인 역할의 의미로 규정할 수 있을 것이다. 따라서 본 장에서는 『주역』에서의 천·신관의 유형과 의미를 구체적으로 설명하기 위해 상고시대 사회구성원들의 사유체계와 문화적 성격의 형성에 직결된 선진유가의 천관을 살펴본 다음에 『주역』에서의 천·신관

---

[447] 천天이란 동양철학에서 매우 중요한 철학적 단초가 되어 왔다. 일반적으로 천天을 영어로 Heaven으로 번역한다. 천天이라는 글자에는 천체, 천당, 하느님의 의미 외에도 본연本然 Spontaneity, 자연自然 Nature, 천성天性 Man' sinbornnatre, 운명運命 fate등 많은 복잡한 뜻을 가지고 있기 때문에 Heaven이라는 한마디로는 이러한 복잡하고 풍부한 의미를 포용할 수 없는 것이다.(풍우馮寓, 김 갑수 역, 『천인관계론』, 신지서원, 1993, 30쪽 참조.)

을 연구하고자 한다.

상고시대 유가의 천관

선진유가를 중심으로 상고시대의 천관 변천에 대하여 간략히 살펴보면 하대夏代의 자연 천, 은대殷代의 주재 천Heaven이 주대周代의 도덕천Morality으로 변천하였다. 따라서 주대周代의 천관天觀은 역사적·문화적 전승과 축적으로 인해 전통적 천관인 자연 천·주재 천을 내포한 도덕천(理法的 天)으로 변화되면서 그 성격을 달리하게 되었다고 할 수 있다. 천관天觀에 대한 변천을 간단히 도식화하면 다음과 같다.

· 자연천自然天, · 주재천主宰天 · 천天 중심, · 절대적인 천명 · 외재적 천天	⇒	· 인간 중심의 도덕천道德天 · 도덕적인 천명 · 내재적 천天

상고시대로 올라갈수록 천天과 종교문화가 미치는 인간 생활에 미치는 영향은 증대하였다. 왜냐하면 천과 인간의 관계가 어떻게 설정되느냐에 따라 원시종교문화가 형성되었으며, 이것은 사람들의 일상생활뿐 아니라 통치구조, 사회적인 성격, 사생관死生觀에 이르기 까지 사회전반에 걸쳐 크게 영향을 끼치게 되었기 때문이다. 그렇다면 상고시대 천관은 어떠하였는가? 선진유가의 관점에서 보면, 상고시대부터 천天, 제帝 등은 혼용되어 왔다.[448] '천天', '제帝'의 관념은 중국철학 중 가장 중요한 개념 중 하나로

---

448 상제上帝와 제帝에 대한 개념에 대한 기존 연구 성과를 몇 가지 거론하면 다음과 같다.
❶ 갑골문에서 나타난 제帝의 개념을 설명하면서 은인殷人들의 주요 숭배대상은 상제숭배上帝崇拜, 자연숭배自然崇拜, 조상숭배祖上崇拜인데 그 중에서 제帝는 그 권위가 막강한 인격적 주재主宰 신神으로 규정하고 있다.(김성기, 『주역의 현대종교사적 의의』 519쪽)

갑골문 혹은 『시경詩經』, 『서경書經』 등의 문헌에 모두 자주 등장하는 개념이다. '천天', '제帝'는 모두 은殷·주周시대 사람들에게 지고무상의 신神으로 받아들여졌다. 이러한 천天, 제帝는 모두 인간들에게 의지적 인격적 존재로 길흉화복吉凶禍福의 주재자의 권위를 지니고 있었던 것으로 보여진다.[449]

갑골문 등에 나타난 은인殷人의 '제帝' 개념을 살펴보면 은인殷人들의 주요 숭배 대상으로 첫째, 상제 둘째, 자연 셋째, 조상 등이다. 그 중 '제帝'는 그 권위가 막강하였고, 또한 인격人格·주재신主宰神으로 농경과 인간의 길흉사를 주관한다.[450] 그리고 조상신, 자연신들도 비록 그 위세에 차이는 있지만 모두 인격신의 권위를 갖추고 있었음은 이미 밝혀진 일이다.[451]

❷ 상재上帝에 대한 개념의 설명으로 "상제上帝는 고대종교에서 최고의 신神으로 은허殷墟의 갑골문자甲骨卜辭에 "갑진甲辰에 제帝가 비를 내리게 했다(甲辰帝其令雨)라는 데서 보인다. 그리고 『서경』「요전堯典」편에서도 "드디어 상제上帝에게 유제類祭하였다."에서 보인다. 또 『설문說文』에서는 "천하의 왕노릇을 하는 자를 이름한 것이다."라고 하여 상제上帝는 만물萬物위에 서서 이것을 주재하고.. 언제나 공평무사한 마음으로 백성의 행위를 자세히 살펴서 그들에게 화복禍福을 내린다는 의미로 이름 지는 것이라고 규정하고 있다."(수야직희狩野直喜 저, 오이환 역, 『중국철학사』, 을유문화사, 1986, 62~64쪽.)

❸ 제帝와 상제上帝에 대한 개념을 다음과 같이 설명하고 있다. "(1) 제帝는 하늘에 위치헤 있으면서 일체의 자연현상과 인간사를 관장하여 절대적인 권능을 가진 주재자이다. 제帝는 은殷나라 사람들의 신앙의 최고 신으로서 최고의 권위를 갖추고 있으며, 자연과 지상계를 관리한다. (2) 상제上帝의 가장 중요한 권력은 천시天時를 관할하고, 수확에 영향을 미친다."라고 하여 이때의 제帝는 초기 농경사회의 여건으로 인해 지상신至上神 +자연신自然神의 성격과 시간을 주재하는 권능을 가진다.(유승종, 「중국고대 천관에 대한 연구」, 206쪽에서)

449 김성기, 「주역의 현대종교사적 의의」, 『유학사상연구』, 한국유학회, 1996, 521쪽 참조

450 주재·인격천의 통괄 범위는 (1)풍風·운雲·뇌雷·우雨 (2)농경과 수확 (3)도시건설 (4)전쟁 (5)인간세길흉 (6)군왕의 길흉 등이다.(김성기, 「주역의 현대종교사적 의의」, 『유학사상연구』, 한국유학회, 1996, 522쪽에서 〈胡厚宣, 「殷卜辭中上帝和王帝」, 歷史研究, 第九·十期(1959년 출판), pp.24-25〉 인용으로 밝히고 있다.)

451 김성기, 「주역의 현대종교사적 의의」, 『유학사상연구』, 한국유학회, 1996, 521쪽

『주역周易』의 괘효사와 「십익十翼」에서 제帝, 상제上帝의 개념 대신 천天, 천명天命, 천도天道 등이 사용되면서 천天에 대한 개념이 보다 명확해졌다고 볼 수 있다.[452] 그렇다면 『주역』에서 나타난 천관의 유형은 어떤 의미를 가지고 있는 것인가?

『주역』에서의 천관과 종교성

본고에서는 『주역』에서의 천관과 종교성을 검토하기 위해서 먼저, 「주역」의 괘효사와 십익十翼에서 나타난 천의 개념을 유형별로 나누어 그 의미를 살펴보고자 한다.[453]

첫째, 천天은 만물의 생·장·성의 근원이다. 『주역』에서 나타난 천의 성격 중에서 만물 생성의 근원임을 「서괘」편에서 "천지天地가 있은 다음에 만물萬物이 생生하니(有天地然後, 萬物生焉.)"(『주역』, 「서괘상」편) 라고, 밝히고 있다. 이는 건곤乾坤천지의 합덕合德으로 인해 만물이 생성됨에 따라 천天과 지地가 만물 생성의 존재 근거임을 밝히고 있다. 주지하다시피 이 때 천지에 의해 만들어진 만물萬物에는 일반적인 사물事物뿐만 아니라 인간까지를 모두 포함하는 것으로 보고 있다. 따라서 천天은 만물생성 근원이라고 할 수 있다.

둘째, 천天은 인간사를 섭리하는 인격적 주재천이다. 『주역』의 도처에서

참조
452 이문주, 「중국의 고대 천관에 관한 연구」, 『동양철학연구』 제10집, 9쪽.
송인창, 『선진유학에 있어서의 천명사상에 관한 연구』, 충남대학교 대학원 박사학위논문, 1987, 19쪽.
453 『주역』에서 언급되고 있는 천의 의미별 분류

구분	天	天地	天行	天德	天下	天則	天時	天道	天文	天命	天險	합계
	79	53	4	2	65	1	1	4	3	2	1	215

는 인간사에서 발생하는 피흉취길의 방법론을 언급하면서 '천도天道를 자각하고 후회하면 길吉하고, 군자지도를 잃거나, 인색하면 흉凶하다.' 고 밝히고 있다. 여기에 대하여 먼저, 인간이 자각해야할 성인지도와 실천해야할 군자지도에 대하여 『주역』에서 천도天道와 지도地道와 인도人道를 규정하여 삼재지도를 다음과 같이 밝히고 있다.

"옛적에 성인이 역을 지음은 장차 성명의 이치에 순順하고자 함이니, 이로써 하늘의 도를 세움을 가로되 음陰과 양陽이오, 땅의 도를 세움을 가로되 유柔와 강剛이요, 사람의 도를 세움을 일러 인仁과 의義라(昔者聖人之作易也, 將以順性命之理, 是以立天之道曰陰與陽, 立地之道曰柔與剛, 立人之道曰仁與義.)"(『주역』, 「설괘」 제2장)

성인聖人이 작역作易함에 있어서 장차 성명지리性命之理에 순종하고자 먼저, 천도天道를 세우고, 다음으로 지도地道와 인도人道를 세움을 밝히고 있다.

다음으로 하늘(天)은 천도의 표상체계인 괘상卦象과 말(辭)을 통해서 천지天地의 이치理致와 험이險易를 밝히면서 인간의 갈 바까지 제시해주고 있음을 다음과 같이 언급하고 있다.

"이런 까닭으로 괘에는 작고 큰 것이 있으며, 말에는 험하고 쉬운 것이 있으니, 말이라 하는 것은 각각 그 갈 바를 가르침이니라.(是故, 卦有小大, 辭有險易, 辭也者, 各指其所之.)"(『주역』, 「계사상」편제3장)

그 다음으로 하늘이 은택恩澤과 인간 길흉사吉凶事를 주관함에 대하여 곤괘坤卦 「문언文言」에서 다음과 같이 살펴볼 수 있다.

"선을 쌓은 집에는 반드시 남은 경사가 있고, 불선을 쌓은 집은 반드시 남은 재앙이 있나니(積善之家, 必有餘慶, 積不善之家, 必有餘殃.)"(『주역』곤괘,「문언」)

이것은 적선積善과 불적선不積善의 인간 행동에 대해 하늘이 길흉화복을 주관함을 밝히고 있다. 이는 인간의 길흉화복은 하늘이 정한 이치(천도)가 내재된 도덕적인 행위의 결과에 의해서 경사와 재앙이 결정됨을 밝히고 있는 것이다. 따라서 천天을 신봉하고 두려워하게 함으로써 인간을 천도의 범주 안에서 선善한 행동으로 유도하고자하는 천에 대한 뜻을 나타내고 있는 것으로 볼 수 있다.

위에서 살펴본 바와 같이 천天은 천지인의 삼재지도를 규정하고, 이것을 자각하고, 실천할 바를 제시하고 있다. 그리고 그 실천여부에 따라 인간의 실존적인 삶속에 인간의 길흉吉凶이 정해짐을 밝히고 있다.

셋째, 천天은 윤리·도덕적 근원이다. 천의 성격이 주재 천天에서 도덕 천天으로 변화하게 된 것은 사회적 변화와 밀접한 관계를 가지고 있다. 중국의 청동기 시대 축력을 이용한 집약농경으로 인한 식량의 잉여생산은 농업혁명을 가져와 인류의 생활과 사회구조의 급격한 변화를 가져왔었다. 따라서 천관에 대한 변화를 가져와 상제의 권위가 쇠퇴되고 인간의 역량이 중시되는 경향이 나타나게 된다.[454] 그러나 천天 중심에서 인간 중심으로 변화로 가져왔으나 인간의 당위인 윤리·도덕의 근원은 천天에 두고 있다고 볼 수 있다. 여기에 대해서 먼저, 건괘乾卦의 「문언文言」에서는 다음과 같이 밝히고 있다.

---

454 森三植三郎 저, 임명덕 역, 『중국사상사』, 온누리, 1986, 26쪽 참조.

"군자가 이 네 가지 덕을 행하는 지라, 그러므로 가로되 '건 원형이정'이라.(君子行此四德者 故曰 乾元亨利貞.)"(『주역』, 건괘, 「문언」)

이것은 군자의 사덕四德인 인도人道를 밝히면서 그 근원이 천도天道인 원형이정에 있음을 언급하고 있다. 또한 지택임괘地澤臨卦「단사彖辭」에서 "대형이정은 하늘의 도道이라.(大亨利貞, 天之道也.)"(『주역』, 지택임괘地澤臨卦「단사」)고 하여, 대형이정이 인간에게 주어진 천도 그 자체임을 말하고 있다. 이것은 군자의 사덕四德인 인도人道의 존재근거가 바로 천天에 있음을 확인할 수 있는 것이다. 다음으로 도덕적 근원인 천명에 의해 사회윤리의 형성되었음을 『서괘』편에서 찾아볼 수 있다.

"천지가 있은 후에 만물이 있고 만물이 있은 후에 남녀가 있고 남녀가 있은 후에 부부가 있고 부부가 있은 후에 군신이 있고 군신이 있은 후에 상하가 있고 상하가 있은 후에 예의가 실시된다.(有天地然後有萬物, 有萬物然後有男女, 有男女然後有夫婦, 有夫婦然後有父子, 有父子然後有君臣, 有君臣然後有上下, 有上下然後禮義有所錯.)"(『주역』,「서괘」)

천지가 만물을 시생始生한 이후에 남녀가 있고 남녀가 있은 연후에 부부가 있고 부부가 있은 연후에 군신이 있다는 것은 인도人道가 부부지도夫婦之道로 부터 시작됨을 말하고 있다. 이것은 천지가 만물을 생하여 부부를 이루고, 부부로부터 시작되어 사회를 이루는 것을 말한다. 또 사회의 기반이 되는 부부라는 조직으로 인해서 건乾과 곤坤이 영속하듯이 사회가 유지되는 것이고, 그렇게 오랫동안 유지하는 데는 예禮와 의義로써 행동하는 것이 바탕이 된다.

따라서 가정도덕과 사회도덕의 근원은 천天에 속한다는 것이다. 즉, 천지의 합덕이 만물생성의 근원이요, 나아가 인격성이 부여된 천도天道와 인도人道가 합덕合德하는 의미성을 지닌 부부의 도道를 기초로 하여 가정윤리와 사회윤리가 형성되며, 그 존재근거가 천天에 있음을 살펴보았다.

그러나 이것은 윤리·도덕적인 근원으로의 의미를 밝히는 것에 그치는 것이 아니라 실천까지 강조하고 있다.[455] 천도에 입각한 군자의 실천적 사명을 겸괘謙卦「단사」에서 다음과 같이 밝히고 있다.

"단에 가로되 '겸형'은 하늘의 도가 아래로 건너서 (내려서) 광명하고, 땅의 도가 낮은데서 위로 행함이라. 하늘의 도는 가득 찬 것을 이지러지게 하며 겸손한데는 더하고, 땅의 도는 가득한 것을 변하게 하며, 겸손한데로 흐르고, 귀신은 가득 찬 것을 해롭게 하며 겸손함에는 복을 주고, 사람의 도는 가득 찬 것을 미워하며 겸손한 것을 좋아하나니, 겸은 높아도 빛나고, 낮아도 넘지 아니하니 군자의 마침이니라.(象曰 謙亨, 天道下濟而光明, 地道卑而上行, 天道虧盈而益謙, 地道變盈而流謙, 鬼神害盈而福謙, 人道惡盈而好謙, 謙, 尊而光, 卑而不可踰, 君子之終也.)"(『주역』, 지산겸괘地山謙卦「단사」)

군자가 실천해야 될 인도人道의 근원이 하늘에 있음을 강조하고 있다. 그리고 천지와 귀신 그리고 사람들도 인욕과 교만으로 가득 차있는 것을 해害하거나, 미워하며, 겸손 하라는 하늘의 뜻을 겸허하게 수용하고, 이것을 실천하는 군자의 행동에는 반드시 복을 준다고 말하고 있다. 이 또한 군자

---

455 拙稿, 『先秦儒家의 天人關係에 대한 易 哲學的 고찰』, 『汎韓哲學』, 第45輯, 汎韓哲學會, 2007, 14쪽 參照

의 도덕적 행동 여부에 따라 하늘이 길흉을 정함을 밝히고 있는 것이다. 또한 형상과 말로써 길흉을 밝히면서 성인지도를 자각하고 군자지도를 실천할 것을 다음과 같이 언급하고 있다.

"성인이 괘를 베풀어서, 형상을 보고 말을 매어 길흉을 밝히며 (聖人設卦, 觀象繫辭焉, 而明吉凶,)"(『주역』,「계사상」제2장) 성인이 천도의 표상체계인 상象을 통해 하늘의 이치를 자각하여 괘효사를 통해서 길흉을 밝히고 있다는 것이다. 따라서 군자는 이러한 하늘의 뜻(천도)을 굳게 믿고 따르며, 올바르게 행함으로써 하늘의 가호를 받는다는 것에 대하여 다음과 같이 밝히고 있다.

"역易에 말하기를 하늘로부터 돕느니라. 길해서 이롭지 않음이 없다. 라고 하니 공자 말씀하시되 '우祐' 라는 것은 돕는 것이니 하늘이 돕는 바는 '순順'이요, 사람이 돕는 바는 '신信'이니, 신신을 이행하고 순順을 생각하고 또 어진 이를 숭상함이라. 이로써 하늘로부터 도와서 길吉하여 이롭지 않음이 없느니라.(易曰 自天祐之吉无不利, 子曰 祐者助也, 天之所助者順也, 人之所助者信也, 履信思乎順, 又以尙賢也, 是以, 自天祐之吉无不利也.)"(『주역』,「계사상」제12장)
"하늘의 운행이 굳건하니 군자는 이로써 스스로 굳세어 쉬지 아니한다.(象曰 天行健, 君子以, 自彊不息.)"(『주역』, 건괘)

하늘의 가호에 길吉하지 않음이 없다고 한 대목은 군자가 실천해야할 인仁·예禮·의義·지智의 사덕四德이 천도인 원형이정元亨利貞에서 비롯되었고, 이를 군자가 본받아서 건도乾道를 실천하는 일에 조금도 쉬는 일이 없음을 언급하고 있다. 이것은 군자지도君子之道가 성인지도聖人之道를 근거한 도덕적 기준임을 나타내는 말이다. 이것이 유가儒家에서의 천인합일天人合一의 존재론적인 근거라고 할 수 있다. 다시 말하면, 천도가 주체적主體的 자각自覺과 내재화內在化는 천과 인간이 하나라는 천인합일天人合一의 사상을 근거가 됨을 의미한다는 것이다.[456]

위에서 『주역』에서 나타난 천天의 의미를 만물생성의 근원적인 천이요, 인격적인 주재 천이며, 윤리 도덕적 천 등으로 유형별로 분류하여 살펴보았다. 그 결과 다음과 같은 특징을 살펴볼 수 있다.

첫째, 『주역』에서 나타난 천의 복합적 성격은 도덕적인 근원이 종전의 인격신이나 천天·신神의 관념에서 벗어나 인간이 도덕적 가치 근원으로서 등장하게 되었음을 확인 할 수 있다.[457]

둘째, 천天·신관神觀이 전통적인 인격적인 주재천에서 도덕천(철학적 천)으로 변화를 가져왔다는 것이다.

셋째, 길흉吉凶은 인간의 회린悔吝에 따라 결정되는 것으로 인간의 노력에 의해 흉凶을 길吉로 전환 할 수 있다는 것이다.

넷째, 천도의 주체적 내재화를 통한 실천으로 천인합일을 통해 진리와 내가 하나 된다는 것이다.

다섯째, 역도易道의 궁극적인 의의는 삼재지도三才之道를 통한 인도人道에 있다는 것이다.

---

[456] 졸고, 「선진유가의 천인관계에 대한 역 철학적 고찰」, 『범한철학』, 제45집, 범한철학회, 2007, 16쪽 참조.
[457] 김성기, 「주역의 현대종교사적 의의」, 『유학사상연구』, 한국유교학회, 1996, 522쪽 참조.

이상과 같이 내용들은 천과 인간의 관계가 새롭게 설정됨을 나타내고 있으며, 가치의 근원이 인간중심으로 변화되었음을 나타내고 있다. 이러한 천관의 변화와 더불어『주역』에서 나타난 신神에 대한 의미를 살펴보고자 한다.

『주역』에서의 신관과 종교성

위에서 주역에서 나타난 천관天觀에 대하여 살펴보았다. 그리고『주역』에서의 종교적 당위성 검토를 위해 천天과 더불어『주역』에서 언급되고 있는 신神의 의미가 무엇인지 살펴볼 필요가 있다.[458]『주역』에서 '신神'자는 「괘효사」와 「십익十翼」에서 33번이나 보인다. 나머지 인명人名을 제외한 13번은 귀신鬼神, 신명神明, 신도神道, 신덕神德, 신물神物등으로 구분된다.[459] 먼저, 신神에 대하여 다음과 같이 밝히고 있다.

"신神이란 것은 만물을 오묘하게 생성하는 것을 말한다.(神也者, 妙萬物而爲言者也.)"(『주역』, 「설괘」편, 제6장)

"음陰과 양陽의 헤아릴 수 없음을 일러 신神이라 한다.(陰陽不測之謂神)"(『주역』, 「계사상」편, 제5장)

이것은 신神은 만물의 생장성을 주관하는 존재이며, 자연의 변화는 신묘하고 때로는 그 실재를 알 수 없는 영역으로 인간에게 비처지곤 하는데 바로 이 인간이 헤아릴 수 없는 영역이 신神의 경지로 설정하고 있음을 확

---

[458]『역전易傳』에서의 神관념은『좌전左傳』이나 공자의 사상을 이어받아 전통적인 면모의 일면을 지님과 동시에 한층 성숙되고 발전된 일면을 동시에 보여준다.

[459]『주역』에서 언급되고 있는 신의 의미별 통계

區分	神	鬼神	神明	神道	神德	神物	人名	合計
	33	4	4	2	1	2	2	48

인할 수 있다.

다음으로 전통적 관념인 천신天神으로서 귀신鬼神에 대하여 다음과 같이 언급하고 있다.

> "성인이 신도神道로서 백성들에게 가르침을 베풀다.(聖人以神道設教)"(『주역』, 관괘觀卦,「단사彖辭」)
>
> "천지天地의 차고 빔은 때와 함께 소식消息한다. 하물며 사람에 있어서야. 하물며 귀신에 있어 서랴.(天地盈虛, 與時消息, 而況於人乎, 況於鬼神乎?)"(『주역』, 풍괘豊卦「단사彖辭」)
>
> "귀신은 가득찬 것을 해害하고 겸손한 사람에게 복을 준다.(鬼神, 害盈而福謙.)"(『주역』, 겸괘,「단사」)

이것은 귀신鬼神의 개념이 『주역』의 경문해석상에서는 대체로 신神 개념의 범주에 포함되어 사용되고 있음을 알 수 있다. 그러므로 『주역』에서의 신도神道와 신덕神德은 천도天道와 천덕天德을 의미한다고 할 수 있다.

위에서 『주역』의 신관神觀은 대체로 음양론을 수용·발전한 것으로 더 이상 주재적·인격적 신神의 관념과는 그 의미를 달리 그것은 변화의 주체이며, 신비하고 오묘한 유기적 존재로 파악된다.

『주역』에서는 성인의 삭역作易 복적이 신명지덕神明之德을 밝히는 데 있다.("幽贊於神明而生蓍")(『주역』,「설괘」편, 제1장.) 고 밝히고 있다. 따라서 인간이 성인지도인 신명神明의 경지를 정밀하게 연구하여 그 씀(用)을 이루도록 해야 힘을 강조한다.("精義入神, 以致用也")(『주역』,「계사하」편, 제5장.) 그리고 신묘한 경지를 통달하고 능히 변화의 도를 알 수 있는 것은 바로 덕행이 최고 경지에 달했을 때 가능하다고 천명하고 있다.("窮神知化,

德之盛也_{덕지성야}")(『주역』,「계사하」편, 제5장) 이것은 궁신지화窮神知化에서 이미 『주역』의 신神개념이 대상적 사물의 세계를 설명하는 개념보다는 오히려 인간 주체의 상태를 나타내 주는 개념으로 전환되었다고 할 수 있는 것이다.

여기서 '신神'의 개념은 더 이상은 외재적外在的이며, 저 세상 혹은 저 멀리 저위에 존재하는 신神 개념이 아닌 인간에게 내재화된 새로운 개념으로 정착된다는 사실을 확인할 수 있다. 즉, 신神의 경지에 도달하는 것은 인간의 목표이면서 공통에게 설정된 인간의 최고의 경지임을 나타낸다. 이에 대하여 「계사상」편에서 역易의 지고至高의 원리에 대하여 다음과 같이 밝히고 있다.

"역이란 원래 무심하고 어떤 작위도 없으며 고요하여 움직이지 않는 것이다. 서로 감응하여 천하의 깊은 도리에 통달하게 된다. 천하의 지극히 신령한 경지에 오른 사람이 아니고서야 누가 대체 이 경지에 함께 할 수 있겠는가? (易无思也_{역무사야}, 无爲也_{무위야}, 寂然不動_{적연부동}, 感而遂通天下之故_{감이수통천하지고}, 非天下之至神_{비천하지지신}, 其孰能與於此_{기숙능여어차}.)"(『주역』,「계사상」편, 제10장)

그리고 역易의 지극한 신묘함은 곧 인간의 지극히 신묘한 상태로 연결됨을 「계사하」편에서 다음과 같이 언급하고 있다.

"주역의 신묘한 도리를 밝히고 드러내는 것은 그것을 운용하는 사람에게 달려있다.(神而明之_{신이명지}, 存乎其人_{존호기인}.)"(『주역』,「계사상」편, 제12장)
"신묘하게 변화시켜서 백성들로 하여금 적절하게 응용하게 한다.(神而化之_{신이화지}, 使民宜之_{사민의지}.)"(『주역』,「계사하」편, 제2장))

이는 역의 신묘한 경지를 드러내는 것은 인간에 달려 있으며, 신명神明의 경지에 이른 군자가 주체가 되어 신명神明의 덕을 베풀며, 이를 통해서 기미와 다가오는 미래를 알고, 변화지도를 알며, 천하의 연고와 통할 수 있다는 것이다. 따라서 성인지도의 주체적 자각을 통해서 이것을 실천해가는 주체는 인간이라는 것이다.[460] 위에서 『주역』에서의 천·신관의 의미와 유형 및 그 변화에 대하여 살펴보았다. 그 결과 다음과 같은 종교성과 연관된 내용을 찾아 볼 수 있다.

첫째, 천天은 만물의 생生·장長·성成을 주관하고, 천도를 표상하고 있다는 것이다. 『주역』에서의 "천지가 있은 연후에 만물이 생한다.(有天地然後, 萬物生焉.)"(『주역』, 「서괘상」) 고 하여, 천지의 합덕으로 만물이 창조됨을 밝히고 있다. 이것은 하늘과 땅의 작용에 의해서 인간을 포함한 만물이 시생始生하고, 성장成長시킨다는 것이다. 건괘乾卦 「괘사」에서도 만물을 낳고(元), 키우고(亨), 거두고(利), 저장하는 것(貞)이 천도의 법칙임을 밝히고 있다.("乾 元亨利貞.")(『주역』, 건괘 「괘사」)

원시시대부터 동서양을 막론하고 천天은 만물을 섭리하는 절대적 가치의 근원으로써 숭상되어 왔다. 이것은 음양陰陽인 천도天道가 지도地道인 강유剛柔와 인도人道인 인의仁義로 드러나 인간들이 당위와 가치체계를 전달하고 그 행할 바를 제시하고 있다.

둘째, 천天은 인간가치 지향성의 근원임을 표상하고 있다. 상고시대의 인격적인 자연 천·주재천이 윤리·도덕천(이법천)으로 전환되면서 신神 중

---

[460] 천·신의 관점은 종교의 역할을 한다는 점에서 부정할 수는 없지만, 그렇다고 해서 모든 종교가 반드시 신관을 전제로 하는 것은 아니다. 불교는 무신론적인 종교이다. 불교의 핵심리라고 할 사성제의 고·집·멸·도의 네 가지 관념의 형태는 어떤 것도 인격신으로 상정하지는 않는다. (황선명, 『종교학개론』, 종로서적, 1983. 3쪽.)

심에서 더불어 인간人間의 문제가 중요시 되었다. 그러나 인간사를 주재하는 하늘(天)을 근원으로 하여 인간가치를 지향하고 있는 것이다. 이에 대하여 먼저, 예괘豫卦「단사彖辭」에서 다음과 같이 설명하고 있다.

> "단에 가로되 예豫는 강剛이 응하여 뜻이 행하고 순순함으로써 움직임이 예豫라. … (중략) … 천지天地가 순순함으로써 움직임이라. 그러므로 일월日月이 지나치지 아니하며, 사시四時가 어긋나지 않고, 성인聖人이 순순함으로써 움직임이라. 곧 형벌刑罰이 맑아서 백성이 복종服從하나니 예豫의 때와 뜻이 큼이라!(彖曰 豫剛應而志行, 順以動豫, … (중략) … 天地以順動, 故日月不過而四時不忒, 聖人以順動, 則刑罰清而民服, 豫之時義大矣哉.)"(『주역』, 뇌지예괘雷地豫卦「단사彖辭」)

이것은 하늘의 뜻에 순응함이라 주야晝夜·사시四時와 같은 계절의 변화에도 어긋남이 없으며, 또한 성인聖人이 하늘의 뜻에 따라 형벌제도를 미리 밝혀둠으로써 백성들이 스스로 복종하는 것이다. 그러므로 하늘을 근원으로 하여 인간의 가치를 지향하고 있음을 알 수 있다.

셋째, 천도에 대한 굳건한 믿음을 통해서 고난을 극복할 수 있음을 다음과 같이 밝히고 있다.

> "단에 가로되 '대과大過'는 크게 지나침이요, '동요棟橈'는 본本과 말末이 약弱한 것이다. 강剛한 것이 지나치되 가운데하고, 겸손하고 기쁨으로 행行함이라. 가는 바를 둠이 이로워서 이에 형통하니, 대과大過의 때가 크도다.(彖曰 大過大者過也, 棟橈本末弱也, 剛過而中, 巽而說行, 利有攸往乃亨, 大過之時大矣哉.)"(『주역』, 택풍대과괘澤風大過卦「단사」)

개인과 사회가 대들보가 부러지는 큰 시련과 혼란속에서도 좌절하지 않고 천도天道에 믿음을 가지고, 이를 겸손하게 받아드리며, 기쁜 마음으로 행하면 만사萬事가 형통하게 된다고 언급하고 있다. 이것은 천天에 대한 믿음은 바로 천도天道에 대한 종교적인 신념이라고 할 수 있다. 왜냐하면 하늘에 대한 믿음이 주체적이고 능동적인 자기 완성및 고난과 시련을 극복하는 힘을 가진다고 할 수 있기 때문이다.

넷째, 천天은 인간의 우환과 연고를 밝히고, 부모처럼 인간들을 보살피기 위해 도가 행해짐을 밝히고 있다.

"역의 글됨이 멀리하지 못할 것이요, 도됨이 여러 번 옮김이라, 변동해서 거하지 아니하여, 육허에 두루 해서 오르고 내림에 항상 함이 없으며, 강과 유가 서로 바뀌어 전요를 삼지 못함이요, 오직 변해서 가는 바이니, 나고 드는데 법도로써 하여 외내에 두려운 것을 알게 하며, 또 우환과 연고에 밝히 니라. 사보가 없으나 부모가 임하는 것과 같으니, 처음에 그 말을 따라서 그 방법을 헤아릴진댄 이미 항상한 법칙이 있어니와, 진실로 그 사람이 아니면 도가 헛되어 행하지 아니 하나니라.(易之爲書也, 不可遠. 爲道也屢遷, 變動不居, 周流六虛, 上下無常, 剛柔相易, 不可爲典要, 唯變所適, 其出入以度, 外內使知懼, 又明於憂患與故, 无有師保, 如臨父母, 初率其辭而揆其方, 旣有典常, 苟非其人, 道不虛行.)"(『주역』 「계사하」편, 제8장.)

역의 글됨이 멀리 있지 않고, 역도易道는 시의성에 따라 「괘·효사」를 통해서 드러나며, 또 음양陰陽의 변화를 통해 그 방향이 정해질 뿐이다. 변화變化는 천도天道를 근원으로 하여 두려움을 알게 하고 인간의 우환과 연고를 밝혀 부모처럼 보살피며, 그 사람이 아니면 도道가 행해지지 않는다고 밝히고 있다. 이는 천지우주의 변화도 인간에게 그 최종 관건이 달려 있는 것이니 인간이 아니면 도道만이 단지 홀로 저절로 행해지지 않는다는 것이다. 또한 「괘·효사」를 통해서 드러난 천도天道가 인간에 의해 실천됨을 다음과 같이 밝히고 있다.

"미루어서 행하는 것은 통通에 따르고, 신비스러워 밝히는 것은 그 사람에 따르고, 묵묵해서 이루며 말을 안 해도 믿음은 덕행에 따른다 하니라.(推而行之, 存乎通, 神而明之, 存乎其人. 黙而成之, 不言而信, 存乎德行.)"
(『주역』「계사상」편, 제12장.)

신령스럽게 그것을 밝히는 것은 인간(성인·군자)에게 있고, 묵묵히 완성하며, 말하지 않아도 믿는 것은 군자의 덕행에 있다는 것이다. 즉, 성인의 덕이 군자의 덕행으로 이루어지는 것이다. 그러므로 괘효卦爻의 변통과 천지우주의 이치를 살펴 능히 신명스럽게 밝힐 수 있는 것도 궁극적으로는 인간에게 달려 있다는 것이다.

다섯째, 천과 인간의 매개자가 조상신임을 밝히고 있다. 『주역』에서는 천과 인간의 연결고리로서 조상신을 다음과 같이 섬겼음을 나타내고 있다.

"상에 가로되 우뢰가 땅에서 나와 떨침이 예豫니, 선왕이 이로써 음악을 짓고 덕을 숭상하여 성대히 상제께 천신하며, 조상으로써 배하니라.(象曰 雷出地奮豫, 先王以, 作樂崇德, 殷薦之上帝, 以配祖考.)"(『주역』, 뇌지예괘雷地豫 卦「소상사小象辭」)

조상신과 천신을 함께 제사함을 밝히고 있다. 이것은 천과 인간을 연결하는 매개자로서 조상신을 천신과 같이 섬겼음을 나타내고 있는 것이다.

또한 우리의 관습 속에 조상신에 대한 제사를 지내는 의의 중에 하나로서 제사를 통한 후손들의 기억 속에 조상들의 생명의 유한성을 영원성으로 극복 할 수 있다고 믿었다. 이것은 관습과 문화를 뛰어넘는 종교적 신념이라고 할 수 있을 것이다.

여섯째, 천天은 인간의 길흉화복을 주관한다는 것이다. 『주역』의 도처에서 하늘이 인간의 길흉화복을 주관하며, 천도에 순응하여 군자지도를 행하면 길吉하고, 군자지도를 잃으면 흉凶하다고 언급하고 있다. 즉 피흉취길의 방법이 천도天道에 근원하여 인도人道를 행함으로서 하늘의 은총을 받을 수 있음을 다음과 같이 밝히고 있다.

"하늘로 부터 도움이 있어 길하여 이롭지 않음이 없다.(自天佑之, 吉无不利.)"(『주역』, 화천대유괘火天大有卦 상구上九「효사爻辭」)

하늘로부터 가호를 받기 위해서 천명天命에 입각한 인간의 실천적인 사명을 언급하고 있는 것이다.[461] 또한 『주역』「괘효사」에서 언급되고 있는 길흉吉凶에 대하여 「괘·효사」의 내용은 변역變易의 원리에 의해서 미신이나 초월적 신령에만 의존하는 단계에서 벗어나 매 시時, 매 순간, 매 공간상에서 인간에게 합당한 행동원리와 지혜를 제공해 준다. 이런 점에서 『주역』의 괘효사에 나타난 길흉의 관념觀念은 단순한 점서占筮의 기능에서 벗어나 철학적 사유의 단초端初를 찾아 볼 수 있다.

또한 인간의 길흉은 인간의 노력으로 흉凶을 무구无咎나 길吉함으로 전

---

[461] 『書經』「湯誥」편에서 天道와 天命에 順從한 결과에 따라 吉凶禍福이 주어짐에 대하여 "하늘의 법도는 착한 사람에게 복을 주고, 나쁜 사람에게 화를 내린다.(天道福善而禍淫)"라고 밝히고 있다.

환할 수 있다는 것을 건괘乾卦에서 다음과 같이 밝히고 있다.

"군자가 날이 마치도록 굳세고 굳세어서 저녁에 두려워하면 위태로우나 허물이 없으리라.(君子終日乾乾, 夕惕若, 厲, 无咎.)"(『주역』, 건괘구삼효「괘사」)

이는 성실하게 자기 실천을 하면서도 저녁에 자기 성찰을 통하여 자신을 되돌아보고, 천도를 두렵게 생각하고 실천하면 비록 흉하고 위태로울지라도 하늘(천)의 뜻에 순종하며, 종일토록 굳세게 노력하고, 자기성찰을 통한 반성을 함으로써 흉凶을 무구无咎로 변화시킬 수 있음을 밝히고 있다.462

이는 인간의 길흉사를 모두 하늘이 섭리하고, 천도를 숭상하면서 실천할 때 피흉취길을 위한 하늘의 도움을 받을 수 있다는 것은 인간과 하늘의 새로운 관계가 정립됨을 설명하고 있는 것이다.

위에서 『주역』에서의 천신관을 바탕으로 종교성을 검토한 결과, 천天은 천지만물과 인간사를 주관하는 존재로서 종교적 기능을 수행할 뿐 아니라 존재론적으로 인간가치의 지향의 근원으로써 인간 삶의 가치와 목적을 부여하고, 인간이 나아가야할 당위성을 부여하고 있다고 할 수 있

---

462 공자는 이러한 인간의 노력은 천명에 대한 내재적 인식의 방법을 체득하여 천명을 알게 됨을 밝히고 있다. 『논어』「헌문」편에서 "하늘을 원망하지 않고 사람을 탓하지 않으며, 아래에서 배워서 위에로 깨달아간다. 나를 아는 오직 하늘뿐이다."(不怨天, 不尤人, 下學而上達, 知我者其天乎.") 라고 하여 아래에서 배워서 위로 깨달아 간다는 '하학이상달下學而上達 을 통해서 천명을 알게 되며, 덕성德性이 천덕天德에 이르게 된다는 것이다. 이것은 천명天命에 대한 당시의 인식체계를 분명하게 드러내고 있다. 즉, 인간으로서 할 수 있는 노력을 다하고 천명을 기다리며, 결과에 대한 책임을 자신에게 돌리는 자세를 취했던 것이다. 즉, 修身을 해야 비로소 命에 대한 진정한 의미가 드러나게 된다는 것이다.

다.[463] 따라서 이를 바탕으로 유학의 종교성[464] 모색을 통해 그 당위성의 실마리를 찾아보고자 한다.

III. 유학의 종교적 당위성 검토

앞서 언급한 바와 같이 『주역』에서의 종교성 검토를 통해 유학의 종교적 당위성을 구명하기 위하여 종교학적 측면에서 그 정합성을 검토하고자 한다.

종교의 성격과 유학

종교란 한마디로 정의하기는 곤란하다고 할 수 있다. 그러나 일반적으로는 신앙의 대상이 산신·자연물·동물이거나, 천주 혹은 하나님, 부처님이거나, 어떤 절대신 이든, 추상적인 우주의 형이상학적인 에너지 등 이든, 상관 없이 인간보다 강한 것을 상정하고, 그것에 무조건 의존하고 신앙하는 것을 종교라고 할 수 있을 것이다. 이러한 종교는 신과 인간의 관계로 규정된다. 또한, 역사적으로는 종교가 그 사회의 문화 현상으로 존재했다고 할 수 있다. 왜냐하면 특히 원시사회에서는 종교가 인간 생활양식과 행동방식의 표현으로서 문화였기 때문이다. 다시 말하면 인간이 그것에 의해서 삶에 대한 지식과 태도를 전달하고, 사회를 유지발전 시키는 상징적인 형

---

463 미국의 사회학자 '터머스 오데아(1915~1974)는 종교와 존재론적인 의미에 대하여 "종교가 존재론석으로 성당화된 정향의 의미에 공헌하는 가능을 하는 것으로 이해하고, 존재론적entological이라는 말은 "어떻게 인간이 그의 삶을 자리잡을 수 있는가를 지적할 뿐아니라 그러한 정향을 사물의 구조안에서 세워지는 것을 의도하는 것으로 이해."라고 언급하고 있다. (월러캡스, 김종서 외, 『현대종교학의 담론』, 까치, 1999. 267쪽.)
464 종교성宗教性religiosty이란 인간이 가진 종교적인 기질과 감정을 말하는 것이다.

태로 표현되어 전해 내려오는 개념의 체계로 볼 수 있기 때문이다.[465]

이러한 관점에 본다면 유학에서는 천天을 주재천이요, 윤리·도덕천으로써 신봉하고, 성인지도를 자각하여 실천하고자 하였다. 또한 「건괘」에서는 하늘의 권능에 의해 만물이 유형有形하며, 건도乾道가 변화하여 각정성명各正性命과 보합대화保合大和가 이루어져 만국萬國이 다 함께 편안해 진다고 밝히고 있다. 이러한 건도의 권능은 종교성의 근거로 확인할 수 있는 것이다.

종교적 기능의 변천과 유학

종교의 성립은 원시사회의 발전 과정에 있어서 자신들을 지배하는 압도적인 힘에 대하여 인간에 의한 기원적祈願的 움직임에서 시작되었다고 할 수 있다. 또한 유한한 인간의 마음속으로부터 절대자絕對者를 희구希求하게 될 때 비로소 종교가 생기게 된다. 즉 인간이 무병장수하고, 복을 받고 여러 가지 재앙을 피하려는 인간의 심령心靈에 절대자나 신神의 영력을 받고자 할 때 종교가 싹튼다는 것이다. 따라서 인간의 종교적인 생활은 인류 역사가 시작되면서 원시종교가 성립하였음을 확인할 수 있다.[466]

이렇게 성립된 종교는 그 변천 과정을 크게 종교의 제도화 이전과 이후로 나누어 볼 수가 있다.

종교의 제도화institutionalize는 종교의 신앙체계나 종교의 관념 및 의례와 종교를 구성하는 구성원이 각각 조직화 내지 통일되고, 체계화하는 것을

---

465 월러캡스, 김종서 외, 『현대종교학의 담론』, 까치, 1999. 257쪽 참조.
466 일반적 종교의 유형은 원시종교와 고등종교로 정리할 수 있을 것이다. 먼저, 종교를 광의의 개념으로 보면 원시종교와 고등종교까지 총망라한 개념이라고 할 수 있다. 다음으로 협의의 측면에서 보면 원시종교는 제외되고 고등종교만을 의미한다고 볼 수 있다.(최광열, 『종교와 반종교』, 신조사, 1983, 26쪽-27쪽 참조.)

말한다.[467] 따라서 종교의 신앙체계나 종교 관념이 합리화하며, 의례는 일정한 기준에 따라 형식화하고, 종교 집단의 구성원들도 교역자나 사제司祭 계층과 일반 신도집단으로 엄밀히 구별되며, 종교생활에 있어서의 분업으로 인한 체계화를 의미하는 것이다.

종교가 제도화되기 이전의 종교 집단의 사회적인 성격을 합치적 집단 identity of natural and religious groupings이라고 한다.[468] 이러한 집단의 유형으로는 가족·친족·농촌 지역사회, 민족과 같은 자연발생적 집단을 거론할 수가 있다. 특히 전근대적인 사회에서의 이러한 유형의 집단들은 공동체 위주의 신앙체계를 가지고 있었다. 과거 우리나라의 예를 들면 마을 공동체 위주로 숭배하였던 원시신앙이나 동제와 같은 의례와 조직의 유형에서 찾아 볼 수 있다. 이러한 집단들은 신앙의 조직과 세속의 조직이 일치되어 있는 것으로 공동체 구성원 전부가 신도로서 공동의 의례를 행하였던 특징을 가지고 있다. 이러한 전통적인 종교 형태는 사회구조의 변화와 역사적인 변천과정을 거치면서 신관의 절대화와 종교윤리의 통일성과 보편성이라는 당위성과 사회적 합리화의 요구로 인해 점차 합치적인 종교 집단에서 제도화된 종교 집단으로 변화되어 왔다.

우리 고대사회는 전통적인 원시신앙과 유불도가 융합을 이룬 합치적인 종교집단을 형성하였고, 그 이후 불교를 중심으로 제도화된 종교집단이 등장하였다. 근세에 와서는 불교의 보조적인 역할로써 정치제도와 교육들을 담당하였던 유학은 정치교육은 물론이고, 사회의 지배적인 이념으로 사회운영원리로서의 사회적인 역할을 담당하면서 제도적인 종교집단으로써 종교적 기능까지 담당하였다. 이러한 종교의 역할은 가치적으로

---

[467] 황선명. 『종교학개론』, 종로서적, 1983, 177-8쪽.
[468] 황선명. 『종교학개론』, 종로서적, 1983, 178쪽.

는 진선미의 밑받침이 되면서 천天에 신비성을 가지며, 천도에 대한 가치체계의 전승을 통해서 사회구성원들에게 삶의 동기와 의의를 부여함으로써 인간의 삶을 질적으로 풍부하게 변화시키는 기능을 수행하였던 것이다.

종교의 구성요소와 유학

종교가 합치적인 집단에서 벗어나 종교의 제도화가 모색되는 단계에서 다음과 같은 구성요소를 필요로 하게 되었다. 왜냐하면 종교는 그 구성요소로써 신앙, 설법, 예배의 대상, 각종의 상징의식, 교전敎典, 교단敎團, 사원, 절대자와 신도들의 절대복종과 결단을 구성요소로 하여 그 형식을 맞춤으로써 종교의 정의가 더욱 뚜렷해지기 때문이다.[469] 그 구성요소를 좀 더 구체적으로 살펴보면 다음과 같다.

첫째, 이념적 요소를 정립하고, 교의를 체계화하여 신앙체계를 형성하고, 그 기원과 발전 및 전도를 합리화하며, 다른 종교나 집단에 대한 관계를 설정한다.

둘째, 관행적 요소로써 의례·의식·관습과 그 밖의 집단 및 집단 성원에 기대되는 행동의 양식을 포함한다.

셋째, 인적·조직적 요소로서 여러 가지 지위를 차지하고 역할을 행하는 조직적인 체계를 말한다.

넷째, 물적·도구적 요소 : 재산과 행정과 같은 물적인 것과 종교적인 상징을 포함한다.

---

[469] 황선명, 『종교학개론』, 종로서적, 1983, 42쪽.

위의 네 가지를 간단히 요약하면 ❶ 교의[470] ❷ 의례행사[471] ❸ 신자 ❹ 시설 등으로 이것은 서로 상호관계를 가지며, 또한 종교적인 기능을 드러내는 것이다. 가령 인적人的인 요소가 중심을 이룬다 하더라도 교의教義나 의례儀禮 행사가 없이 종교제도로 성립할 수 없으며, 또 시설과 도구가 갖추어져 있지 않고는 종교 활동을 전개할 수 없는 것이다.[472]

유학은 『주역』에서 찾아볼 수 있었던 천天의 역할과 중정지도中正之道의 실천이 인간된 도리임을 천명하고 있다. 그리고 전통적인 의례와 교육시설을 포함한 각종의 시설과 사회구성원 전체를 신자로 한 구성된 모든 사회적인 기능을 담당하였던 종교조직과 혹은 그에 준한 집단이라고 규정할 수 있다.

Ⅳ. 결 론

지금까지 『주역』에서의 종교성 검토를 위해 일반적인 종교적 개념과 더

---

[470] 우리의 원시신앙은 신화에서 그 교의가 드러난다고 할 수 있다. 신화는 종교 신앙이나 종교적 태도의 가장 원초적인 지적표현이라고 할 수 있다. 그래서 신화는 원시인의 철학이며, 사고의 표현인 동시에 삶과 죽음, 운명과 자연, 신과 의례를 설명하고, 세계를 이해하는 체계라고 한다. 하지만 신화가 원시인 심성의 표현이며, 논리보다는 정서적인 차원에서 구성되었기 때문에 부득이 이론적인 성찰을 통한 합리화가 불가피하다는 것이다. 이른바 신화적인 사고(mythos)에서 이성적인 사고(logos)로의 이행을 통해 제도 종교로 정착해 가는 것이 보편적인이다.

[471] 종교의 경험이란 단순히 철학적이거나 지적인 경험에 그치는 것이 아니며, 지적인 요소를 포함한 인간의 감정이나 행위를 통해 이루어지는 총체적인 국면이라고 볼 수 있다. 따라서 신앙자의 전 인격적인 투영이다. 의례적인 가치는 신비로운 것이어서 도저히 합리화할 수 없는 요소들이 있다고 할 수 있지만, 종교의례는 점진적으로 제도화내지 합리화의 과정을 거치면서 형식화되고, 제도화될 수밖에 없었다.

[472] 황선명, 『종교학개론』, 종로서적, 1983, 194쪽.

불어『주역』에서 나타난 천신관天神觀을 유형별로 분석하였다. 그리고 이를 바탕으로『주역』의 종교성에 대한 검토를 통해서 유학의 종교적 정합성에 대하여 살펴보았다. 그 결과 다음과 같은 결론을 얻을 수 있다.

먼저,『주역』에서의 천·신관은 성격과 변천을 확인할 수 있었다.

천의 유형은 자연천과 인간의 길흉사를 섭리하는 주재천에서 인간중심의 윤리·도덕천으로 변천하였다.『주역』에서의 신神의 개념이 아닌 인간에게 내재화된 새로운 개념으로 정착되고, 신神의 경지에 도달하는 것은 인간의 목표이면서 공통에게 설정된 인간의 최고의 경지임을 나타내고 있다.

다음으로 이러한 천신관天神觀의 바탕으로『주역』의 괘효사와 십익에서 다음과 같은 종교성을 찾아볼 수 있었다.

첫째, 천관의 성격변화에도 불구하고『주역』에서는 천도를 가치체계의 근원으로 하여 인도가 행해지는 중정지도의 관점에서 천天을 절대적으로 의존하고 신앙하고 있다는 것이다.

둘째, 천도를 근원으로 삼고 이를 주체적으로 자각하고 내재화함으로 천과 내가 하나가 되는 천인합일을 목표로 한 인간중심의 가치를 지향하고 있다는 것이다.『주역』은 극기복례함으로서 사후세계보다는 실존적인 삶에서 궁극적인 실재와 내면을 동일시하는 천인합일의 경지에 도달할 수 있다고 보는 것이다. 다시 말하면, 내세來世보다는 현실現實의 입장을 말하려는 것이며, 천상天上보다는 지상地上의 문제에 관심을 두었다는 것이다. 그리고 물질이 아닌 정신의 문제와 자연自然의 변화가 아닌 인간人間의 변화에 중점을 둔 것이라고 할 수 있다.

셋째, 하늘에 대한 경외사상과 함께 천과 인간의 연결고리로 조상신을 섬기고 있다. 유학은 절대자에 의한 구원을 통해서 생명의 유한성과 인간의 한계를 극복하는 구원관과 내세관에 대한 구체적인 언급이 찾아 볼 수가 없다. 그러나 인간 생명生命의 유한성의 극복은 조상들에 대한 제사祭祀라는 형식을 통해서 자손들의 기억 속에 영원히 존재한다고 믿었다. 『주역』에서는 내세관에 대해서 직접적이고 명확한 언급은 없다. 그러나 『주역』에서 "천하天下의 사람들이 돌아가는 곳은 같아도 가는 길은 다르며, 이룬 것은 하나지만 백가지 생각이니 천하에 어찌 생각하고 무엇을 염려하리오.(子曰 天下何思何慮, 天下同歸而殊塗, 一致而百慮, 天下何思何慮.)"(『주역』「계사하」편 제5장)라고 하였다. 이것은 천도天道의 자각을 통해서 진리의 배를 타고 이섭대천利涉大川 할 수 있음을 말하고 있으며, 또한, 하늘과 사람이 하나 될 수 있음을 밝히고 있는 것이다.

넷째, 천은 인간의 실존적인 삶에서 가치체계의 전승과 인간의 회린에 따라 길흉화복이 주어짐을 명확히 하고 하늘의 가호는 천도를 순종할 때 가능함을 설파하고 있는 동시에 실천을 못할 경우 천벌과 재앙이 따름을 분명히 하고 있다.

마지막으로 종교학적 측면과 『주역』의 괘효사와 십익의 내용을 결부시켜볼 때 종교적 정합성에 대하여 다음과 같이 결론에 도달할 수 있다. 먼저, 일반적인 종교학에서 말하고 있는 종교의 정의와 구성요소에 일치하고 있으며, 나음으로 『주역』은 천도와 천명을 자각하고 이를 주체화하여 시의성에 맞는 군자지도를 행할 것을 천명하고 있다. 즉 천도를 믿고 겸손히 수용하며, 기쁜 마음으로 실천함으로써 만사가 형통하고 무구无咎의 삶을 살 수 있다는 것이나. 『주역』에서는 성인聖人이 신도神道로서 가르침을 천하에 베풀며,("聖人以神道設教而天下服矣")(관괘觀卦「단사彖辭」)이를 믿고 실천해 나아가면 '하늘의 도를 드러내고, 신神의 덕을 운행하여 신神과 더불어 수작하고, 신神의 사역을 도와가는 것이라.' 밝히고 있다.(顯道神德行, 是故可與酬酌, 可與祐神矣,)(『주역』,「계사상」편 제9장) 또한, '하늘의 가호를 받고자하는 자는 하늘(천) 순종하고, 사람들의 도움을 받고자하는 자는 신의가 있어야 하며, 이를 믿고 실천하며 순종하고, 현인賢人을 숭상하면 하늘이 도와 길吉하여 이利롭지 아니함이 없다.'(子曰 天之所助者順也, 人之所助者信也, 履信思乎順, 又以尙賢也, 是以自天祐之吉无不利也.)(『주역』,「계사상」편 제12장)고 밝히고 있다. 이것은 천리天理를 믿고, 순종하며, 반드시 실천할 것을 천명하고 있다. 이러한『주역』에서의 종교성은 유학의 종교적 당위성의 근원이 될 수 있을 것이다.

參考文獻

1. 경전류

『주역』, 『논어』, 『서경』

2. 단행본

금장태, 『불교의 주역·노장해석』, 서울대학교 출판부, 2007.

류무상, 『성서적 입장에서 본 유교, 불교, 그리고 서양문화』, 심산출판사, 2004.

森三植三郎 저, 임영덕 역, 『중국사상사』, 온누리, 1986.

狩野直喜 저, 오이환 역, 『중국철학사』, 을유문화사, 1986.

이춘식, 『중국고대사의 전개』, 서울, 신세원, 1995.

赤塚 忠 저, 조성윤 역, 『중국사상개론』, 도서출판이론과 실천, 1987.

정용두, 『기독교와 윤리』, 성광문화사, 1994.

최광일, 『종교와 반종교』, 신조사, 1983.

황선명, 『종교학개론』, 종로서적, 1983.

W. Richard Comstock 저, 윤원철 역, 『종교학』, 전망사, 1986.

월러캡스, 김종서 외, 『현대종교학의 담론』, 까치, 1999.

3. 논문

공영립, 「공자의 천사상의 종교성에 관한 연구」, 『중국학보』, 제19집, 1978.

김성기, 「주역의 현대송교사석 의의」, 『유학사상연구』 제8집, 한국유학학회, 1996.

김재홍, 「선진유가의 천인관계에 대한 역철학적 고찰」, 『범한철학』, 범한철학회, 2007.

송인창, 「선진유학에 있어서의 천명사상에 연구」 충남대학원박사학위논문, 1987.

유승종, 「맹자 천관의 종교성 연구」, 『공자학』, 제8후 1999.

유승종, 「중국 고대 천관연구」, 『공자학』 제3호, 1998.

이경원, 「미수 허목의 천관」, 『건국어문학』, 제19집, 1995.

이문주, 「중국 고대 천관에 대한 연구」, 『동양철학연구』, 제10집, 1989.

부록 ❸

주역에서의 인간 본래성

* 『동양철학』 제29집, 한국동양철학회 발간(2008년 7월)

I. 들어가는 말

　　　　　　　　　　　동서양을 불문하고 인간의 본성과 그 근원에 대한 연구는 철학의 중요한 명제중의 하나라고 할 수 있다. 특히 『중용』에서는 인간 본성이 천명에 의해 인간에게 내재화된 것임을 밝히고 있다.(天命之謂性)(『중용』.제1장) 또한 『맹자』, 「진심장」에서도 "그 마음을 다하여 인간 본성을 알면 이를 통해서 천도와 천명의 자각할 수 있다."("盡其心者, 知其性也. 知其性, 則知天矣.")(『맹자』,「진심장상」편) 라고 밝히고 있다. 이러한 내용에서 인간의 존재 근거가 바로 천도이며, 천도가 천명으로서 인간 본래성으로 내재화되어 주어진 것임을 확인할 수 있다.

　위와 같이 유가경전에서 논급하고 있는 인간 본래성에 대한 존재론적인 근원이 왜 『주역』에 연원하고 있는 것인가?⁴⁷⁸ 그 연원에 대한 구명究明을 위해서 본고에서는 첫째, 『주역』에서 나타난 인간 본래성의 의미와 내용에 대해서 살펴보고, 둘째, 인간 본래성과 군자의 성명지리로 주어짐에 대한 존재론적인 근거를 상론詳論하고, 셋째, 성명지리와 중정지도의 관계를 논명論明히고, 넷째, 인간 본래싱의 자각과 실천에 대해서 논구論究하고자 한다.

---

478 본고에서는 『주역』의 「십익十翼」은 공자의 작作이며, 『주역』을 존재론적인 근원으로 하여 사서四書가 저술되었다는 일반적인 견해에 따라서 논술되어짐을 미리 밝혀둔다. 이러한 논거에 의하여 인간 본래성을 성과 동일한 의미로 해석하고 하고자 한다.

II. 『주역』에서의 인간 본래성 의미와 내용

인간 본래성의 의미는 무엇인가? 인간이 태어날 때부터 선천적으로 가지고 나온 성정性情으로서 본래 주어진 성性이 인간 본래성이다. 바꾸어 말하면 인격적 존재의 주체성으로서의 본래성을 의미하는 것이다. 그렇다면 유가의 경전에 나타난 인간 본래성에 대하여 살펴보자.

먼저, 『중용』에서 다음과 같이 밝히고 있다.

"하늘이 명命한 것을 성性이다.(天命之謂性)"(『중용』, 제1장)

이는 하늘이 명命한 성性은 천명으로 주어진 것임을 말하고 있다. 이때의 천天은 인간 밖에 있는 외재적外在的인 천이 아니라 인간의 본성으로 내재화內在化된 천天을 의미한다. 따라서 인간의 본래성은 천명으로 주어진 것이며, 천도天道로서의 천명天命임을 『주역』 「계사상」편에서 다음과 같이 밝히고 있다.

"그것을 잇는 것은 선善이요, 이루어진 것은 성性이다."(繼之者善也, 成之者性也.)(『주역』, 「계사상」편 제5장)

인간의 본성은 천도로서의 천명이 곧 인간 본래성으로 드러남을 밝히고 있다. 이것을 구체적으로 살펴보면 먼저, '계繼'는 생생한다, 발용發用한다 작용作用한다, 잇는다. 의 의미이며, '지之'는 대명사로서 도道를 의미한다고 할 수 있다. 다음으로 '성成'은 현상에서 구체화되어 드러남을 의미한다. 현상現象의 세계에서 드러난 것이 바로 인간 본래성이다. 왜냐하면 "일음일양지위도-陰一陽之謂道"인 음양작용(天道) 원리가 인간 본래성으로 드러나기 때문이다. 그러므로 성性이란 인성人性인 성性으로서 천인天人의 도道를 일관하고 있음을 두고 볼 때 이것은 천입합일의 인간 본성이라 말할 수 있다.

위와 같이 『중용』과 『주역』에서 밝히고 있는 인간 본래성은 천명에 의해 주어진 것임을 살펴보았다. 그리고 『주역』에서는 앞에서 언급한 인간 본래성을 보존해야 하는 것이 바로 군자의 도리임을 「계사상」편 제7장에서 다음과 같이 언급하고 있다.

"공자왈 역易이 그 지극하구나! 무릇 역易은 성인聖人이 이로써 덕을 높이고 업을 넓힘이니, 지知는 높고(崇) 예禮는 낮으니(卑), 숭崇은 하늘을 본받고 비卑는 땅을 법하느니라. 천지가 위를 베풀거든 역이 그 가운데 행하니, 이루어진 성性을 존하고 존함이 도의의 문이다.(子曰 易其至矣乎, 夫易 聖人所以崇德而廣業也, 知崇禮卑, 崇效天, 卑法地, 天地設位而易行乎其中矣, 成性存存道義之門.)"(『주역』,「계사상」편 제7장)

이는 성인聖人이 덕을 높이고 사업을 넓히는 바니 이치理致를 끝까지 살펴 신령스러움에 들어감은 그 덕을 높이는 것이며, 아울러 만물을 구제함은 그 사업을 넓히는 것이다. 또한 '지知'는 양陽에 속하니, 높고 밝음을 귀하게 여기므로 '숭崇'이라 표상한 것이며, 이는 하늘보다 더 높은 것이 없으니 하늘을 형상한다는 뜻으로 '효천效天'이라고 하였다. 그리고 '예禮'는 음陰에 속하니, 겸손하고 물러나는 것을 귀하게 여기므로 비卑라고 칭한 것이며, 이는 땅보다 더 낮은 것이 없으니 땅을 본받는다는 뜻으로 '법지法地'라고 하였다. 따라서 이루어진 성性을 보존하고 또 보존하는 것이 도덕적인 본래성을 보존하는 도의道義의 문門이라고 밝히고 있는 것이다.

이것은 성인·군자가 숭덕광업崇德廣業하니[474] 천지가 제 자리를 잡는 것이며, 역도易道가 천지 가운데에서 인간 본래성에서 행해지는 것을 의미하는 것이다. 그리고 성인聖人·군자君子의 측면에서 보면 지知는 성性이고, 예禮는 용用으로서 성인과 군자로 나누어 본 것이며, 지행知行의 측면에서 보면 지적知的인 존재는 성인이며, 행적行的인 존재는 군자로 예禮로써 행하는 것이다.

역도에서 성인聖人은 자기 덕德의 근거인 천도를 숭상하는 존재이며, 군자君子는 성인이 밝힌 법法을 본받아 자신을 낮추어서 진리를 실천·구현하는 존재이다. 그러므로 천지지도天地之道가 천지지덕天地之德이 되는 것이며, 천지지도를 인간이 주체적으로 자각하였다는 것은 자신의 덕으로 내면화되었음을 의미하는 것이다. 따라서 성성존존成性存存의 성성成은 본래성의 완성이며, 도의지문道義之門의 도의道義는 역易을 통과하는 문으로서 이것은 천지지도天地之道를 보존하고 또 보존하는 것이 도의道義의 문에 들어갈 수 있음을 밝히고 있는 것이다. 다시 말하면 자신의 본래성을 보존하고 보존하는 것임을 의미하고 있는 것이다.[475]

---

[474] 숭덕광업崇德廣業에서 '숭덕崇德'은 하늘을 본받아 덕德을 높이고, '광업廣業'은 땅을 법法으로 삼아 업業을 넓히는 것을 의미한다.

[475] 성성존존成性存存에서의 성성成性을 순역順逆의 원리로 보면 두 가지의 관점으로 해석할 수 있다고 본다, 첫째, 순順방향의 관점에서는 이루어진 성性이요. 둘째, 역逆방향의 관점에서는 성性을 이루는 것이다. 그러므로 중정지도에서의 천天의 관점이나 천명지위성天命之謂性의 관점에서의 성성成性은 이루어진 성性으로서 이를 보존保存하는 것이며, 역逆방향에서의 이루는 것이 성性이란? 성性을 이루고 보존保存할 것을 보존保存해간다는 의미라고 볼 수 있다. 또한 인간의 본성本性을 씨와 열매의 관계로 비유해보면 열매는 완전하고, 씨는 불완전하다. 그러므로 성성成性의 성性은 체體이고, 존존存存이란 본래성을 보존함을 의미하는 것이다. 또한 도道는 하늘의 명命이니, 사람이 마땅히 행해나가야 하는 것이고, 의義는 예禮이며, 땅의 하늘을 본받음을 뜻하니, 마땅함으로서 행동行動을 제약하는 것이다. 그러므로 천지天地 (건곤乾坤)의 위位가 베풀어짐에, 진震, 손巽, 감坎, 리離, 간

그렇다면 인간 본래성의 존재론적인 근거는 무엇인가? 그 근거에 대하여 「서괘하」편에서 다음과 같이 밝히고 있다.

"천지가 있은 다음에 만물이 있고, 만물이 있는 다음에 남녀가 있고, 남녀가 있은 다음에 부부가 있고, 부부가 있은 다음에 부자父子가 있고, 부자가 있은 다음에 군신이 있고, 군신이 있은 다음에 상하上下가 있고, 상하가 있은 다음에 예의를 두는 바가 있느니라?(有天地然後有萬物, 有萬物然後有男女, 有男女然後有夫婦, 有夫婦然後有父子, 有父子然後有君臣, 有君臣然後有上下, 有上下然後禮義有所錯.)"(『주역』,「서괘하」편)

인간존재로서의 남녀는 천지와 만물이 있은 연후에 존재하게 되며, 인격적 합덕체로서의 부부는 자연적인 인간존재가 있은 연후에 존재하게 됨을 밝히고 있다.[476]

인간 본래성을 음양론의 측면에서 살펴보면 인간의 출생은 천지부모에서 자식으로 태어난 것이 인간이라는 것이다. 그러므로 인간의 생명적인 본질은 하늘의 원리(乾元)와 땅의 원리(坤元) 동시적으로 주어질 수밖에 없는 것이다. 그러므로 인성人性과 천도天道가 다르지 않다는 것이다.

艮, 태요가 나와 각각의 이룬 性을 잃지 않음으로써 도의의 문이 되는 것이다. 그러므로 성생成性은 본래의 성품性品 그대로 이룬 것이고, 존존存存은 계속 이 세상에 존재하는 것이다. 그러므로 천지가 높고 낮음으로 위를 정한 후에, 역易이 지지와 예례로써 효천效天하고, 법지法地하여 천지天地 사이를 행해 나가니, 지지의 성성을 이루고, 예례의 성성을 이룬 것을 잃지 않음이(成性存存), 도의道義의 문門이 되는 것으로 해석할 수 있다.

476 김만산,『역학의 시간관에 관한 연구』충남대학교대학원 박사학위논문, 1992, 82쪽.

III. 인간 본래성과 성명지리

천도天道로서 천명에 의해서 내면화된 인간 본래성은 공간적으로 어떻게 성명지리로 드러나게 되는 것인가. 이 내용에 대한 논거는 『주역』의 여러곳에서 찾아볼 수 있다.

첫째, 「설괘」편에서 다음과 같이 밝히고 있다.

> "도덕원리에 화순和順하여 의로 실천할 것을 생각하고, 이치理致를 궁구하며, 본성을 다하여 천명에 이른다.(和順於道德而理於義, 窮理盡性, 以至於命.)"(『주역』,「설괘」,제1장)

이는 도덕원리를 의義로서 실천하며, 이치를 궁구하고 자신의 본성을 자각함으로서 천명에 이르게 됨을 밝히고 있는 것이다. 또한 성性이 명命으로 주어졌음을 의미하는 것으로 군자는 먼저 본성과 천명을 자각하여 그것을 실천 봉행한다는 것이다. 다시 말하면 인간 본래성이 성명으로 주어짐을 바탕으로 하여 천도의 주체적 자각과 성명의 이치를 자각·실천하는 존재가 군자라는 것이다. 「설괘」편에서도 인간 본래성을 성명지리로 규정하고 있다.("將以順性命之理")(『주역』,「설괘」,제2장) 인간 본래성을 성명性命의 이치와 형이상적 존재원리로 규정하고 있다는 것이다. 그러므로 인간 본래성은 군자의 성명지리로 주어졌음을 알 수 있는 것이다.

둘째, 『주역』에서는 인간으로 하여금 성명지리를 깨닫게 하는 것이 사명使命임을 천명하고 있다. 이것은 인간 존재근거를 천도와 천명에 두고 있음을 의미하는 것으로 『계사』편에서 다음과 같이 말하고 있다.

"한 번은 음하고 한 번은 양하는 것을 일러 도라 이르니, 그것을 계승한 것이 선이며, 이루어진 것은 성이다.(一陰一陽之謂道, 繼之者善也, 成之者性也.)"
(『주역』, 「계사상」편, 제5장)

이는 천도·천명에 의해서 인간 본래성이 주어짐을 밝히고 있다. 즉 인간의 존재근거는 천도에 있고, 인간의 본성은 천도의 자각을 통한 천도의 내재화로 이해되어야 한다.[477]

셋째, 건괘 「단사」에서는 성명지리가 공간적으로 들어남에 대해 다음과 같이 언급하고 있다.

"시작과 끝을 밝게 알면 육위六位가 때에 이루어질 것이니, 때로 육용六龍을 타고 하늘을 섭리한다. 건도乾道가 변화해서 각각各各 성명性命을 바르게 하고 대화大和를 보합保合하는 것이 곧 이정利貞이다.(大明終始, 六位時成, 時乘六龍, 以御天, 乾道變化, 各正性命, 保合大和, 乃利貞.)"
(『주역』 건괘 「단사」)

먼저, 시작과 끝을 밝게 아는 대명종시大明終始란 건도乾道의 변화로서 군자가 본래성을 자각한다는 의미를 밝히고 있다. 왜냐하면 인간의 본래성이란 본래 자기가 타고 나온 인격적 존재로서 인간으로 태어날 적에 본래부터 받아 가지고 나온 본성을 의미하는 것이기 때문이다. 그러므로 인간은 본래성을 자각하지 못한다면 나아가 천명을 깨닫지 못하는 것이다. 따라서 대명종시란 인간에 있어서는 본래성의 자각을 통하여 천도를 크게 밝혔다는 말이다. 즉 성인聖人에게 있어서는 신명神明의 덕과 통하게 되

---

477 최영진, 『역학사상의 역학적 탐구』, 성균관대학교대학원 박사학위논문, 1989, 87쪽.

었다는 것으로 군자의 성명性命이 각기 바르게 된 세계世界인("各正性命, 保合大和.")(건괘「단사」) 만물萬物의 실정을 같이 함이 가능하다는 것이며,("以通神明之德, 以類萬物之情.")(『주역』,「계사하」편, 제2장) 이것은 나에게 이미 주어진 본래성을 깨닫는 것을 의미하는 것이다.

다음으로 '육위시성六位時成'에서의 육위六位는 육효六爻를 지칭한다. 우주사의 섭리를 여섯 단위로 구분한 것이다. 이것은 시의성時宜性을 강조하여 군자가 시중지도時中之道를 실천하면서 살아가야 한다는 것이다. 다시 말하면 시의성에 적중하게끔 시중지도를 어려움 없이 실천하면서 살아갈 수 있다는 것이다. 이것은 천도에 맞게 인간이 순응한다는 것으로 도道에서 이탈되지 않게 중정지도中正之道를 좇아 살아가게 된다는 것이다.

마지막으로 성명性命을 나누어 보면 성性은 나면서 가지고 있는 본성을 말하며, 명命은 하늘에서 나누어 가진 것으로 해석할 수 있다. 그러므로 태어나면서 가지고 있는 것은 성性이며, 하늘에서 받은 것은 명命인 것이다. 그러므로 성명性命은 만물이 하늘에서 받은 본연의 성질인 것이다. 또한 각각성명各各性命을 바로 한다는 것은 초목은 초목으로, 인간은 인간으로, 짐승은 짐승으로, 남자는 남자로, 여자는 여자로서 그 성질대로 나고 자라게 하여 발전시키는 것이다.

이를 종합하면 건도乾道는 위에서 말한 바와 같이 여러 가지로 변화한다. 즉 여섯 종류의 자리에 있으면서 여섯 용龍의 작용으로 만물이 모두 차츰 변하여 옛 모양에서 새로운 모양으로 바뀌며 하늘에서 받은 본성을 바르게 발전시키고 보존함으로 각각 마땅한 자리를 얻어 바르고 단단하게 여물게 된다. 이것이 바로 이정利貞이다. 이는 인간에 있어서는 본래성의 자각을 통하여 시중지도時中之道를 어려움 없이 실천하면서 살아갈 수 있다는 것을 밝히고 있다.

요컨대 인간 본래성으로 주어진 것이 바로 '성명지리' 라는 결론을 얻을 수 있다.

IV. 성명지리性命之理와 중정지도中正之道

위에서 인간 본래성은 천명으로서 군자의 성명지리로 주어졌음을 살펴 보았다. 그렇다면 성명지리의 근거와 내용을 중정지도의 측면에서 논구해 야할 필요가 있다.

성명지리에서 성性은 천도인 중도中道이고, 명命은 인도의 정도正道를 의미한다.[478] 이것은 자기에게 주어진 역사적인 사명을 실천하는 것이 의미하는 것이며, 군자의 실천적 사명으로 드러난 것이 바로 사덕四德이다. 사덕의 원리중에서 인성人性과 지성知性이 인간 본래성의 주체요, 중심이며, 예의는 명命이다. 따라서 예의는 군자가 실천해야할 덕목인 것이다.[479] 그

---

[478] 본고에서 '성명性命'에 원리原理라는 의미를 첨가하여 '성명지리性命之理'라고 칭하는 근거를 『주역』, 중산간괘重山艮卦의 「단사」를 논거로 들 수 있다. 「단사」에서 "이런 까닭으로 그 몸을 얻지 못하고, 그 뜰에 가서 사람을 보지 못하는 것도 허물이 없는 것이다.(시이是以, 불획기신행기정不獲其身行其庭, 불견기인不見其人, 무구야无咎也)"라고 밝히고 있다. '그 뜰에 가서 사람을 보지 못하는 것도 허물이 없는 것이다.(행기정불견기인行其庭不見其人, 무구야无咎也)' 라 함은 그것은 가슴속에 들어있는 마음씨는 볼 수가 없다는 것을 의미한다. 왜냐하면 인격성 자체는 보이지 않는 것이기 때문이다. 인격성은 마음으로 깨닫게 되어있다. 그러므로 성인과 군자는 상하대응하야 불상여야不相與也의 관계로 합덕을 하는 것이라 볼 수 있다. 인격석 관계는 서로 마음으로 통하게 되어있다. 이 때 기인其人이라 함은 상효上爻의 인격성人格性을 지칭하는 그 사람이다. 상효上爻는 바로 천지지심天地之心이다. 천지지심을 그대로 이어받은 성인의 마음이다. 그러므로 성명지리性命之理는 심성心性 내면적인 세계에 존재하는 진리이므로 '원리原理'라고 칭한다.

[479] 「文言」에서 말하기를, "直은 그 바름이요 方은 그 의로운 것이니, 君子가 恭敬함으로써

러므로 성명지리는 중정지도를 의미하며, 사덕원리를 떠나서 성명지리가 따로 있는 것이 아니다. 그렇다면 인간 본래성에 대하여 천도인 사상四象과 성명지리로 주어진 인도人道인 사덕四德의 관계를 살펴보자.

첫째, 천도天道인 사상四象과 인도人道인 사덕四德의 관계에 대하여 건괘乾卦 「문언」에서 다음과 같이 밝히고 있다.

"원元은 선善한 것의 어른(으뜸)이요, 형亨은 아름다운 모임이다. 이利는 의義로움이 조화됨이요, 정貞은 일을 주관(근간)함이다. 군자는 인仁을 체득하여 족히 사람을 기르고, 아름답게 모여 족히 예禮에 합하도록 한다. 만물萬物을 이롭게 하되 의리에 조화되도록 하고 바르고 굳세게 일을 주장하니, 군자가 이 사덕四德을 행하는 사람이다. 그러므로 "건乾은 원형이정元亨利貞이라 한다.(元者善之長也, 亨者嘉之會也, 利者義之和也, 貞者事之幹也, 君子體仁足以長人, 嘉會足以合禮, 利物足以和義, 貞固足以幹事, 君子行此四德者, 故曰乾元亨利貞.)"(『주역』건괘「문언」)

이것은 천도天道의 구조인 원형이정元亨利貞의 사상四象과 인도人道의 구조인 인예의지仁禮義智의 사덕四德이 갖는 천인합덕적 존재구조에 관해서 논한 것이다. 따라서 인간의 본래성으로 주어진 사덕이 천도天道인 사상四象에 존재근거를 두고 있음을 알 수 있다.

천도인 원형이정은 무엇인가? 「계사」편에서 "역에는 태극太極이 있고, 태극은 양의兩儀를 낳고, 양의는 사상四象을 낳고, 사상은 팔괘八卦를 생生

안을 곧게하고, 義理로써 밖을 方正하게 해서, 敬과 義가 섬에 德이 외롭지 아니하나니, '直方大不習无不利'는 즉 그 行하는 바를 의심치 아니함이라.)"『周易』, 坤卦, 二爻「文言」"直其正也 方其義也, 君子敬以直內, 義以方外, 敬義立而德不孤, 直方大不習无不利, 則不疑其所行也.

한다.(易有太極, 是生兩儀, 兩儀生四象, 四象生八卦.)"(『주역』,「계사상」편, 제11장) 고 하여, 이는 태극에서 음양과 사상과 팔괘가 생성되는 역리易理의 논리적인 생성체계生成體系에 관해서 언급한 것으로서, 여기에 사상四象을 논하고 있는 것이다. 음양陰陽은 오행五行으로 공간에 드러난다. 그러므로 천도의 오행과 오행작용은 사상四象으로 자신의 존재구조를 객관화시키는 것이다.

「계사」편에서는 "하늘이 상象을 드리워 길흉을 드러낸다.(天垂象, 見吉凶)"(『주역』,「계사상」편, 제11장)고 하며, "역에 사상四象이 있음은 보여 주기 위함이다.(易有四象所以示也)"(『주역』,「계사상」편, 제11장) 라고 했다. 이는 천도가 사상四象으로 드러나고 있으며, 아울러 "상象을 이루는 것을 건乾(成象之謂乾)"(『주역』,「계사상」편, 제5장)이라는 것이다. 따라서 '건乾은 원元하고, 형亨하고, 이利하고, 정貞한다.' 라고 하여, 천도를 드러내는 상象이 곧 건덕乾德인 원형이정의 사상四象임을 나타내고 있다. 즉, 천도는 시간적인 지평에서 드러내지만, 공간적인 지평에서는 원형이정의 사상을 드러내는 것이다. 그러므로 천도의 존재구조인 원형이정인 사상은 인간에 있어서 인예의지仁禮義智인 사덕四德이 된다.

천도의 인간화란 천의 존재원리를 인간이 자각함으로서 천지의 성정性情을 인간의 본래성으로 깨달았다는 것을 의미한다. 즉 인간 본래성은 천도인 시 상四象이 천명에 의해 인간 본성으로 내재화된 것임을 밝히고 있는 것이다.

요컨대, 인간 본래성으로 내재화된 천도는 존재론적 측면에서 보면 천성天性, 체體, 사상四象의 구조構造이며, 인간의 입장에서 보면 천도의 사작에 의한 덕, 용用, 사덕四德임을 밝히고 있다. 이것은 천도인 사상四象이 인간 본래성으로 주어진 군자의 성명지리인 사덕四德인 것이다.

둘째, 성명지리와 사덕四德의 관계에 대하여 「계사상」편에서도 다음과 같이 밝히고 있다.

"한번은 음陰하고 한번은 양陽으로 작용하는 음양陰陽의 작용을 도道라고 한다. 그것을 잇는 것은 성性이요, 이루어진 것이 성性이다. 어진 이는 성性을 보면 인仁이라고 말하고, 지혜로운 사람은 성性을 보면 지智라고 말한다.(一陰一陽之謂道, 繼之者善也, 成之者性也. 仁者見之謂之仁, 知者見之謂之知.)"(『주역』, 「계사상」편, 제5장)

위의 내용을 보면 음양의 도道인 천도를 근원하여 인간의 본래성이 형성되었음을 알 수 있다. 또한 성性의 내용을 사덕四德의 인仁과 지智로 규정하고 있음을 미루어 볼 때 사덕四德중에서 예禮와 의義는 명명임을 짐작할 수 있다. 그러므로 사덕중에 인지仁智를 과거적 본성으로 그리고 예의를 미래적 이상으로 규정하고 이를 성명지리로 설명하고 있는 것이다.[480]

셋째, 인간 본래성은 시간성에 의해 성명지리로 주어진 것이다. 시간의 존재형식 측면에서 보면 천지의 도를 자각한 인간의 심성내면에서의 인식주체 의식 즉, 시간의식으로 존재한다. 이것은 객관적 사물의 생성변화 현상을 시간의 본질인 변화지도로 인식하는 근거가 되는 것이다. 인식내용으로서의 생성의 원리인 변화지도는 시간의 존재근거가 된다. 형이상학적 존재인 '도道' 즉 변화지도가 시종始終으로 정해진 생성현상을 나타내는 물리적 시간 세계안에 들어와서는 시간의 본질로서의 '시간성終始性'으로 정착되는 것이다. 따라서 인간 본래성의 내용이 시간의 존재 근거로서의

---

[480] 졸고, 『역학의 중정지도에 관한 연구』, 충남대학교 대학원 박사학위논문, 2008, 155쪽.

본질적 시간(時間性)에 의한 것임 알 수 있다.[481] 그러므로 인간 본래성은 본질적인 시간인 천명의 자각에 의해 인간 본래성을 주체적으로 자득自得한 것이요, 천도가 천명을 자각을 매개로 자성으로 자득되어진 것이다.[482]

인간 본래성은 시간성의 차원에서 본성本性(과거)과 내성內性(미래)으로 정의 할 수 있다.[483] 이러한 시간의 전개과정을 통해서 인간 본래성이 시간의식에 의해 성명지리로 드러남을 알 수 있다.

넷째, 『주역』에서는 인간 본래성은 성명지리이며, 그 내용은 인성仁性과 지성知性으로 구성되어 있다. 인성人性 + 내성內性 = 인간 본래성이다. 이를 간단히 도식화하면 아래와 같다.

인성人性은 실천實踐의 주체主體 (예禮)	역逆, 인仁의 나타냄이 덕이다 사랑은 하나가 되는 원리이다.	합合
지성知性은 깨달음 주체主體 (의義)	순順, 구분하는 원리(차별 ×)	분分

---

[481] 진리는 시간에 의해 공간으로 드러난다. 인간 본래성도 천명天命(시간時間)에 의해 공간空間으로 드러나는 것이다.
[482] 김만산, 『역학의 시간관에 관한 연구』 충남대학교대학원 박사학위론문, 1992. 84-86쪽.
[483] 시간의 전개 양상을 인간 본래성과 결부시켜 설명하면 다음과 같다.

```
과거過去 -------------- 현재現在(我) -------------- 미래未來
           (본성本性)                    (내성內性)
        〈현재속에 미래와 과거가 다 함께 있나.〉
```

시간의 전개 양상에 있어서 과거적 시간성과 미래적 시간성의 근거와 인간에게는 무엇으로 주어져 있는가? 인간 본래성으로 주어져 있다. 왜냐하면 나라고 하는 인간의 주체는 과거적 시간성과 미래적 시간성이 완전히 합덕일체화된 존재가 나에게(천지로 부터)주어져 나라고 하는 인간 생명체가 태어난 것이기 때문이다. 즉, 선천성(선천적시간성)과 후천성(후천석시간성)이 합덕 일체화된 존재가 인간 본래성이다. 부모의 인격성이 하나로 결합되어 있다는 말이다. 그 결합의 근거는 부모의 마음이 일치하는 것이다. 마음이 행동의 근원이다. 따라서 시간과 시간성의 관계는 인간에게 있어서 심신의 관계와 같다. 물리적인 시간은 인간의 육체와 같다. 그러므로 시간성의 근거위에서 인간의 존재와 본래성이 주어졌다고 말할 수 있는 것이다.

성명지리의 내용인 사덕四德은 '측은지심惻隱之心', '사양지심辭讓之心', '시비지심是非之心', '수오지심羞惡之心'이라는 심心을 근거하여 사체四體, 다시 말하면 언행言行으로 나타난다. 군자가 사덕四德을 행하고 자신이 처한 시공時空에 맞게 드러나는 본성本性의 발로라고 할 수 있다. 또한 천도가 내포된 인도人道로서의 군자 사덕원리가 역도易道임을 밝히고 있다. 그러므로 건괘乾卦에서 천도天道인 원형이정을 인도人道인 성명지리로 드러남을 설명하고 있는 것이다. 그렇다면 인예의지仁禮義智의 사덕四德을 구체적으로 살펴보자.

먼저, 자각과 사덕의 실천적인 측면에서 보면 인仁은 군자의 실천의 주체이며, 지智는 자각의 주체이다. 다만 군자는 자각을 통하여 성명지리性命之理를 천명闡明하는 존재가 아니다. 그렇기 때문에 사덕을 논하면서도 지智 자체는 논하지 않고 인仁과 예의禮義를 논하고 있다.

다음으로 사덕을 체용體用의 관계로 구분하면 인仁과 예禮는 본체本體와 작용의 관계이며, 지智와 의義 역시 체용體用의 관계이다. 그런데 인仁은 실천의 주체이기 때문에 군자는 인仁을 주체로 하여 예의禮義를 실천하는 존재이다. 그러므로 인도人道인 군자지도를 밝히면서 주체인 인仁과 그것을 실천하는 관점에서 예禮를 포함한 의義를 병칭竝稱하여 인의지도仁義之道라고 하였다.[484]

마지막으로 천도天道 위주의 사상四象과 인도人道 위주인 사덕四德의 관계를 살펴보면 다음과 같다. 인간 본래성이 중덕中德과 결합된 인仁은 덕성이요, 지智는 지성智性이다. 그러므로 체인體仁은 덕성의 자각과 체득을 통한 인간 본성의 체득인 것이다. 지성은 우주인 대상의 주체화의 능력이요,

---

[484] 남명진, 「주역의 괘효원리에 관한 연구」, 『동서철학연구』, 제15호, 한국동서철학회, 1998, 10쪽.

덕성德性은 우주인 대상에 대하여 주체의 객관화, 실천화의 능력이다. 인간은 이러한 인지仁知의 본성으로서 천명天命인 사명을 수행하는 것이 예의禮義이다. 그러므로 체인정고體仁貞固는 내적 본성이라고 할 수 있으며, 지성智性의 자각 감통으로서 우주의 도道를 감통感通함을 말하는 것이다. 이 본성의 내적인 것이 객관적인 실천으로 표현될 때에 예의禮意가 되기 때문이다. 그러므로 성명지리性命之理는 인간의 덕성德性과 지성智性을 체득하여 우주지도를 통함이요, 인간지덕人間知德을 체體함이요 이 체득된 도덕(우주와 인생)으로서 천하에 예의禮義를 실천함을 의미한다.[485]

요컨대, 천도의 원형이정元亨利貞과 인간 본래성의 내용인 인예의지仁禮義智 사덕四德을 비교하여 논한 것은 인간 본래성의 성명적 구조가 사덕을 통하여 구명되어진 것으로서 천도의 사상적四象的인 구조와 같이 인간의 본성도 천도天道의 사상적인 구조에 상응하여 사덕적四德的인 구조를 가지고 있음이 알 수 있다.

V. 인간 본래성의 자각과 실천

인간 본래성의 자각에 대하여 유가儒家에서는 인간이 천도의 주체적 자각과 동시에 자신의 본성과 존재 근거인 천도를 천명으로 자각하게 된다고 밝히고 있다. 천도天道의 자각에 대하여 언급하고 있는 『주역』 이괘頤卦의 「괘사」와 「단사」의 내용을 살펴보자.

먼저, 인간 본래성의 지각에 대하여 이괘頤卦 「괘사」에서 다음과 같이

---

[485] 인仁은 개인의 인격이요, 지知는 우주의 도리요, 예禮는 남녀 가정관계(윤리倫理)요, 의義는 군민국가천하관계로서 정치원리이다. 따라서 인간의 본성은 인지仁知이며, 인성人性과 지성知性이 인간 본래성이라는 결론을 내릴 수 있다.

밝히고 있다.

"이는 곧으면 길하다. 기르는 것을 본다. 스스로 먹을 것을 구한다.(頤貞吉, 觀頤, 自求口實.)"(『주역』 산뢰이괘山雷頤卦「괘사」)

이는 정도正道로서의 군자지도를 올바르게(貞) 행해야 길吉하게 됨을 밝히고 있다. 위 내용을 구체적으로 살펴보면 먼저, 관이觀頤의 턱은 아래턱을 의미한다. 그러므로 관이觀頤는 초효初爻를 위주로 설명을 하고 있는 것이다. 왜냐하면 산뢰이괘山雷頤卦(䷚)의 괘상을 보면, 초효와 상효는 턱을 의미하고, 중효中爻(육이, 육삼, 육사 ,육오)는 음식물을 상징한다. 따라서 초효初爻는 아래턱으로 움직이는 것이므로 초효를 위주로 하여 「괘사」가 정해졌음을 알 수가 있기 때문이다. 바꾸어 말하면 성인聖人의 말씀을 통해 그 뜻을 깨달아야 함을 밝히고 있는 것이다. 그리고 '자구구실自求口實'은 인간의 내면적인 심성에서 스스로 구하거나 내 인격내에서 스스로 함양하라는 의미로 볼 수 있다. 즉 자기 자신으로 돌아오는 것이다. 이는 성인의 말씀을 통해 군자의 마음속에 감응이 되어야 한다는 것을 의미한다. 이를 요약하면 성인의 말씀을 통해 내 본래성(나에게 주어진 본래적 사명)을 주체적으로 자각함을 의미하는 것이다.

다음으로 이괘頤卦「단사彖辭」에서 다음과 같이 밝히고 있다.

"단왈, '기르는 것을 본다.'는 것은 무엇을 기르는가를 본다는 것이다. '스스로 먹을 것을 구한다' 는 것은 자기 스스로 자신을 기른다는 것이다. 천지가 만물을 기르고 성인이 어진 이를 길러서 그 덕이 백성에게 미치게 한다. 이頤의 때는 크도다.(觀頤觀其所養也, 自求口實觀其自養也, 天地養萬物, 聖人養

賢以及萬民, 頤之時大矣哉)"(『주역』, 산뢰이괘山雷頤卦「단사」)

    인용문의 내용을 구체적으로 살펴보면 먼저, 무엇을 기르는가를 본다고 함은 스스로의 자신을 본다는 것이다. 이것은 본래성을 깨닫는다는 것을 의미한다. 왜냐하면 이것은 역도易道를 통해서 기르는 것을 본다는 것이며, 이는 하늘을 쳐다보고 있는 것임을 밝히고 있는 것이기 때문이다. 그리고 '스스로 먹을 것을 구한다' 함은 본래의 자기 자신으로 돌아오는 것을 의미한다. 왜냐하면 자구구실自求口實이란 음식을 씹어 먹을 때에는 열매로서의 맛을 느껴야 하며, 열매(實)는 내 몸속에 있는 것을 의미하기 때문이다. 즉 자아의 주체성으로 주어진 본래성本來性을 의미하는 것이다. 다시 말하면 자기에게 주어진 본래성을 자각하여 길러 나가야 한다는 것이다. 이것을 길러 나가는 과정인 것이다. 자신의 인격을 함양하는 과정이다. 그리고 자구구실自求口實의 구求는 내게 주어진 성명지리를 스스로 갈구하여 스스로 얻음을 의미하는 것이다. 따라서 자기에게 주어진 본래적 성명性命(=心性)을 닦아 나가야 한다는 것이다. 그렇다면 내가 소양할 곳은 어디이며, 밖으로는 내 인격성을 키울 수 있는 영양소가 어디에 있는 것인가? 그것은 성인聖人의 말씀 속에 있는 것이다.[486] 그러므로 산수몽괘『단

---

[486] 『주역』 산뇌이괘이 「상사」에서 "상왈, 산 아래 우레기 있는 것이 이니, 군자는 이로써 언어를 신중히 하며, 음식을 조절하나니라.(象曰 山下有雷頤, 君子以愼言語, 節飮食)라고 밝히고 있다. '산하유뇌山下有雷'라 함은 팔간산八艮山아래에서 성인의 말씀이 존재한다는 것을 의미한다. 즉 간군자艮君子가 성인의 말씀을 깨달아야 한다는 것이다. 그리고 뇌雷는 성인지도를 상징적으로 표현하는 진괘震卦를 의미한다. 간艮은 군자君子를 상징하는 괘이나. 그러므로 언어는 인격적 존재에 있어서 인격적 생명을 생성시키는 진리를 성인의 언어를 통해 영양소로 섭취하는 것을 비유한 것이다. 그러므로 「주역」에서 말하는 맛을 전해주는 음식은 바로 성인의 말씀이요, 경전이다. 따라서 음식은 성인의 말씀을 통해 도道를 깨달을 수 있는 군자의 인격성을 길러주는 것을 말한다. 그러므로 「주역」에서 언급되는 언언과 음식飮食은 겸용된다. 성인의 말씀인 언어를 통하여 성인지도를 깨달았다는 것이다. 성

사彖辭』에서 "만물을 바르게 기르는 것은 성인聖人인 것이다.(蒙以養正,
聖功也.)"(산수몽괘山水蒙卦,「단사彖辭」)라고 한 것이다.

다음으로 '이頤의 때는 크도다'고, 함은 진변위간震變爲艮이 되는 시위時位를 파악하여 때를 안다는 것을 의미한다.[487] 인간은 애초부터 하늘의 신명한 원리를 감득感得할 수 있는 본성을 가지고 태어났다. 그러므로 나의 존재 근거인 천지의 뜻을 알고자 할 때는 내가 주체가 되어야한다는 것이다. 또한 인간존재를 존재생성의 근원적인 구조인 음양적인 구조와 관련하여 이해할 때, 인간의 본성은 신덕神德과 물정物情의 통일묘합성統一妙合性으로 규정하고, 인간 스스로를 신물양성神物兩性의 합덕인 존재로 자각하는 것이다.[488] 즉 인간 본래성의 자각과 이를 통한 천도의 주체적인 자각을 함으로서 그것을 삶의 원리로 삼고 실천해야함을 밝히고 있는 것이다.[489]

위에서 하늘이 준 인간 본래성의 자각과 보존에 대하여 언급한바 있다. 그렇다면 인간 본래성의 주체적인 자각으로서 인간 본성과 그 존재 근거에 대하여 살펴볼 필요가 있다.『주역』복괘復卦「괘사」에서 다음과 밝히고 있다.

인의 말씀에 비추어 절대로 성인의 뜻에 어긋나는 말은 하지 말라는 말이다. 그러기 위해서는 우선 성인의 뜻을 깨달아야 한다. 이것은 성인의 말씀을 음식으로 삼아 올바르게 음미해야 한다. 그러므로 '절음식節飮食'이 바로 성인의 말씀을 상징한다.

[487] 대과자시大過之時와 이지시頤之時의 시時는 같은 시時다. 대과지시大過之時와 이지시頤之時 객관적客觀的인 때를 규정하는의미로서 혁革·해지시解之時를 말한다. 혁革·해지시解之時(진변위간震變爲艮)는 성인의 언어를 통해서 깨닫는 것을 말한다.

[488] 宋在國,「周易풀이』 예문서원, 2001, 244-246쪽 참조.

[489] 『서경』「대우모」편에서는 "천지역수지여궁天之曆數在汝躬"고 하였으며,『논어』「요왈」편에서는 "천지역수재이궁天之曆數在爾躬, 윤집궐중允執厥中."라고 하여 천도가 인간 본래성으로 주체화하였으며, 인간이 자신의 본래성을 자각하는 것과 더불어 천도를 인간 주체적으로 자각함으로써 삶의 원리를 자각·실천하는 것을 밝히고 있다.

"복復은 형통亨通하다. 출입하는데 병이 없으며 벗이 와도 허물이 없다. 그 도道를 반복하여 7일이면 돌아온다. 갈 데가 있는 것이 이롭다.(復亨, 出入无疾朋來无咎, 反復其道七日來復, 利有攸往.)"(『주역』, 지뢰복괘地雷復卦 「괘사」)

복復이 형통하다 함은, 인간이 천도지덕원리天道地德原理(=天地의 人格性)를 성인·군자를 통해서 깨닫는 것을 의미한다. 즉 인간 본래성을 깨닫고 도덕성을 회복한다는 것이다. 복괘復卦(䷗)의 괘상卦象을 보면 내괘內卦가 진괘震卦이고, 외괘外卦는 곤괘坤卦로 초효가 양陽이고, 나머지는 음陰으로서 초효부터 양陽이 점점 자라는 형국을 나타내고 있다. 이와는 반대로 박괘剝卦(䷖)는 초효부터 오효까지 음효陰爻이고 상효만 양효陽爻이다. 이러한 박괘剝卦의 상효와 복괘復卦의 초효의 관계가 존재론적存在論的으로는 천도가 인간 본래성으로 내재화되어 나타내고 있음을 표상하고 있다고 볼 수 있다. 이는 자각론의 측면에서는 구방심求放心을 표현한 것이다. 그러므로 이괘頤卦(䷚)의 상효에 대하여 "큰 열매는 먹지 아니함이니(上九, 碩果不食.)"(지뢰복괘『효사』)이라고 하여 장차 씨로 사용해할 석과碩果는 먹지 않음을 나타내고 있다. 이것은 바로 석과碩果가 씨로서 뿌려졌음을 의미하고 있는 것이다.

복괘復卦 이효二爻의 「소상사小象辭」의 설명으로 "'휴복休復'이 길吉함은 씨(仁)를 뿌린 것이다.(象曰 休復之吉, 以下仁也.)"(지뢰복괘 이효『소상사』)라고 설명하고 있다. 그리고 복괘復卦 「단사」에서는 "그 도道를 반복하여 칠일七日이면 다시 돌아옴은 천행天行이다. … (중략) … 이러한 복復으로부터 천지天地의 심心을 본다.(象曰 反復其道七日來復, 天行也 …(중략)… 復其見天地之心乎.)"(지뢰복괘『단사』)라고 하여, 복복이 천도의 자각 원리임을 밝히고 있다. 이는 천도 자각의 방법으로서 복復을 살펴보면 군자가 수행 과정에서 때로는 자신의 본래성을 벗어날 수도 있으나 이를 자각하고 다시 본성에 순응함을 의미하고 있는 것이다. 또한「계사하」편에서는 복復에 관해서 다음과 같이 논하고 있다.

"안회는 거의 도에 가깝구나. 선善하지 않음이 있으면 이를 모르는 경우가 없으며 알면 다시는 앞의 실수를 반복하지 않는다. 역易에서는 멀리 벗어나지 않으려고 다시 돌아와 후회함에까지 이르지 않아서 크게 길吉하다.(子曰 顔氏之子其殆庶幾乎, 有不善未嘗不知, 知之未嘗復行也. 易曰 不遠復, 无祗悔, 元吉.)"(『주역』,「계사하」편 제5장)

이는 안자顔子의 경우의 예를 들어 복복의 구체적인 방법에 대하여 논한 것으로 자신의 행위에 대하여 항상 반성하고, 만약 잘못이 있을 때는 마음에 새겨서 다시는 앞의 잘못을 반복하지 않아야 함을 밝히고 있다. 이것이 바로 공자가 말한 "우佑라는 것은 돕는 것이니 하늘이 돕는 바는 순順이요, 사람이 돕는 바는 신信이니 신信을 이행하고, 순順을 생각하고, 또 어진 이를 숭상함이라.(子曰 祐者助也, 天之所助者順也, 人之所助者信也, 履信思乎順, 又以尙賢也, 是以自天祐之吉无不利也.)"(「계사상」편 제12장)고 하여, '이신사호순履信思乎順'의 방법을 언급한 것이다.[490]

---

[490] 복복은 형통한다는 것은 강강剛 즉 양陽이 돌아오기 때문이다. 일양一陽이 돌아와 점점 성성해지기 때문이다. 이 복괘(䷗)는 하下 진震의 동동이 있고 상上 곤坤의 순순이 있다. 그러므로 순순으로서 움직인다. 무리하게 움직이지 않는다는 것이다. 천지자연의 길을 따라 순하게 움직인다. 그러므로 이 양陽은 때로는 음陰속에 숨어있고 때로는 나타나 나아가지만 어느 때에도 상처를 받는 일이 없다. 또 양陽이 돌아오면 같은 양陽이 모이게 되어 잘못이 없게 된다. 이것은 모두 이 괘가 가지고 있는 순순과 동동의 덕덕으로 되는 것이다. 양양陽은 양양陽의 나아가고 돌아가는 길을 따라 돌아온 것이다. 순양純陽의 건괘乾卦(䷀)에서 陽

위에서 언급한 바와 같이 인간 본래성이란? 천명에 의해 내재화된 성명지리를 의미하는 것으로 인간 본래성의 존재 근거는 천天이다. 이것을 천도의 인간 주체화라고 한다. 천도의 인간 주체화란 무엇인가. 천도가 인간 본래성으로서 군자에게 성명지리로 주어진 인도人道이다. 그러므로 그것을 자각하고 실천하는 주체인 인간을 중심으로 나타내면 군자지도가 된다는 것이다. 역학에서는 인간 본래성으로 내재화한 천도를 중中으로 규정하고 있다. 따라서 인간 본래성으로 주어진 자신의 본래성을 자각하면 그것이 바로 천도의 자각인 것이다. 이것이 천도의 주체적 자각원리이다.

『맹자』「진심장상」편에 다음과 같이 밝히고 있다.

"맹자왈 마음을 다하는 자者는 본성을 안다. 자기 본성을 알면 하늘을 알게 되는 것이다. 자기의 마음을 살리고 자기의 성性을 기르는 것이 하늘을 섬기는 것이다. 단명短命하거나 장수長壽함에 의심을 두지 않고 자기를 닦아 천명天命을 기다리는 것이 천명天命을 지키는 이치理致이다.(孟子曰 盡其心者, 知其性也, 知其性則知天矣, 存其心養其性, 所以事天也, 夭數不貳, 修身而俟之, 所以立命也.)"(『맹자』「진심장」상편)

본성을 자각하는 것이 천도를 자각하는 것임을 밝히고 있다. 삼재지도

이 하나 깎여 나가 天風姤卦(䷫)가 된 뒤로 일곱 번 변화하여 이 복괘復卦(䷗)가 되었다. 이것은 천天의 운행 순서가 그렇게 되어 있다는 것이다. "이유유왕이유유왕利有攸往"은 강강剛이 점점 성盛해져 가는 때임으로 그렇게 된다. 복復에서 천지天地의 마음을 본다고 한 것은 양陽이 전멸全滅히지 않고 다시 돌이오는 것이 만물을 생성화육하는 것이 천지의 마음을 보는 것 같다는 말이다. 그러므로 「계사」에서도 "천지대덕왈생天地大德曰生"이라 하였으며, 또한 "생생지리역生生之謂易"이라고 하였던 것이다. 역은 활동하는 것을 좋아하고, 허무정적을 좋아하지 않는다. 역으로 세상을 보면 조금도 쉬지 않고 끝없이 움직인다. 그리하여 만물을 생성화육하는 것이 천지의 마음으로 보는 것이다.

三才之道의 내용인 천도天道와 지도地道 그리고 인도人道의 관계를 보면 천도와 지도는 체용體用의 관계이며, 지도가 포함된 천도를 근거로 하여 인도가 형성된다는 것이다. 이것을 천도와 인간의 관계를 나타내면 천도를 인간의 본래성으로 주체화함으로서 인간이 존재하게 되는 것이다.

위에서 성명지리의 자각에 대해서 살펴보았다. 천도의 인간 주체화로 군자에게 주어진 성명지리의 내용은 인도人道이기 때문에 그것을 자각하고 실천하는 주체인 인간이 내면화한 것이 바로 군자지도이다. 그러나 성명지리를 자각하고 천명한 존재는 성인이다. 그러므로 군자지도를 논함에 있어서 성인지도를 매개로 하여야 한다는 것이다. 따라서 성인지도를 매개로 한 성명지리의 실천에 대하여 「설괘」편에서 다음과 같이 밝히고 있다.

"옛 성인이 『역』을 저작한 목적이 장차 성명지리에 순응하게 하고자함이다.(昔者聖人之作易也, 將以順性命之理.)"(『주역』,「설괘」편, 제2장)

이는 작역作易의 목적이 군자로 하여금 성명지리에 순응케 하고자 함을 밝히고 있다. 다시 말해서 이것은 『주역』을 저작著作하여 성명지리를 밝힌 존재가 성인이며, 성인이 밝힌 성명지리를 자각하여 실천하는 존재가 군자임을 의미하는 것이다.

VI. 나가는 말

위에서 언급한바와 같이 『중용』과 『맹자』등의 유가경전에 밝히고 있는 인간 본래성에 대한 의미와 내용이 『주역』에 연원하고 있음을 살펴보았다. 그 결과 인간 본래성에 대하여 다음과 같은 몇 가지의 결론을 얻을 수 있다.

첫째, 인간 본래성은 천도가 천명으로서 인간에게 내면화되어진 것이며, 인간 본래성을 주체화 한 것이 바로 성명지리이다. 그리고 성명지리를 자각·천명하는 존재가 바로 성인聖人이며, 이를 실천하는 존재가 군자이다. 그러므로 군자가 실천해야할 성명지리의 내용이 인도人道인 사덕四德으로 드러나게 되었다는 것이다. 인간 본래성이 성명지리로 주어졌음을 자각하고 이를 실천하는 것이 군자의 사명이다. 따라서 성명지리는 천도와 천명의 관계와 성인·군자의 입장에서 구명되어져야 한다.

둘째, 인간 본래성은 시간성에 의해 성명지리로 주어진 것이다. 인간 본래성은 천명의 자각에 의해 주체적으로 자득自得한 것이다. 다시 말하면 천도가 천명을 자각을 매개로 자성으로 자득되어진 것이다. 인간 본래성은 시간성의 차원에서 과거와 미래로 정의 할 수 있다. 그러므로 인간 본래성은 시간의식에 의해 성명지리로 드러나는 것이다.

셋째, 인간의 본래성에서의 천명으로 주어진 성性은 형이상적 존재이기 때문에 본능本能과 구별되며, 명命은 미래적 이상을 나타내는 형이상적 존재이기 때문에 운명運命과는 다르다. 왜냐하면 본능本能은 인간의 몸이 갖는 속성일 뿐 형이상적 존재가 아니며, 운명運命은 형이상적 존재를 나타내는 것이 아니라 과거 지향적 관점에서 사물을 중심으로 파악한 것이기 때문이다. 그러므로 미래지향적 관점에서 보면 명命은 역사적 사명이 되기 때문에 본능과 운명이라는 문제는 형이하적 관점에서 논의되어지는 것일 뿐 형이상적 관점에서 논의되어지는 성명性命과는 다르다는 것이다.

넷째, 천도와 인도人道를 미래적 관점에서 나타내면 천지의 도道가 인간의 본래성으로 주체화하였기 때문에 인간이 자신의 본래성을 자각하고 더불어 천도·천명을 주체적으로 자각함으로서 그것을 실천하는 삶을 살아가게 된다. 이처럼 군자는 본성과 더불어 천명을 자각하고 그것을 실천하며 살아가는 존재라는 것이다. 그러므로 곤괘坤卦 「문언」에서는 "군자가 황중黃中의 이치를 깨달아 바른 자리에 몸을 거居하여(君子 黃中通理, 正位居體.)"(곤괘, 「문언」, 육오「효사」) 라고, 했던 것이다. 이는 군자가 정위正位에서 천명을 실천하는 존재임을 밝히고 있는 것이다. 이것은 군자에게 주어진 성명지리는 천지의 도道가 인간 주체화한 것이기 때문에 그 존재 근거는 형이상학적 존재인 천지지도에 있다는 것이다.

이를 다시 종합하면 천도가 천명으로서 인간에게 내면화되어진 것이 인간 본래성이며, 이것을 주체화 한 것이 성명지리이다. 인간의 본래성에서의 천명으로 주어진 성性은 본능本能과 구별되며, 명命은 운명運命과는 다른 것이다. 그리고 천인지도를 미래적 관점에서 나타내면 천지지도가 인간의 본래성으로 주체화하였기 때문에 인간이 자신의 본래성을 자각함으로서 더불어 천도·천명을 주체적으로 자각하게 되며, 나아가 그것을 실천하는 삶을 살아가게 된다. 따라서 유학의 경전에서 나타나고 있는 인간 본래성의 철학적 구명究明은 『주역』에서의 존재론적인 관점과 경문의 내용을 바탕으로 인간 본래성의 의미가 논구論究되어야할 필요가 있는 것이다.

參考文獻

1. 경전류
『주역』,『논어』,『맹자』,『중용』

2. 單行本
곽신환,『주역의 이해』, 서광사, 서울, 1991.

최영진,『주역의 자연관』, 민음사, 서울, 1992.

송재국,『주역풀이』, 예문서원, 서울, 2001.

3. 논문류
김만산,『역학의 시간관에 관한 연구』 충남대학교대학원 박사학위론문, 1992.

김재홍,『역학의 중정지도에 관한 연구』, 충남대학교 대학원 박사학위논문, 2008.

남명진,「주역의 괘효원리에 관한 연구」,『동서철학연구』, 제15호, 한국동서철학회, 1998.

유남상,「역학의 역수성통원리에 관한 연구」,『논문집』 제11권 제1호, 충남대학교 인문과학연구소, 1983.

최영진,『역학사상의 역학적 탐구』, 성균관대학교대학원 박사학위논문, 1989.

찾아보기

ㄱ

가인괘家人卦 243
가일배법加一培法 159
가치론 73
각각성명各各性命 342
각정성명各正性命 234, 243, 258, 324, 341
간괘艮卦 52
감득感得 352
감통感通 226, 349
감화感化 294
갑골문 306
강유 317
강유원리 92, 95, 187
강유작용 163
강중剛中 73
개체個體 90, 97
건乾 286
건곤乾坤 249
건곤지도乾坤之道 15, 190, 193, 196
건곤책수절 126, 252
건곤천지합덕 248
건곤합덕 206
건곤합덕원리乾坤合德原理 169
건괘乾卦 55, 82, 87, 88, 92, 93, 115, 179, 203, 258, 276, 287, 309, 317, 322, 324, 348
건괘원리 173
건도乾道 192, 196, 282, 312, 324, 341, 342
건도변화乾道變化 234, 242, 243, 258, 260
건시乾始 174

건원乾元 132, 191, 196, 206
건원상제乾元上帝 192
건원용구乾元用九 174
건원지기乾元之氣 191
건책도수乾策度數 146
결단력 295
겸괘謙卦 311
겸삼재양지兼三才兩之 160, 161, 163, 165, 166, 178
경經 106
경방 108
경사 309
경세지요 109
경씨역전京氏易傳 108
경위經緯 110
계사 35, 36, 184, 251, 288
계산수 46
계지자繼之者 229
고괘蠱卦 95, 116, 117
고난 318
곤괘坤卦 89, 224, 258, 353
곤덕坤德 206
곤도坤道 196
곤원坤元 132, 192, 206
곤원용육坤元用六 174
곤책도수坤策度數 146
공空 69, 70, 71, 80
공간空間 54, 92, 115
공간성 62, 97, 181, 193, 198, 232, 254, 257
공간성원리 143
공간적 물건 122
공명정대公明正大 276
공안국 34, 35, 104, 106, 155, 159
공영달 34, 35, 83, 121, 167, 184
공자 29, 47, 55, 60, 61, 72, 80, 81, 110, 144, 154, 243

과거 124
과거성 124
과단성 295
과불급過不及 20, 247
관괘觀卦 224
관념 321
관소館所 280
관습 326
관이觀頤 223, 350
관이거지寬以居之 235
괘卦 37
괘기설 108
괘변설 37, 108
괘사 37, 190
괘상卦象 46, 64, 91, 180, 183, 184, 185, 221, 294, 308
괘상원리卦象原理 181, 198, 256
괘효卦爻 29, 103, 153, 181, 232
괘효사 29, 214, 221, 249, 251, 274, 284, 288, 297, 307, 314, 329
괘효상수卦爻象數 14, 57
괘효역학 159
괘효원리 15, 28, 70, 81, 127, 149, 153, 170, 177, 184, 198, 203, 248, 249, 251, 255, 256
교단敎團 326
교만驕慢 289, 311
교의 326, 327
교전敎典 326
교화敎化 281, 294, 295
구九 175
구괘姤卦 58
구궁지수九宮之數 155
구방심求放心 353
구서龜書 103, 107
구수설 108
구양수 167
구육합덕九六合德 167,

169, 193
구육합덕원리九六合德原理 169
구이종시懼以終始 115
구주九疇 110, 113
구편九篇 107
구효괘 160
군왕君王 278
군자君子 52, 55, 75, 82, 220, 222, 224, 253, 275, 282, 283, 289, 290, 291, 294, 298, 338, 353
군자지도 55, 67, 248, 285, 293, 308, 312, 313, 321, 329, 355, 356
궁리窮理 238
궁신지화窮神知化 316
궐중厥中 45, 51, 65, 199
궐중지도厥中之道 142
궐중지중厥中之中 72, 80
귀공歸空 254, 255
귀신鬼神 276, 277, 311, 314, 315
귀일체歸一體 72
귀체歸體 158
균형성 247
극기복례 328
극심極深 228
근본根本 122
기미幾微 221, 228, 288
기발旣發 17
기본체基本體 178
기수奇數 57, 128, 160
기수朞數 43
기우奇遇 57
길흉 214, 221, 284, 285, 291, 309, 312, 313, 321
길흉사吉凶事 308, 328
길흉화복 306, 309, 321, 329
김항金恒 30, 144

ㄴ

낙서 26, 28, 34, 56, 57, 59, 63, 80, 101, 102, 110, 111, 118, 153, 154, 155, 156, 175, 193, 203, 217, 248
낙서구수설 106, 110
낙서원리 193, 256
낙서작용 176
낙수洛水 103, 107
난잡亂雜 293
납갑설 37
내괘內卦 353
내성內性 347
내외상하 179
노자 36, 37
노자주 36
노장철학 36
논어 12, 13, 35, 42, 47, 65, 72, 74, 102, 145, 154, 208, 251
논어집해 33
농번기 277
농업혁명 309
뇌지예괘雷地豫卦 279
뇌천대장괘雷天大壯卦 294

ㄷ

단괘 175
단사彖辭 27, 48, 55, 190, 251
단초端初 321
당위當爲 90
당위성 323
대도大道 103
대명종시大明終始 115, 203, 341
대본大本 21
대승기신론 71
대역서大易序 43
대연상설 109
대연지수大衍之數 36, 158

대연지수절 126, 129, 130, 157
대유괘大有卦 48
대응對應 281
대인大人 82, 223, 235, 275, 276, 282
대인지도 83
대장괘大壯卦 294
대중大中 48
대학 122
대형이정 55
대형이정大亨利貞 217
대형이정大亨以正 48, 55, 94
덕德 288
덕목 274, 291, 343
덕행 52
도道 15, 41, 48, 91, 319
도가道家 71
도가황로지학 106
도덕道德 287
도덕경 106
도덕규범 91
도덕성 232
도덕원리 52, 59
도덕천 305, 317, 324
도량度量 293
도생倒生 177
도생역성倒生逆成 56, 122, 162, 217, 257
도생작용倒生作用 176
도서圖書 126, 181, 257
도서상수圖書象數 14, 34
도서상수역학 64
도서상수원리圖書象數原理 57, 128
도서역학 159
도서역학론 60
도서원리 170, 181, 251
도수度數 52, 252, 254
도수원리度數原理 254
도심道心 17, 50, 65, 66
도십서구설圖十書九說 114
도십서구적圖十書九的

109
도역倒逆 120, 124
도역생성倒逆生成 250
도역생성원리倒逆生成原理 124, 253
도역생성작용 56
도역생성작용원리 122
도의지문道義之門 338
도참운수설 35
도체道體 16
도통道通 291
돈괘遯卦 58
동인괘同人卦 97
동지冬至 280
득의망상설得意忘象說 36
득정得正 90
득중得中 90

ㄹ

리더십 275

ㅁ

만국萬國 324
만물 236
만물생성원리 193
만물자생萬物資生 132
만물자시萬物資始 132, 192
만물지수절 126
만물화생萬物化生 206
말단末端 122
맹자 81, 213, 335, 355, 356
맹희 108
명命 20, 54, 81, 291, 357
명덕明德 208
명제命題 39, 44
모종삼 78
모체母體 304
목도木道 280
묘합성妙合性 227
무武 62
무無 70
무구无咎 321, 322

무극无極 56, 122, 123, 124
무극지향성 123
무망괘无妄卦 55, 93, 217
무성无聖 44
무성무역無聖無易 30
무역无曆 44
무역무성無曆無聖 30
무왕武王 61
무위无位 70
무위시 30
무지無知 71
문文 62
문언 52, 55, 82, 88, 89, 179, 190
문왕文王 61
문이변지問以辨之 235
물物 44, 122
물정物情 227, 352
미래 124
미래성 124
미래지사未來之事 120
미리美利 174
미발未發 16, 17, 18
미재기중美在其中 174
민본정치 278
민본정치사상 275

ㅂ

반경盤庚 66
방언 106
배합 255
법法 281
법도法度 286
법언 106
법칙法則 284
변괘變卦 167
변별 84, 235
변역變易 321
변화 91, 319
변화지도 118, 221, 317, 346
보편성 325
보합대화保合大和 243,

324
복괘復卦 75, 191, 352, 353
복록 51
복희伏羲 60, 104, 106, 154, 156
복희하도설 104
복희하도팔괘설 156
본능本能 215, 357
본래성本來性 44, 118, 145, 204, 207, 351
본말本末 117, 192
본말성
본성本性 17, 20, 59, 67, 78, 122, 233, 347, 335
본체本體 17, 52, 92, 95, 137, 143, 217, 241, 247, 249, 254, 348
본체도수本體度數 131, 175
본체수 26, 80
본체원리 133
봉행奉行 222, 225, 237, 238
부부夫婦 205
부역 277
부처님 323
북송 34
분생원리分生原理 57, 128
분수적分殊的 117
불의不倚 20
불의不義 241
불적선不積善 309
불편不偏 20
불하유不遐遺 297, 298
불혹不惑 47
붕망朋亡 297, 298
비례불리非禮弗履 295
빈마지정牝馬之貞 190

ㅅ

사事 122

사辭 26, 29, 33, 248, 250, 251
사건事件 241, 291
사단四德 218
사단지심四端之心 134
사덕四德 55, 137, 196, 210, 211, 218, 219, 220, 225, 235, 236, 239, 240, 241, 242, 255, 310, 312, 343, 344, 345, 346, 348, 357
사덕목四德目 293
사덕원리四德原理 189, 219, 344
사력변화四曆變化 254
사력변화원리四曆變化原理 72, 134, 139, 141, 194
사력변화위용四曆變化爲用 139
사력변화위용원리四曆變化爲用原理 143, 145, 147, 148, 149, 249, 254
사력생성변화원리四曆生成變化原理 141
사물事物 288
사방四方 279, 281, 291
사방수四方數 258
사상四象 55, 134, 196, 210, 211, 218, 239, 241, 344, 345, 348
사상수四象數 133, 134, 258
사상원리四象原理 196
사상작용四象作用 134, 143
사생관死生觀 305
사서 28
사시四時 193, 276, 318
사시기절四時氣節 40
사양지심 218, 348

사역변화원리四曆變化原理 173
사우방四隅方 160
사원 326
사유방四維方 134
사익私益 289
사정방四正方 160
사제司祭 325
사직社稷 278
사체四體 348
사해곤궁四海困窮 208
사회통합 298
사후세계 328
산뢰이괘山雷頤卦 350
산지박괘山地剝卦 277
삼극三極 56, 124
삼극원리三極原理 56
삼극지도三極之道 56, 70, 123, 124, 166, 178, 185, 186, 188, 198
삼재三才 41, 94, 163, 164, 165, 185
삼재지도三才之道 14, 56, 94, 166, 178, 181, 185, 186, 187, 188, 198, 214, 256, 309
삼천三天 163
삼천양지三天兩地 113
삼현三玄 37
삼효단괘 159, 175
상上 275, 277, 282
상象 26, 29, 33, 45, 54, 174, 185, 248, 250
상고시대上古時代 47
상사象辭 251, 27, 190
상서공씨전 34
상서정의 34
상수象數 36, 101, 103
상수역상수역 34, 108
상수역학象數易學 34, 36, 37, 101
상수학象數學 37

상제上帝 171, 279, 281, 306, 307, 309
상징象徵 255
상징논리 92
상징수 46
상징의식 326
상호체용相互體用 191
상효 115
생명生命 329
생명정신 143
생생무식生生無息 242
생생존존生生存存 81
생성 120, 124, 205
생성종시生成終始 256
생성체계 345
생수生數 129
생장 113, 114
서경 12, 13, 21, 26, 28, 38, 41, 42, 45, 47, 63, 65, 66, 67, 72, 102, 142, 145, 183, 208, 251, 306
서괘원리序卦原理 249
석과碩果 353
선善 50, 91
선갑삼일先甲三日 116
선견력 273
선단先端 221
선산전집 38
선성善性 81, 217
선왕先王 275, 278, 279, 280, 282
선유先儒 39
선진성학先秦聖學 60
선진역학 34, 79, 249
선진유가 27
선진유학 12, 20, 26
선천 258
선천석 230
선후先後 38
선후천역리先后天易理 42
선후천역학 60
선후천원리 250
선후천합덕 248

설괘 119, 184, 213
설법 326
설시법 167
성性 18, 20, 50, 70, 81, 203, 234, 336, 337
성誠 38, 118
성덕成德 243
성명性命 39, 207, 219, 342, 357
성명지리性命之理 58, 59, 61, 81, 92, 93, 94, 188, 195, 196, 199, 213, 214, 215, 216, 218, 220, 221, 222, 228, 231, 236, 238, 239, 242, 259, 308, 340, 341, 343, 344, 346, 347, 349, 351, 355, 356, 357
성성존존成性存存 338
성수成數 129
성실誠實 288
성인聖人 39, 42, 61, 75, 82, 220, 222, 224, 240, 277, 282, 283, 284, 285, 289, 290, 291, 298, 318, 329, 338, 341, 350, 351, 353
성인수명도서설 155
성인지도聖人之道 83, 248, 281, 283, 289, 290, 291, 293, 308, 312, 313, 317, 324, 356
성인지학聖人之學 43
성인획괘법상설 155
성정性情 345
성지자成之者 229
성통원리聖統原理 60
성학聖學 44

세시기절歲時氣節 38
세월일시 252
소강절 109
소식영허消息盈虛 116
소옹 15
소이所以 78, 236
소이연所以然 68, 103, 114
소인 281, 293
소인배 289
소인지도 285
솔성率性 230, 240
송괘訟卦 83, 84, 93
송사訟事 84
송역宋易 60
송유宋儒 34
수數 26, 29, 37, 40, 45, 46, 55, 64, 112, 155, 157, 174, 248, 250
수괘需卦 87
수리數理 104
수사修辭 288
수오지심 218, 348
수지비괘水地比卦 279
순舜 50, 51, 61, 62, 65, 72, 79, 80, 144
순양純陽 173, 276
순역順逆 113, 120, 121
순역논리順逆論理 250
순역원리順逆原理 113, 118, 120, 122, 176, 177, 231
순응順應 280
술수 34
숭崇 337
숭덕광업崇德廣業 338
습관 281
시간時間 40, 54, 92, 115, 180, 230
시간성 33, 41, 46, 59, 62, 63, 97, 101, 113, 114, 117, 125, 181, 184, 193, 198, 207, 209, 218,

239, 254, 257, 346
시간운행 252
시간운행원리時間運行原理 44 125, 257
시간의식 204, 208, 239, 346
시간적 사건 122
시경 306
시공時空 348
시비 84
시비지심 218, 348
시생始生 310, 317
시위時位 352
시의성時宜性 47, 53, 58, 64, 68, 225, 253, 282, 285, 342
시종始終 115, 117, 122, 192, 346
시중時中 68, 73, 253
시중지도時中之道 68, 70, 142, 342
시중지중時中之中 72, 80
시초蓍草 119, 162, 233
시초원리蓍草原理 233
신神 306, 314, 316, 324
신관神觀 313, 315, 325
신덕神德 227, 314, 315, 352
신도神道 127, 314, 315, 329
신명神明 207, 231, 232, 233, 314, 317, 341
신명원리 258
신명지덕神命之德 180
신명지덕神明之德 208, 216, 231, 232, 315
신물神物 102, 103, 257, 314
신물양성神物兩性 352
신성神性 231, 232
신실信實 288
신앙 326
신앙체계 325
신인합일神人合一 226

364

신자 327
실리형 275
실천實踐 304
심心 38
심령心靈 324
심법 38
심성心性 247
심성론 18
십十 69, 79
십간十干 116
십무극十无極 56, 130, 176
십수十數 108, 113, 114, 172, 191
십수사상 108
십수원리 171
십수체계 108
십오十五 26, 80, 126, 131, 149, 176, 194, 217, 254, 255
십오건곤十五乾坤 176
십오성인 258
십오성인十五聖人 44
십오성통十五聖統 220
십오일언 30
십오존공원리十五尊空原理 72, 134, 141, 173
십오존공위체원리十五尊空爲體原理 139, 143, 145, 147, 249, 254
십오천지十五天地 141
십오체十五體 175
십이효괘 160
십익十翼 29, 190, 251, 274, 275, 297, 307
십일음 30
십일일언 30

ㅇ

양陽 337
양극화 274
양시 16, 17
양웅 106

양육養育 280, 281
양의兩儀 178, 210
양적陽的 91
양지兩地 163
양지良知 18
양효 37
언言 236
언사言辭 174, 221
언행言行 236, 237, 348
업業 288
역曆 40, 42, 44, 45, 47, 54
역도易道 92, 103, 236, 248, 338, 348, 351
역리易理 42, 46, 89, 120, 183, 345
역방향 120
역변 36
역상曆象 63
역상歷象 13
역상원리曆象原理 40, 46
역생도성逆生倒成 56, 123, 217, 257
역성逆成 177
역성도생逆成倒生 162
역성작용逆成作用 176
역수曆數 28, 34, 35, 38, 39, 40, 46, 47, 57, 175, 243, 252
역수逆數 120
역수성통 61, 258
역수성통원리曆數聖統原理 43, 62, 173
역수원리曆數原理 40, 43, 49, 52, 53, 61, 62, 63, 118, 127, 129, 149, 184, 249
역야曆也 133
역위 108
역자역야易者曆也 30
역전 84
역학계몽 35, 121, 155, 156
역학상수론 154

연고 319
연고變故 226
예禮 220, 235, 295, 310, 337
예괘豫卦 58, 318
예기 15, 28
예배의 대상 326
예악 279, 281
예악원리禮樂原理 47
예의禮義 220, 239, 241, 284, 348, 349
오군자五君子 34
오행五行 72, 80, 137, 211, 345
오행론 108
오행생성사상 108
오행생성수 108
오황극五皇極 56, 73, 130, 149
옥석류 102
완전성完全性 90
왕도정치 242, 279, 281
왕래往來 120
왕부지 18, 38
왕수인 18
왕위王位 39
왕필王弼 33, 36, 37, 101
외괘外卦 353
요堯 50, 51, 61, 62, 65, 72, 79, 80, 144
요전 252
용用 345
용구用九 107, 167, 172, 175, 185, 196
용구용육用九用六 162, 194
용구용육법칙用九用六法則 167
용구용육원리用九用六原理 161, 167, 175
용구용육작용用九用六作用 249
용구원리 173
용기 295
용덕庸德 87

용도龍圖 103, 107
용도성用途性 241
용빙하用馮河 295, 297, 298
용시구괘用蓍求卦 159
용시구괘법用蓍求卦法 158
용육用六 107, 167, 175, 185, 196, 248
용육영정用六永貞 174
용육원리用六原理 173
우禹 50, 62, 104, 110, 155
우번 108
우서 21, 42
우수偶數 57, 128, 160
우환 319
운명運命 215, 357
운수運數 34, 40
운수설 38
운행 277
운행도수 173
원덕元德 286
원력原曆 145
원시반종原始反終 115
원시생활 304
원시신앙 325
원시요종原始要終 115
원시종교 303
원형이정元亨利貞 55, 189, 194, 196, 258, 286, 287, 312, 344, 349
위緯 106
위백양 108
위체爲體 143
유가 75
유만물지정 222, 231, 234, 236, 242
유불도 325
유종有終 174
유중柔中 73
유형有形 324
유흠 104, 155, 156
육六 175

육구연 17
육상산 18
육위六位 341, 342
육위시성六位時成 342
육편六篇 107
육효 115, 342
육효중괘 163, 165
윤도수閏度數 175
윤력閏曆 145
윤집궐중允執厥中 51, 54, 70, 199, 208, 209
율려신서 109
은殷 306
은인殷人 306
은총 321
은택恩澤 308
음양 49, 91, 211, 315, 317, 319, 339, 345
음양구육합덕 248
음양변역陰陽變易 106
음양양효陰陽兩爻 175
음양원리 92, 95, 187
음양작용 337
음양합덕설 108
음양합덕원리 170, 193
음적陰的 91
음효 37
의義 84, 220, 310
의례 326
의례행사 327
의리 34
의리義理 216
의리역義理易 36, 108
의리역학義理易學 34, 36, 101
의리형 275
의식 326
의심 280
이理 84
이頤 352
이견대인利見大人 171
이경해경 29
이괘離卦 96, 275, 276
이괘頤卦 223, 350, 353
이류만물지정以類萬物之情 204
이법천 317
이수理數 47, 183
이전해경 29
이정利貞 342
이정지도利貞之道 174
이치理致 283, 285, 291, 308
이통신명지덕以通神明之德 204, 227
익괘益卦 75
인仁 91, 220
인간 본래성 58, 59, 203, 207, 209, 210, 211, 213, 227, 335, 336, 339, 340, 341, 343, 344, 345, 347, 348, 349, 355, 356
인간지덕人間知德 349
인격성 118
인군人君 235
인덕人德 89
인도人道 20, 48, 53, 55, 185, 187, 214, 308, 310, 317, 321, 348, 356, 357
인문人文 195
인성人性 81, 89, 209, 337, 339, 343
인성仁性 347
인식 능력 273
인식론 73
인심人心 17, 50, 65, 66
인예의지仁禮義智 137, 189, 225, 235, 344, 345, 349
인욕人慾 276, 311
인의仁義 240, 317
인의예지 286
인의원리 187
인의의 원리 92, 95
인의지도仁義之道 242,

348
인이행지仁以行之 235
인정 279, 281
인지仁智 346
인지지성仁智之性 59, 89
인지지성仁知之性 228
일부一夫 141
일수기日數朞數 252
일월 193, 252, 276
일월성신日月星辰 40, 183, 252
일월원리 193
일월지도日月之道 49
일월천지역수日月天之曆數 128, 131
일음일양一陰一陽 252
일음일양지위도一陰一陽之謂道 48, 229, 336
일중日中 73
일체一體 72
일체개공一切皆空 71
일체법一切法 71
일태극一太極 56, 176
임괘臨卦 55, 217
입상立象 184
입지立志 238

ㅈ

자각自覺 232
자각론 353
자강불식自彊不息 231
자구구실自求口實 223, 350, 351
자성自性 209
자시資始 192
자연 306
자연천 305, 317, 328
작용 241
작용원리 133
장자 37
재산 326
재앙 309, 329
적선積善 309
적합성 247

절대신 323
절대자 324, 326
점占 35
점서占筮 121, 321
정情 19
정正 41, 45, 47, 64, 81, 257
정鼎 285
정고貞固 241
정도正道 14, 21, 27, 41, 52, 59, 137, 145, 181, 198, 220, 248, 250, 253, 254, 255, 258, 259, 343
정력正曆 145
정명正命 81
정명正名 81, 243
정역 28, 33, 41, 42, 46, 49, 70, 72, 79, 80, 142, 183
정역시 30, 49
정역연구 90
정위正位 89
정위거체正位居體 89
정이천 16, 84, 87, 172
정중正中 72, 85, 86, 87, 257
정합성 323
정현 15, 35, 107, 108, 155, 167
제帝 305, 306
제사祭祀 279, 280, 329
조상 306
조상신 320
조종祖宗 304
족이간사足以幹事 241
족이장인足以長人 241
족이합례足而合禮 241
족이회의足以和義 241
존공尊空 141, 144
존공귀체도수尊空歸體度數 145
존숭尊崇 304
존재론 73

종교 323, 329
종교성 307, 317, 322, 328
종교윤리 325
종교적 정합성 328, 329
종교 집단 325
종말 117, 119, 195
종말성 124, 207
종시終始 113, 115, 116, 122
종시성終始性 68, 122, 207
종시원리終始原理 113, 114, 116, 117, 118, 178, 193, 207, 230
종시적終始的 241
종즉유시終則有始 118
주周 306
주공周公 61, 62
주야晝夜 318
주역 28, 33, 41, 46, 50
주역대연론 36
주역본의 85
주역약례 33, 36
주역장구 108
주역정의 121, 167
주역주 108
주역집해 107
주역참동계 108
주재신主宰神 306
주재천 305, 317, 324, 328
주체主體 235
주희 17, 35, 38, 60, 65, 67, 79, 85, 87, 109, 111, 121, 156, 159, 167, 184
중中 11, 12, 13, 15, 16, 18, 19, 20, 21, 27, 33, 34, 38, 41, 45, 47, 56, 64, 66, 69, 70, 72, 79, 81, 257, 355
중괘 175
중덕中德 348
중도中道 14, 17, 21, 26, 27, 41, 52, 59, 73,

75, 96, 137, 183, 185, 198, 220, 228, 234, 248, 250, 254, 255, 256, 257, 258, 343
중도적中道的 254
중론中論 27
중립中立 13
중부中孚 73
중앙中央 13
중용 12, 13, 14, 16, 20, 26, 48, 50, 53, 67, 68, 72, 78, 118, 142, 229, 251, 253, 336, 356
중용집주 38
중위中位 80, 89
중위수中位數 254
중위정역中位正易 69, 72, 80, 137, 139, 142, 216, 249, 254
중절中節 13, 20, 73
중정中正 21, 26, 45, 72, 76, 82, 83, 84, 85, 86, 197, 220, 257
중정론中正論 20
중정지도中正之道 14, 27, 33, 36, 41, 53, 64, 70, 72, 79, 81, 83, 139, 193, 195, 198, 203, 225, 228, 247, 255, 259, 327, 328, 342, 343, 344
중즉성中卽性 18
중직中直 73
중체정용中體正用 260
중행中行 73, 74
중화中和 18
지地 206
지智 220
지知 91, 337
지덕地德 171
지도地道 36, 57, 187, 214, 257, 308, 317, 356
지도자 274
지뢰복괘地雷復卦 280
지명知命 238
지산겸괘地山謙卦 297
지선止善 294
지성智性 216, 349
지성知性 343
지수地數 126, 191
지신至神 227
지의智義 235
지천태괘地天泰卦 281, 293, 297
지택임괘地澤臨卦 310
지행知行 338
지형 279, 281
진괘震卦 353
진리 276
진변위간震變爲艮 352
진성盡性 238
진족震足 295
진퇴 237
진희 110
질운작용迭運作用 217
집단 274
집전集傳 66
집중執中 45, 48, 89

ㅊ

착종錯綜 255
채원정 60, 109, 111
채침 66
책력 46
책력冊曆 39, 43, 47, 183
천天 50, 51, 203, 206, 234, 303, 304, 305, 306, 307, 309, 317, 321, 322, 323, 327, 328
천관天觀 304, 305, 309, 314
천뇌무망괘天雷无妄卦 280
천덕天德 171, 206, 315
천도天道 20, 34, 36, 40, 43, 46, 48, 49, 50, 52, 53, 55, 57, 61, 67, 78, 91, 187, 203, 206, 207, 208, 213, 214, 215, 217, 222, 224, 241, 242, 252, 276, 277, 280, 282, 284, 285, 286, 291, 294, 303, 307, 308, 310, 315, 317, 319, 321, 322, 328, 329, 335, 336, 339, 340, 344, 347, 348, 355, 356, 357
천도역운설 35
천도지덕원리天道地德原理 353
천록天祿 51, 209
천록영종天祿永終 208
천리天理 18, 276
천명天命 21, 34, 35, 39, 40, 48, 51, 53, 55, 59, 61, 67, 68, 78, 79, 94, 96, 180, 189, 203, 207, 208, 209, 213, 215, 217, 222, 223, 224, 230, 237, 285, 298, 321, 329, 335, 336, 340, 347, 349, 355, 357
천명闡明 285
천명사상天命思想 51
천명지위성天命之謂性 58, 78, 234, 240
천문天文 195
천벌 329
천변인화天變人化 229

천부지성天賦之性 81
천산돈괘 294
천성天性 345
천수天數 126, 191
천시天時 222, 225, 237, 253, 281
천신天神 315
천·신관 328
천신관天神觀 328
천인관계 53, 92
천인합덕天人合德 249
천인합일天人合一 226, 227, 313, 328
천자天子 35
천지天地 57, 226, 236, 276, 281, 311
천지만물 205
천지부모 131
천지신도天之神道 224
천지역수天之曆數 12, 13, 14, 15, 18, 20, 21, 26, 28, 33, 34, 35, 38, 39, 40, 41, 42, 43, 44, 45, 46, 47, 48, 50, 51, 55, 56, 57, 59, 60, 63, 67, 81, 101, 128, 145, 157, 161, 169, 177, 180, 181, 185, 193, 203, 211, 216, 217, 226, 233, 240, 247, 248, 251, 254, 257
천지역수변화원리天之曆數變化原理 181
천지역수원리도天之曆數原理圖 72
천지역수재여궁天之曆數在汝躬 21, 38, 208, 209
천지역수재이궁天之曆數在爾躬 39, 44, 45, 48, 66, 204
천지인 94

천지지대보왈생天地之大寶曰生 81
천지지덕天地之德 338
천지지도天地之道 78, 92, 207, 215, 229, 232, 338
천지지수天地之數 155, 252
천지지수절天地之數節 56, 126, 157
천지지심天地之心 69, 79, 141, 176
천지지언天地之言 195
천지합덕天地合德 141
천지합덕원리 190
천지합일天地合一 226
천칙天則 172, 173
천포天苞 107
천풍구괘天風姤卦 281, 282
천행天行 116, 252
체體 16, 89, 90, 255, 345
체득體得 242
체십용구體十用九 113, 161, 170, 188, 190, 193
체십용구원리體十用九原理 170
체오용육體五用六 113, 175, 188, 190
체오용육원리體五用六原理 160, 161, 170
체용體用 95, 96, 124, 186, 233, 241, 348
체용관계 92, 93
체용논리 190
체인體仁 89, 241, 348
체인정고體仁貞固 349
체중용정體中用正 260
초씨역림 108
초연수 108
초효 115
추기樞機 236
추수推數 120

추연推衍 133, 134
춘추시대 29
춘추좌전 78
취상설 37
취의설取義說 37
측은지심 218, 240, 348
치수 104

ㅋ

쾌괘夬卦 75

ㅌ

탕湯 62
태극太極 15, 16, 36, 56, 122, 123, 124, 130, 210
태극지향성 123
태양 276
태초 117
태초성 124, 207
태초역太初曆 104
태평성대 278
태현 106
통신명지덕通神明之德 231
통일묘합성 352
통일성 325
통천統天 192
특수성 275

ㅍ

팔괘八卦 110, 210
팔진도설 109
포도시 30
포용력 295
포태생성종시胞胎生成終始 256
포황包荒 298, 297
표리表裏 110
품수적稟受的 230
풍속 279, 281
풍수지리 35
풍수환괘風水渙卦 280

풍지관괘風地觀卦 279
피흉취길 308, 321
피흉취길避凶取吉 304

ㅎ

하夏 110
하나님 323
하도 26, 28, 34, 35, 56, 57, 59, 63, 80, 101, 102, 110, 111, 118, 153, 154, 155, 156, 175, 193, 203, 217, 248
하도낙서 70
하도십수河圖十數 114
하도십수설 110
하도원리 193
하도작용 176
하락상수河洛象數 104
하락상수론河洛象數論 108, 109
하락원리河洛原理 253
하수河水 103
하안 33
하우낙서구주설 156
하우낙서설 104
하우씨夏禹氏 155
학이취지學以聚之 235
한국불교 71
한역漢易 60, 108
한유漢儒 38
합덕 255
합덕合德 57, 114
합덕성도合德成道 126
합덕원리合德原理 57, 128
합덕일체合德一體 179
합덕종시合德終始 113
합덕체合德體 205
합치적 집단 325
해괘解卦 96
행行 236
행정 326
험이險易 308

현인 223, 285
현재 124
현재성 124
현존성 124
현학玄學 37
형덕亨德 286
형벌 281
형벌제도 318
형상形狀 295
형욱 35
형이상학 118
호상체용互相體用 153
호체설 37
홍범 26, 41, 42, 252
홍범구주 12, 104, 110, 156
홍범해 109
화뢰서합괘火雷噬嗑卦 279
화옹무위化翁無爲 171
화옹化翁 70, 171
화육化育 282
화풍정괘火風鼎卦 285
황극皇極 56, 73, 79, 124
황극경세서 15
황극경세지요 109
황종희 154
황중黃中 88, 89, 215
황중통리黃中通理 89
황하 107
회린 329
회린悔吝 313
효사爻辭 37, 284
효위설爻位說 37
후后 275, 281, 282
후갑삼일後甲三日 116
후천后天 194, 258
후천합덕後天合德 256
훈찬 106
휴복休復 353
흉凶 321, 322

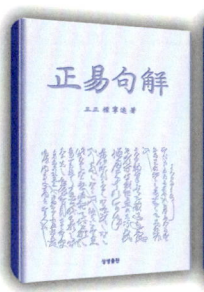    

증산도 상생문화연구소 도서목록

   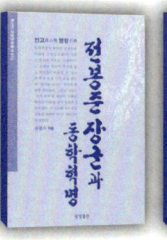  

증산도상생문화연구총서

당태종唐太宗과이십사장二十四將

이십사장은 이연李淵을 도와 당 왕조를 건립하고, 또 현무문玄武門의 정변에서 진왕秦王 이세민李世民을 도와 그가 황제로 등극하는데 결정적인 공을 세운 24명의 공신을 말한다.

이재석 저 / 512쪽 / 값 20,000원

광무제光武帝와 이십팔장二十八將

이십팔장은 후한 광무제 유수劉秀가 정권을 수립하는데 큰 공을 세운 스물여덟 명의 무장을 말한다.

이재석 저 | 478쪽 | 값 20,000원

잃어버린 상제문화를 찾아서 동학

상제관이 바로 서지 않으면 우주만물의 원 주인도 제자리를 잡지 못한다. 그래서 이 책은 최수운이 창도한 동학에서 상제관 바로 세우기의 일환으로 집필되었다.

증산도상생문화연구소 | 255쪽 | 값 15,000원

격동의 시대 19세기 조선의 생활모습

이 책은 19세기의 사회상을 리얼하게 보여주려는 자료집이다. '증산상제의 강세를 전후한 모습, 곧 선후천의 갈림길에 선 19세기 조선의 모습'이다.

김철수 저 / 311쪽 / 값 20,000원

정역구해

김일부의 『正易』을 한 구절씩 낱낱이 풀이한 입문서에 해당한다. 정역을 전문으로 연구하는 사람들은 물론, 처음 배우는 사람들을 대상으로 삼고 있다.

권영원 지음 | 500쪽 | 값 25,000원

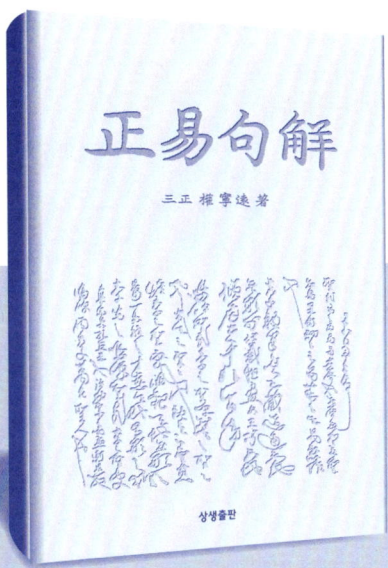

근본으로 돌아가라 – 원시반본, 보은, 해원, 상생

개벽을 극복하고 후천선경을 건설하기 위해 인간은 어떠한 삶을 살아야 하는가를 증산 상제님의 행적과 가르침이 담긴 『증산도 도전』을 중심으로 설명

유 철 지음 | 301쪽 | 20,000원

정역과 주역

김일부선생의 생애와 학문적 연원에 대해 쉽게 설명을 하고있으며, 정역을 공부할 수 있게 대역서의 구성원리와 서괘원리, 중천건괘와 중지곤괘에 대한 해석을 하고있다.

윤종빈 지음 | 500쪽 | 값 20,000원

인류의 어머니 수부首婦 고판례

강증산 상제님의 종통을 계승한 고판례 수부님의 숭고한 사랑과 은혜의 발자취.

노종상 저 | 454쪽 | 값 20,000원

증산도 상생문화 총서

인류문명의 뿌리, 東夷

인류문명의 시원을 연 동방 한민족의 뿌리, 동이東夷의 문명 개척사와 잃어버린 인류 뿌리역사의 실상을 밝혔다.

김선주 저 | 112쪽 | 6,500원

인류원한의 뿌리 단주

강증산 상제에 의해 밝혀진 반만 년 전 요 임금의 아들 단주의 원한, 단주의 해원 공사를 바탕으로 전개되고 있는 상생문명건설의 실상을 보여준다.

이재석 저/ 112쪽/ 값 6,500원

일본고대사와 한민족

수많은 백제인의 이주와 문화전파에 따른 문화혁명, 그리고 문화 선생국 백제의 멸망. 그 때마다 일본이 보여준 태도는 모두 한가지 사실로 모아진다. 곧 '일본 고대사는 한민족의 이주사'라는 사실이다.

김철수 저/ 168쪽/ 값 6,500원

생명과 문화의 뿌리 삼신三神

삼신은 만유생명의 창조와 문화의 뿌리이며 한민족의 정서에는 유구한 정신문화로 자리매김 되어 있음을 보게 된다.

문계석 저/ 196쪽 /값 6,500원

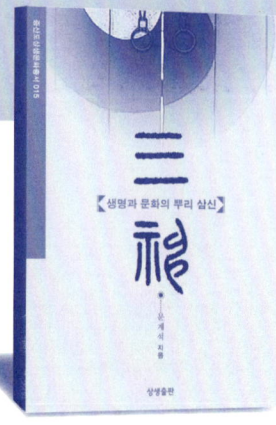

천국문명을 건설하는 마테오리치

살아서 뿐만 아니라 죽어서도 새 시대 새 문명을 여는데 역사하고 있는 마테오리치의 생애를 집중조명한다.

양우석 저/ 140쪽/ 값 6,500원

일본의 고古신도神道와 한민족

우리가 왜 일본의 고대사에 주목하는가? 그것은 일본 고대사의 뿌리가 한민족에 있기 때문이다.

김철수 저 | 239쪽 | 6,500원

만고萬古의 명장名將, 전봉준 장군과 동학혁명

전봉준의 혁명은 동학의 창도자 최수운이 노래한 세상, 곧 후천 오만년 운수의 새 세상을 노래한 것이었다.

김철수 저 | 192쪽 | 6,500원

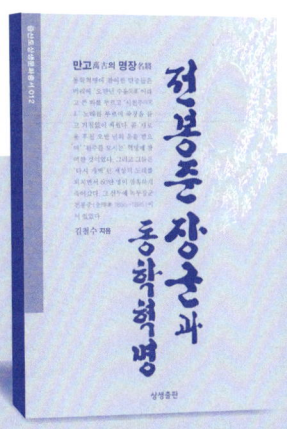

서양의 제왕문화

역사를 돌이켜보면 역사시대의 태반은 왕정시대였다. 이 책은 고대로부터 현대에 이르기까지 이러한 서양 왕정의 역사를 간략히 조망한 책이다.

김현일 저/ 215쪽 /값 6,500원

천지공사와 조화선경

증산상제가 제시한 우주문명의 새로운 틀짜기와 판짜기의 프로그램이 바로 '천지공사天地公事'이다.

원정근 저/ 136쪽 /값 6,500원

천주는 상제다

『천국문명을 건설하는 마테오 리치』의 자매편으로 동서양의 종교를 대표하는 기독교와 신교의 신인 천주와 상제가 결국은 동일하다는 사상을 주제로 삼는다.

양우석 저/ 151쪽 /값 6,500원

홍산문화 – 한민족의 뿌리와 상제문화

홍산문화의 주인공은 동이족의 주체세력이며, 적석총·제단·여신묘의 제사유적군은 상제문화를 대표하는 한민족의 뿌리문화를 보여주는 것이다.

김선주 저/ 144쪽 /값 6,500원

증산도 상생문화 총서

도道와 제帝

개벽사상에 대한 새 담론은 도道와 제帝의 관계에서 출발하며, 인류문명의 패러다임의 전환이 어떻게 가능한가 하는 물음이 담겨 있다.

원정근 저 / 188쪽 / 값 6,500원

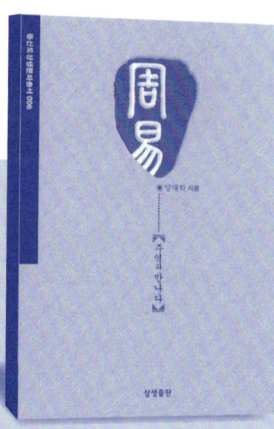

주역周易과 만나다

주역 64괘중 기본괘인 건괘, 곤괘, 감괘, 리괘와 겸괘, 사괘, 대유괘, 혁괘를 정리한 주역입문서.

양재학 저 / 285쪽 / 값 6,500원

하도낙서와 삼역괘도

인류문명의 뿌리인 하도와 낙서의 세계와 복희팔괘, 문왕팔괘, 정역팔괘를 쉽게 정리한 입문서.

윤창열 저 / 197쪽 / 값 6,500원

한민족 문화의 원형, 신교

신교는 상고 이래 우리 겨레의 삶을 이끌어 온 고유한 도로써 정치, 종교, 예술 등이 길어져 나온 뿌리가 되는 원형문화다.

황경선 저 / 191쪽 / 값 6,500원

원한을 넘어 해원으로

140여 년 전 증산상제가 밝혀 준 해원 문제의 '코드'를 현대인들이 보다 쉽게 이해할 수 있도록 재조명 하였다. 원리적 접근과 역사적 경험적 접근으로 다가간다.

이윤재 저 / 186쪽 / 값 6,500원

어머니 하느님-정음정양과 수부사상

상제의 수부이자 만 생명의 어머니인 태모사상을 통해서 어머니 하느님 신앙의 새로운 의미를 되살펴보고, 진정한 여성해방의 길이 무엇인지를 모색하고 있다.

유 철 지음 | 189쪽 | 값 6,500원